LINK CLICK

1

TOKYOPOP GmbH
Hamburg

TOKYOPOP
1. Auflage, 2024
Deutsche Ausgabe/German Edition

Aus dem Chinesischen von Nina Zhao

Published originally under the title of 《时光代理人》 (Link Click)

Redaktion: Caroline Skrabs
Lettering: Vibrant Publishing Studio
Herstellung: Alina Kronenberg
Druck und buchbinderische Verarbeitung:
CPI–Clausen & Bosse GmbH, Leck
Printed in Germany

MIX Papier FSC® C083411

Wir achten auf die Umwelt.
Dieses Produkt besteht aus FSC®-zertifizierten und anderen kontrollierten Materialien.

ISBN 978-3-8420-9670-7

www.tokyopop.de

Inhalt

Kapitel 1
Emma

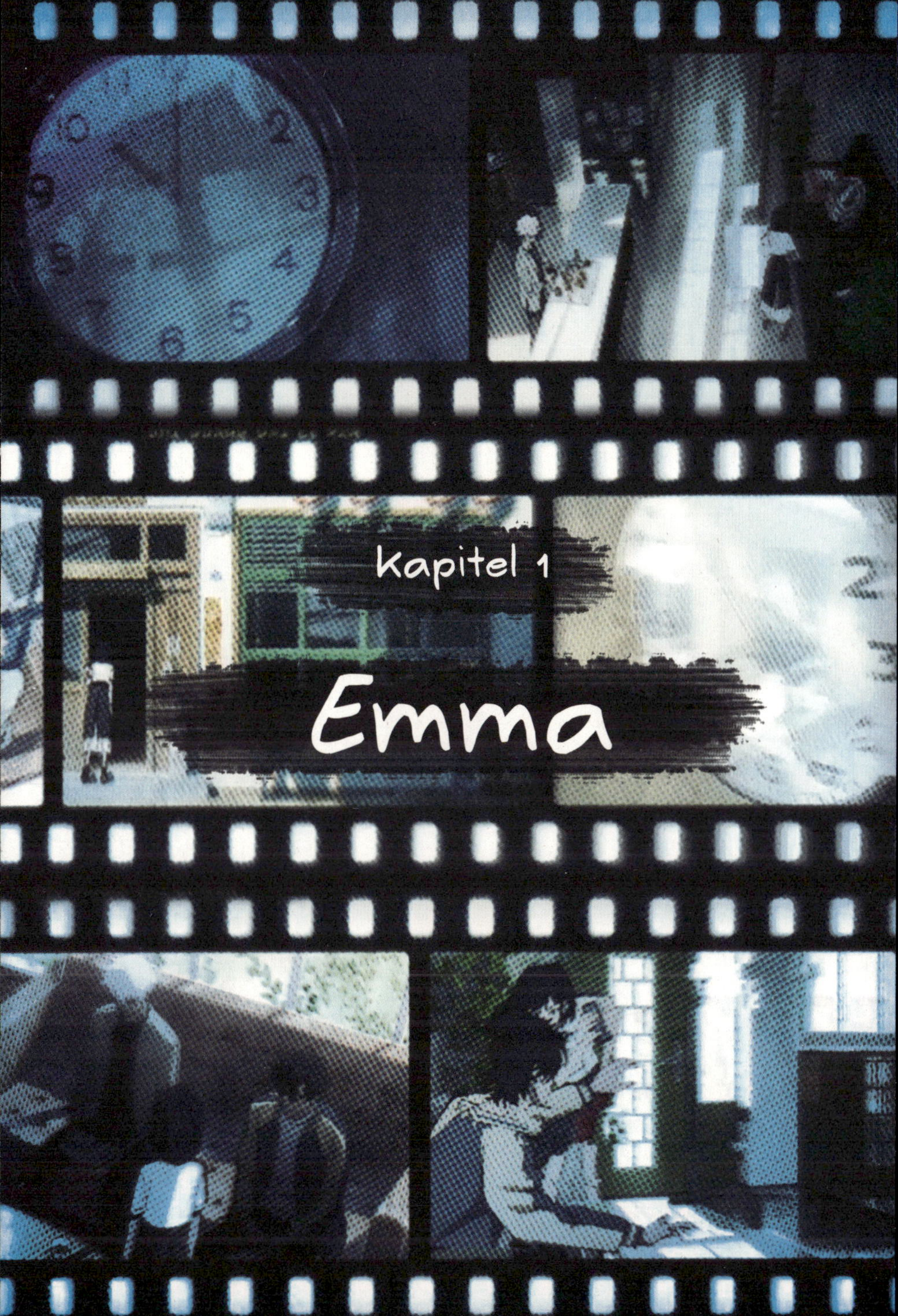

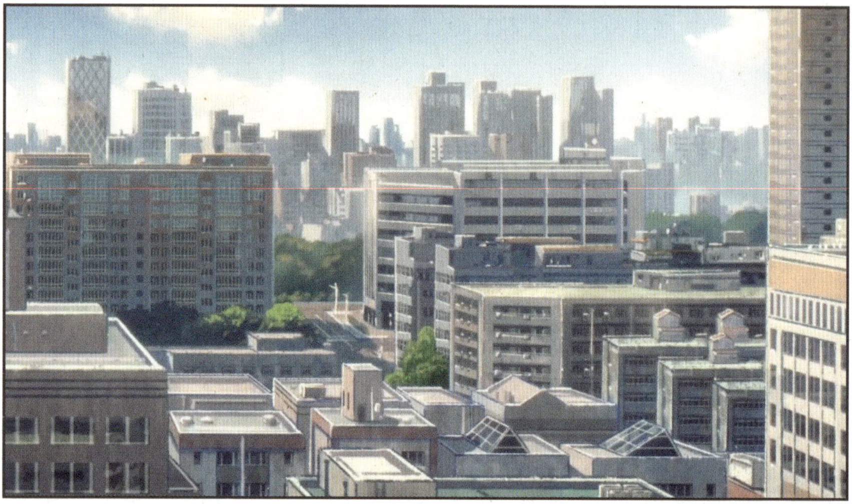

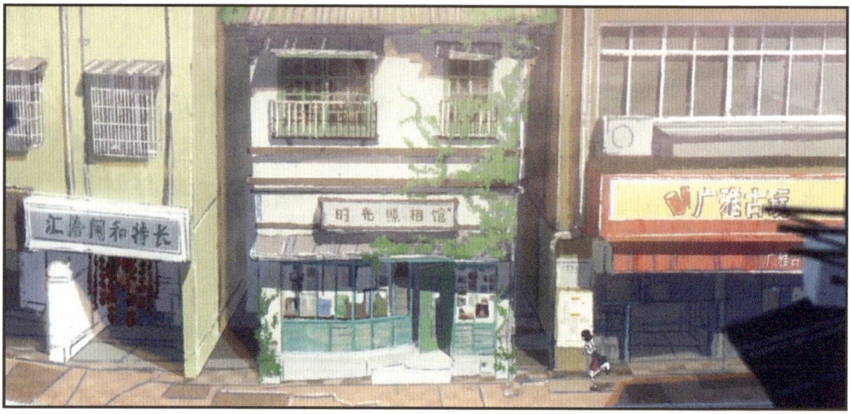

*Fotogeschäft Lightime Studio

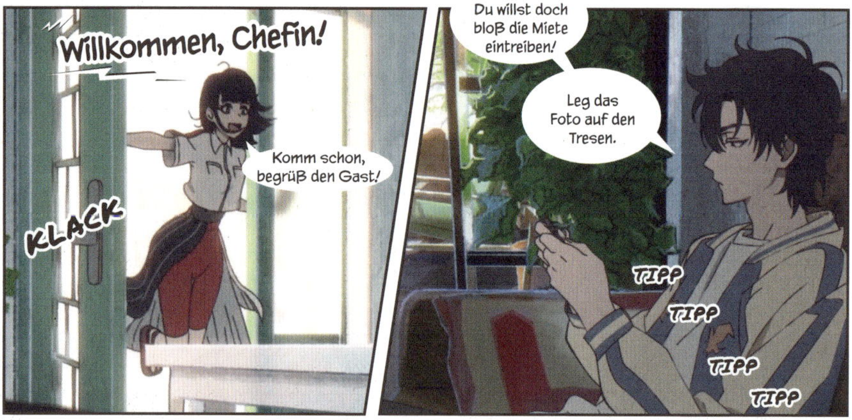

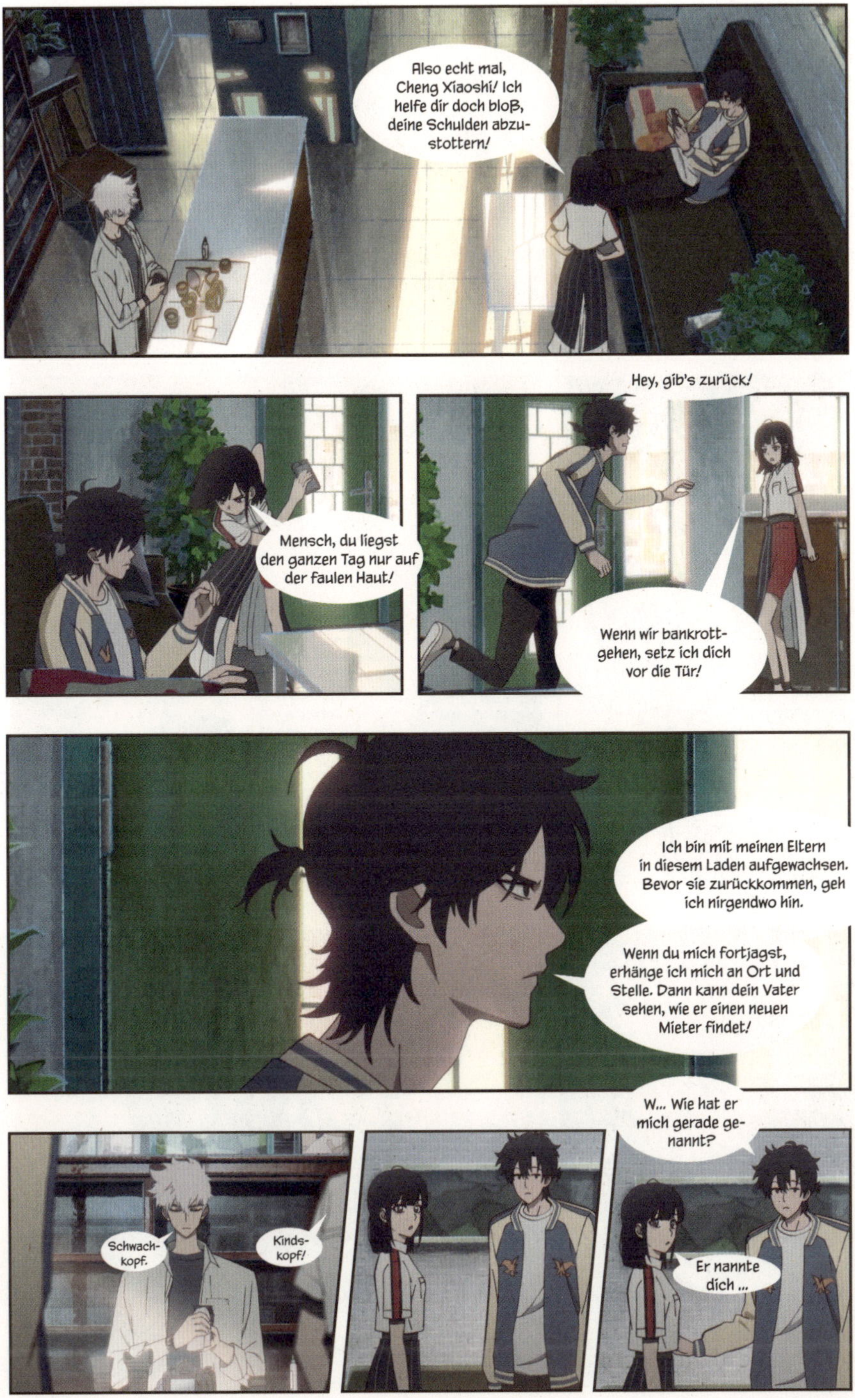
Also echt mal, Cheng Xiaoshi! Ich helfe dir doch bloß, deine Schulden abzustottern!
Mensch, du liegst den ganzen Tag nur auf der faulen Haut!
Hey, gib's zurück!
Wenn wir bankrottgehen, setz ich dich vor die Tür!
Ich bin mit meinen Eltern in diesem Laden aufgewachsen. Bevor sie zurückkommen, geh ich nirgendwo hin.
Wenn du mich fortjagst, erhänge ich mich an Ort und Stelle. Dann kann dein Vater sehen, wie er einen neuen Mieter findet!
Schwachkopf.
Kindskopf!
W... Wie hat er mich gerade genannt?
Er nannte dich ...

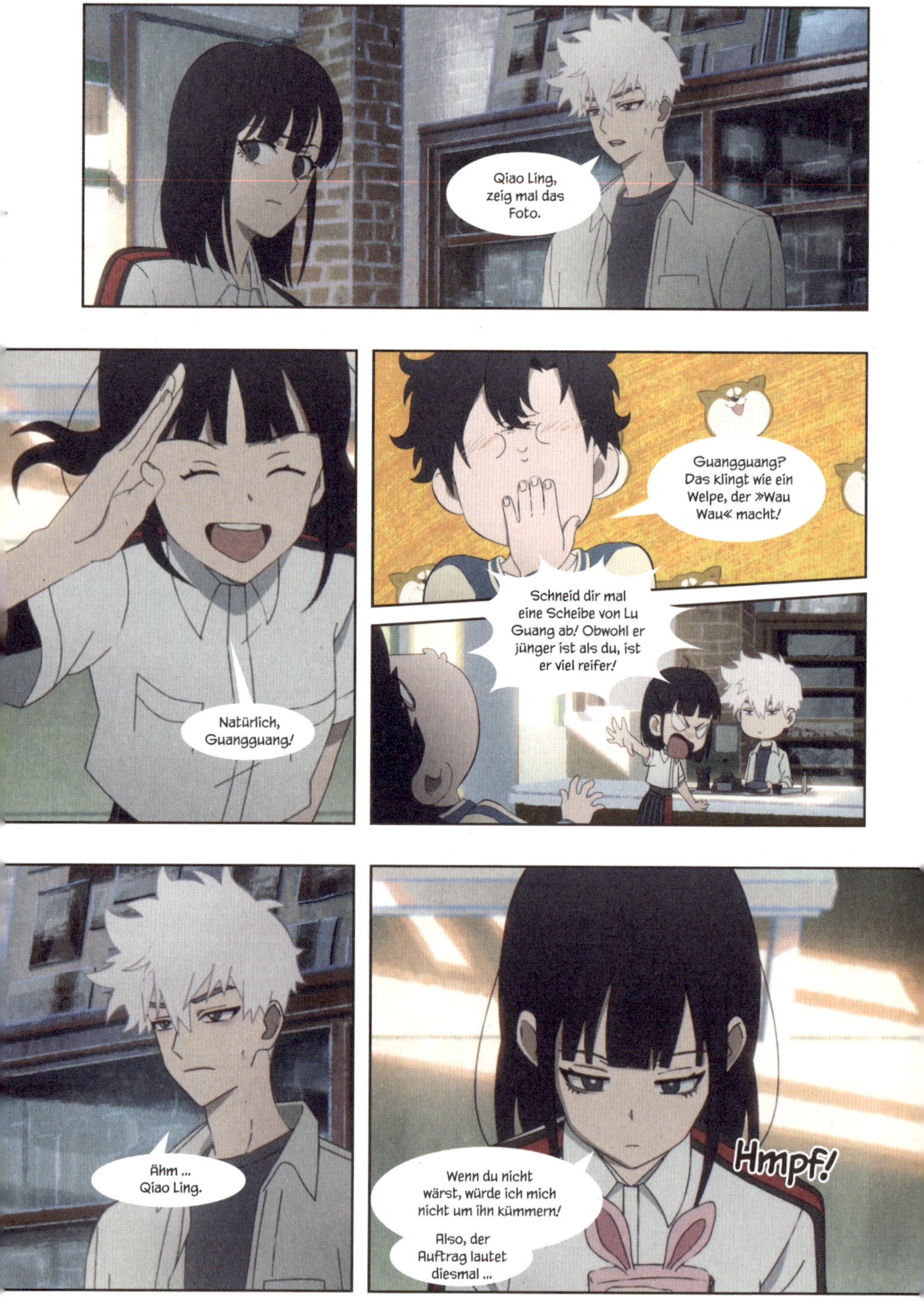
Qiao Ling, zeig mal das Foto.
Natürlich, Guangguang!
Guangguang? Das klingt wie ein Welpe, der »Wau Wau« macht!
Schneid dir mal eine Scheibe von Lu Guang ab! Obwohl er jünger ist als du, ist er viel reifer!
Ähm ... Qiao Ling.
Hmpf!
Wenn du nicht wärst, würde ich mich nicht um ihn kümmern!
Also, der Auftrag lautet diesmal ...

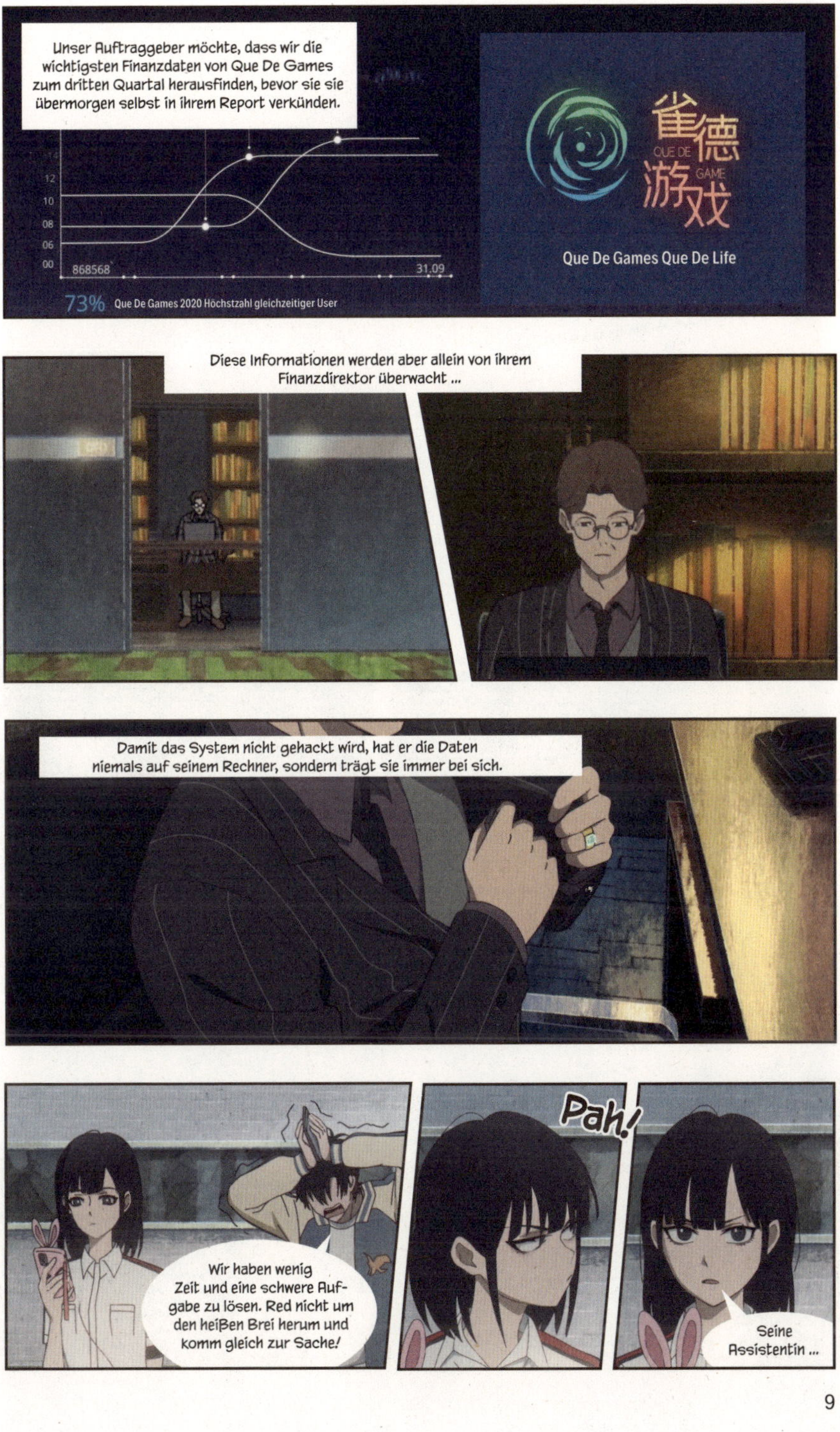

Unser Auftraggeber möchte, dass wir die wichtigsten Finanzdaten von Que De Games zum dritten Quartal herausfinden, bevor sie sie übermorgen selbst in ihrem Report verkünden.
868568
31.09
73% Que De Games 2020 Höchstzahl gleichzeitiger User
雀德游戏
QUE DE GAME
Que De Games Que De Life
Diese Informationen werden aber allein von ihrem Finanzdirektor überwacht ...
Damit das System nicht gehackt wird, hat er die Daten niemals auf seinem Rechner, sondern trägt sie immer bei sich.
Wir haben wenig Zeit und eine schwere Aufgabe zu lösen. Red nicht um den heißen Brei herum und komm gleich zur Sache!
Pah!
Seine Assistentin ...

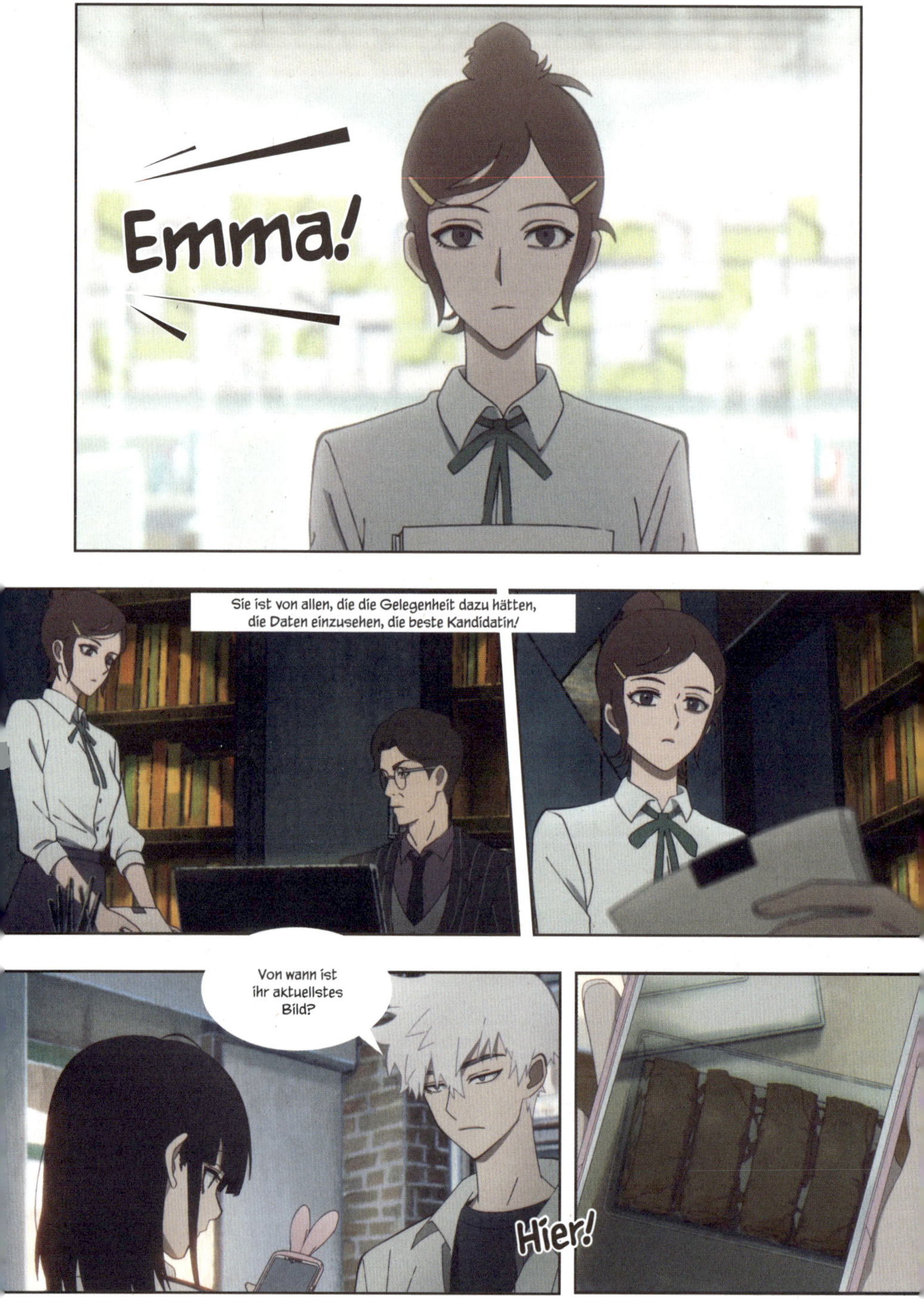
Emma!
Sie ist von allen, die die Gelegenheit dazu hätten, die Daten einzusehen, die beste Kandidatin!
Von wann ist ihr aktuellstes Bild?
Hier!

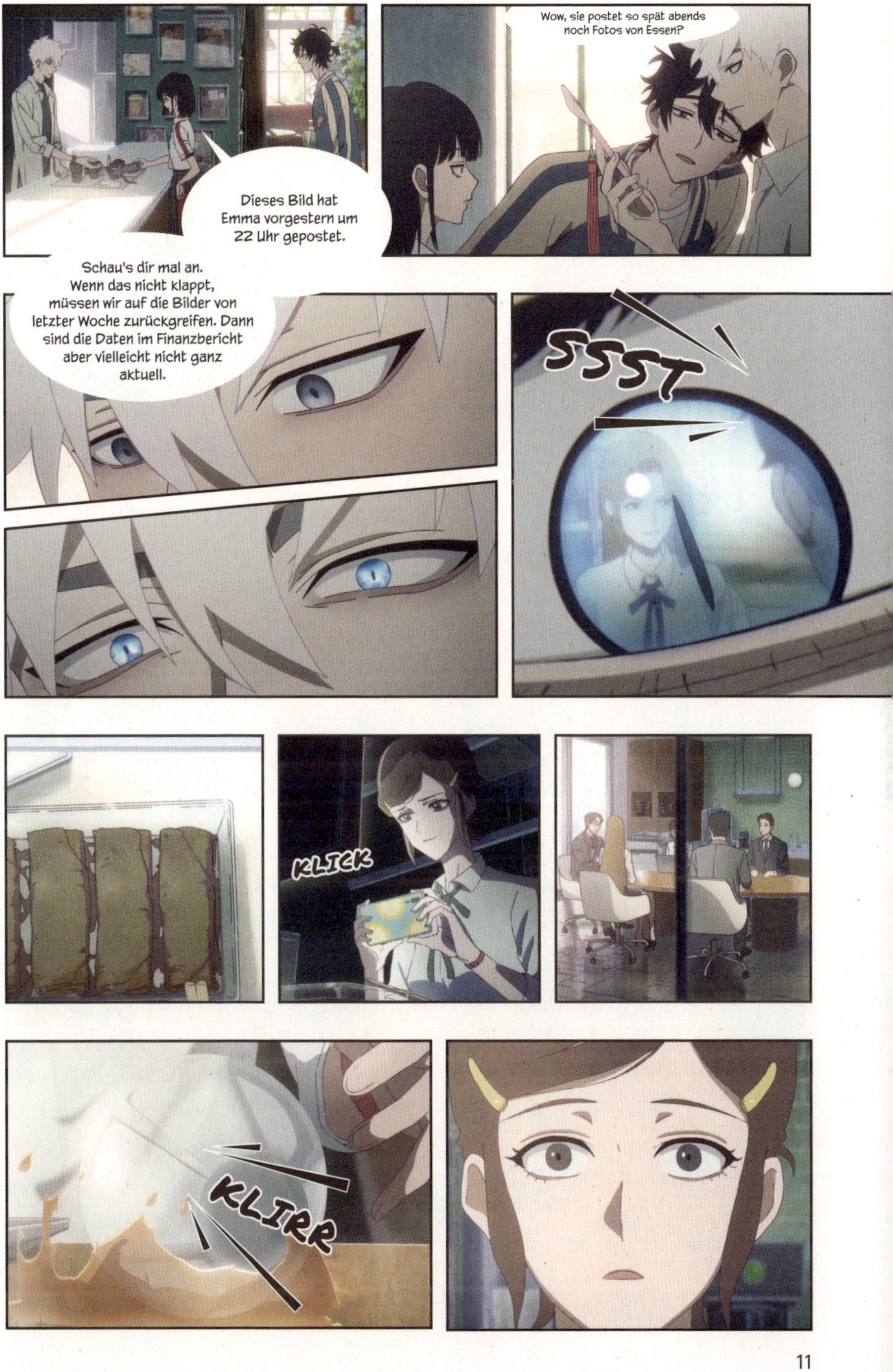
Dieses Bild hat Emma vorgestern um 22 Uhr gepostet.
Wow, sie postet so spät abends noch Fotos von Essen?
Schau's dir mal an. Wenn das nicht klappt, müssen wir auf die Bilder von letzter Woche zurückgreifen. Dann sind die Daten im Finanzbericht aber vielleicht nicht ganz aktuell.
SSST
KLICK
KLIRR

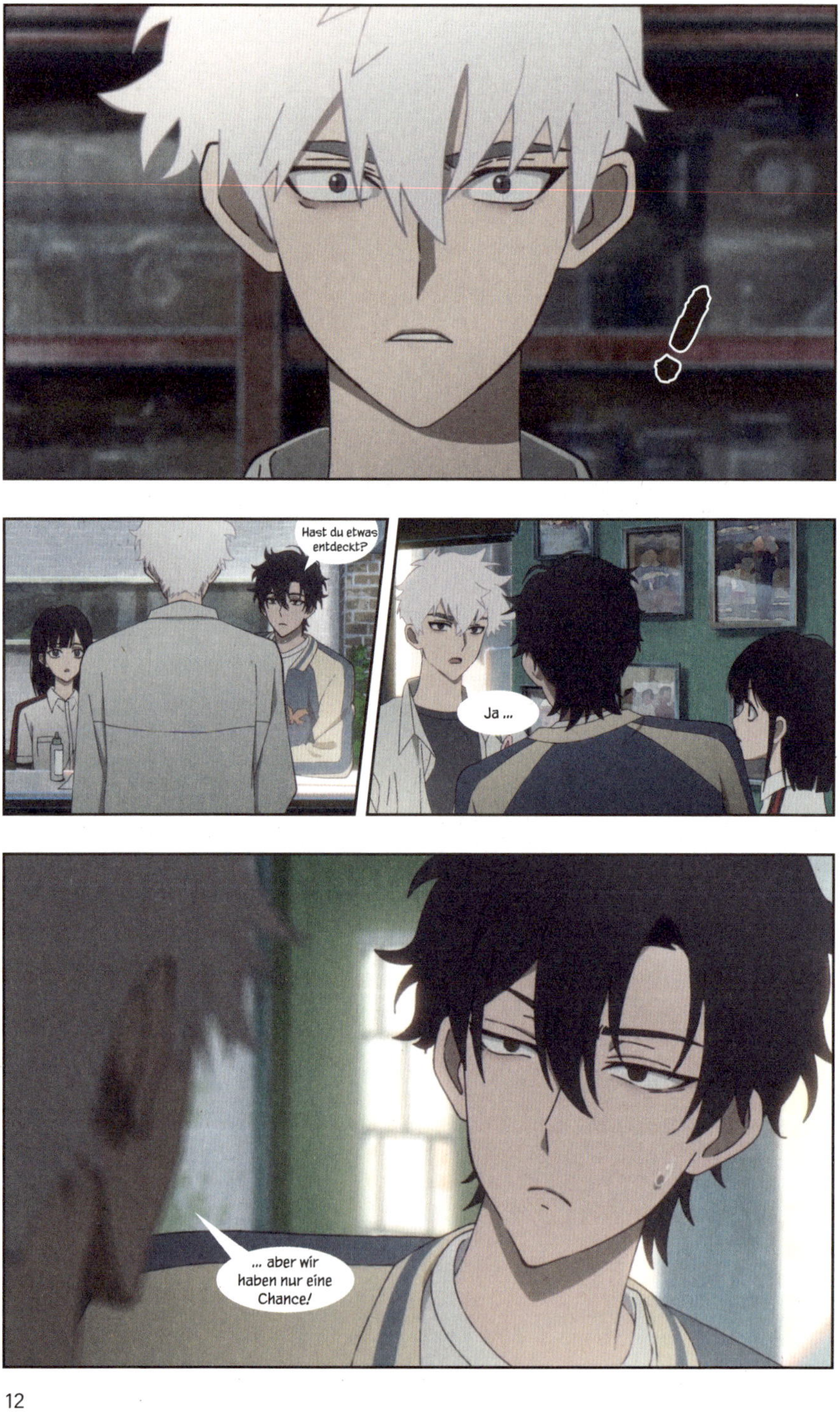
!
Hast du etwas entdeckt?
Ja ...
... aber wir haben nur eine Chance!

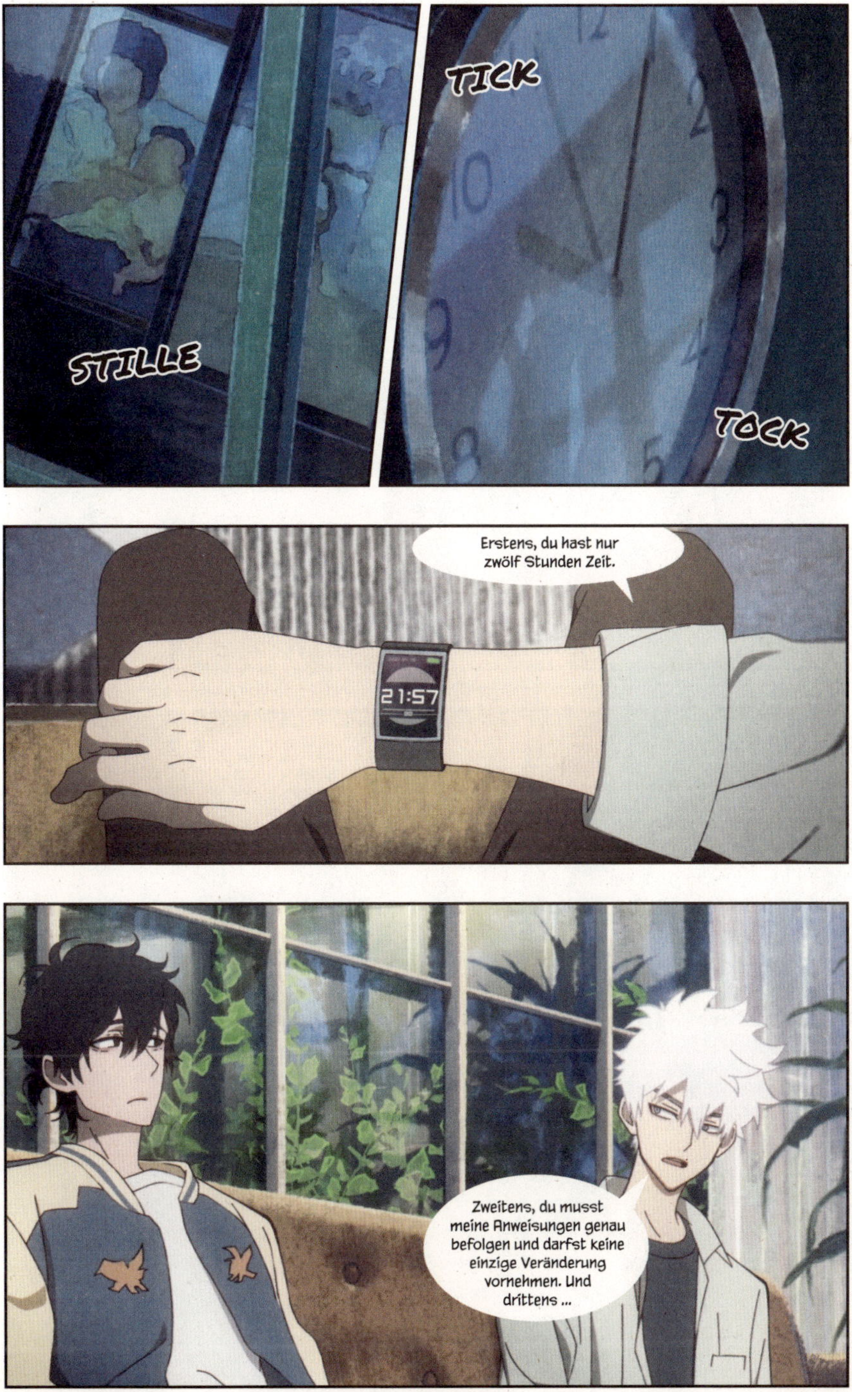
STILLE
TICK
TOCK
Erstens, du hast nur zwölf Stunden Zeit.
21:57
Zweitens, du musst meine Anweisungen genau befolgen und darfst keine einzige Veränderung vornehmen. Und drittens ...

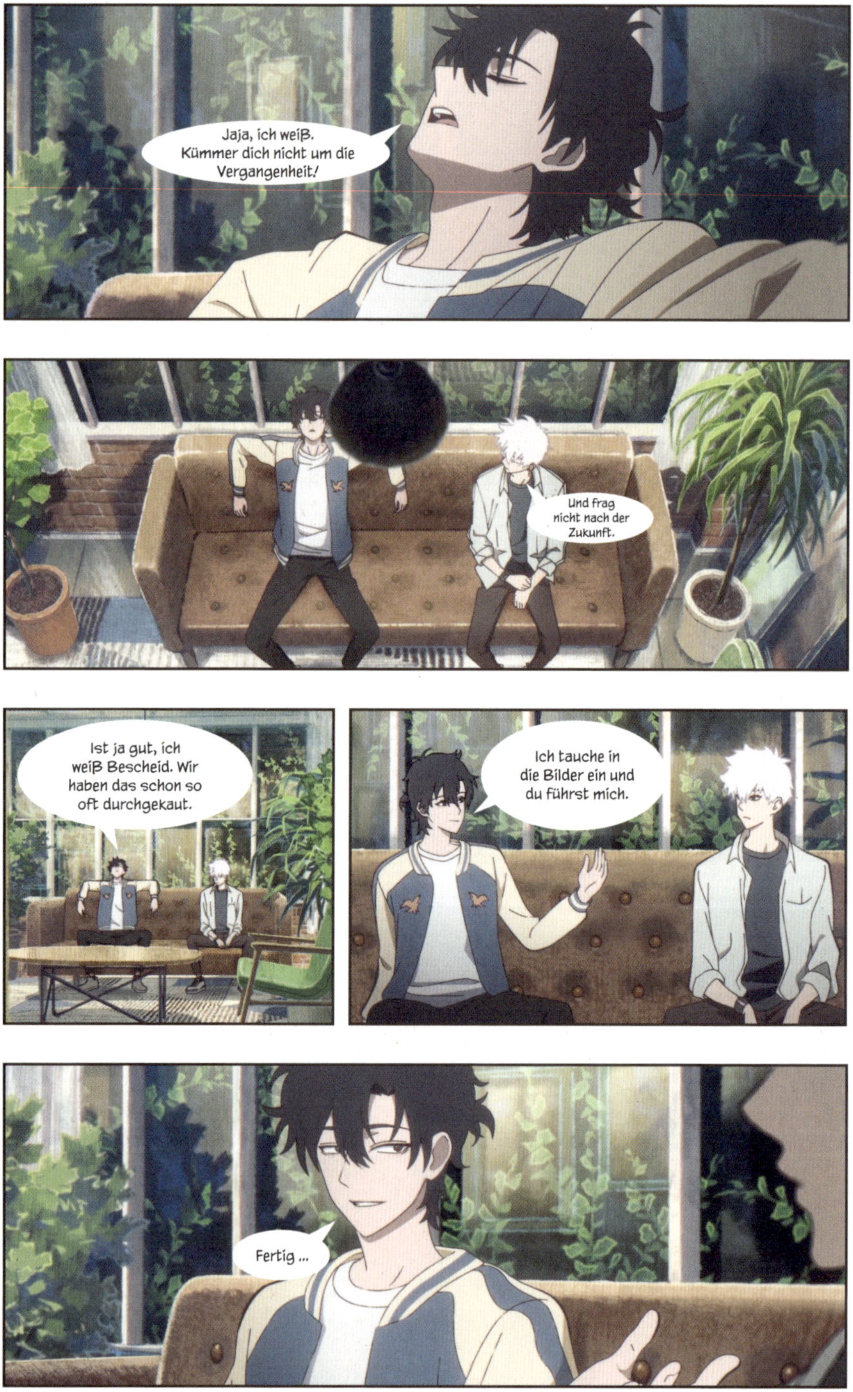
Jaja, ich weiß. Kümmer dich nicht um die Vergangenheit!
Und frag nicht nach der Zukunft.
Ist ja gut, ich weiß Bescheid. Wir haben das schon so oft durchgekaut.
Ich tauche in die Bilder ein und du führst mich.
Fertig ...

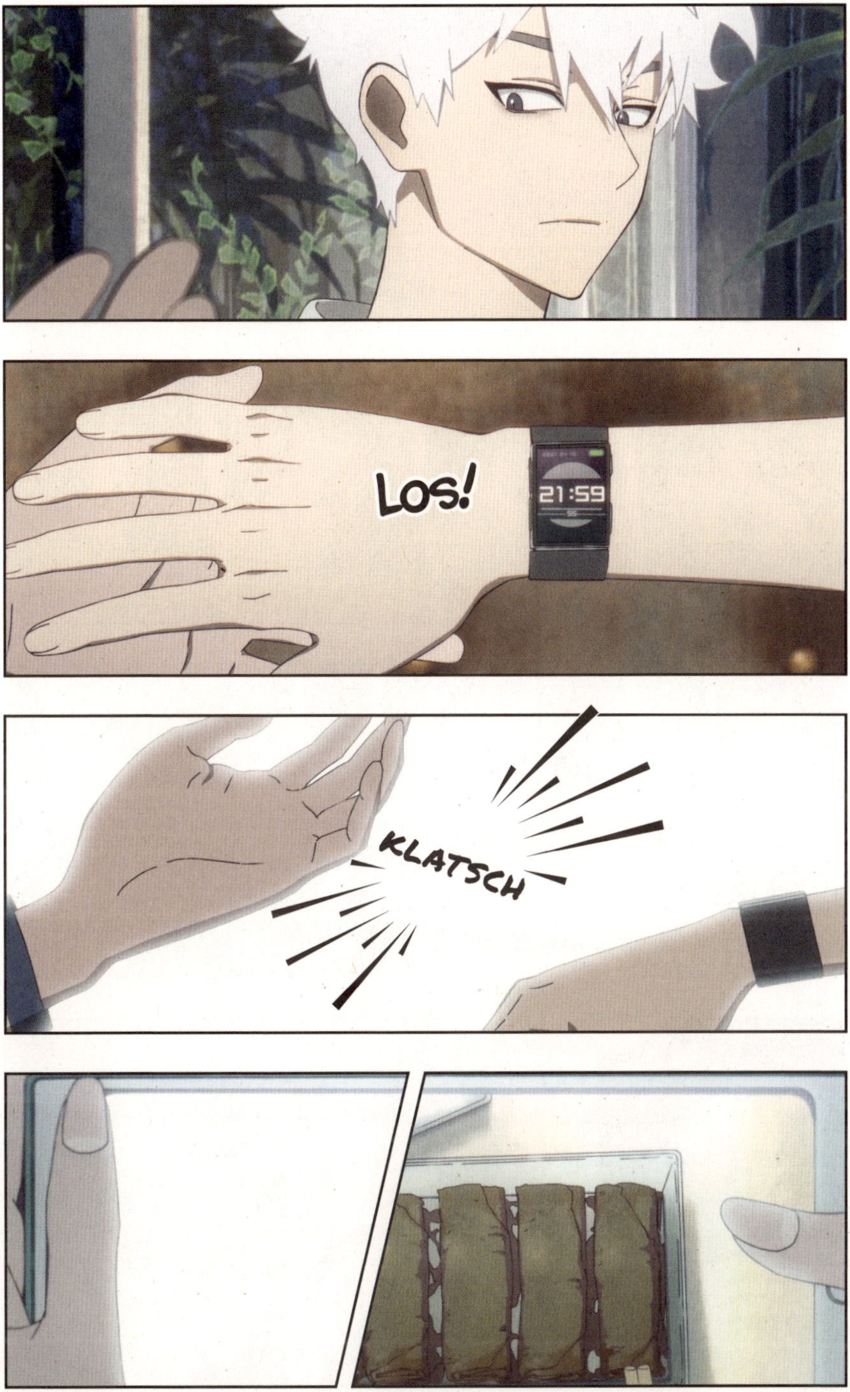
Los!
21:59
KLATSCH

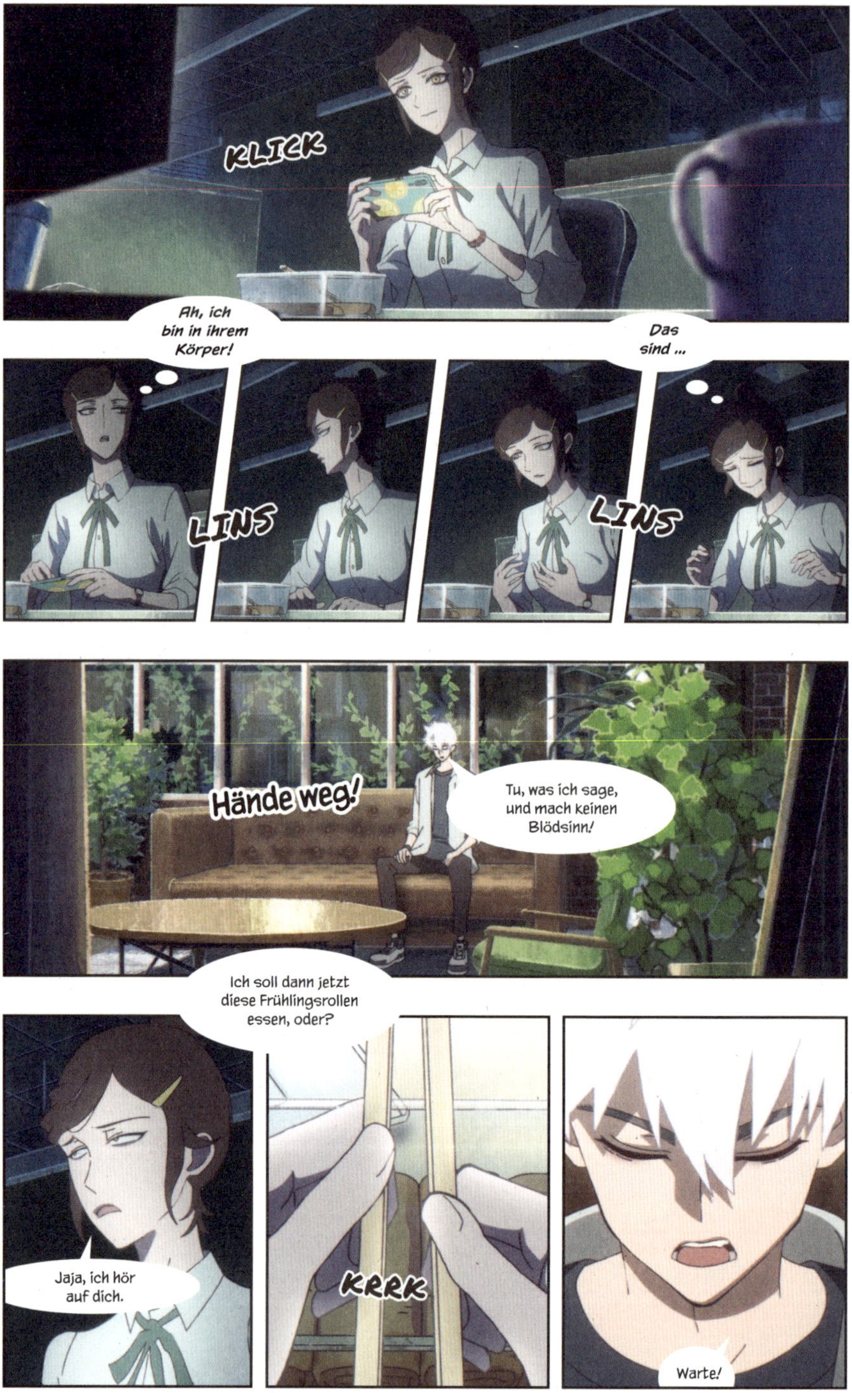

KLICK
Ah, ich bin in ihrem Körper!
LINS
Das sind ...
LINS
Hände weg!
Tu, was ich sage, und mach keinen Blödsinn!
Ich soll dann jetzt diese Frühlingsrollen essen, oder?
Jaja, ich hör auf dich.
KRRK
Warte!

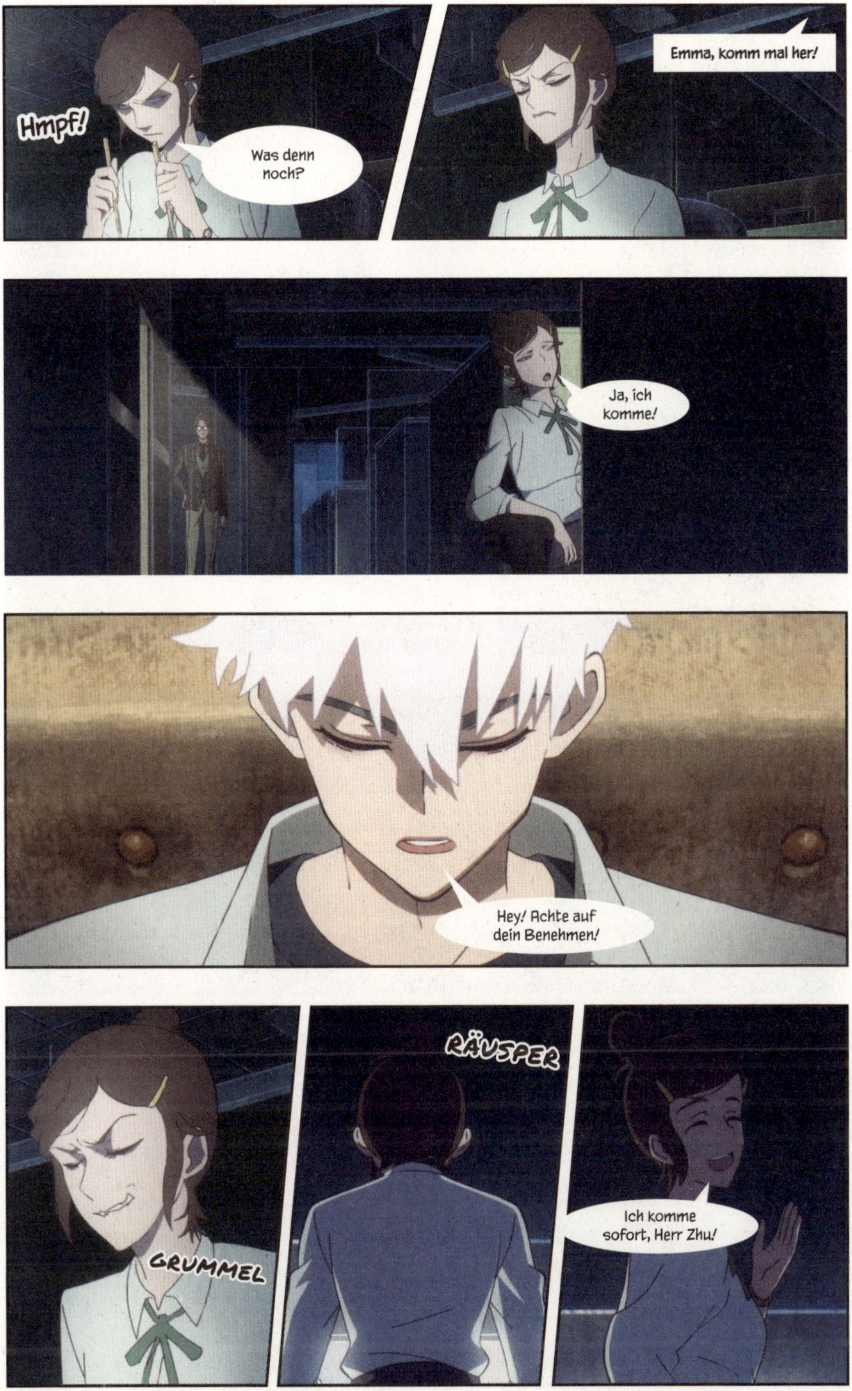
Hmpf!
Was denn noch?
Emma, komm mal her!
Ja, ich komme!
Hey! Achte auf dein Benehmen!
GRUMMEL
RÄUSPER
Ich komme sofort, Herr Zhu!

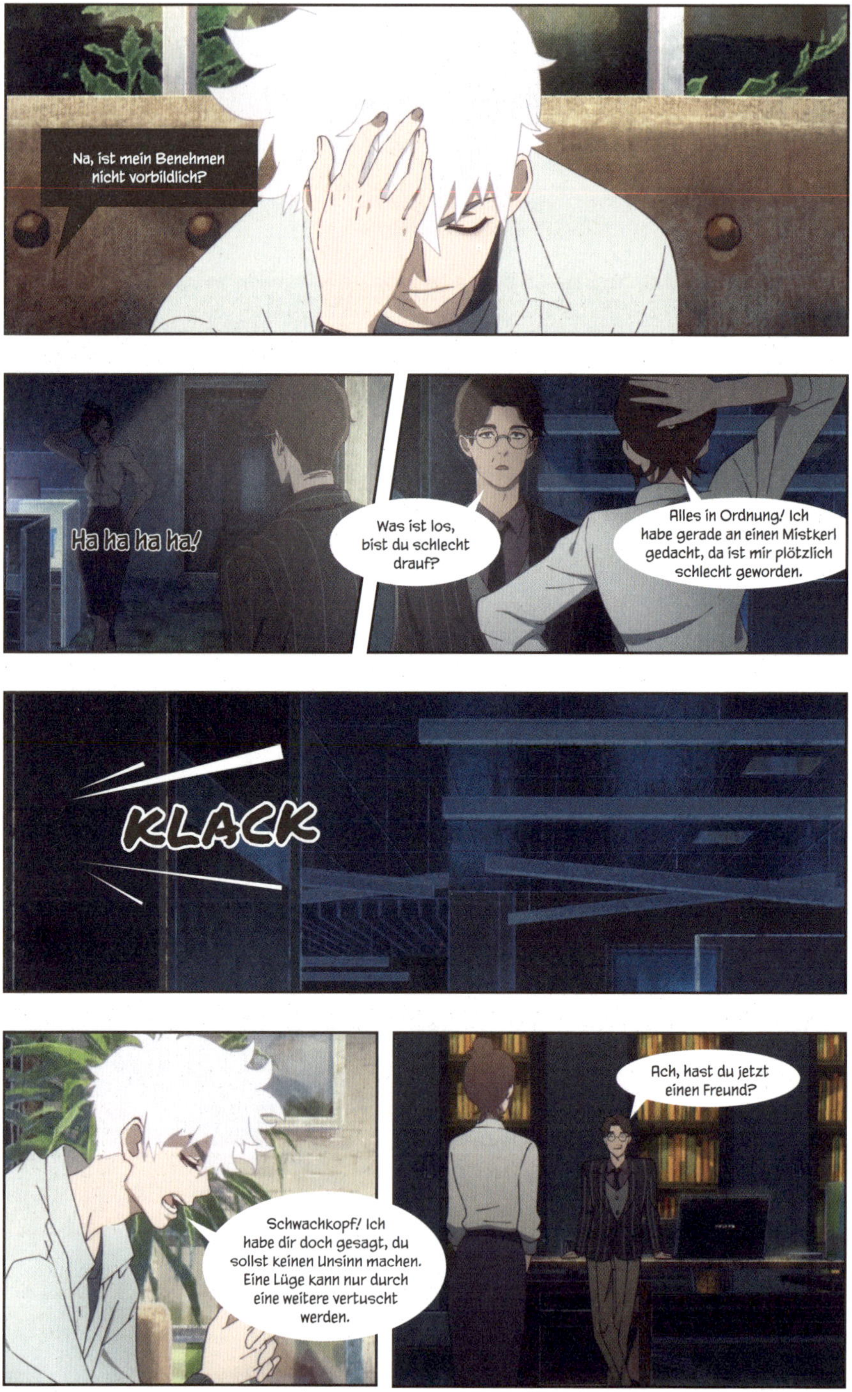
Na, ist mein Benehmen nicht vorbildlich?
Ha ha ha ha!
Was ist los, bist du schlecht drauf?
Alles in Ordnung! Ich habe gerade an einen Mistkerl gedacht, da ist mir plötzlich schlecht geworden.
KLACK
Schwachkopf! Ich habe dir doch gesagt, du sollst keinen Unsinn machen. Eine Lüge kann nur durch eine weitere vertuscht werden.
Ach, hast du jetzt einen Freund?

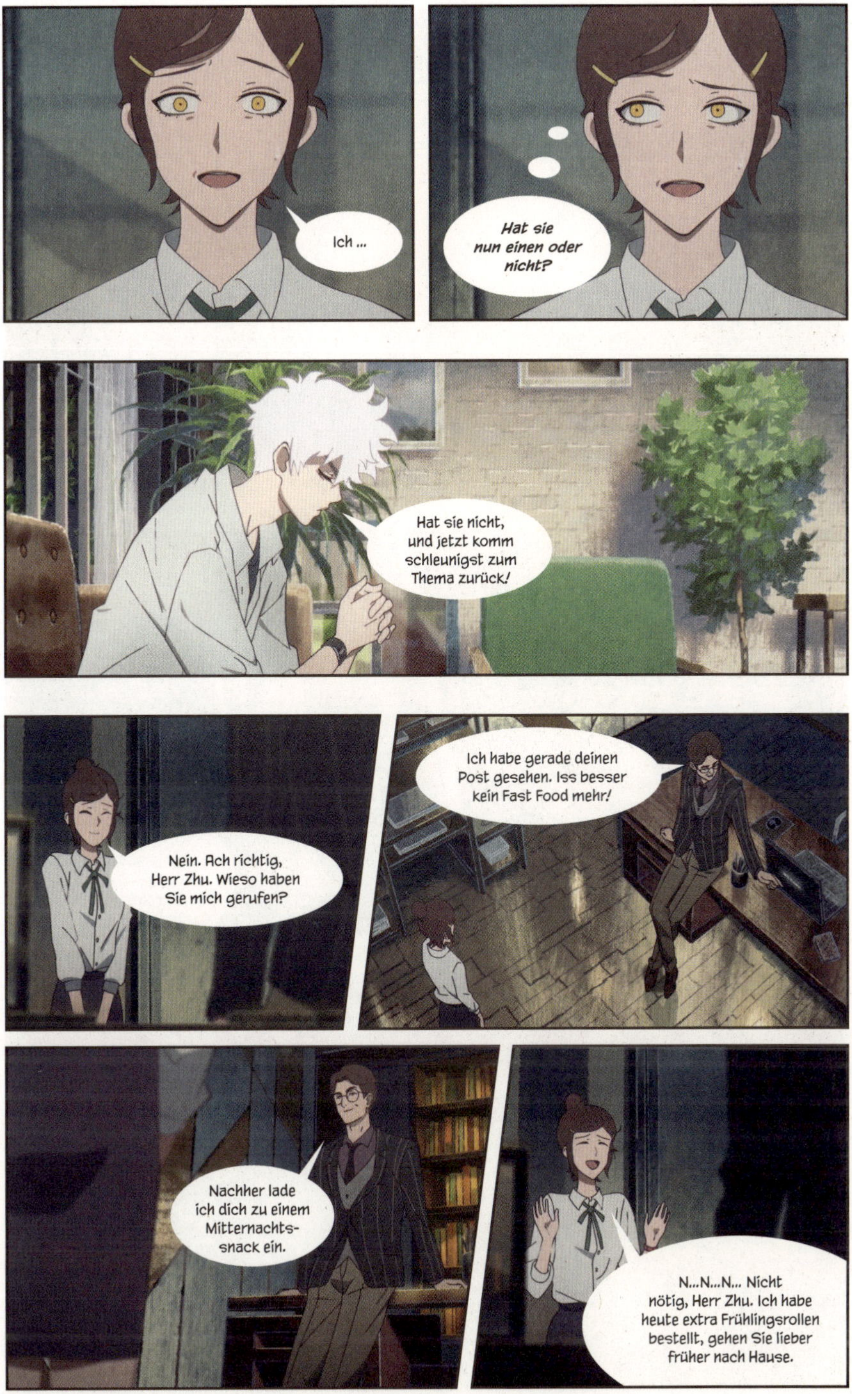
Ich ...
Hat sie nun einen oder nicht?
Hat sie nicht, und jetzt komm schleunigst zum Thema zurück!
Nein. Ach richtig, Herr Zhu. Wieso haben Sie mich gerufen?
Ich habe gerade deinen Post gesehen. Iss besser kein Fast Food mehr!
Nachher lade ich dich zu einem Mitternachts-snack ein.
N...N...N... Nicht nötig, Herr Zhu. Ich habe heute extra Frühlingsrollen bestellt, gehen Sie lieber früher nach Hause.

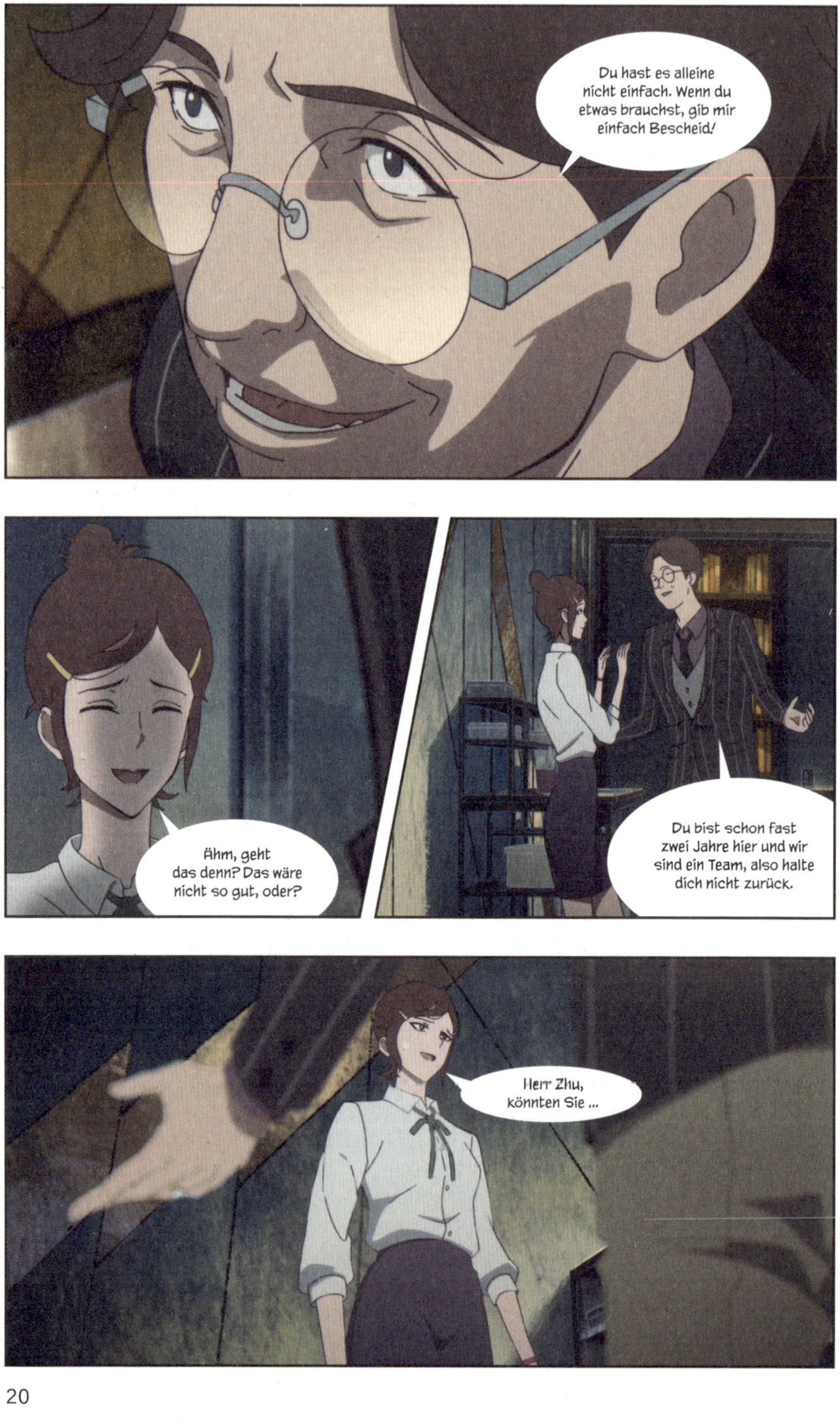
Du hast es alleine nicht einfach. Wenn du etwas brauchst, gib mir einfach Bescheid!
Ähm, geht das denn? Das wäre nicht so gut, oder?
Du bist schon fast zwei Jahre hier und wir sind ein Team, also halte dich nicht zurück.
Herr Zhu, könnten Sie ...

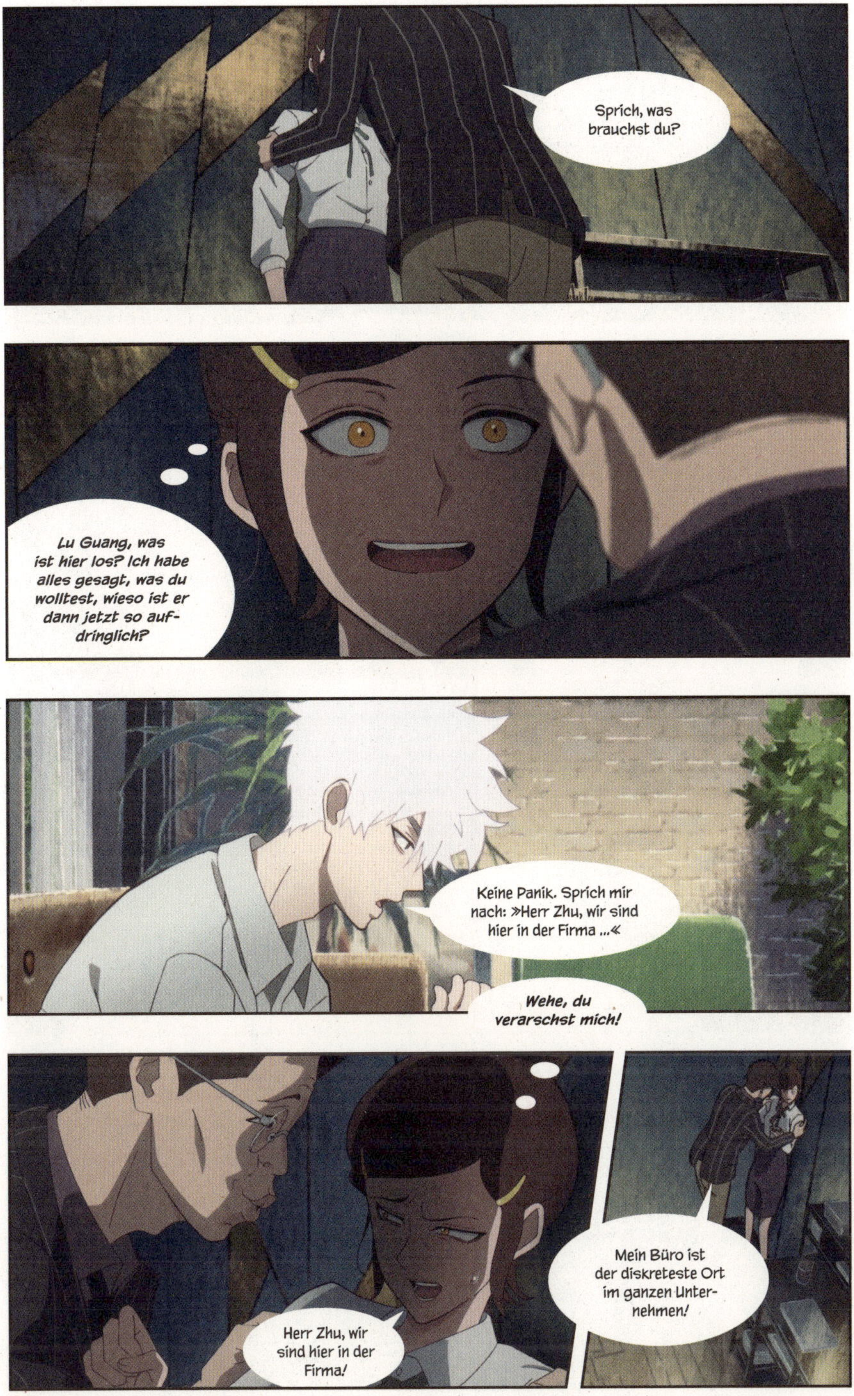
Sprich, was brauchst du?
Lu Guang, was ist hier los? Ich habe alles gesagt, was du wolltest, wieso ist er dann jetzt so aufdringlich?
Keine Panik. Sprich mir nach: »Herr Zhu, wir sind hier in der Firma ...«
Wehe, du verarschst mich!
Herr Zhu, wir sind hier in der Firma!
Mein Büro ist der diskreteste Ort im ganzen Unternehmen!

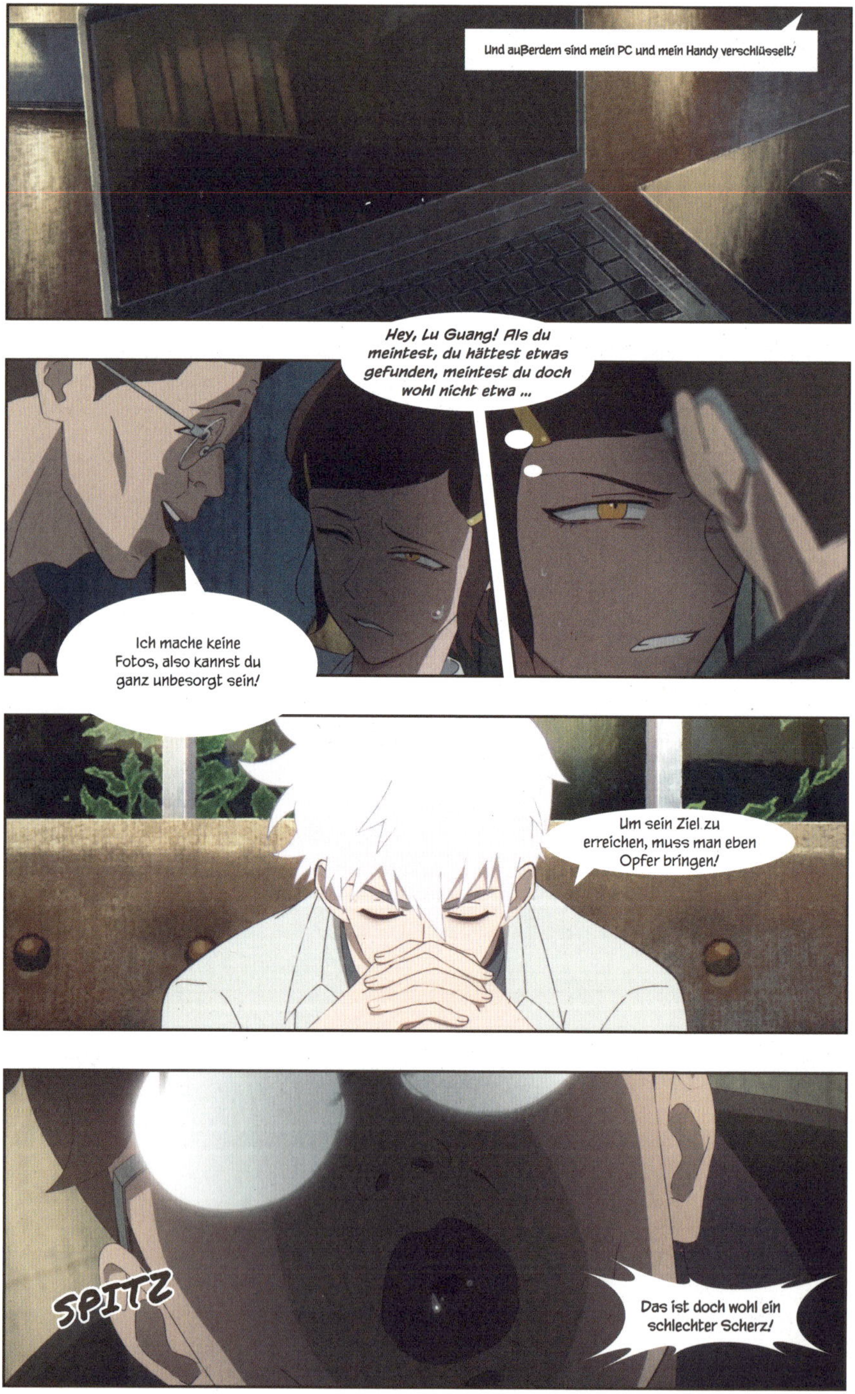
Und außerdem sind mein PC und mein Handy verschlüsselt!
Hey, Lu Guang! Als du meintest, du hättest etwas gefunden, meintest du doch wohl nicht etwa ...
Ich mache keine Fotos, also kannst du ganz unbesorgt sein!
Um sein Ziel zu erreichen, muss man eben Opfer bringen!
SPITZ
Das ist doch wohl ein schlechter Scherz!

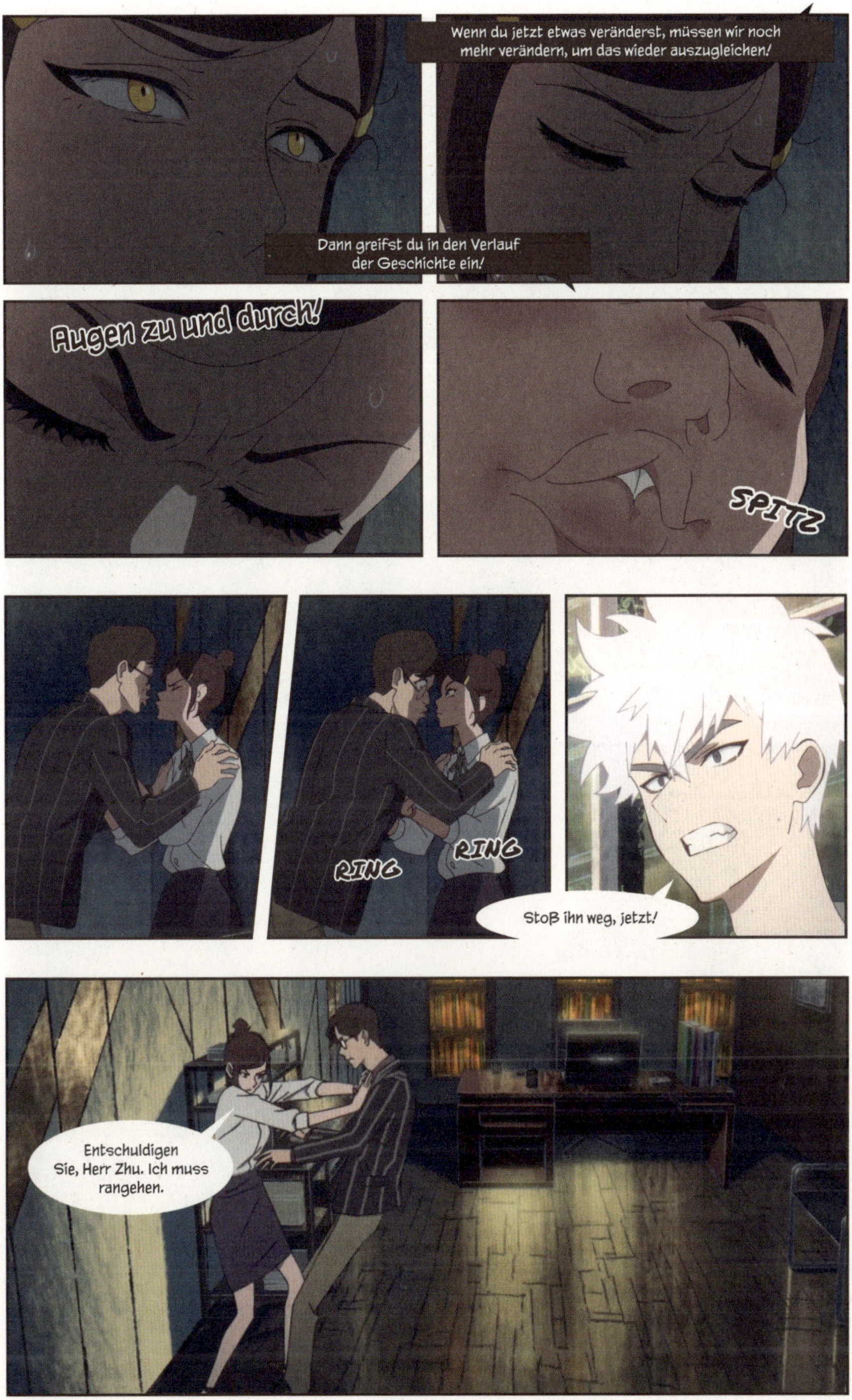
Wenn du jetzt etwas veränderst, müssen wir noch mehr verändern, um das wieder auszugleichen!
Dann greifst du in den Verlauf der Geschichte ein!
Augen zu und durch!
SPITZ
RING
RING
Stoß ihn weg, jetzt!
Entschuldigen Sie, Herr Zhu. Ich muss rangehen.

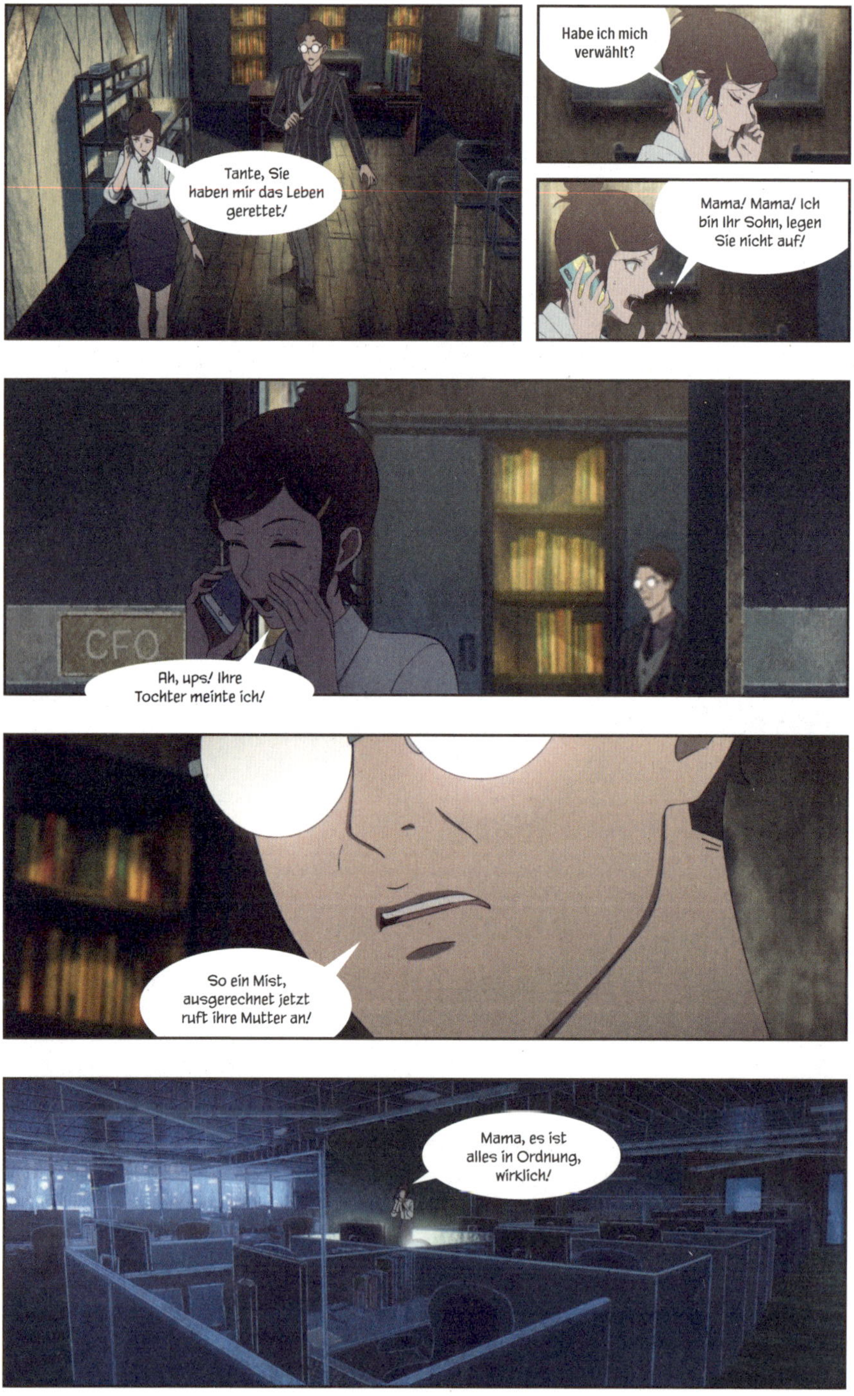
Tante, Sie haben mir das Leben gerettet!
Habe ich mich verwählt?
Mama! Mama! Ich bin Ihr Sohn, legen Sie nicht auf!
CFO
Ah, ups! Ihre Tochter meinte ich!
So ein Mist, ausgerechnet jetzt ruft ihre Mutter an!
Mama, es ist alles in Ordnung, wirklich!

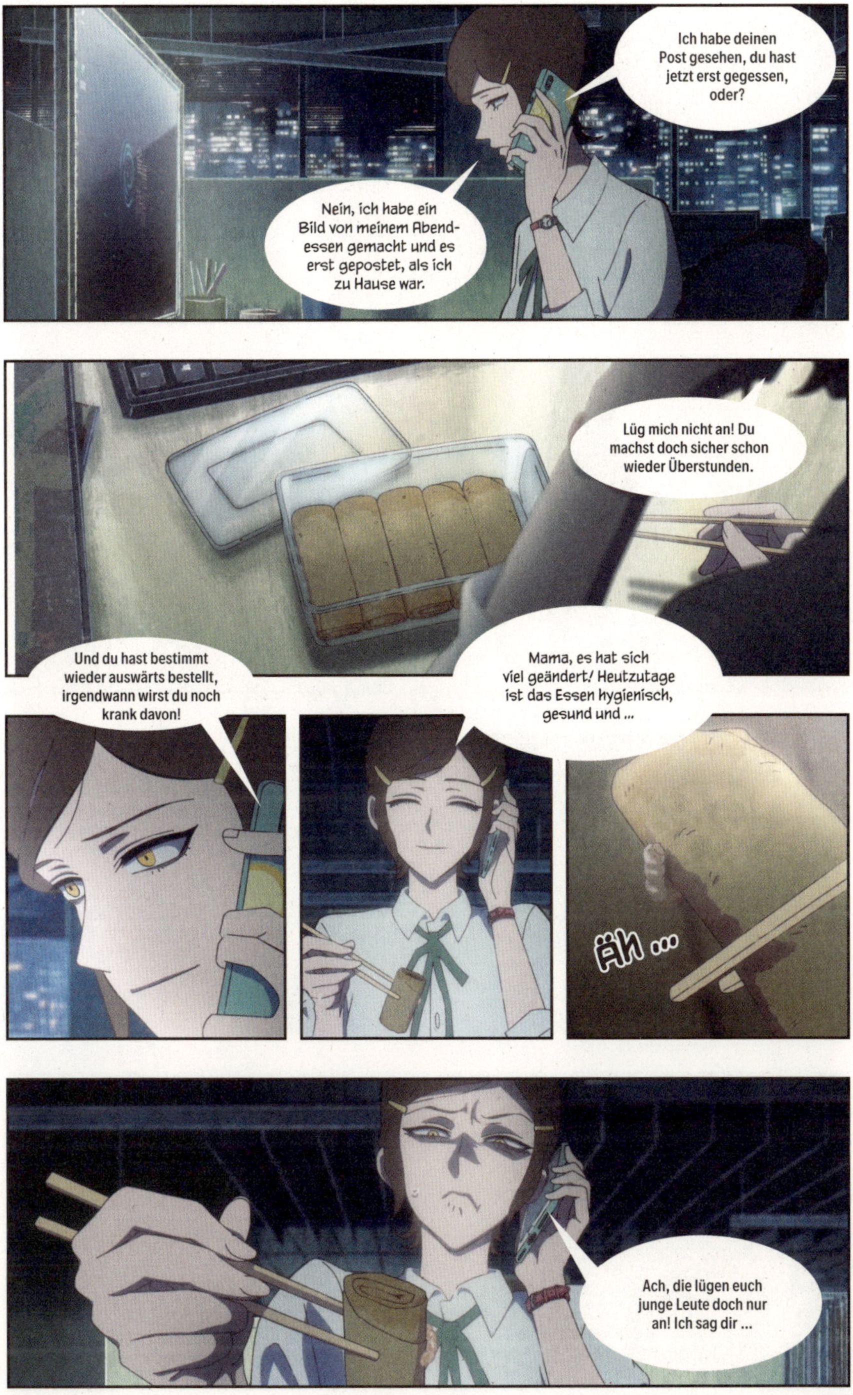
Ich habe deinen Post gesehen, du hast jetzt erst gegessen, oder?
Nein, ich habe ein Bild von meinem Abendessen gemacht und es erst gepostet, als ich zu Hause war.
Lüg mich nicht an! Du machst doch sicher schon wieder Überstunden.
Und du hast bestimmt wieder auswärts bestellt, irgendwann wirst du noch krank davon!
Mama, es hat sich viel geändert! Heutzutage ist das Essen hygienisch, gesund und ...
Äh ...
Ach, die lügen euch junge Leute doch nur an! Ich sag dir ...

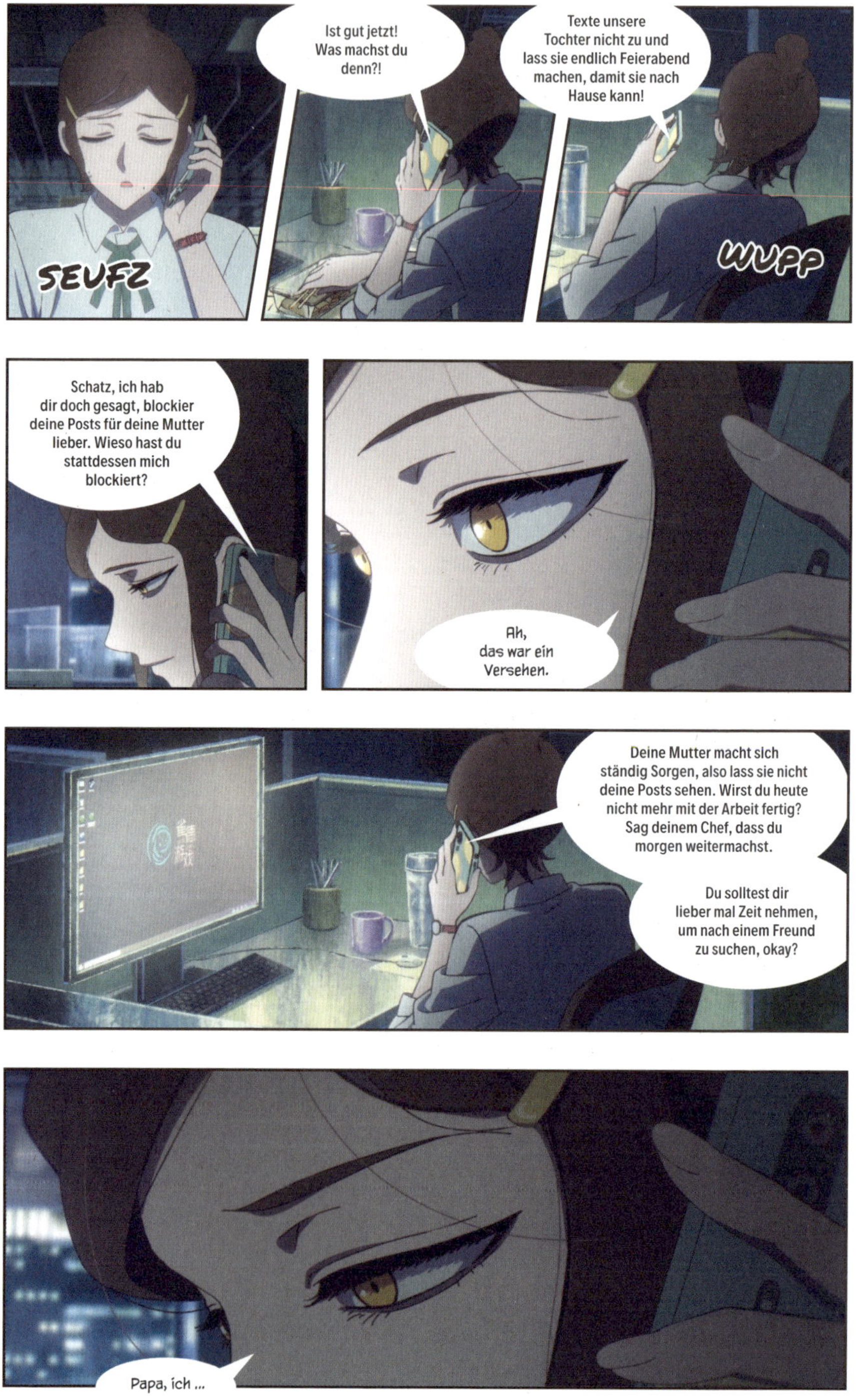
SEUFZ
Ist gut jetzt! Was machst du denn?!
Texte unsere Tochter nicht zu und lass sie endlich Feierabend machen, damit sie nach Hause kann!
WUPP
Schatz, ich hab dir doch gesagt, blockier deine Posts für deine Mutter lieber. Wieso hast du stattdessen mich blockiert?
Ah, das war ein Versehen.
Deine Mutter macht sich ständig Sorgen, also lass sie nicht deine Posts sehen. Wirst du heute nicht mehr mit der Arbeit fertig? Sag deinem Chef, dass du morgen weitermachst.
Du solltest dir lieber mal Zeit nehmen, um nach einem Freund zu suchen, okay?
Papa, ich …

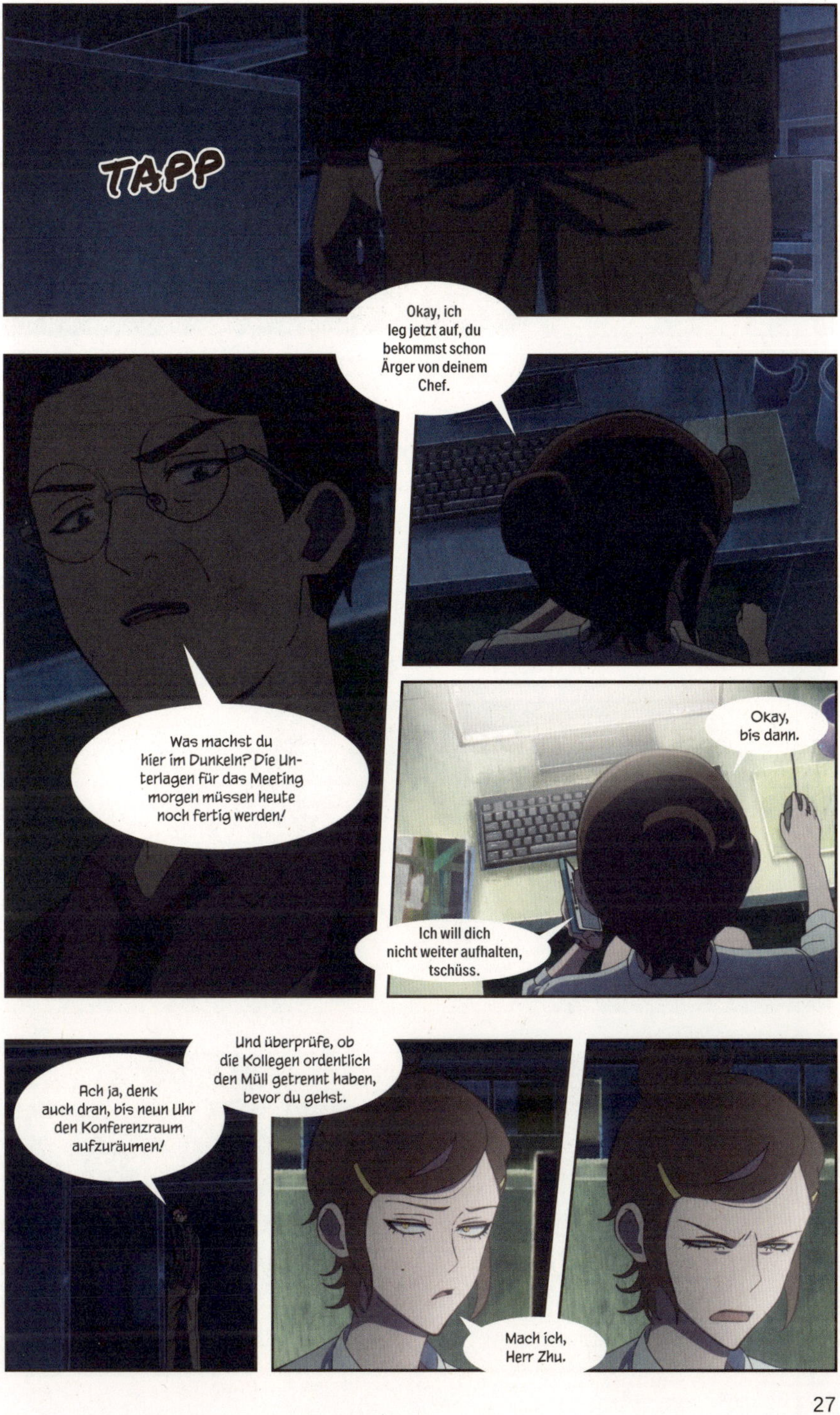
TAPP
Okay, ich leg jetzt auf, du bekommst schon Ärger von deinem Chef.
Was machst du hier im Dunkeln? Die Unterlagen für das Meeting morgen müssen heute noch fertig werden!
Okay, bis dann.
Ich will dich nicht weiter aufhalten, tschüss.
Ach ja, denk auch dran, bis neun Uhr den Konferenzraum aufzuräumen!
Und überprüfe, ob die Kollegen ordentlich den Müll getrennt haben, bevor du gehst.
Mach ich, Herr Zhu.

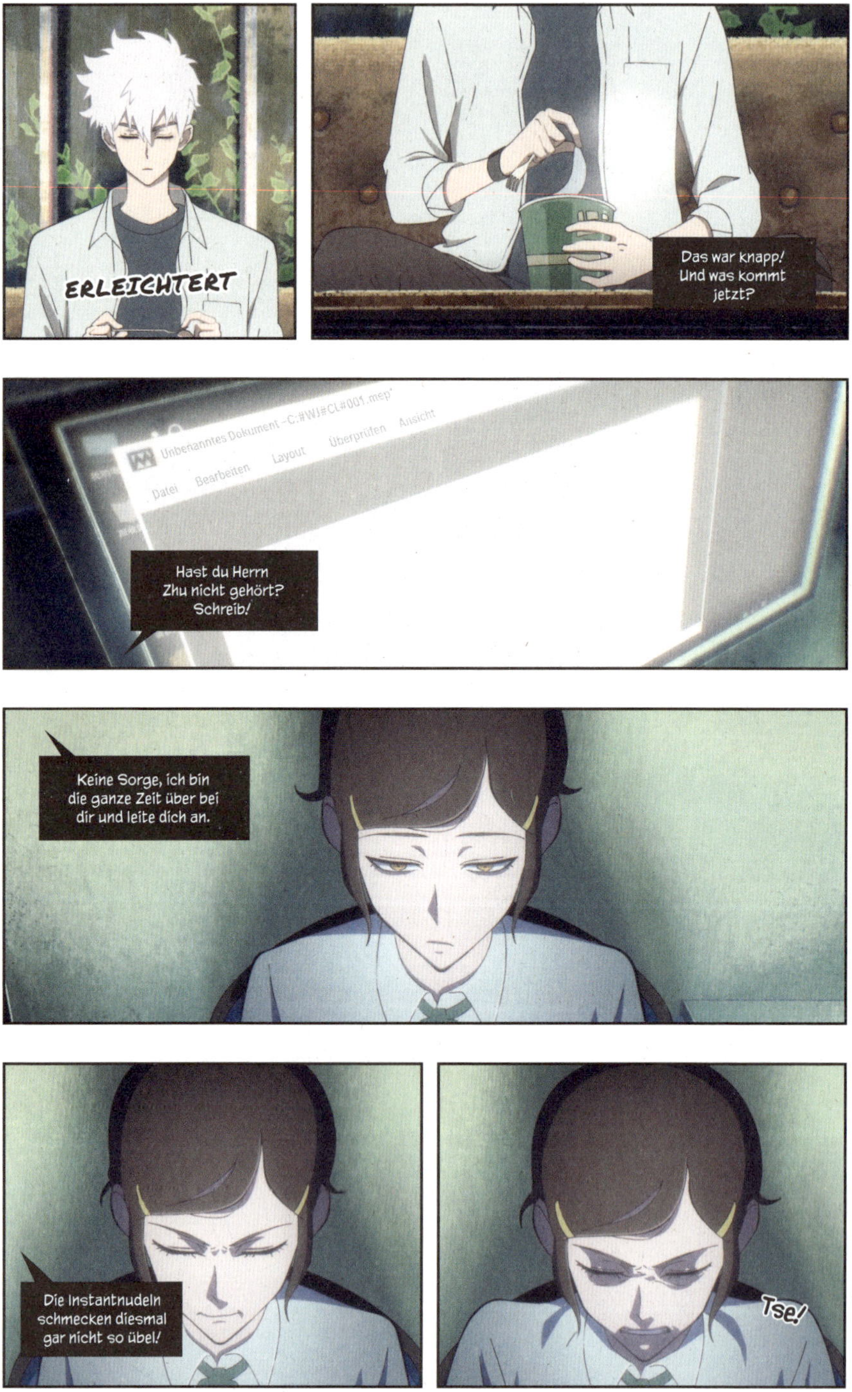
ERLEICHTERT
Das war knapp! Und was kommt jetzt?
Unbenanntes Dokument - C:#WJ#CL#001.mep*
Datei
Bearbeiten
Layout
Überprüfen
Ansicht
Hast du Herrn Zhu nicht gehört? Schreib!
Keine Sorge, ich bin die ganze Zeit über bei dir und leite dich an.
Die Instantnudeln schmecken diesmal gar nicht so übel!
Tse!

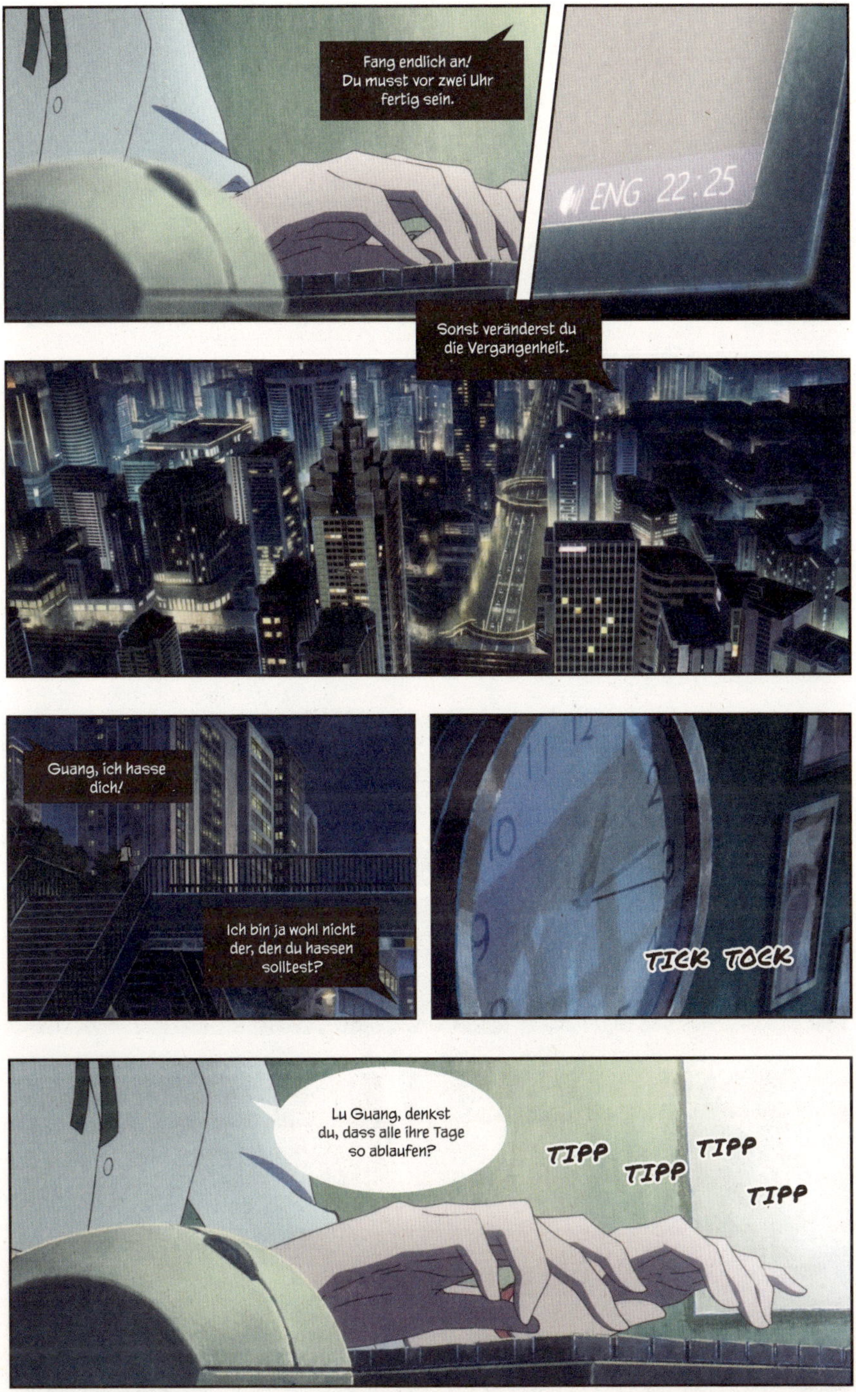
Fang endlich an! Du musst vor zwei Uhr fertig sein.
ENG 22:25
Sonst veränderst du die Vergangenheit.
Guang, ich hasse dich!
Ich bin ja wohl nicht der, den du hassen solltest?
TICK TOCK
Lu Guang, denkst du, dass alle ihre Tage so ablaufen?
TIPP TIPP TIPP TIPP

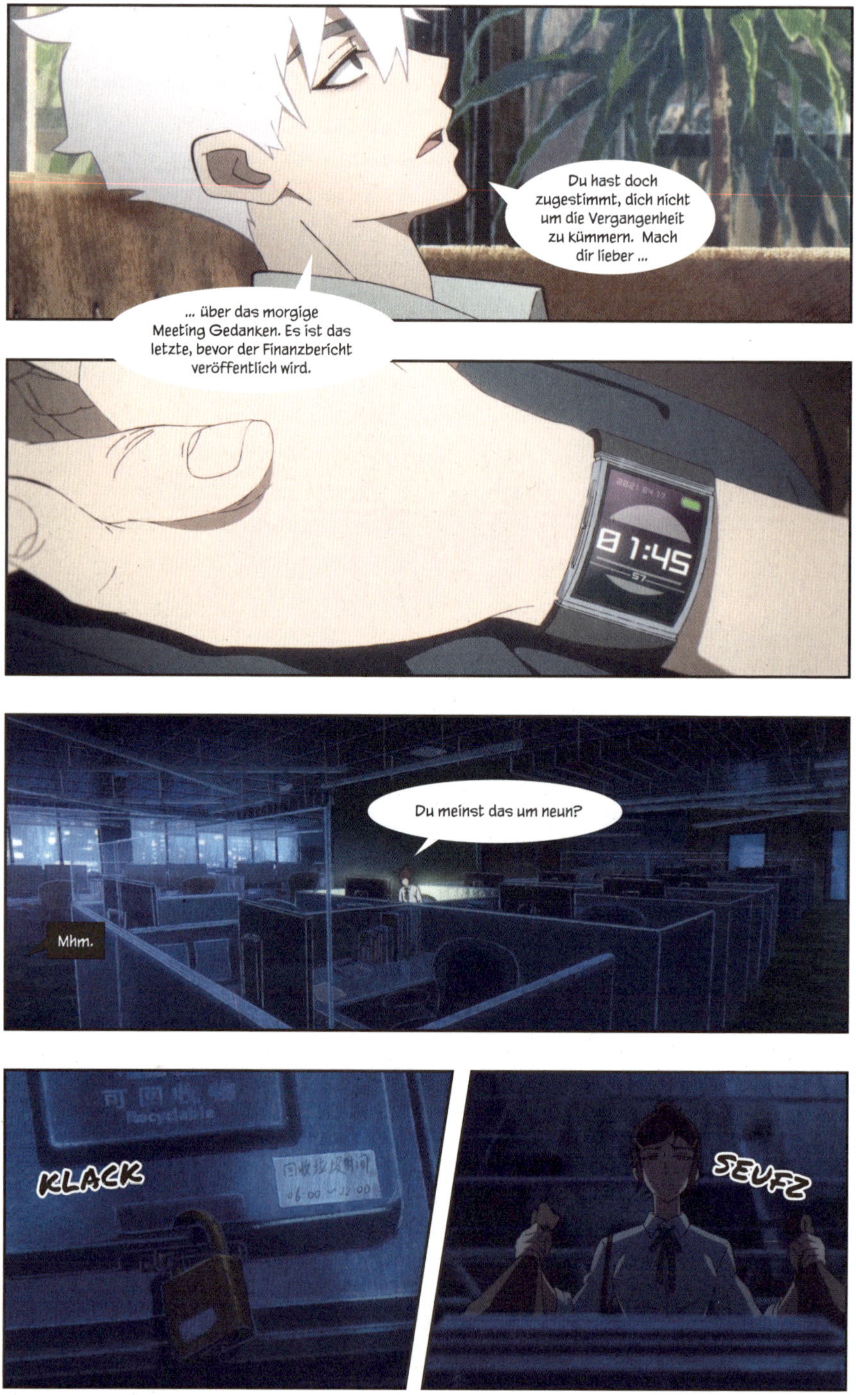
Du hast doch zugestimmt, dich nicht um die Vergangenheit zu kümmern. Mach dir lieber ...
... über das morgige Meeting Gedanken. Es ist das letzte, bevor der Finanzbericht veröffentlich wird.
81:45
Du meinst das um neun?
Mhm.
KLACK
SEUFZ

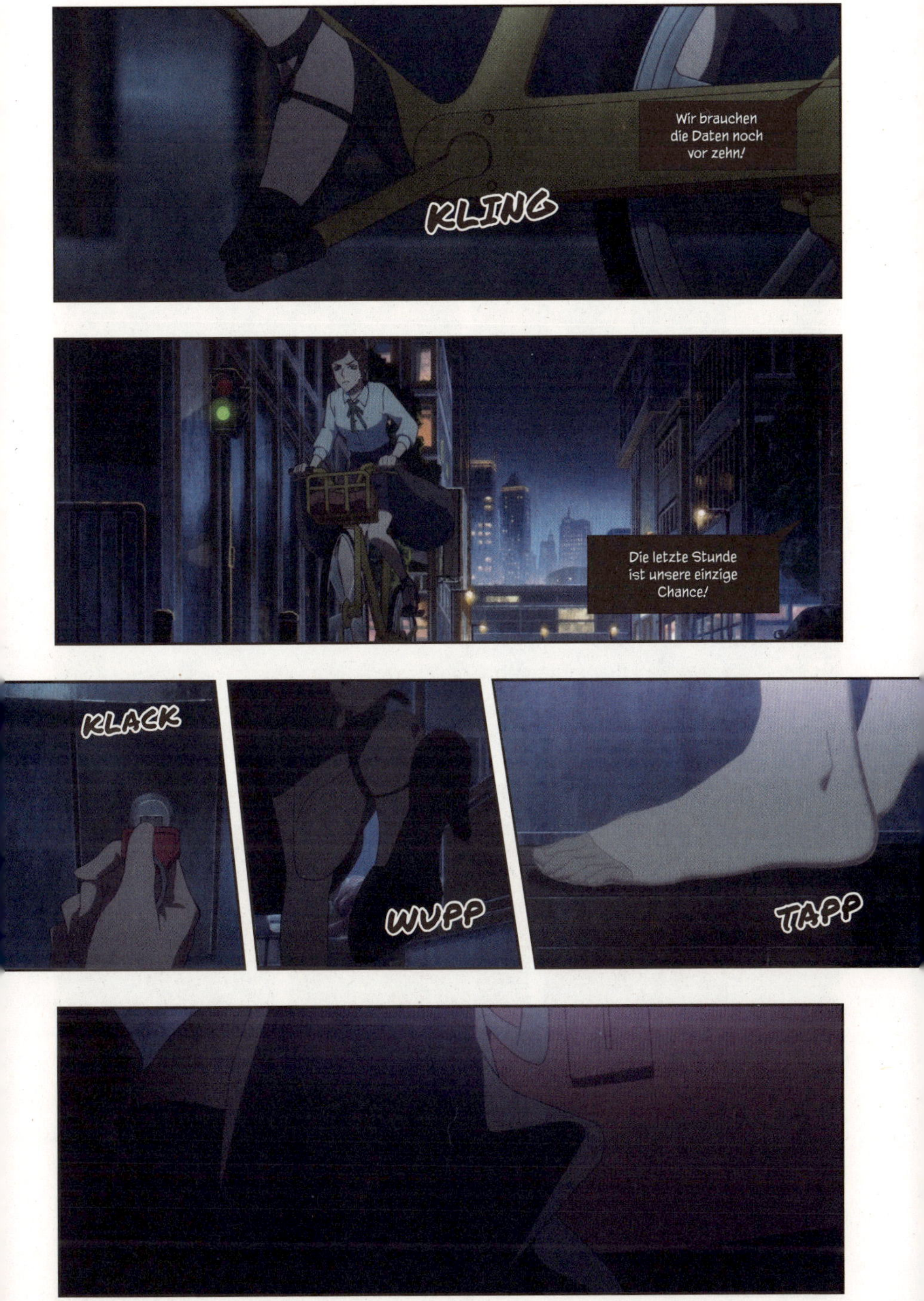
Wir brauchen die Daten noch vor zehn!
KLING
Die letzte Stunde ist unsere einzige Chance!
KLACK
WUPP
TAPP

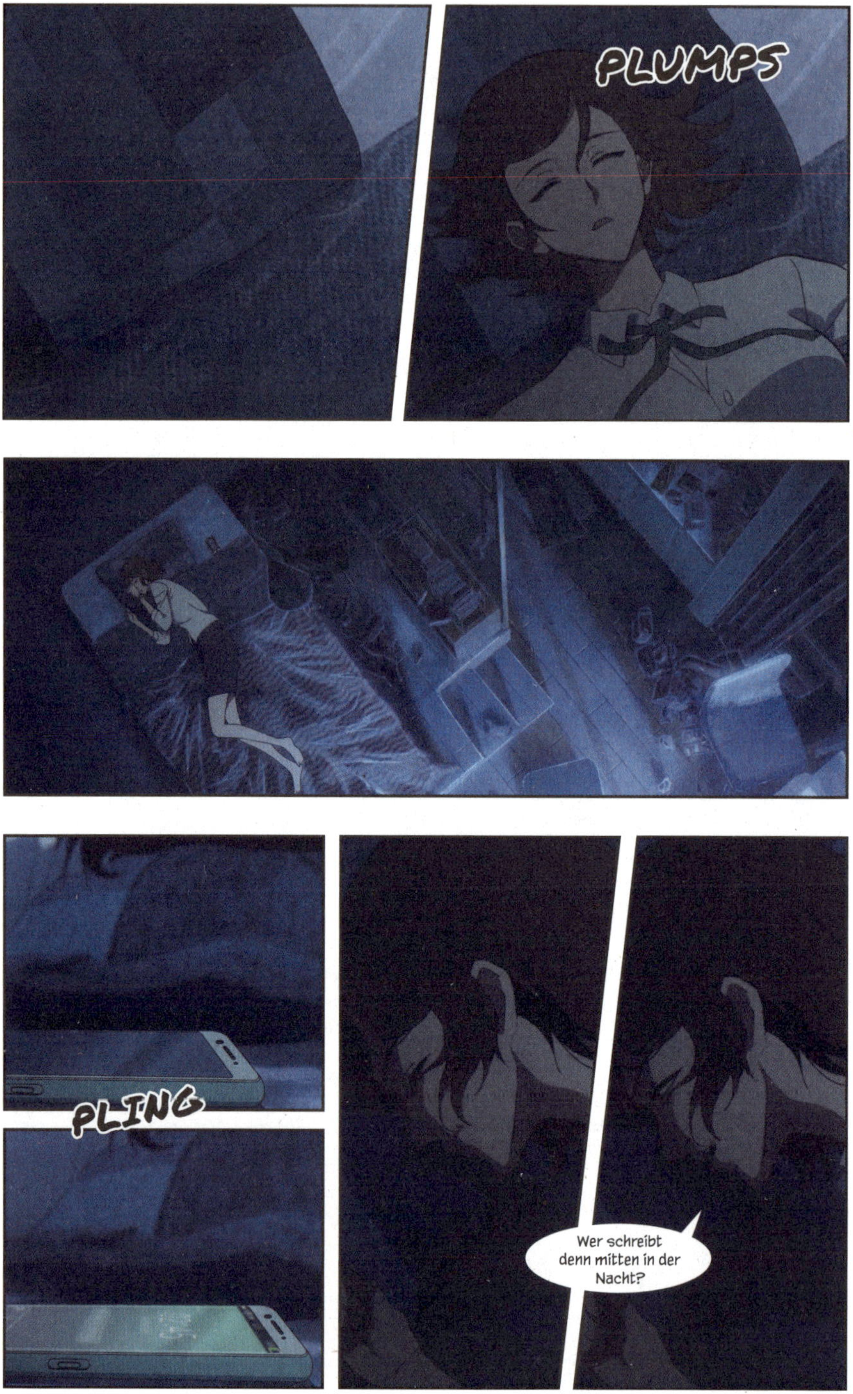
PLUMPS
PLING
Wer schreibt denn mitten in der Nacht?

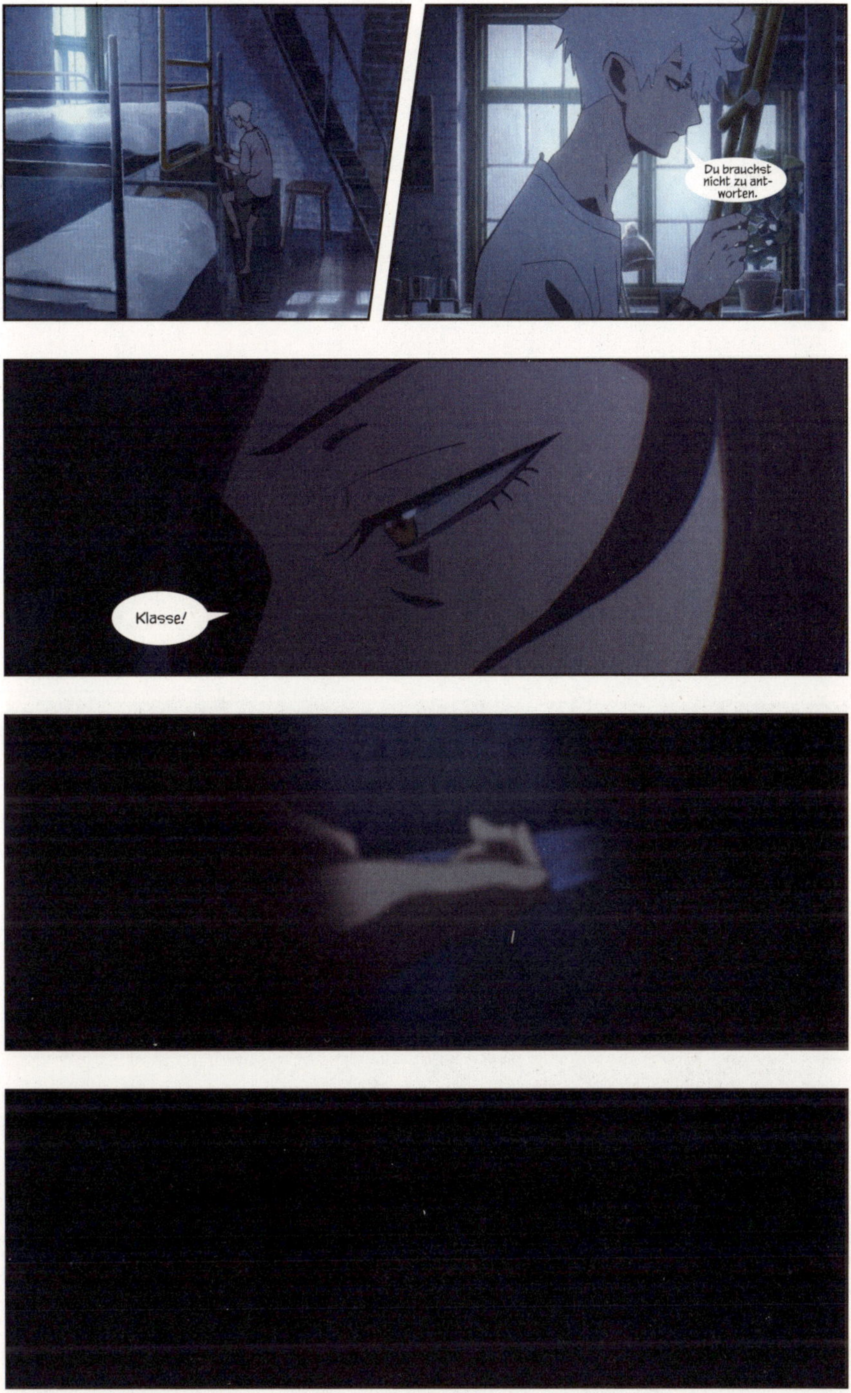
Du brauchst nicht zu antworten.
Klasse!

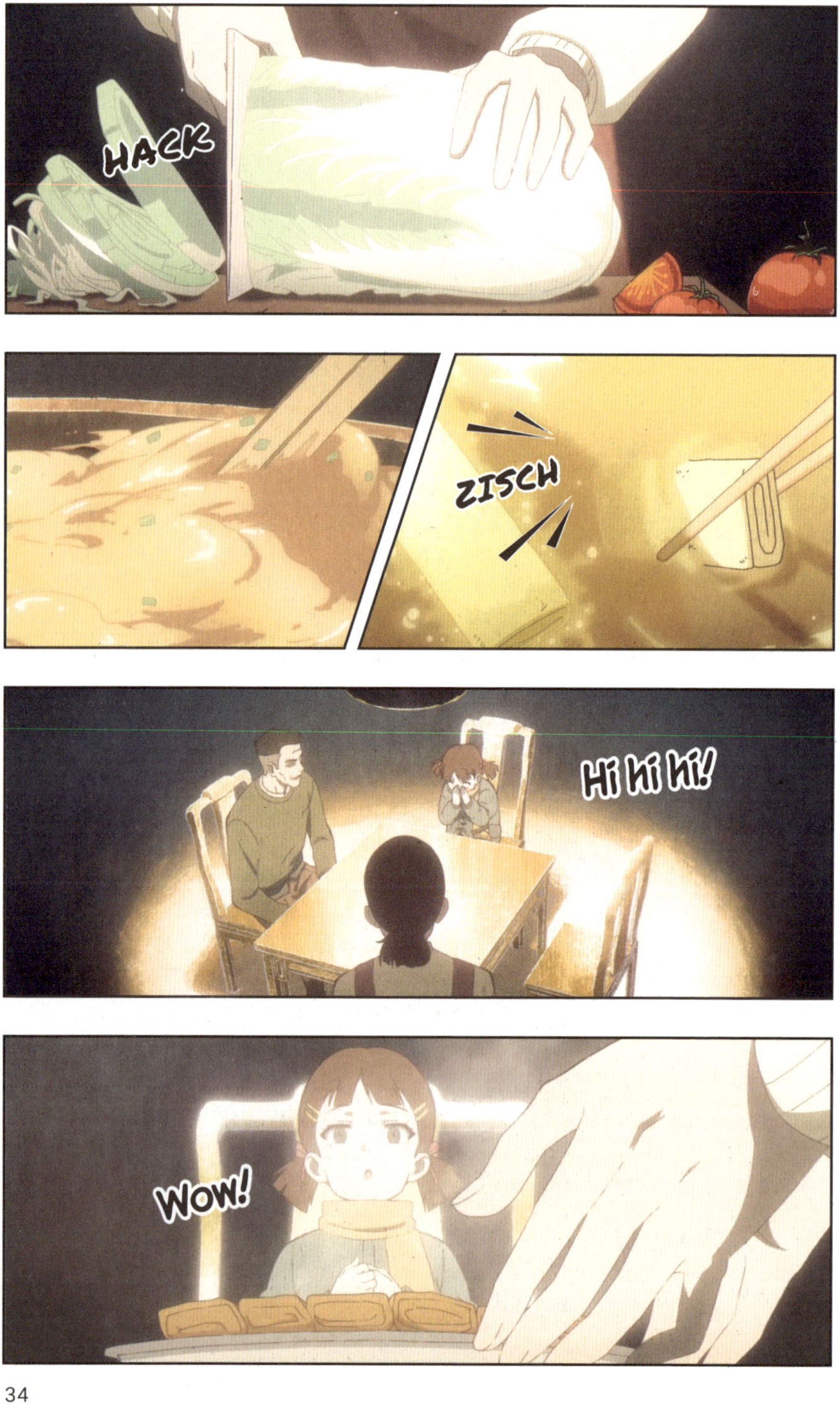
HACK
ZISCH
Hi hi hi!
WOW!

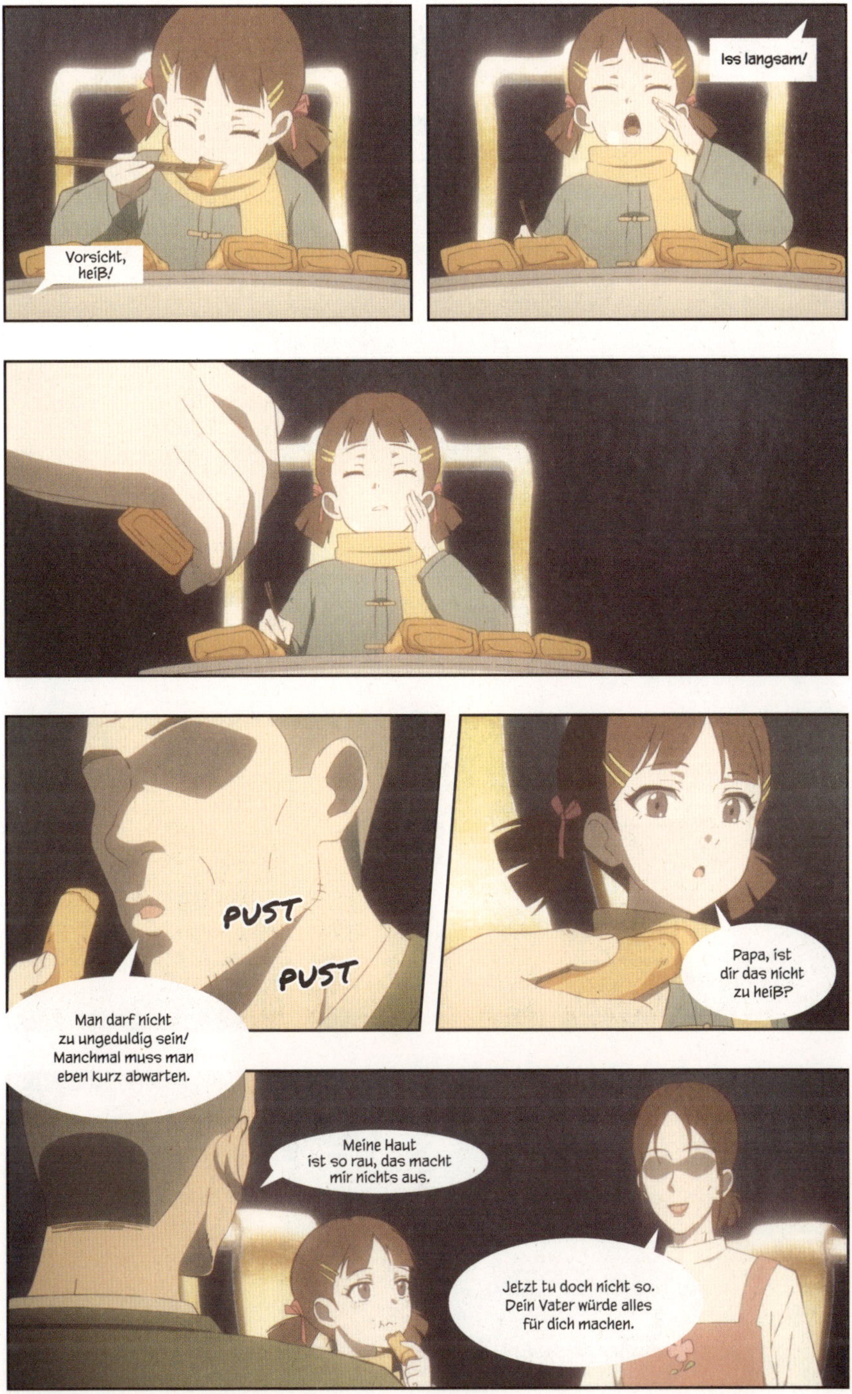
Vorsicht, heiß!
Iss langsam!
PUST
PUST
Man darf nicht zu ungeduldig sein! Manchmal muss man eben kurz abwarten.
Papa, ist dir das nicht zu heiß?
Meine Haut ist so rau, das macht mir nichts aus.
Jetzt tu doch nicht so. Dein Vater würde alles für dich machen.

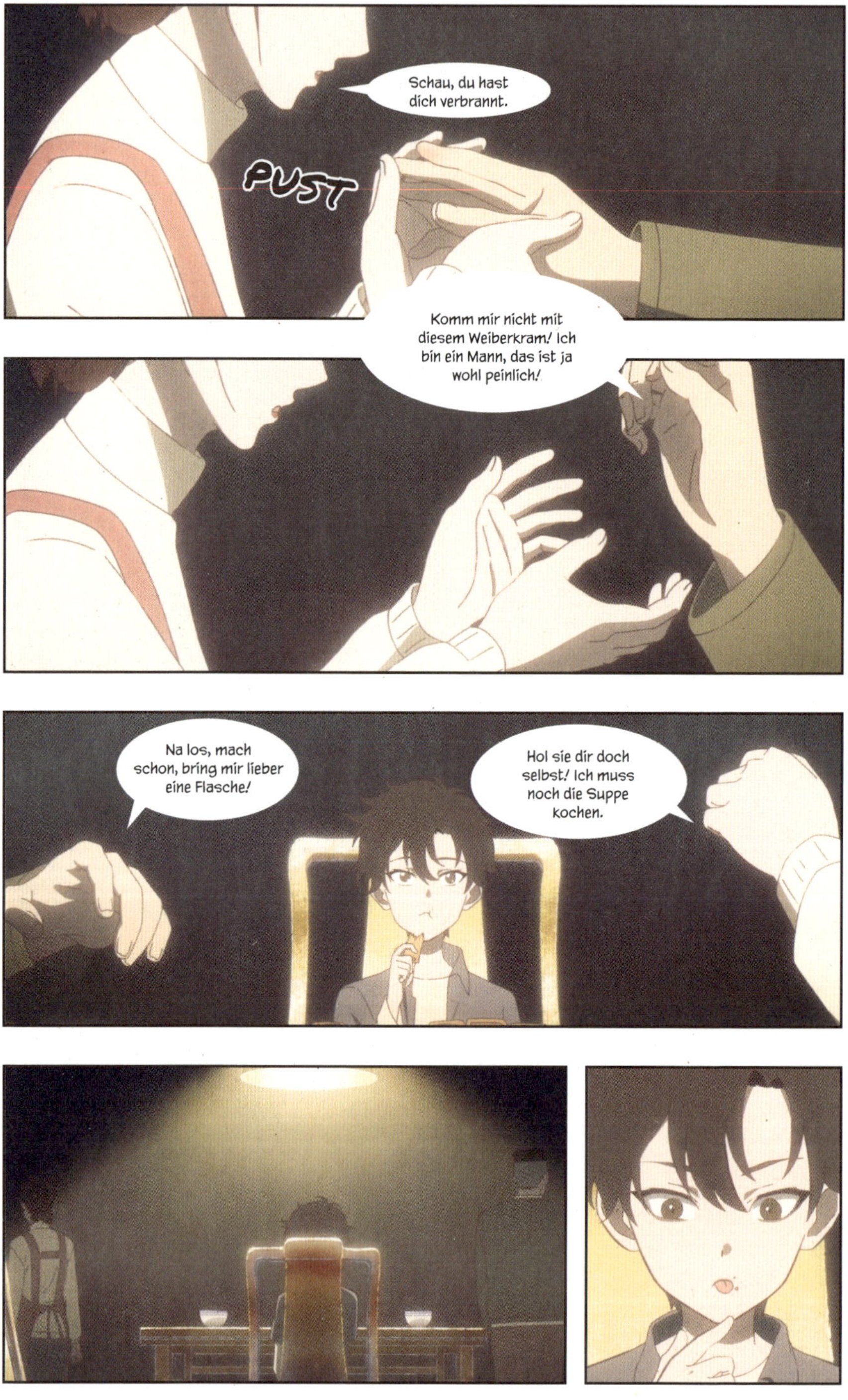

Schau, du hast dich verbrannt.
PUST
Komm mir nicht mit diesem Weiberkram! Ich bin ein Mann, das ist ja wohl peinlich!
Hol sie dir doch selbst! Ich muss noch die Suppe kochen.
Na los, mach schon, bring mir lieber eine Flasche!

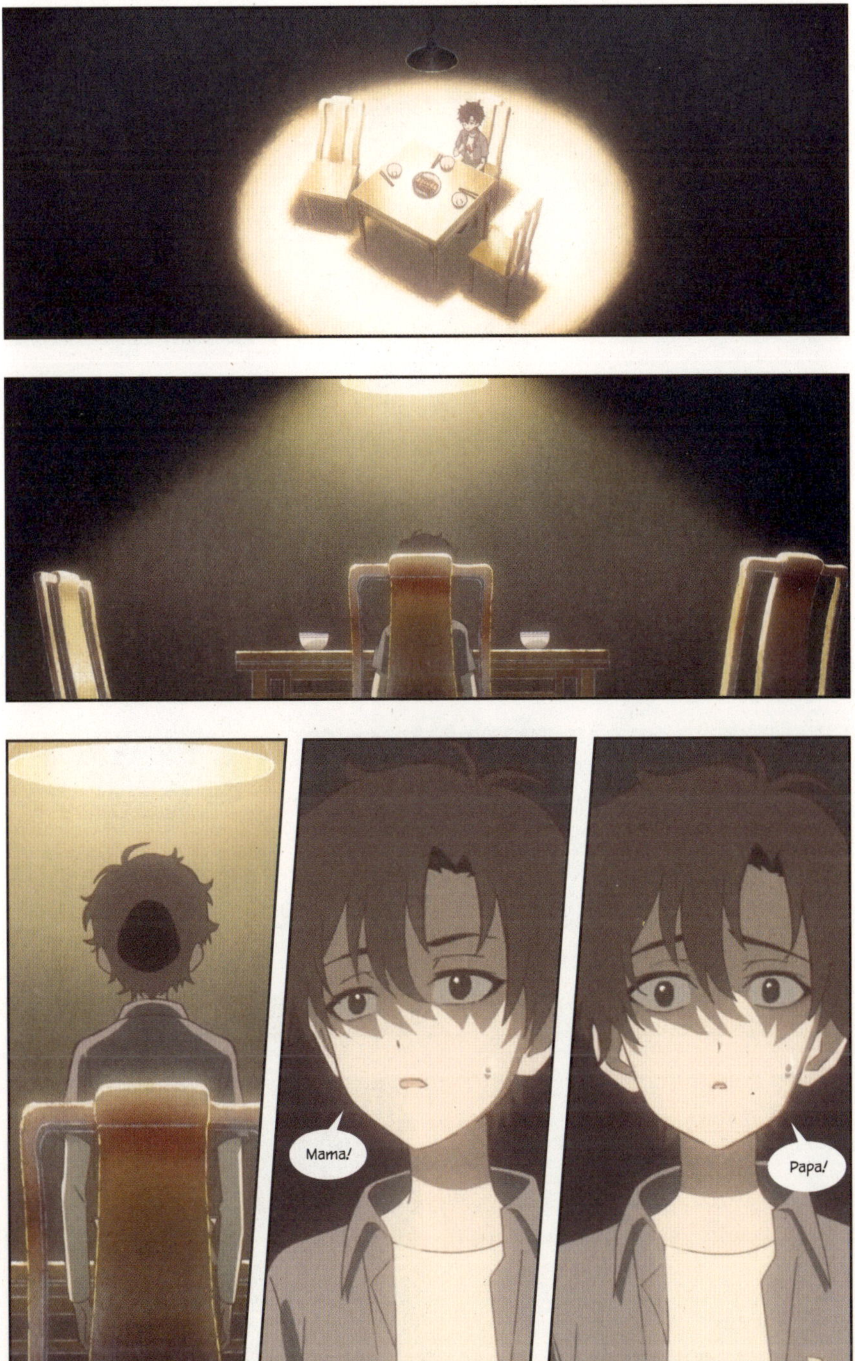
Mama!
Papa!

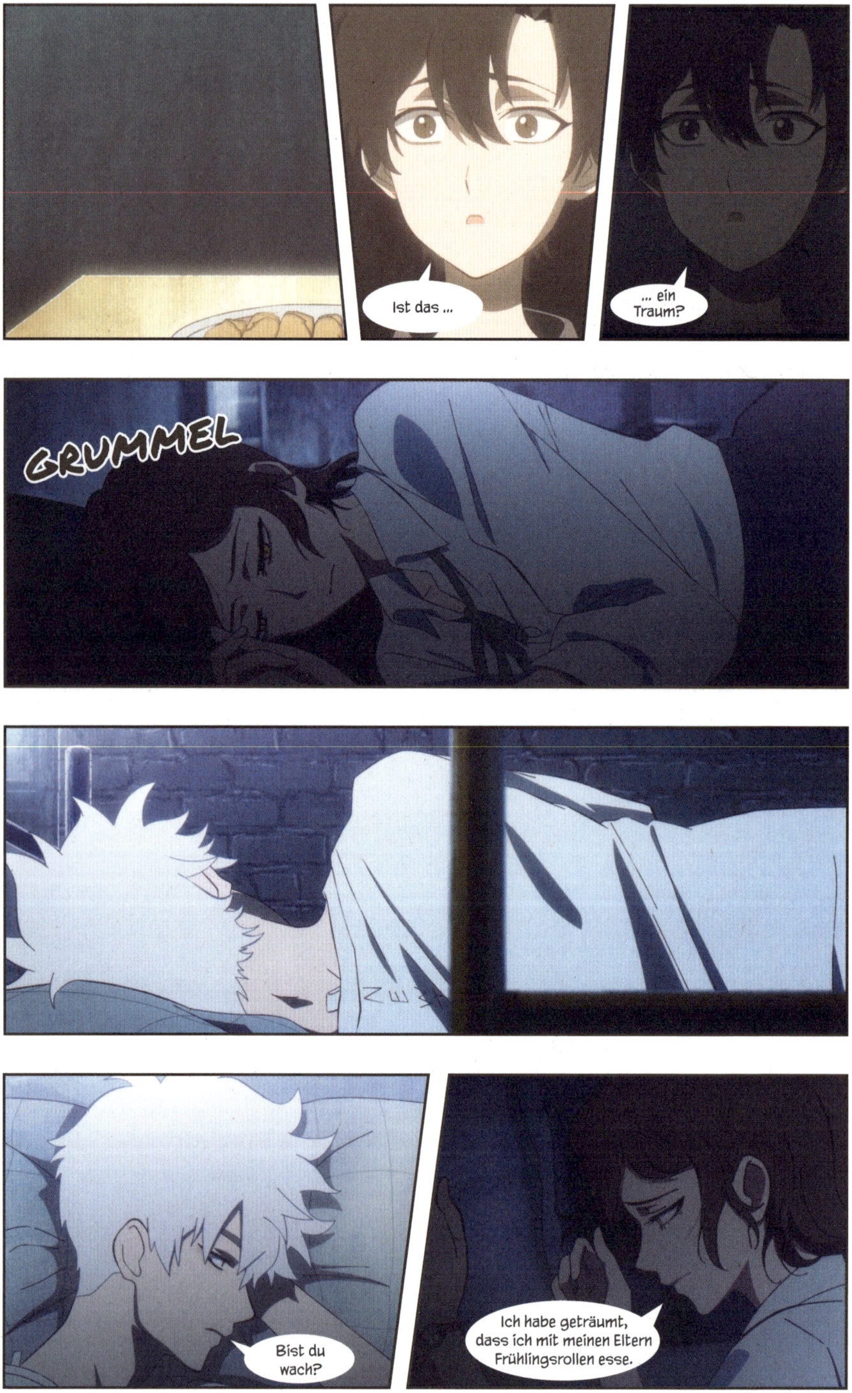
Ist das ...
... ein Traum?
GRUMMEL
Bist du wach?
Ich habe geträumt, dass ich mit meinen Eltern Frühlingsrollen esse.

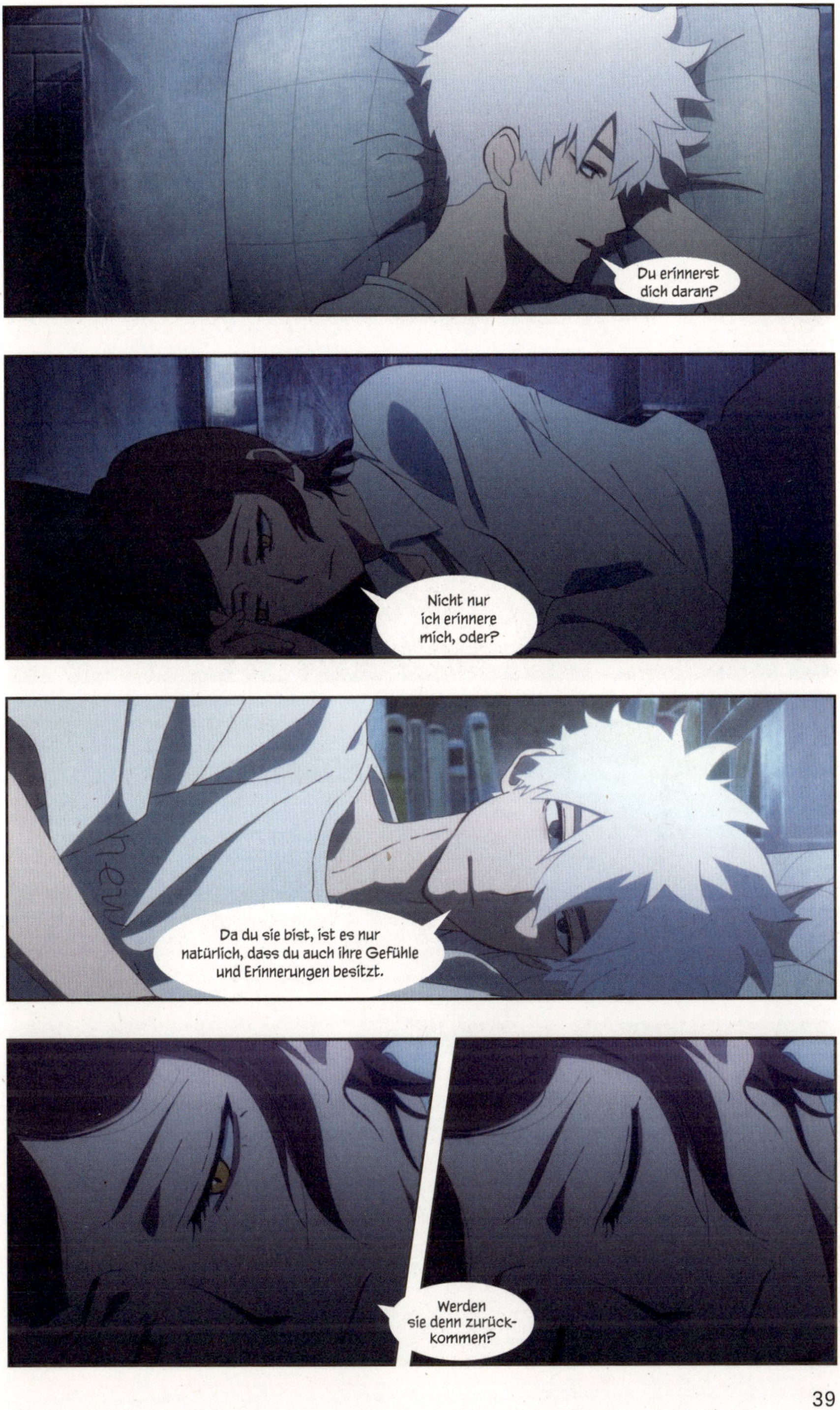

Du erinnerst dich daran?
Nicht nur ich erinnere mich, oder?
Da du sie bist, ist es nur natürlich, dass du auch ihre Gefühle und Erinnerungen besitzt.
Werden sie denn zurück-kommen?

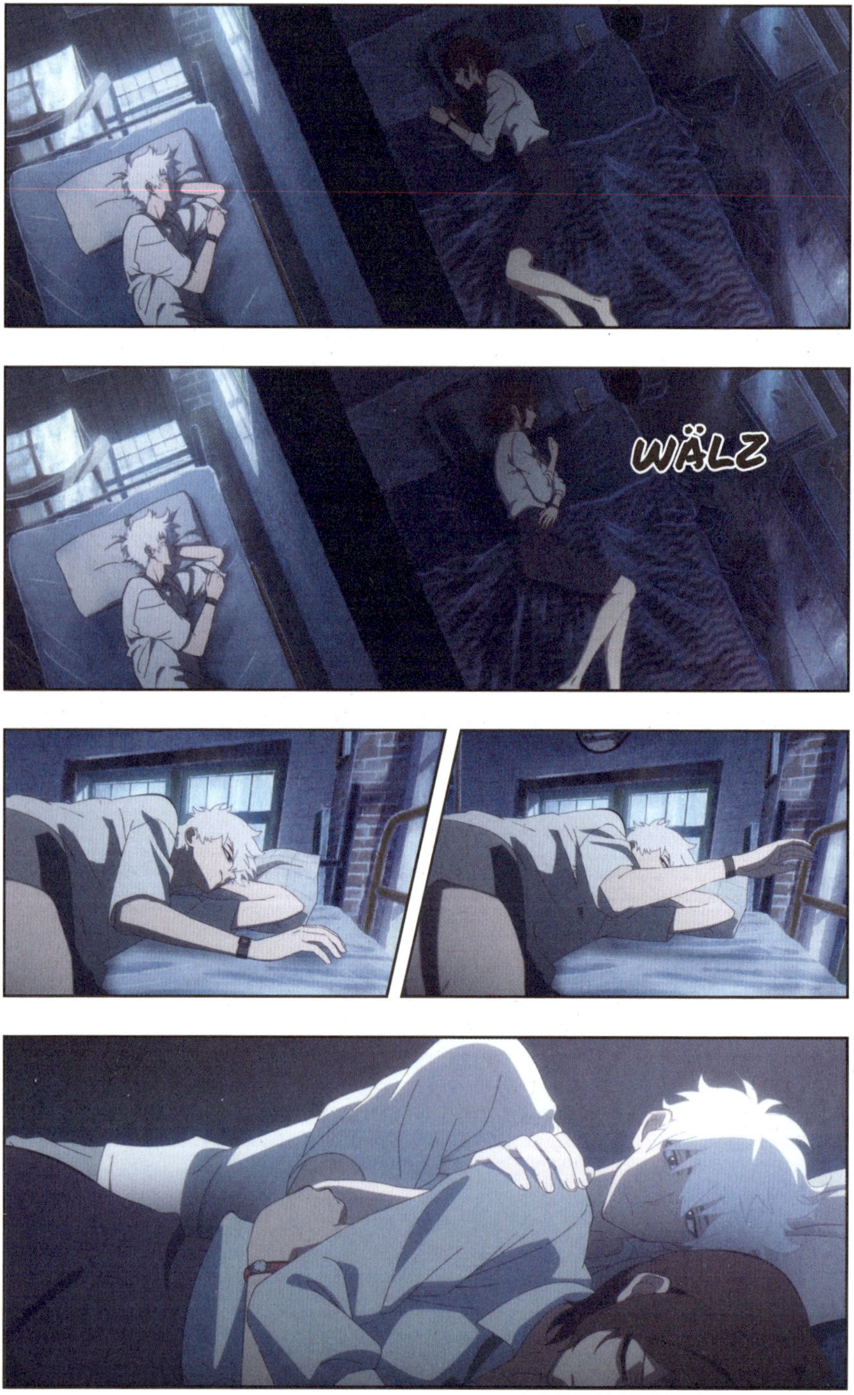
WÄLZ

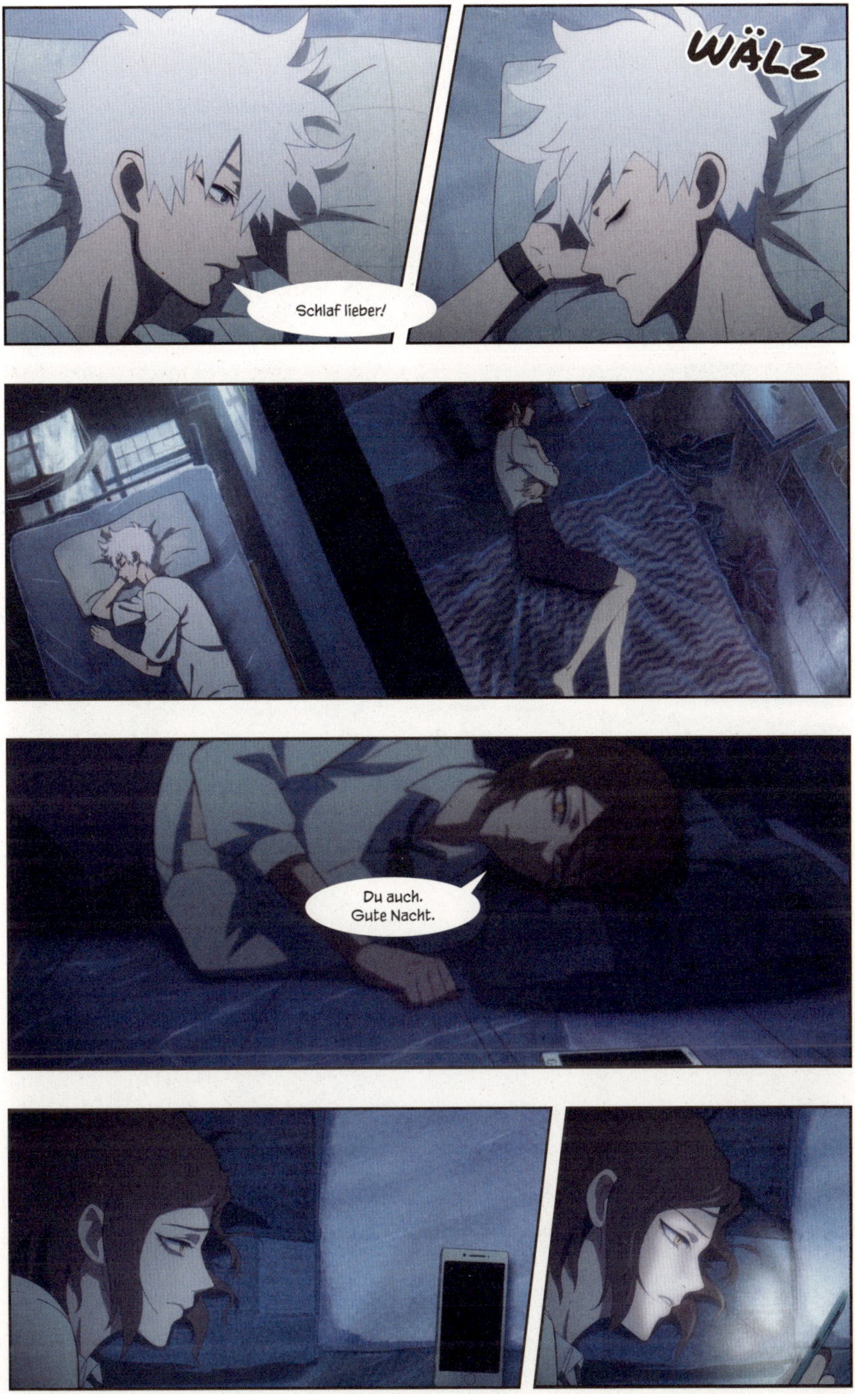
Schlaf lieber!
WÄLZ
Du auch.
Gute Nacht.

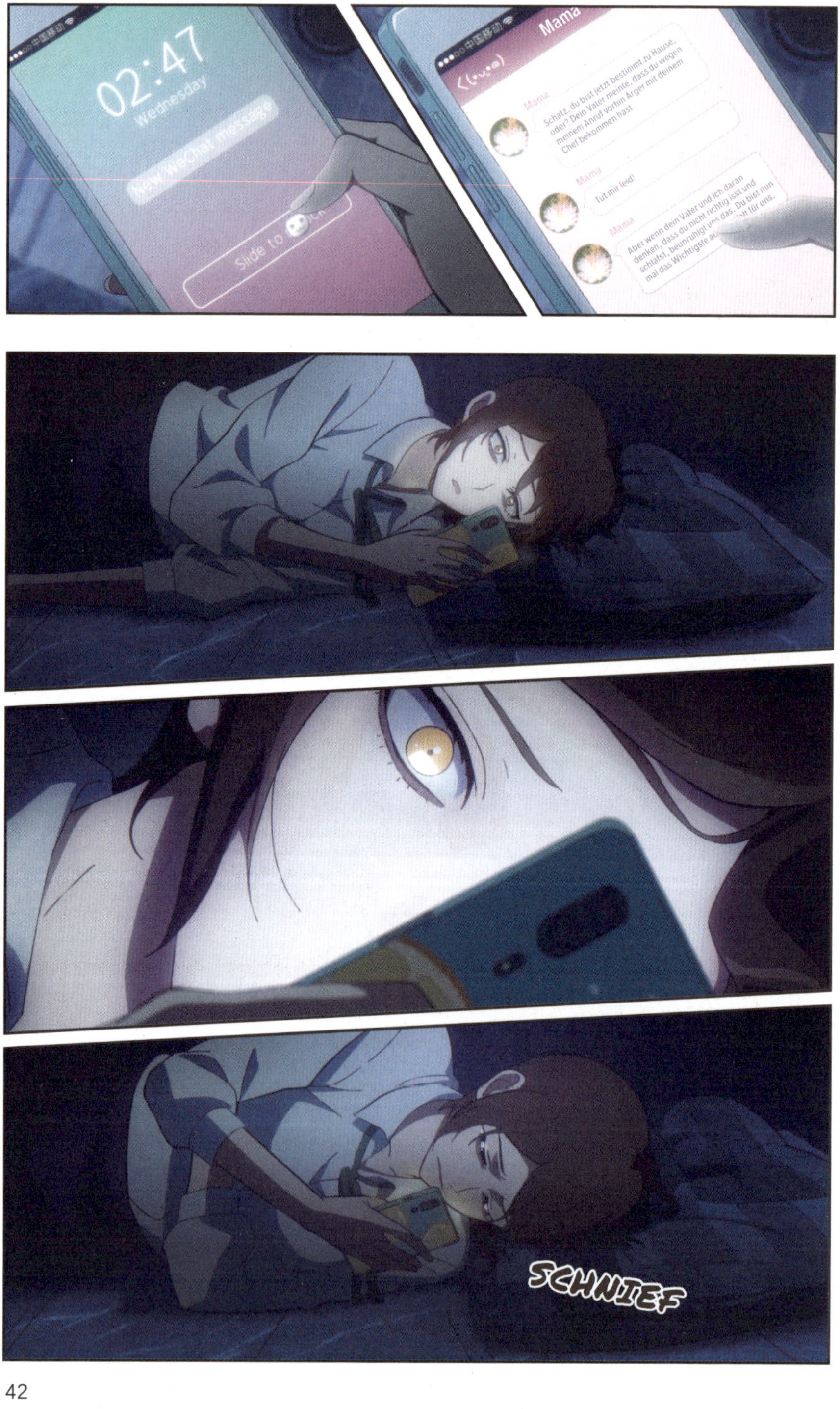
02:47
Wednesday
New WeChat message
Slide to
Mama
Schatz, du bist jetzt bestimmt zu Hause, oder? Dein Vater meinte, dass du wegen meinem Anruf vorhin Ärger mit deinem Chef bekommen hast.
Tut mir leid!
Aber wenn dein Vater und ich daran denken, dass du nicht richtig isst und schläfst, beunruhigt u… das. Du bist nun mal das Wichtigste a… für uns.
SCHNIEF

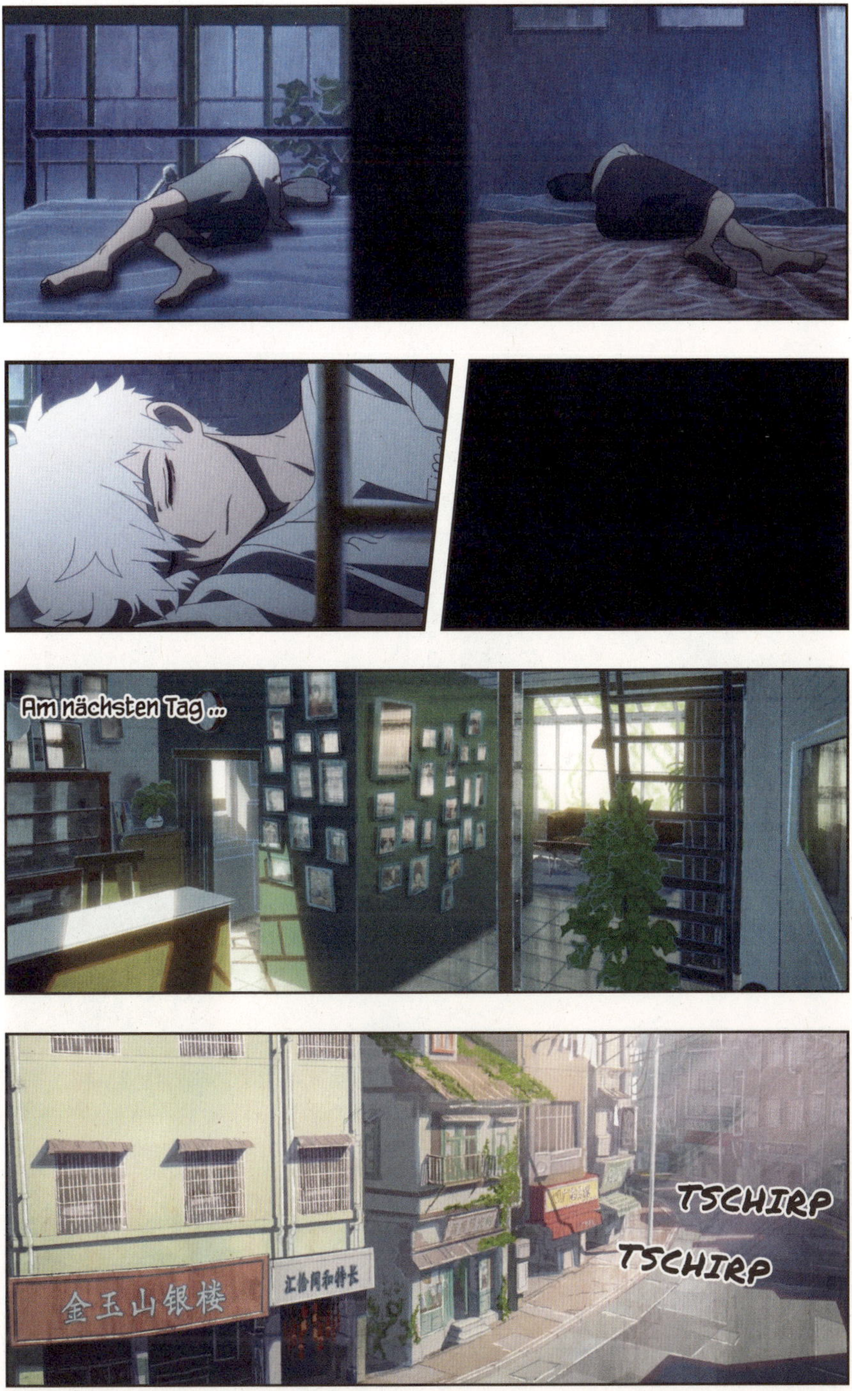
Am nächsten Tag ...
金玉山银楼
TSCHIRP
TSCHIRP

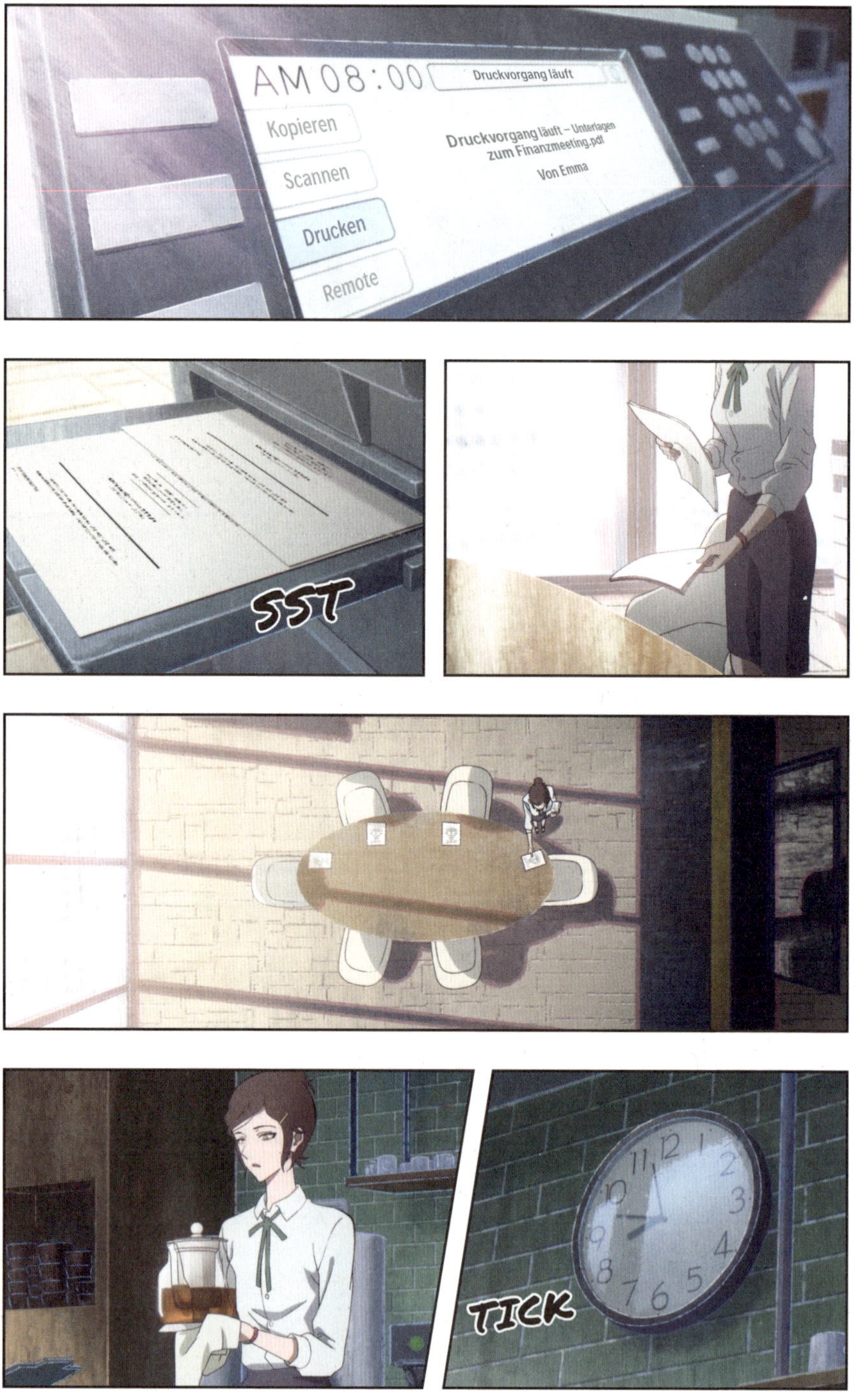
AM 08:00
Druckvorgang läuft
Kopieren
Scannen
Drucken
Remote
Druckvorgang läuft – Unterlagen zum Finanzmeeting.pdf
Von Emma
SST
TICK

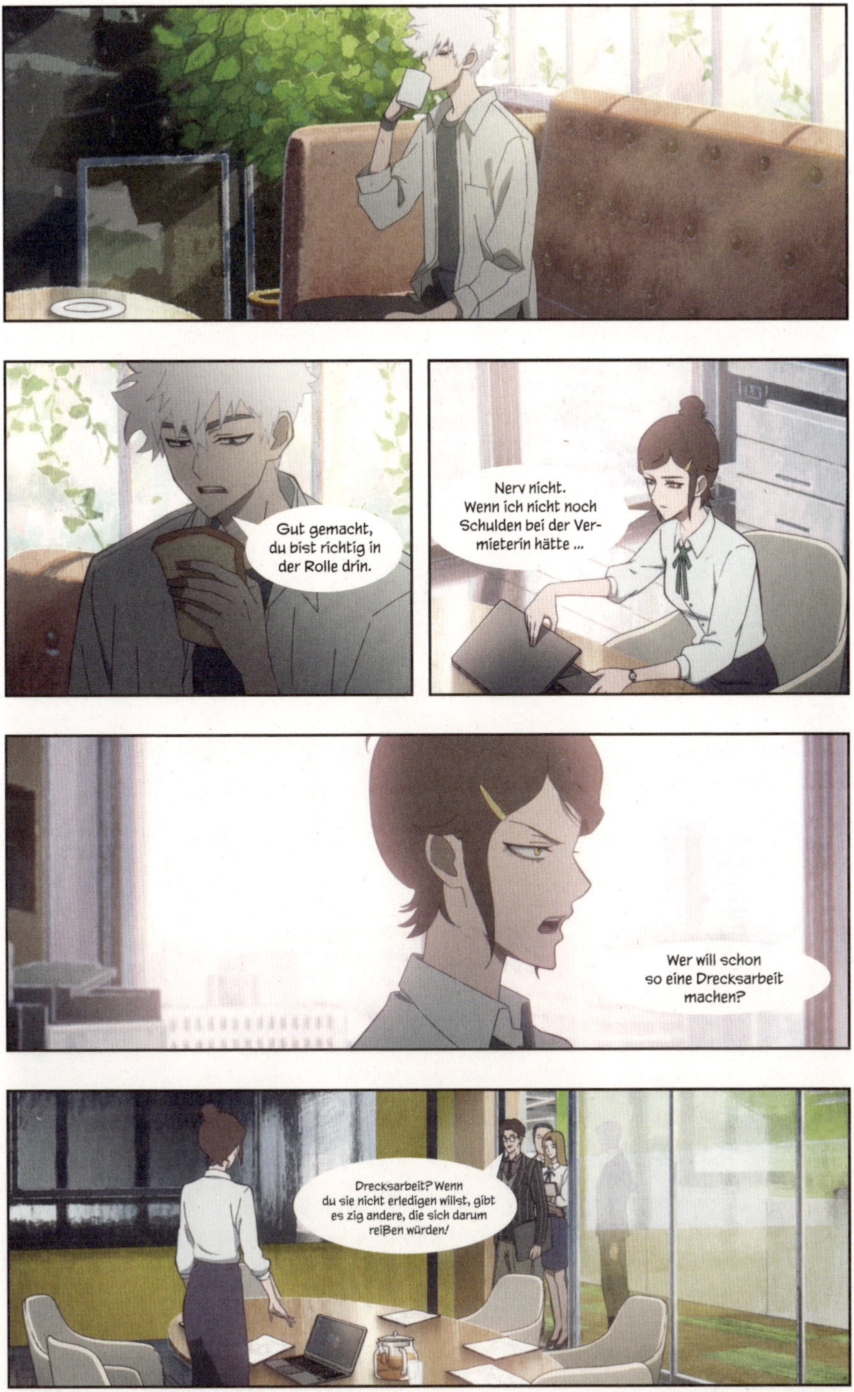
Gut gemacht,
du bist richtig in
der Rolle drin.
Nerv nicht.
Wenn ich nicht noch
Schulden bei der Vermieterin hätte ...
Wer will schon
so eine Drecksarbeit
machen?
Dreckssarbeit? Wenn
du sie nicht erledigen willst, gibt
es zig andere, die sich darum
reißen würden!

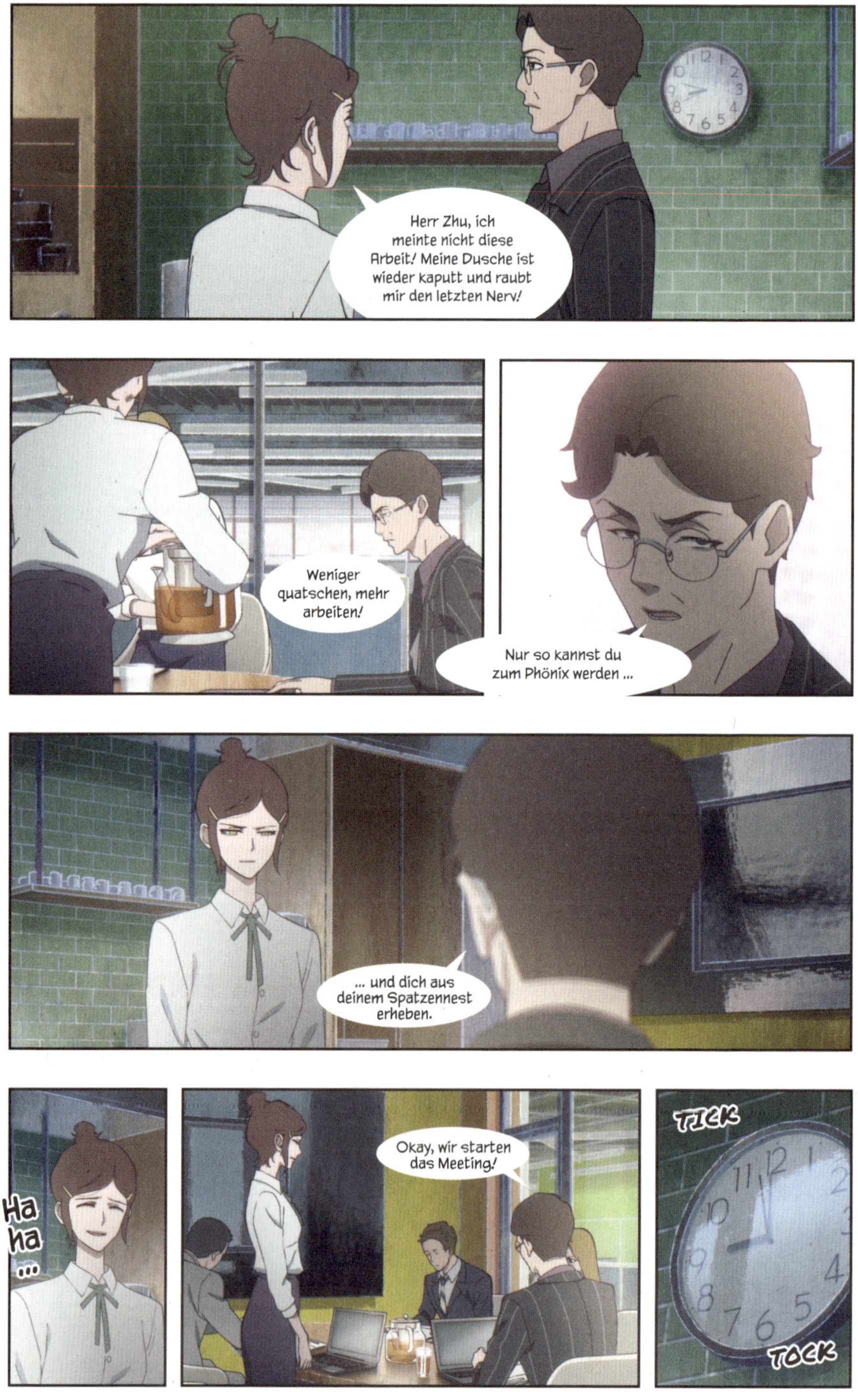

Herr Zhu, ich meinte nicht diese Arbeit! Meine Dusche ist wieder kaputt und raubt mir den letzten Nerv!
Weniger quatschen, mehr arbeiten!
Nur so kannst du zum Phönix werden ...
... und dich aus deinem Spatzennest erheben.
Haha ...
Okay, wir starten das Meeting!
TICK
TOCK

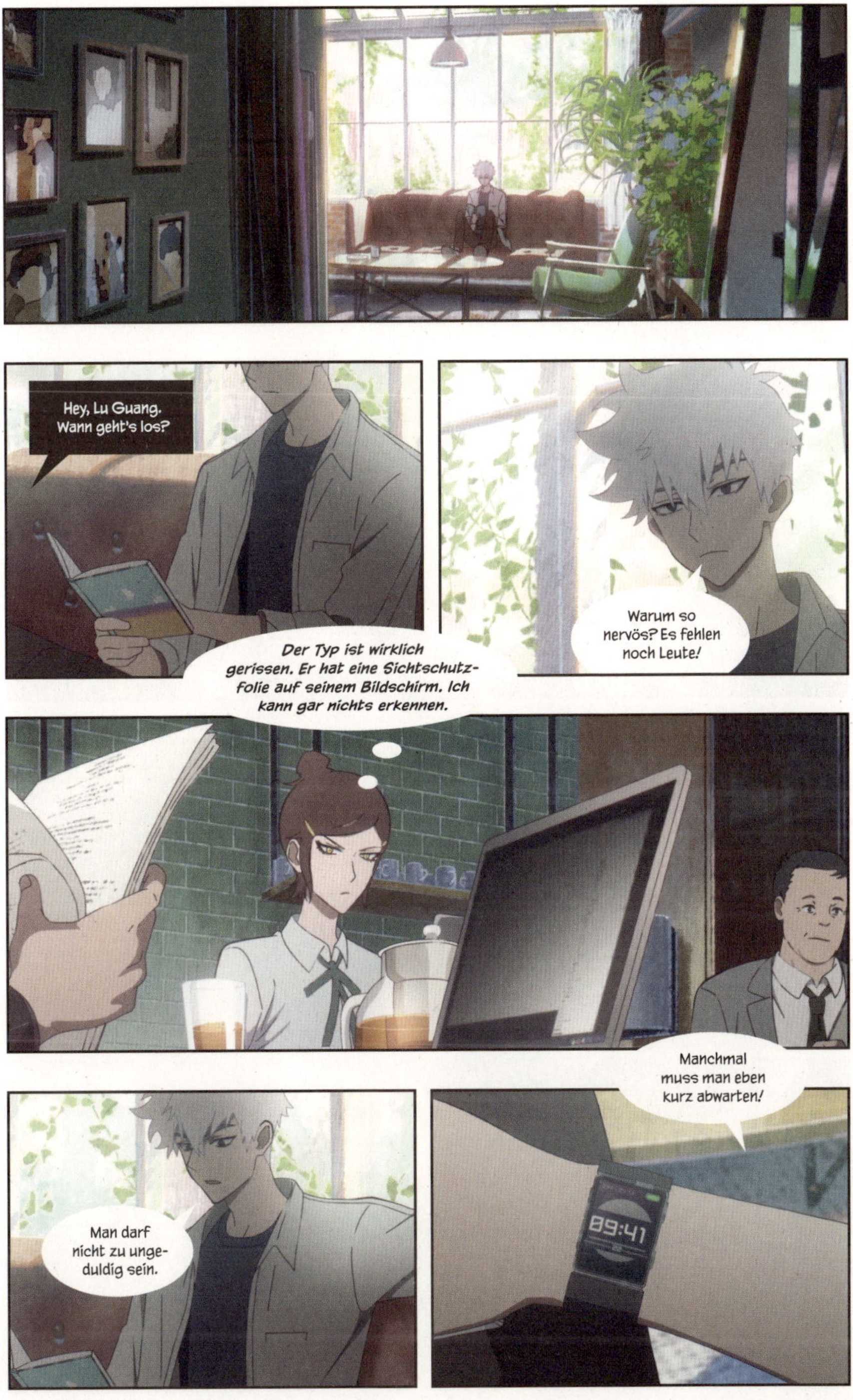
Hey, Lu Guang. Wann geht's los?
Warum so nervös? Es fehlen noch Leute!
Der Typ ist wirklich gerissen. Er hat eine Sichtschutzfolie auf seinem Bildschirm. Ich kann gar nichts erkennen.
Man darf nicht zu ungeduldig sein.
Manchmal muss man eben kurz abwarten!
09:41

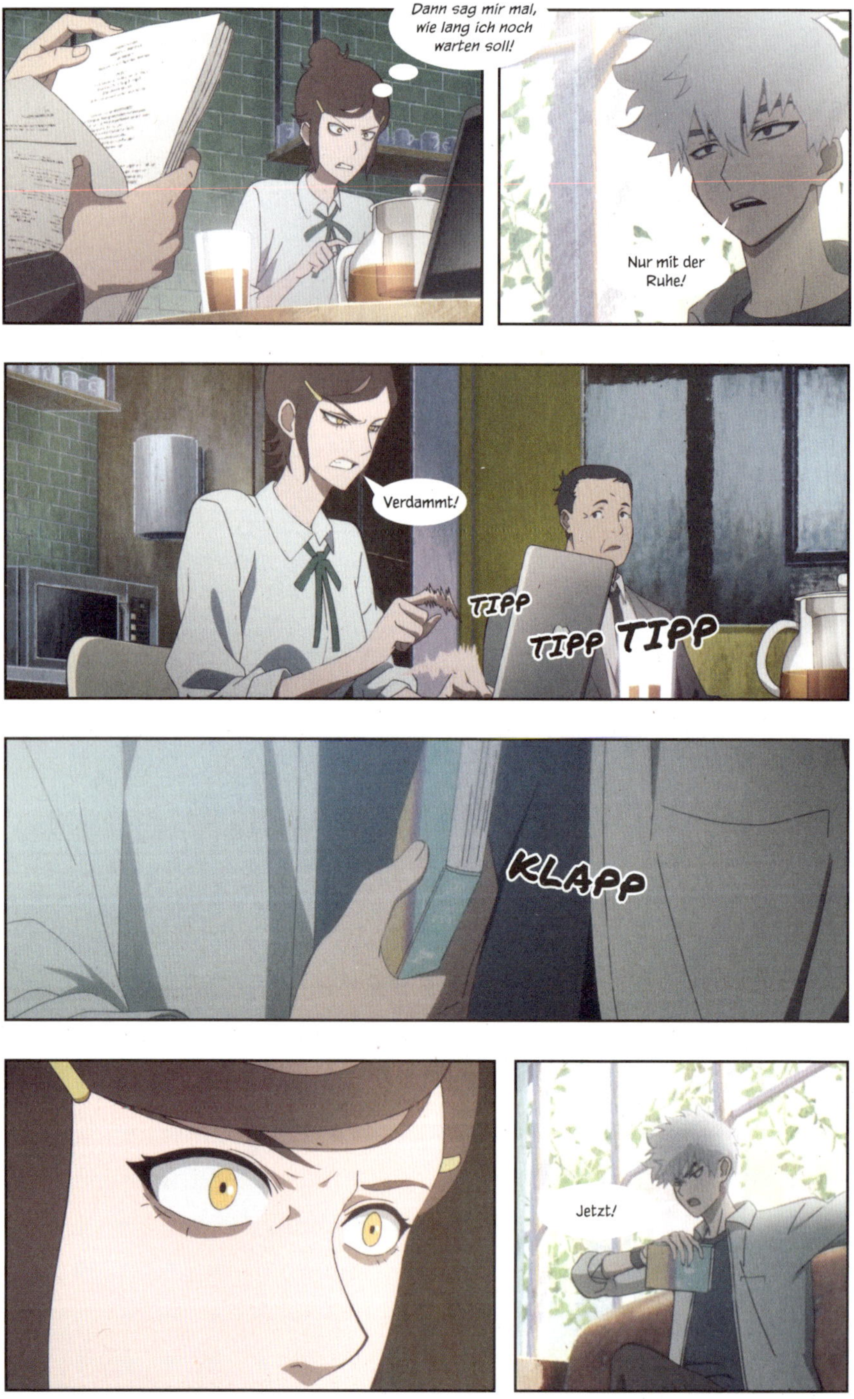

Dann sag mir mal, wie lang ich noch warten soll!
Nur mit der Ruhe!
Verdammt!
TIPP
TIPP TIPP
KLAPP
Jetzt!

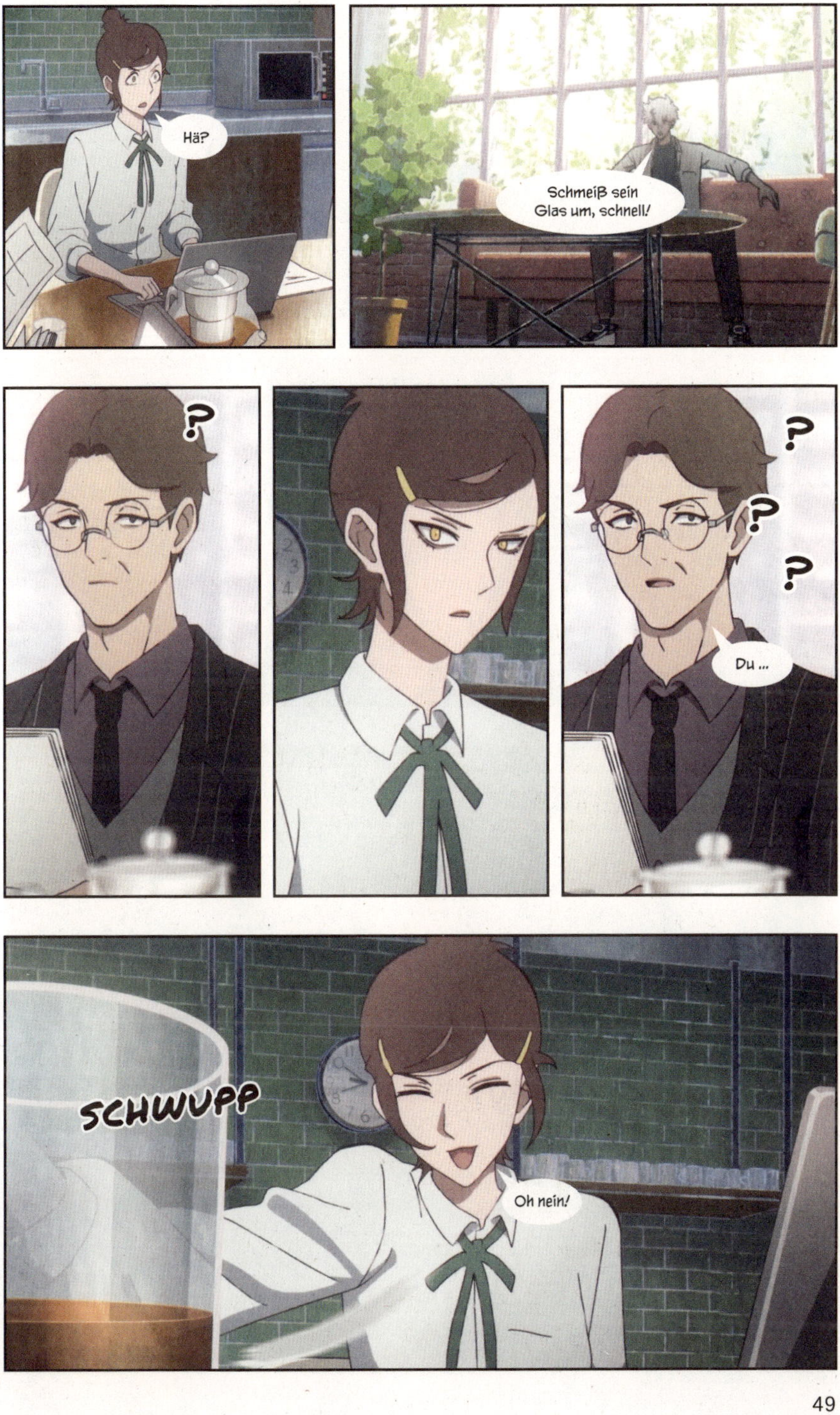
Hä?
Schmeiß sein Glas um, schnell!
?
?
?
?
Du ...
SCHWUPP
Oh nein!

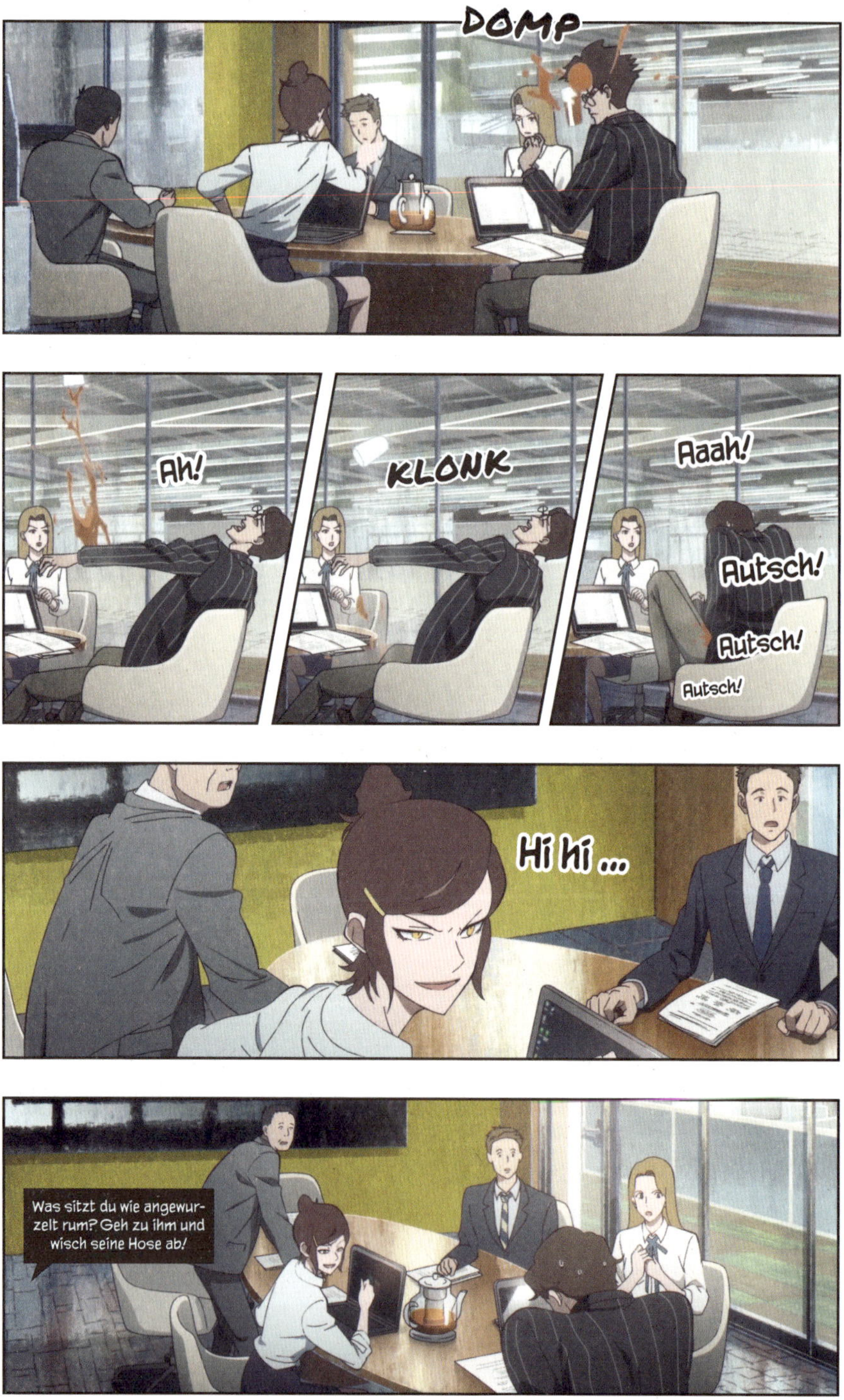
DOMP
Ah!
KLONK
Aaah!
Autsch!
Autsch!
Autsch!
Hi hi ...
Was sitzt du wie angewurzelt rum? Geh zu ihm und wisch seine Hose ab!

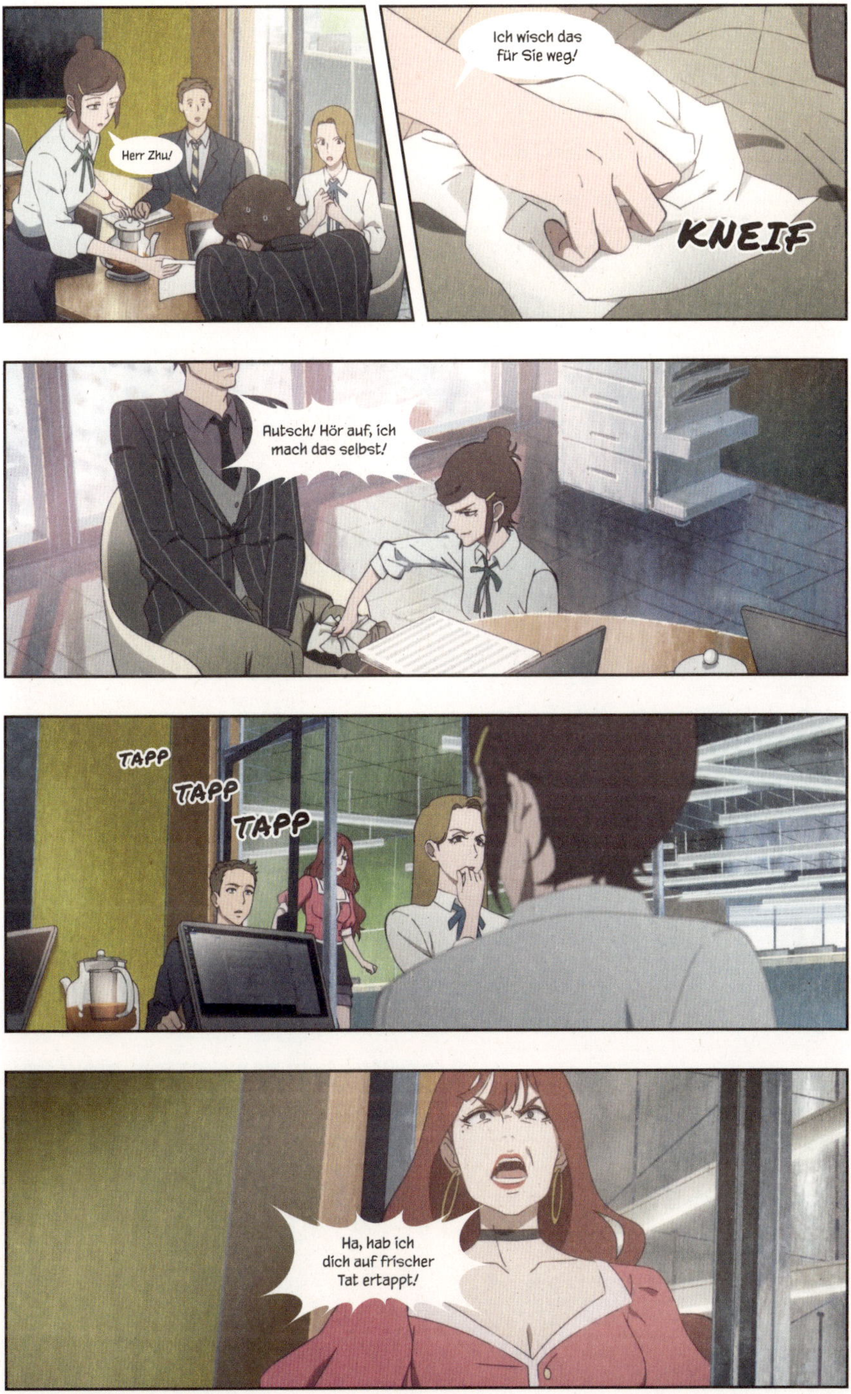
Herr Zhu!
Ich wisch das für Sie weg!
KNEIF
Autsch! Hör auf, ich mach das selbst!
TAPP
TAPP
TAPP
Ha, hab ich dich auf frischer Tat ertappt!

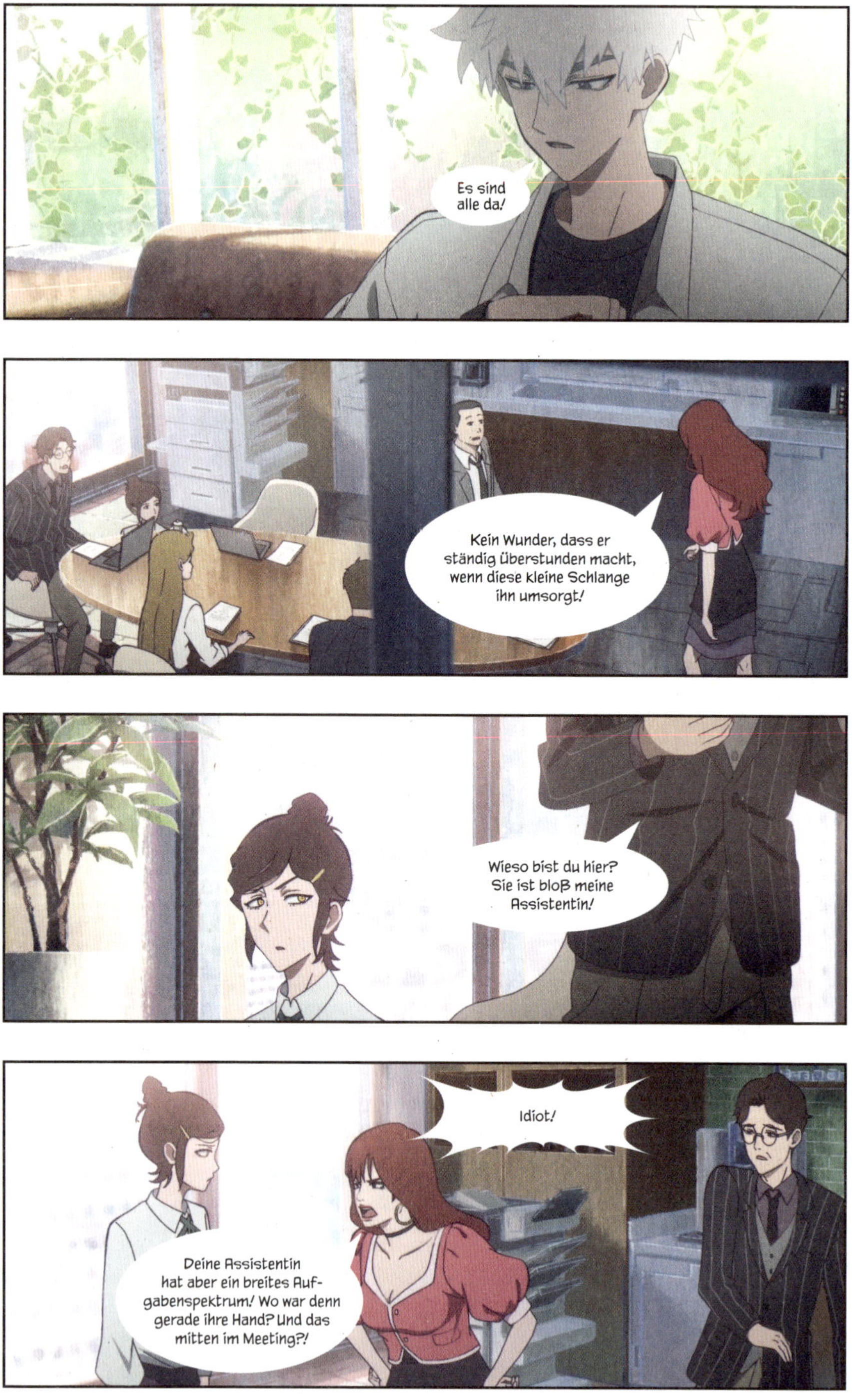
Es sind alle da!
Kein Wunder, dass er ständig Überstunden macht, wenn diese kleine Schlange ihn umsorgt!
Wieso bist du hier? Sie ist bloß meine Assistentin!
Idiot!
Deine Assistentin hat aber ein breites Aufgabenspektrum! Wo war denn gerade ihre Hand? Und das mitten im Meeting?!

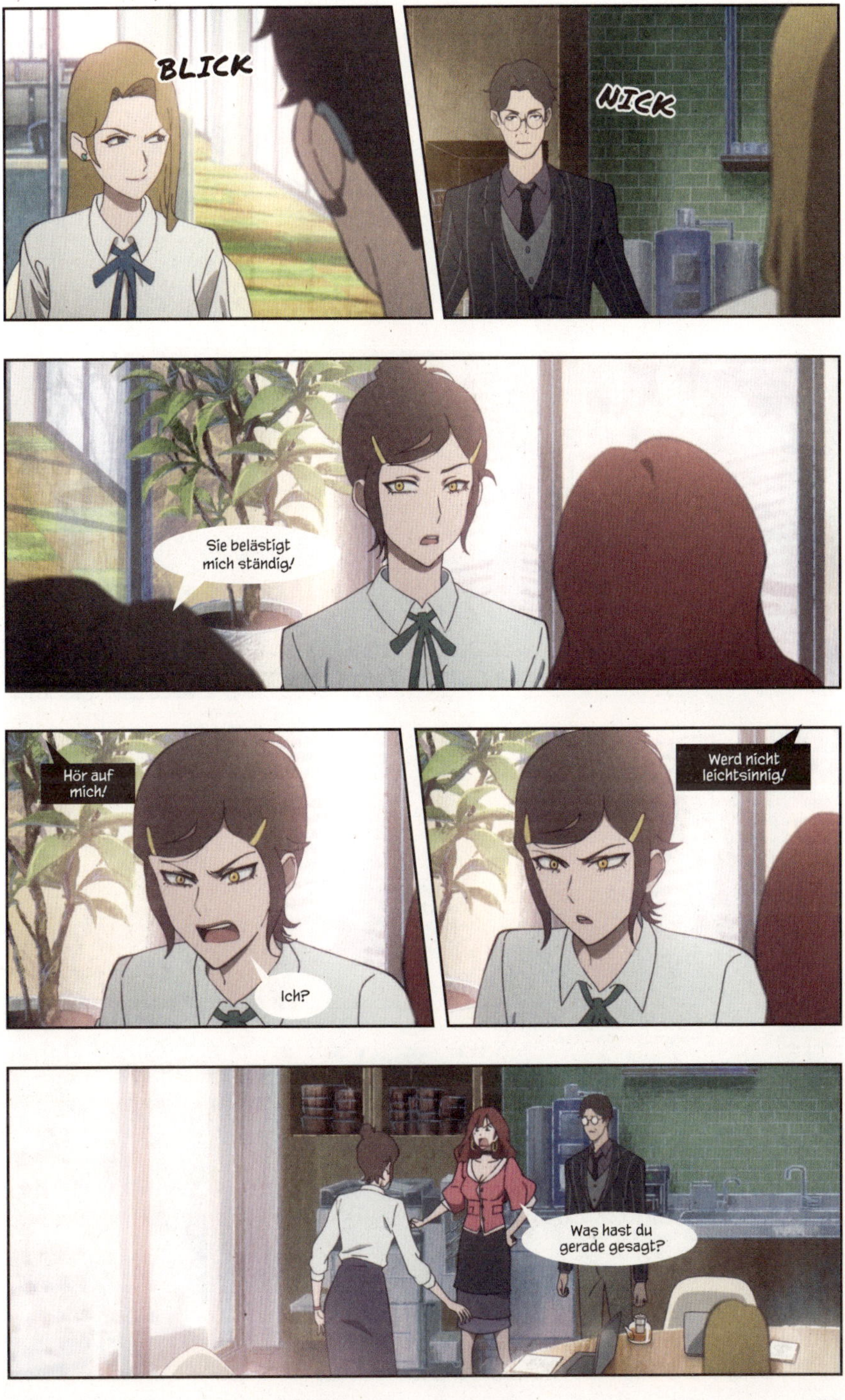

BLICK
NICK
Sie belästigt mich ständig!
Hör auf mich!
Ich?
Werd nicht leichtsinnig!
Was hast du gerade gesagt?

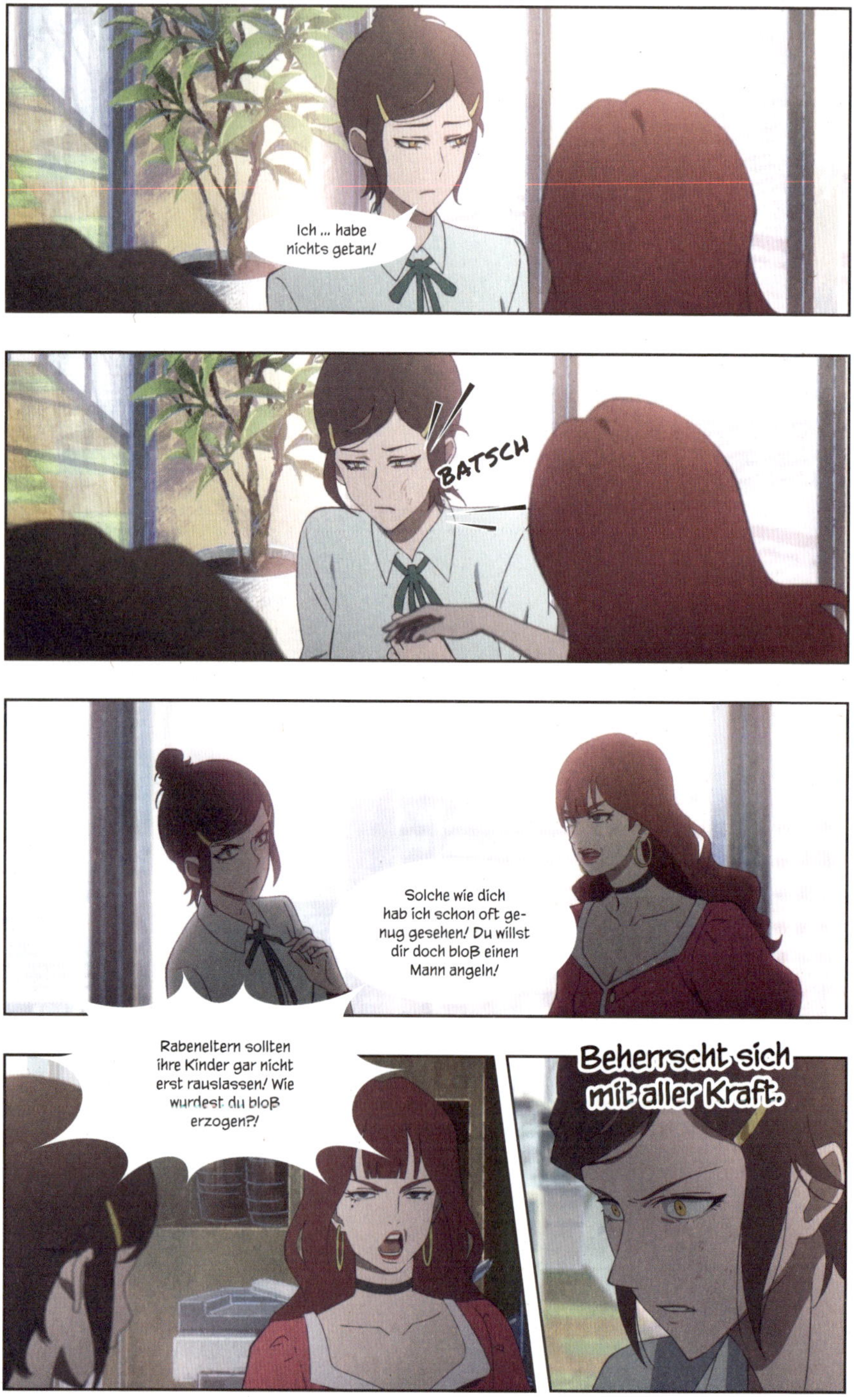

Ich ... habe nichts getan!
BATSCH
Solche wie dich hab ich schon oft genug gesehen! Du willst dir doch bloß einen Mann angeln!
Rabeneltern sollten ihre Kinder gar nicht erst rauslassen! Wie wurdest du bloß erzogen?!
Beherrscht sich mit aller Kraft.

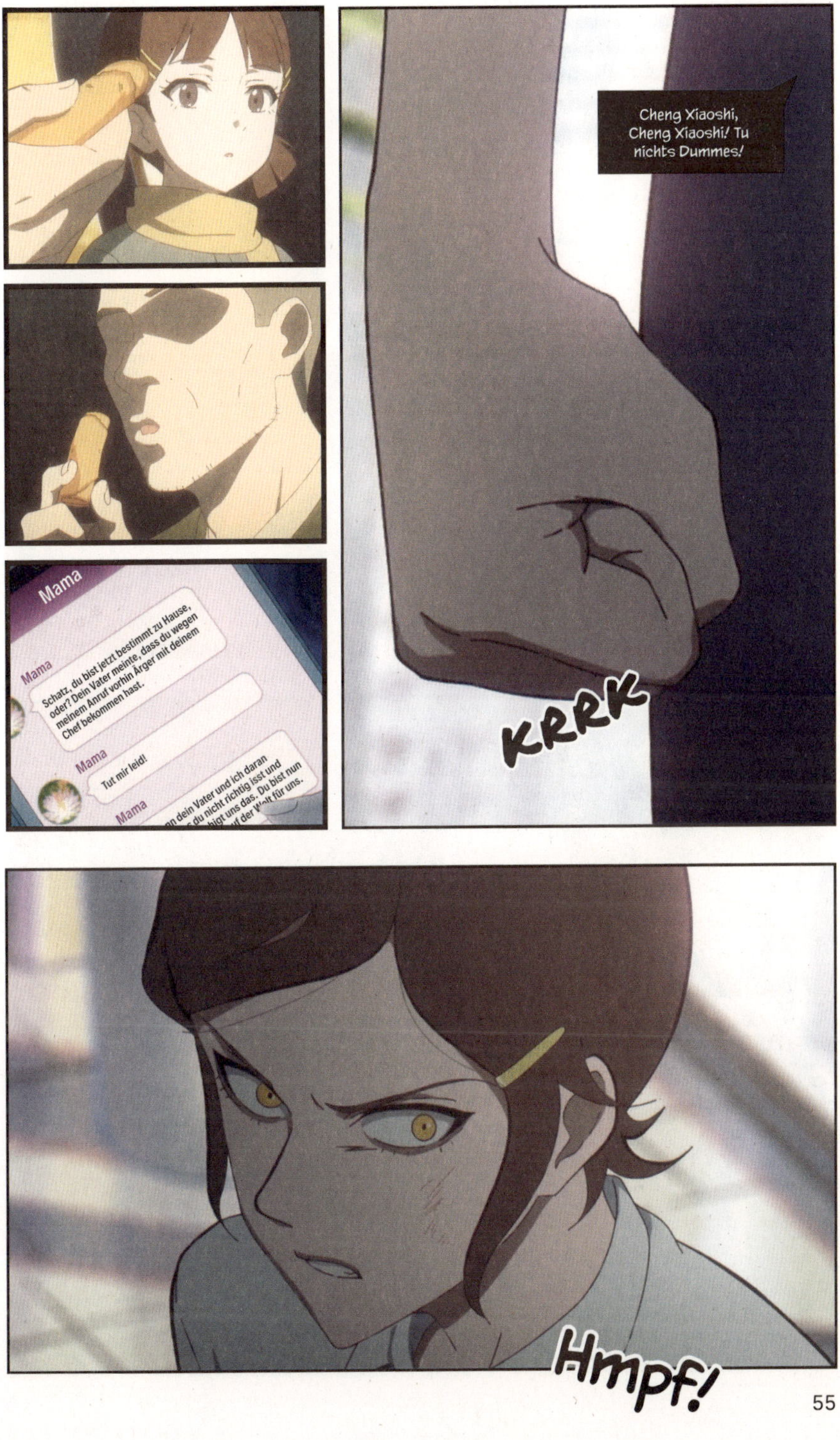
Mama
Mama
Schatz, du bist jetzt bestimmt zu Hause, oder? Dein Vater meinte, dass du wegen meinem Anruf vorhin Ärger mit deinem Chef bekommen hast.
Mama
Tut mir leid!
Mama
Cheng Xiaoshi, Cheng Xiaoshi! Tu nichts Dummes!
KRRK
Hmpf!

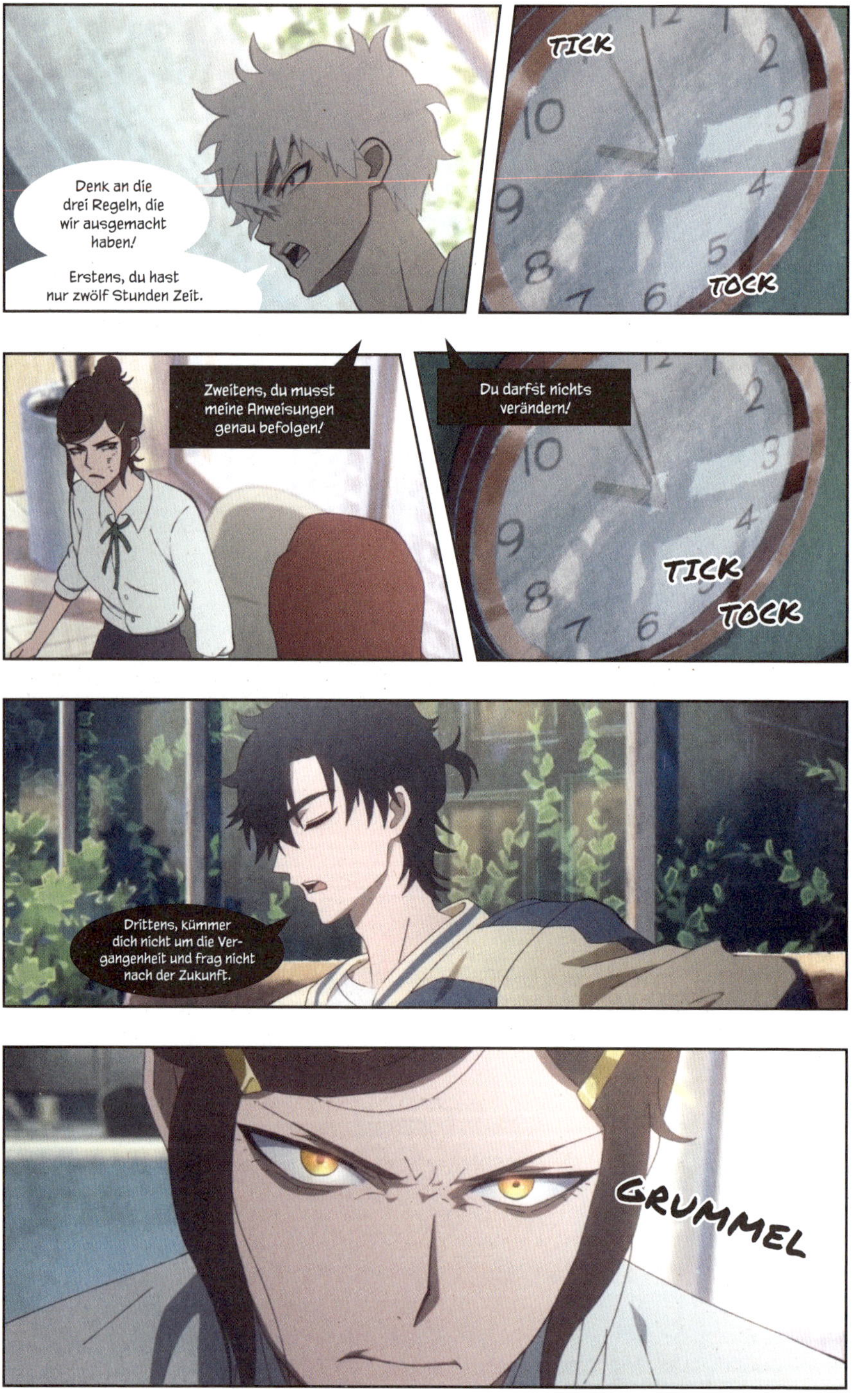
Denk an die drei Regeln, die wir ausgemacht haben!
Erstens, du hast nur zwölf Stunden Zeit.
TICK
TOCK
Zweitens, du musst meine Anweisungen genau befolgen!
Du darfst nichts verändern!
TICK
TOCK
Drittens, kümmer dich nicht um die Vergangenheit und frag nicht nach der Zukunft.
GRUMMEL

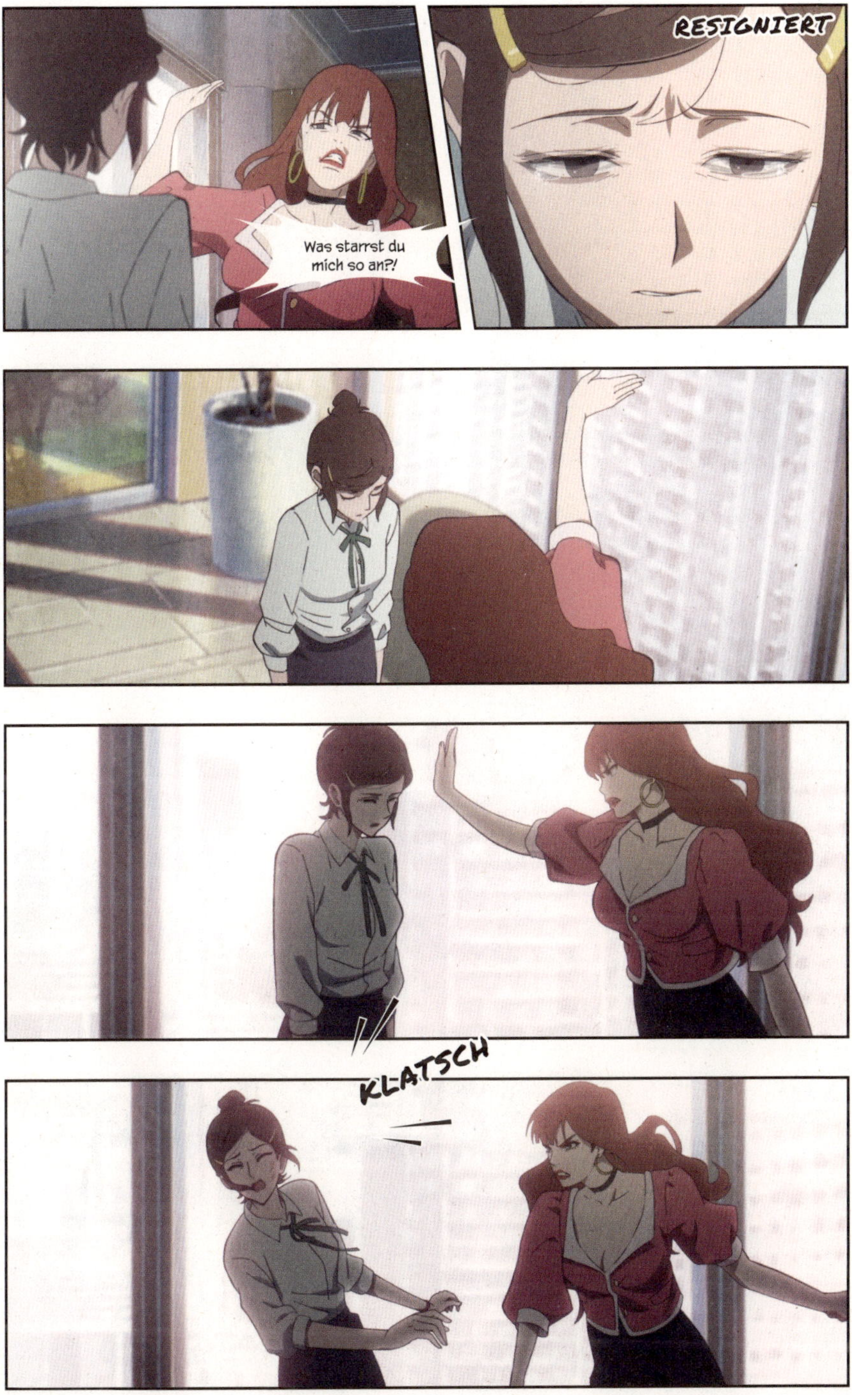
Was starrst du
mich so an?!
RESIGNIERT
KLATSCH

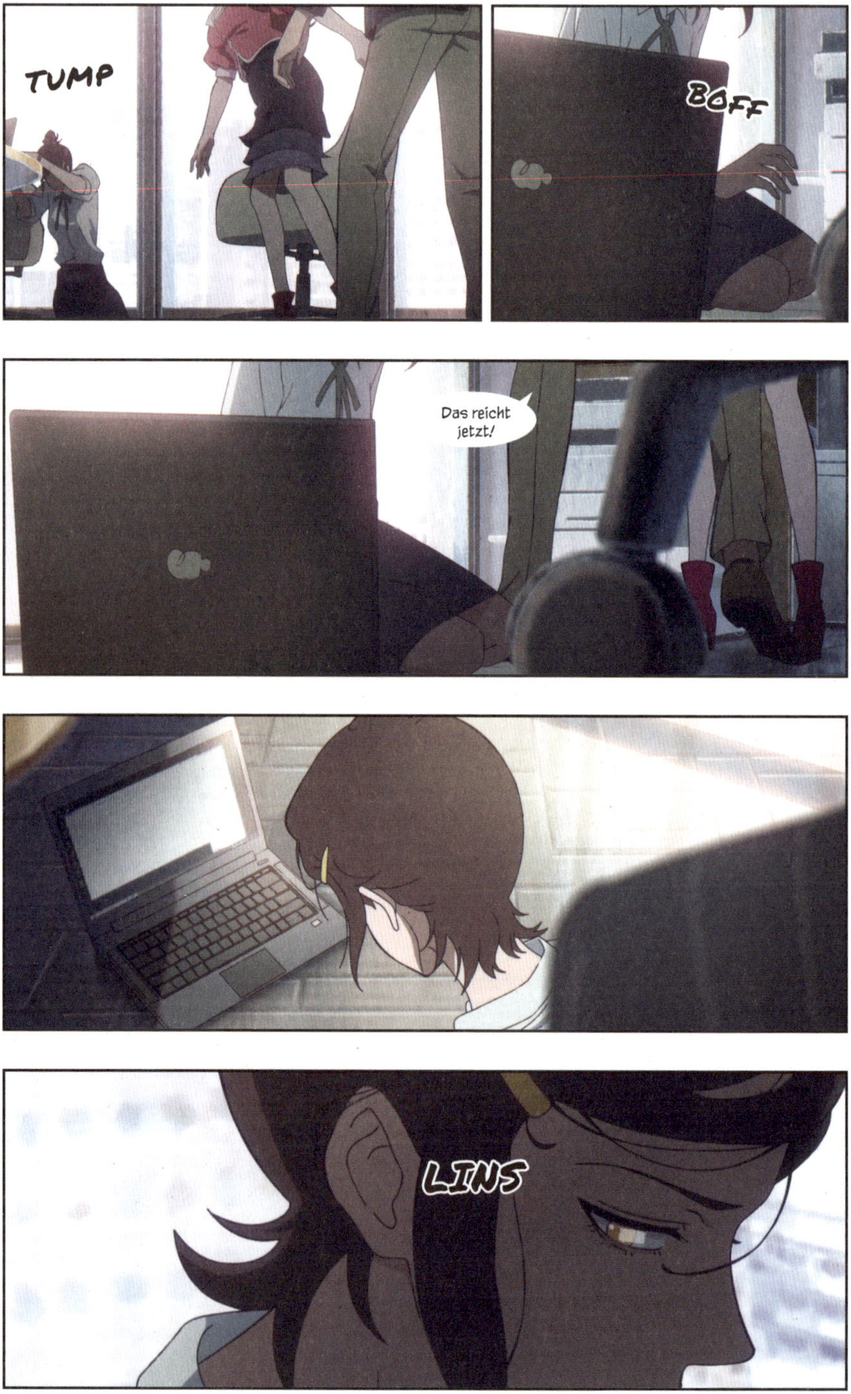
TUMP
BOFF
Das reicht jetzt!
LINS

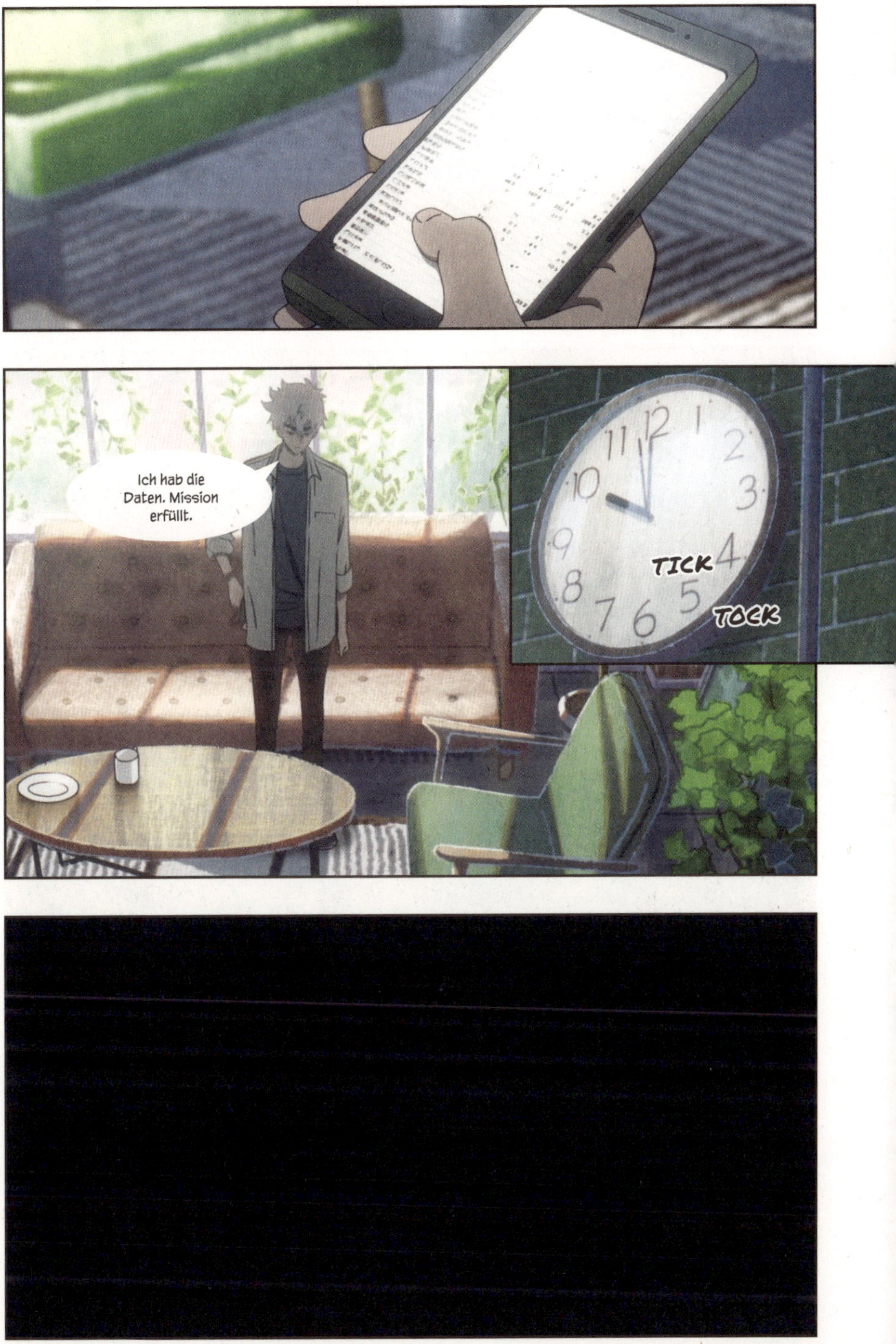
Ich hab die Daten. Mission erfüllt.
TICK
TOCK

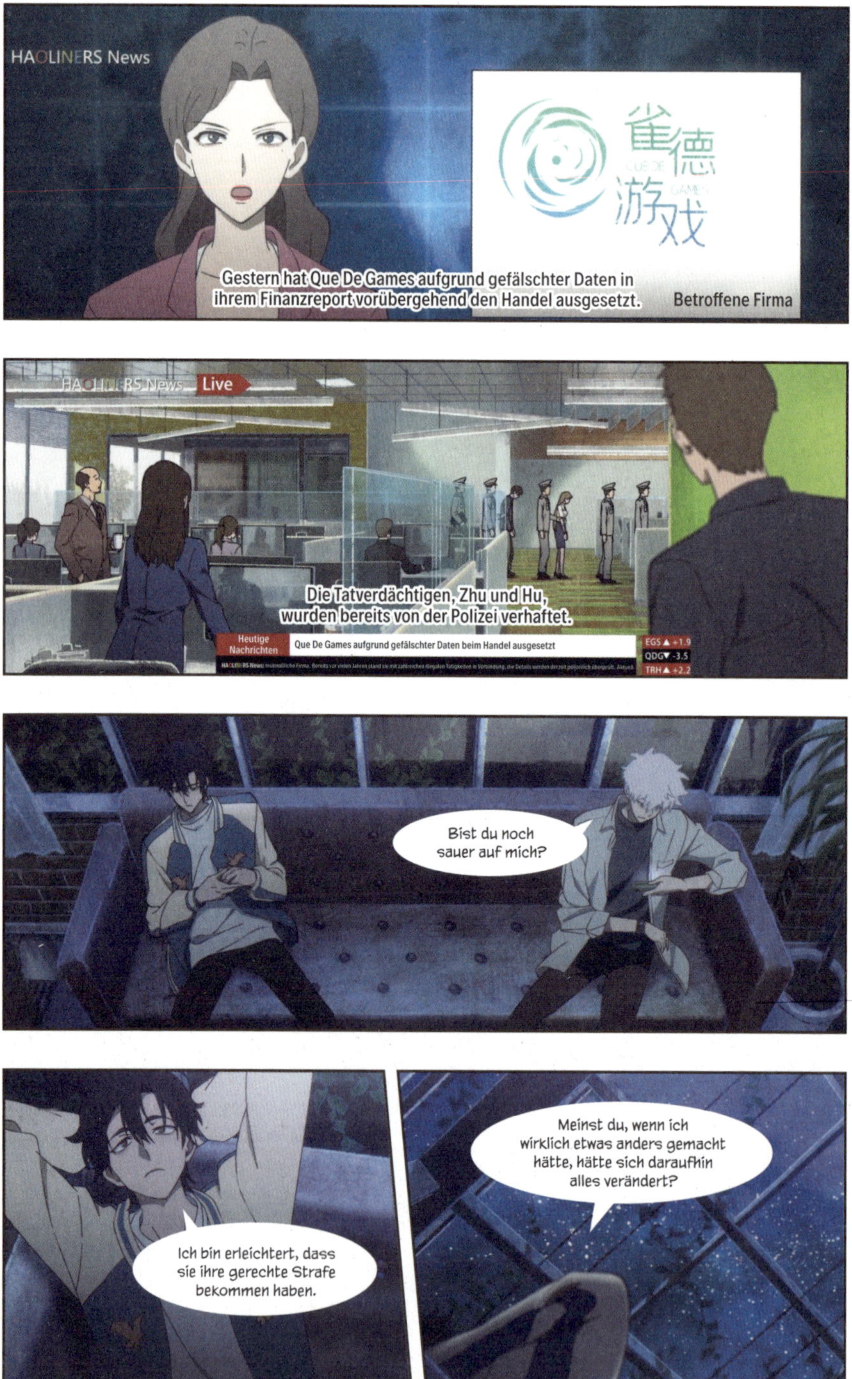
HAOLINERS News
雀德游戏
QUE DE GAMES
Gestern hat Que De Games aufgrund gefälschter Daten in ihrem Finanzreport vorübergehend den Handel ausgesetzt.
Betroffene Firma
HAOLINERS News
Live
Die Tatverdächtigen, Zhu und Hu, wurden bereits von der Polizei verhaftet.
Heutige Nachrichten
Que De Games aufgrund gefälschter Daten beim Handel ausgesetzt
EGS ▲ +1.9
QDG▼ -3.5
TRH ▲ +2.2
Bist du noch sauer auf mich?
Ich bin erleichtert, dass sie ihre gerechte Strafe bekommen haben.
Meinst du, wenn ich wirklich etwas anders gemacht hätte, hätte sich daraufhin alles verändert?

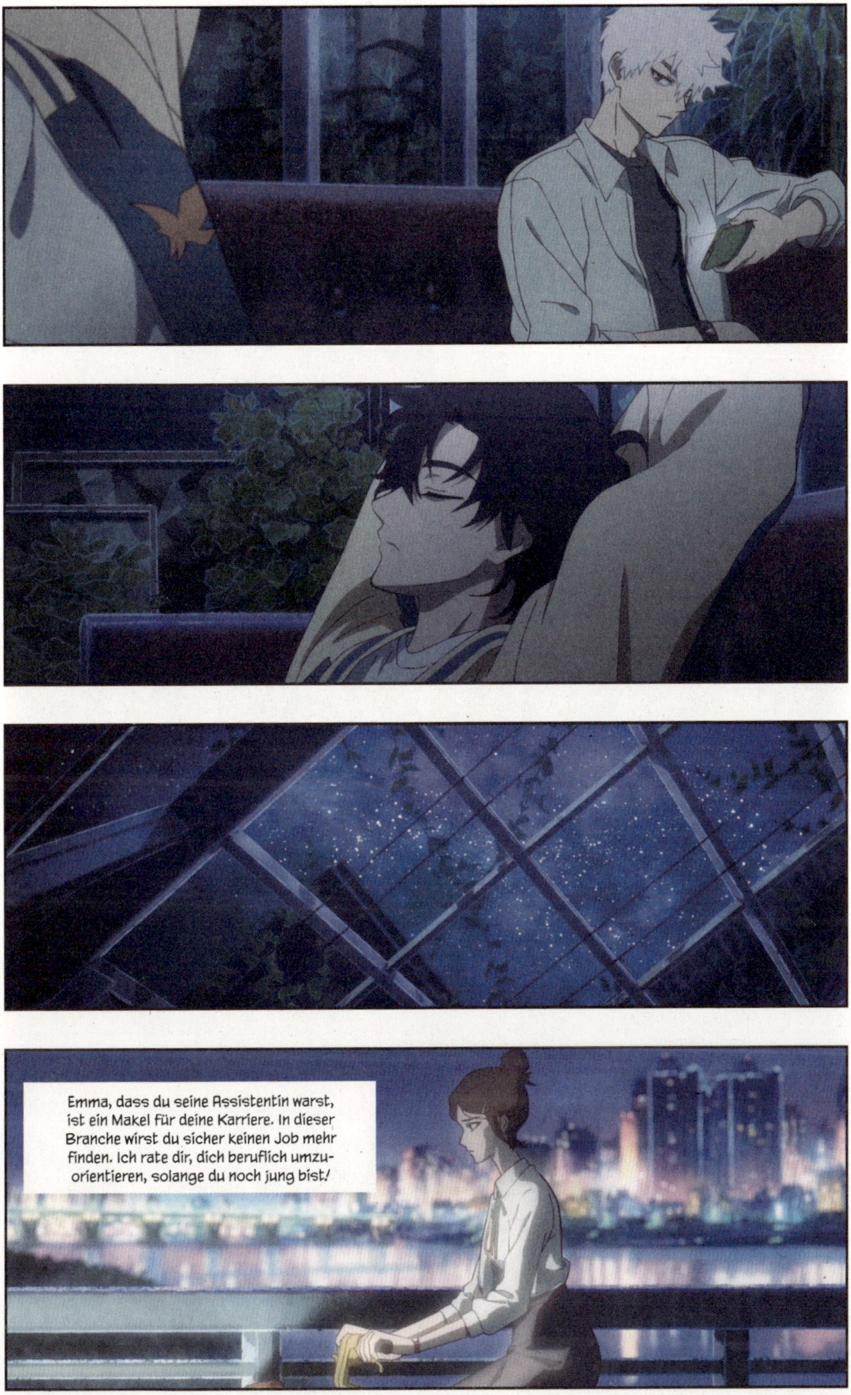
Emma, dass du seine Assistentin warst, ist ein Makel für deine Karriere. In dieser Branche wirst du sicher keinen Job mehr finden. Ich rate dir, dich beruflich umzuorientieren, solange du noch jung bist!

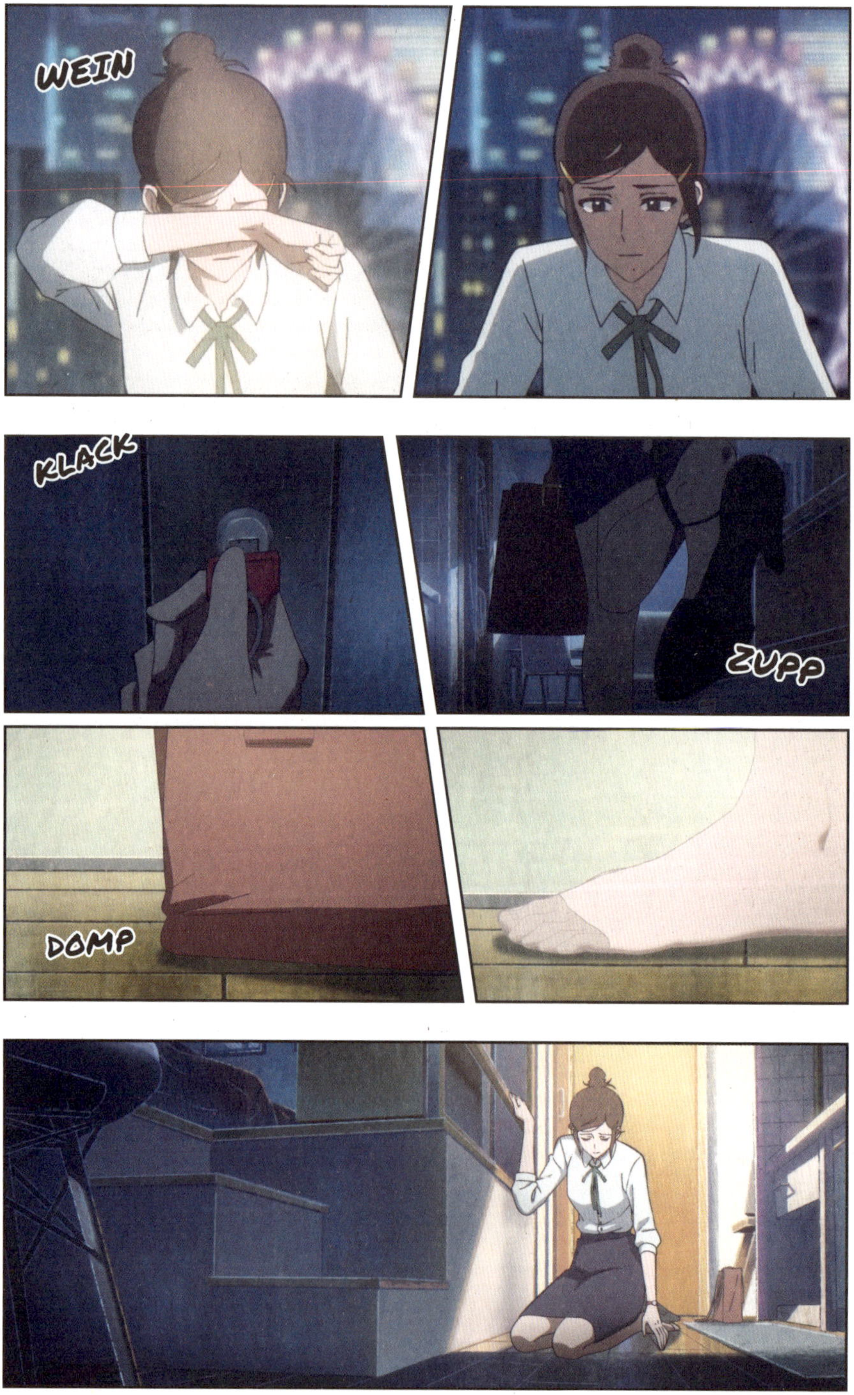
WEIN
KLACK
ZUPP
DOMP

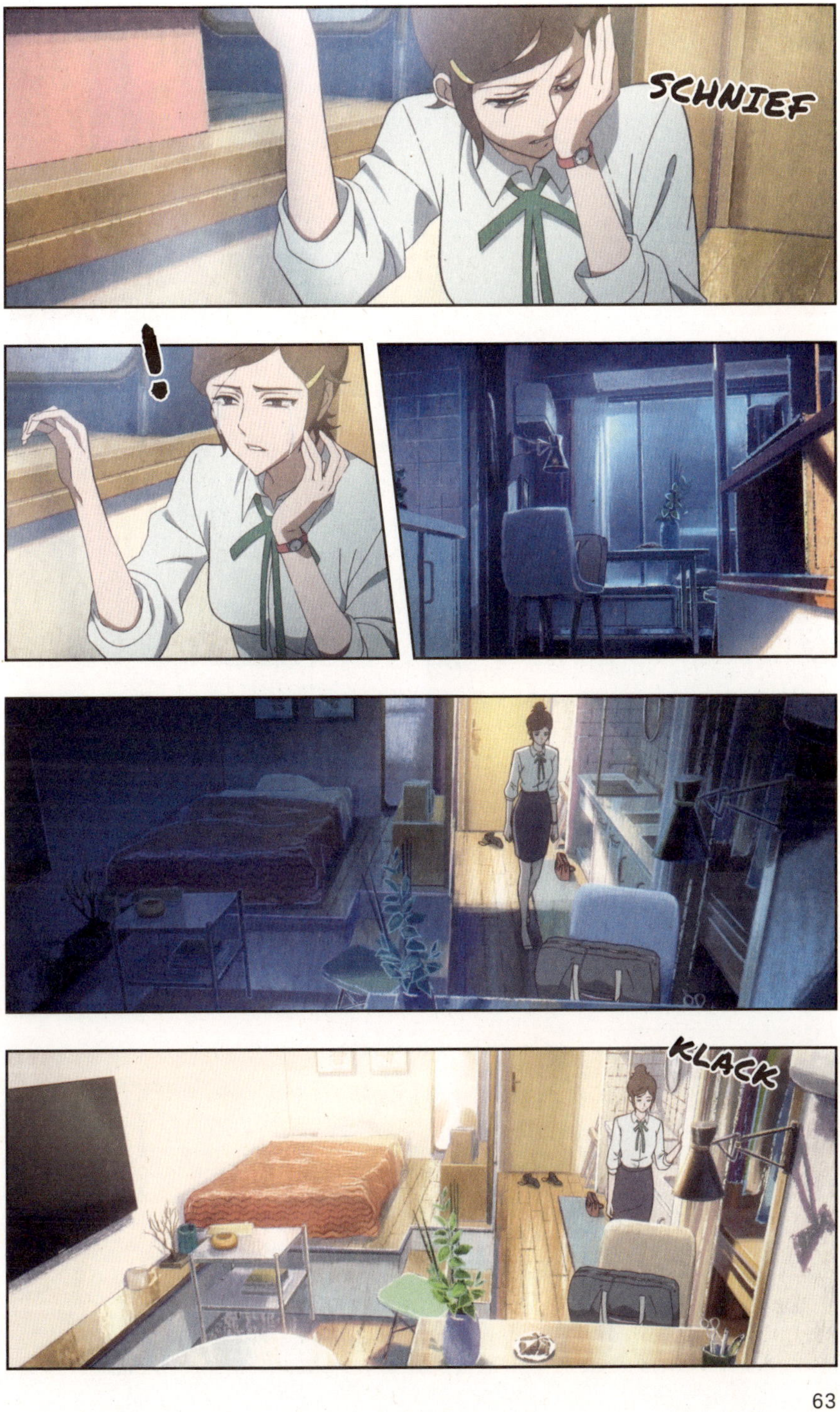
SCHNIEF
!
KLACK

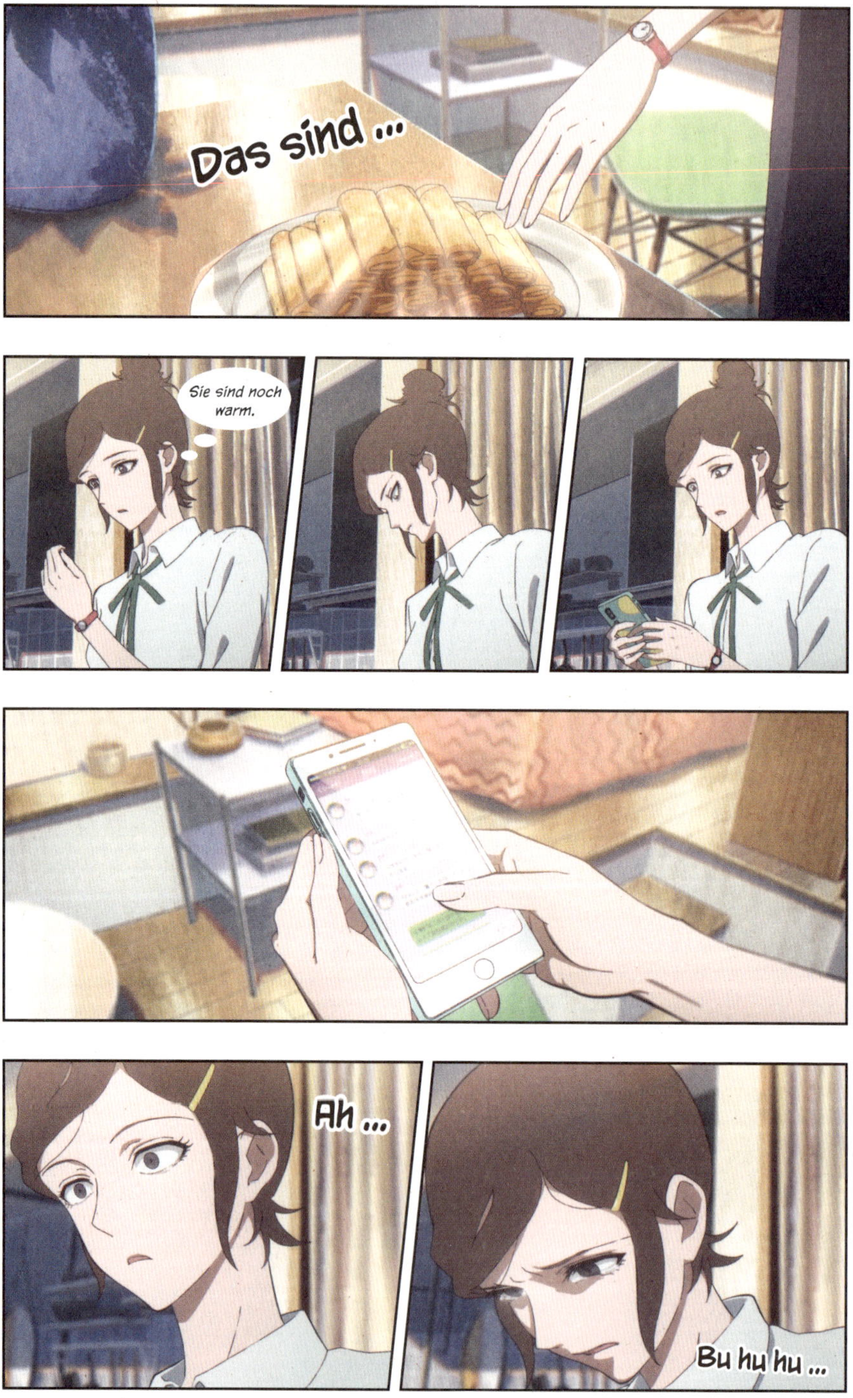
Das sind ...
Sie sind noch warm.
Ah ...
Bu hu hu ...

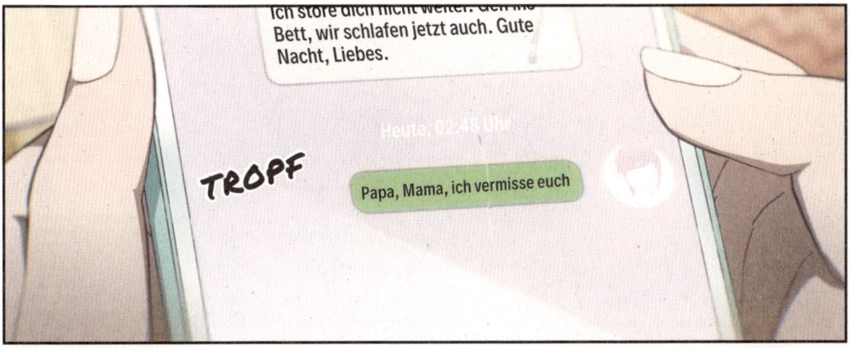
Bett, wir schlafen jetzt auch. Gute Nacht, Liebes.
Heute, 02:48 Uhr
TROPF
Papa, Mama, ich vermisse euch

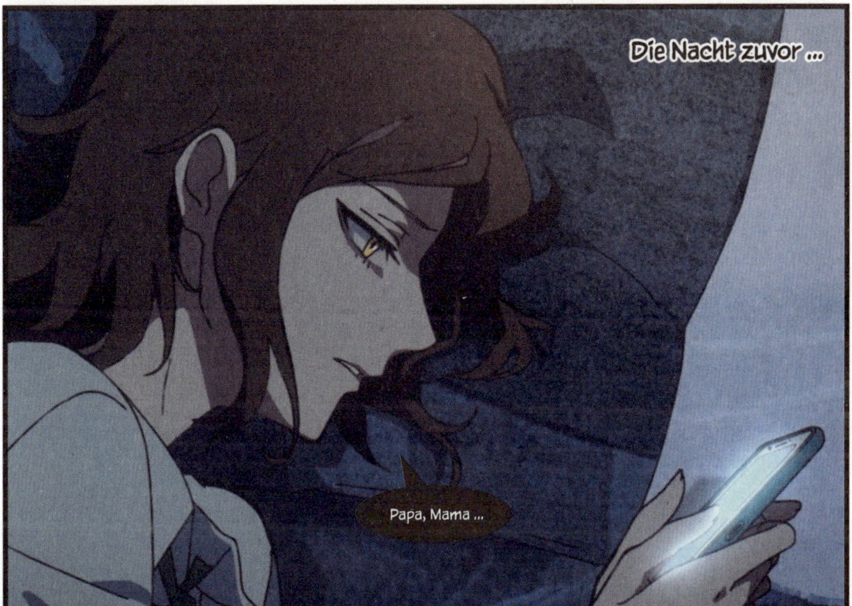
Die Nacht zuvor ...
Papa, Mama ...

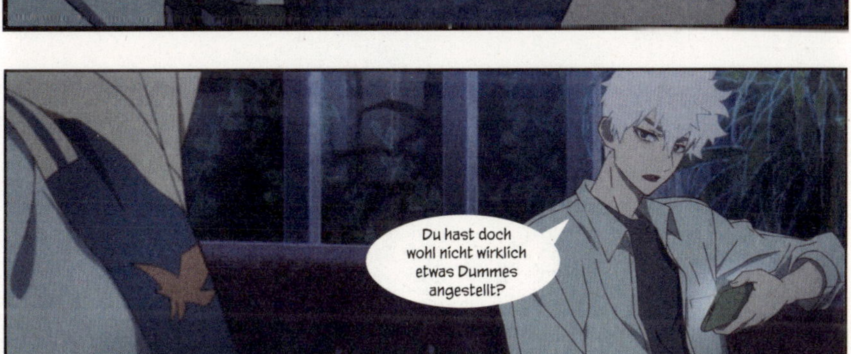
Du hast doch wohl nicht wirklich etwas Dummes angestellt?

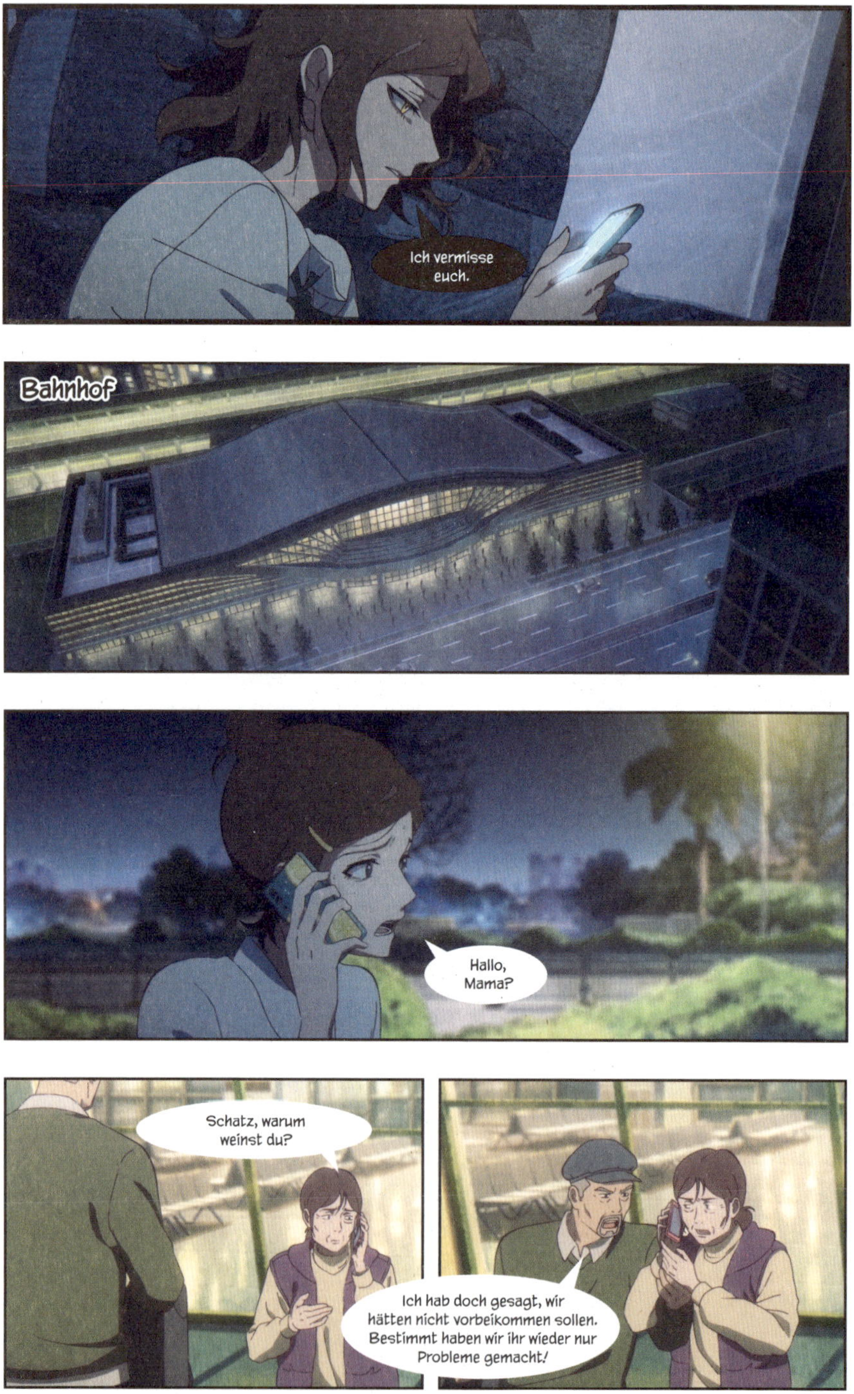
Ich vermisse euch.
Bahnhof
Hallo, Mama?
Schatz, warum weinst du?
Ich hab doch gesagt, wir hätten nicht vorbeikommen sollen. Bestimmt haben wir ihr wieder nur Probleme gemacht!

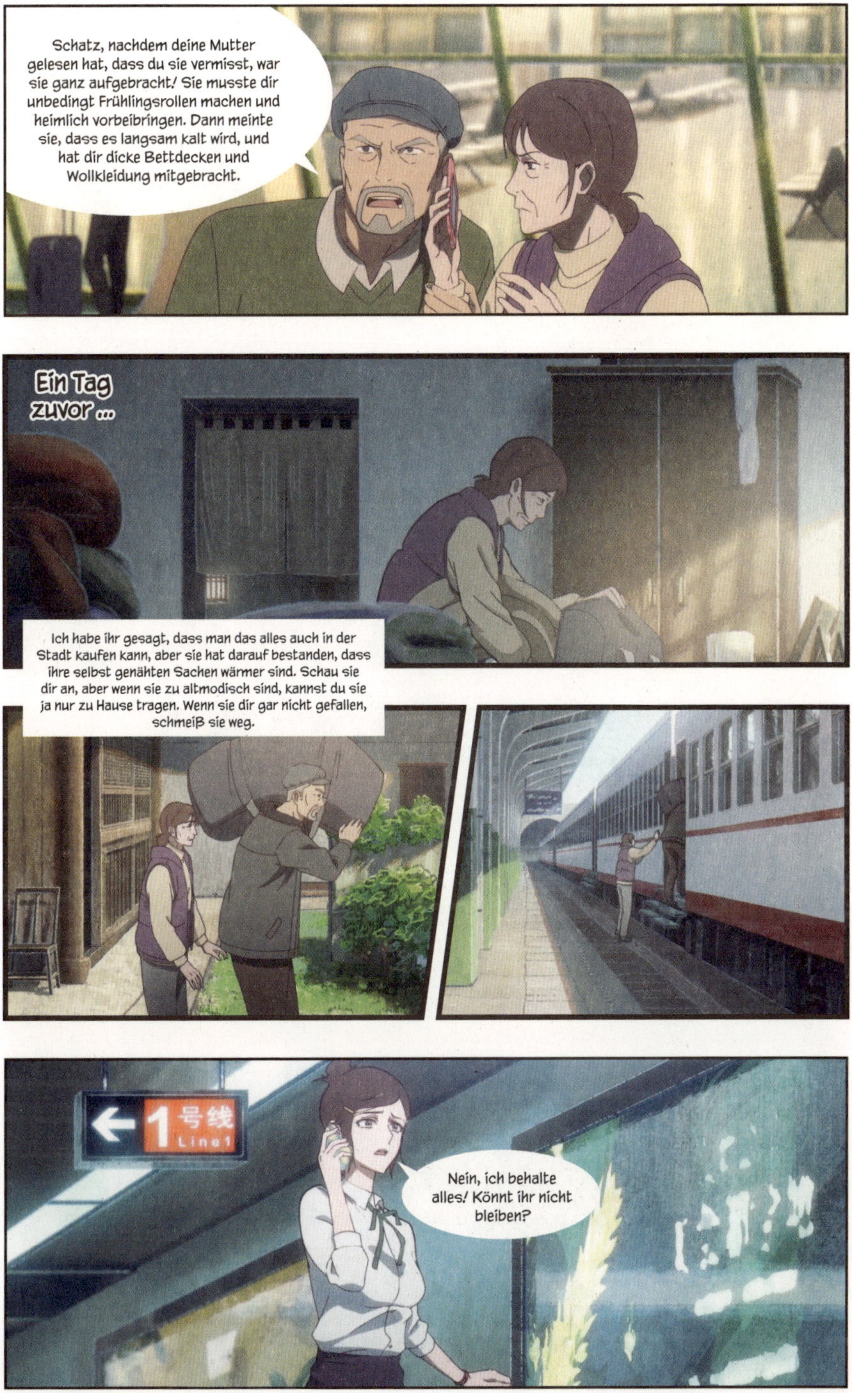
Schatz, nachdem deine Mutter gelesen hat, dass du sie vermisst, war sie ganz aufgebracht! Sie musste dir unbedingt Frühlingsrollen machen und heimlich vorbeibringen. Dann meinte sie, dass es langsam kalt wird, und hat dir dicke Bettdecken und Wollkleidung mitgebracht.
Ein Tag zuvor ...
Ich habe ihr gesagt, dass man das alles auch in der Stadt kaufen kann, aber sie hat darauf bestanden, dass ihre selbst genähten Sachen wärmer sind. Schau sie dir an, aber wenn sie zu altmodisch sind, kannst du sie ja nur zu Hause tragen. Wenn sie dir gar nicht gefallen, schmeiß sie weg.
1号线
Line1
Nein, ich behalte alles! Könnt ihr nicht bleiben?

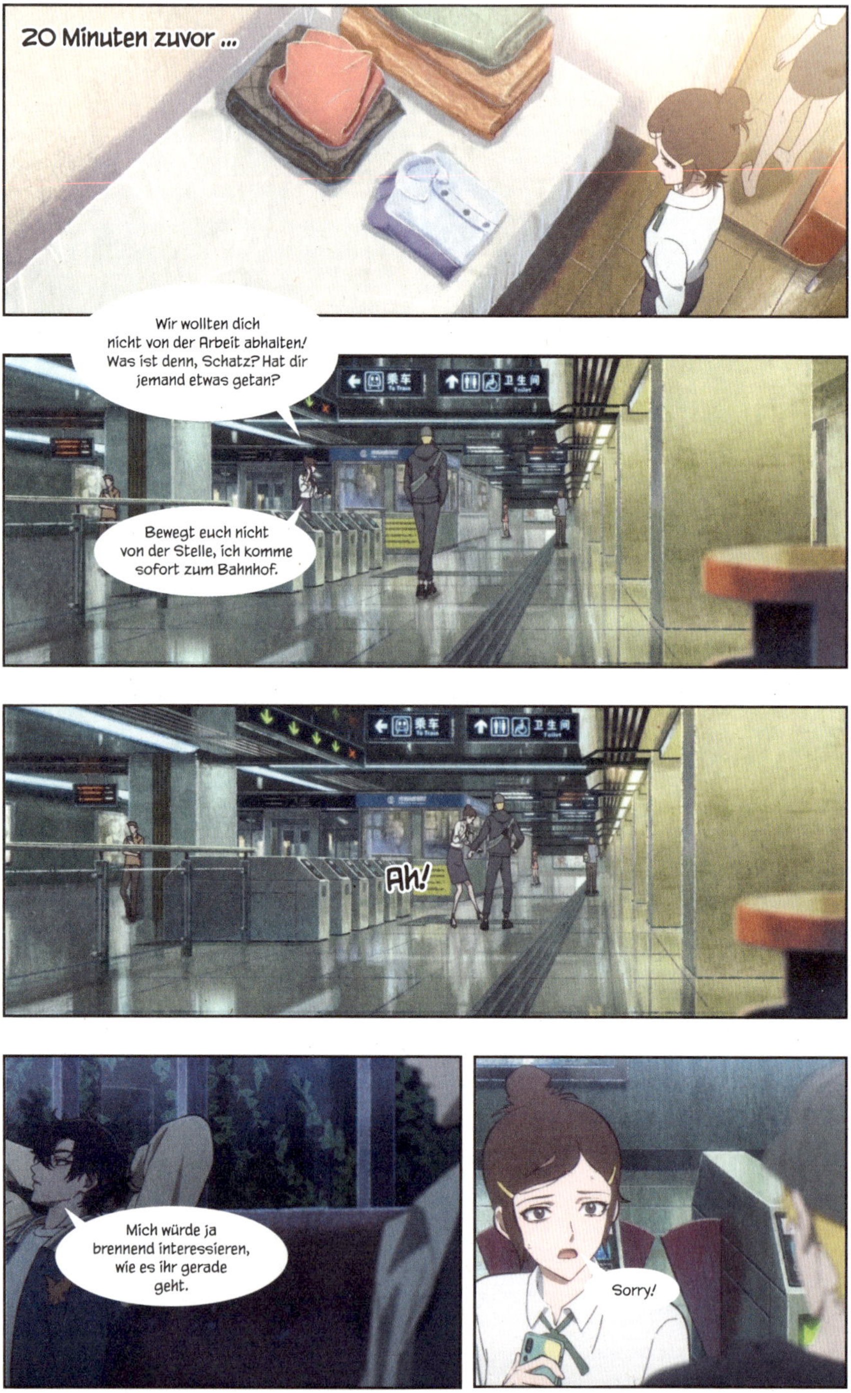
20 Minuten zuvor ...
Wir wollten dich nicht von der Arbeit abhalten! Was ist denn, Schatz? Hat dir jemand etwas getan?
Bewegt euch nicht von der Stelle, ich komme sofort zum Bahnhof.
Ah!
Mich würde ja brennend interessieren, wie es ihr gerade geht.
Sorry!

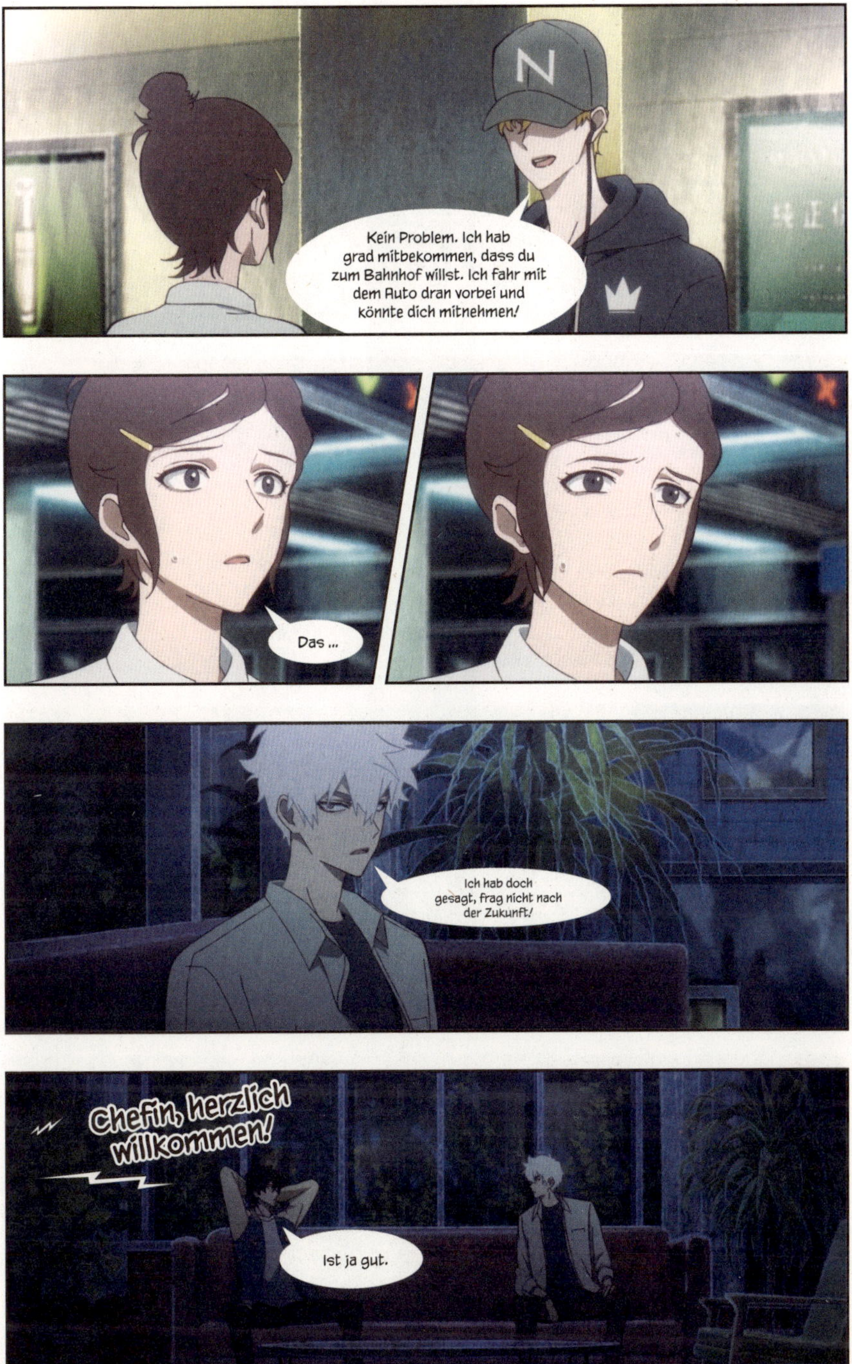
Kein Problem. Ich hab grad mitbekommen, dass du zum Bahnhof willst. Ich fahr mit dem Auto dran vorbei und könnte dich mitnehmen!
Das ...
Ich hab doch gesagt, frag nicht nach der Zukunft!
Chefin, herzlich willkommen!
Ist ja gut.

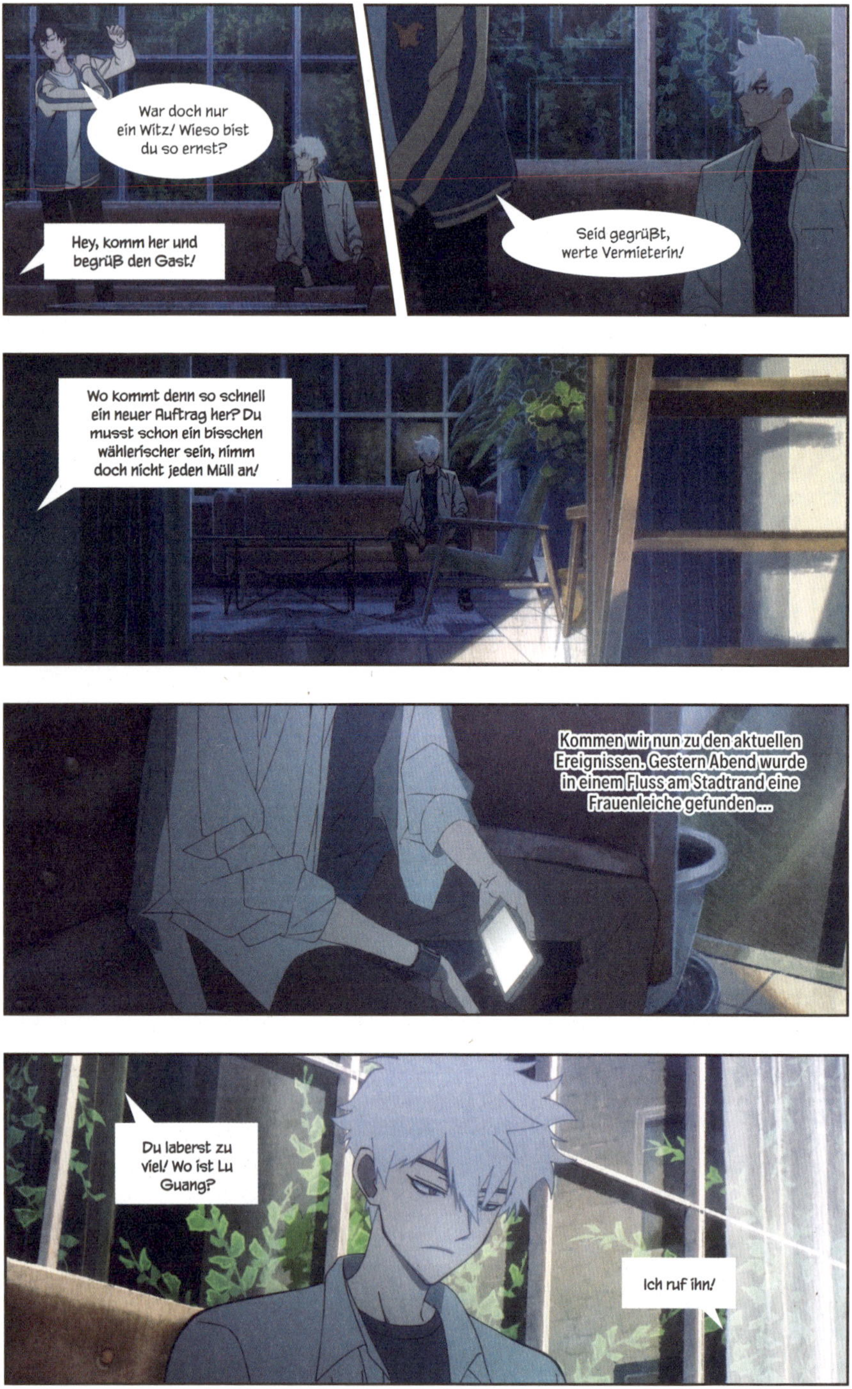
War doch nur ein Witz! Wieso bist du so ernst?
Hey, komm her und begrüß den Gast!
Seid gegrüßt, werte Vermieterin!
Wo kommt denn so schnell ein neuer Auftrag her? Du musst schon ein bisschen wählerischer sein, nimm doch nicht jeden Müll an!
Kommen wir nun zu den aktuellen Ereignissen. Gestern Abend wurde in einem Fluss am Stadtrand eine Frauenleiche gefunden ...
Du laberst zu viel! Wo ist Lu Guang?
Ich ruf ihn!

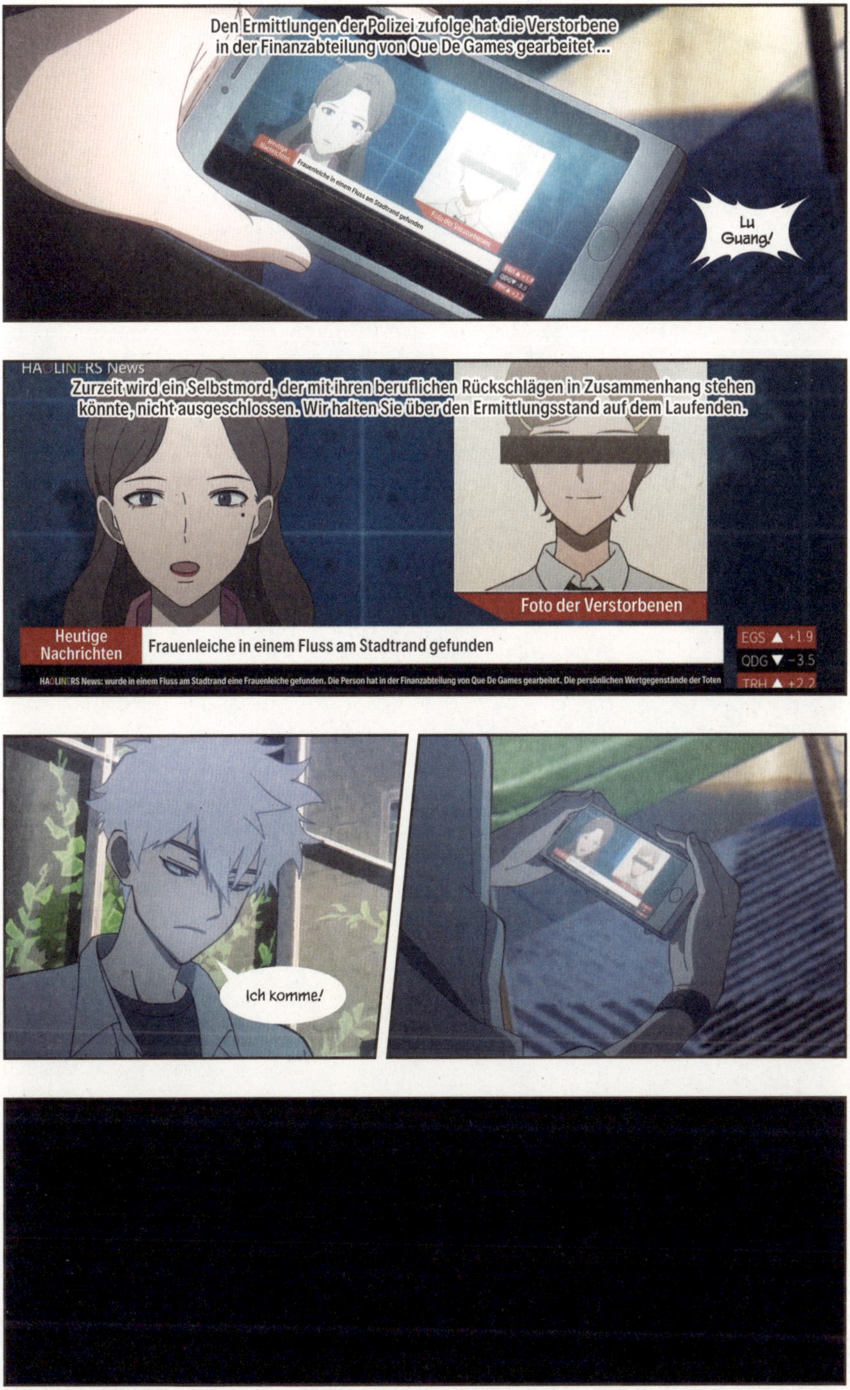
Den Ermittlungen der Polizei zufolge hat die Verstorbene in der Finanzabteilung von Que De Games gearbeitet ...
Lu Guang!
HAOLINERS News
Zurzeit wird ein Selbstmord, der mit ihren beruflichen Rückschlägen in Zusammenhang stehen könnte, nicht ausgeschlossen. Wir halten Sie über den Ermittlungsstand auf dem Laufenden.
Foto der Verstorbenen
Heutige Nachrichten
Frauenleiche in einem Fluss am Stadtrand gefunden
EGS ▲ +1.9
QDG ▼ −3.5
TRH ▲ +2.2
HAOLINERS News: wurde in einem Fluss am Stadtrand eine Frauenleiche gefunden. Die Person hat in der Finanzabteilung von Que De Games gearbeitet. Die persönlichen Wertgegenstände der Toten
Ich komme!

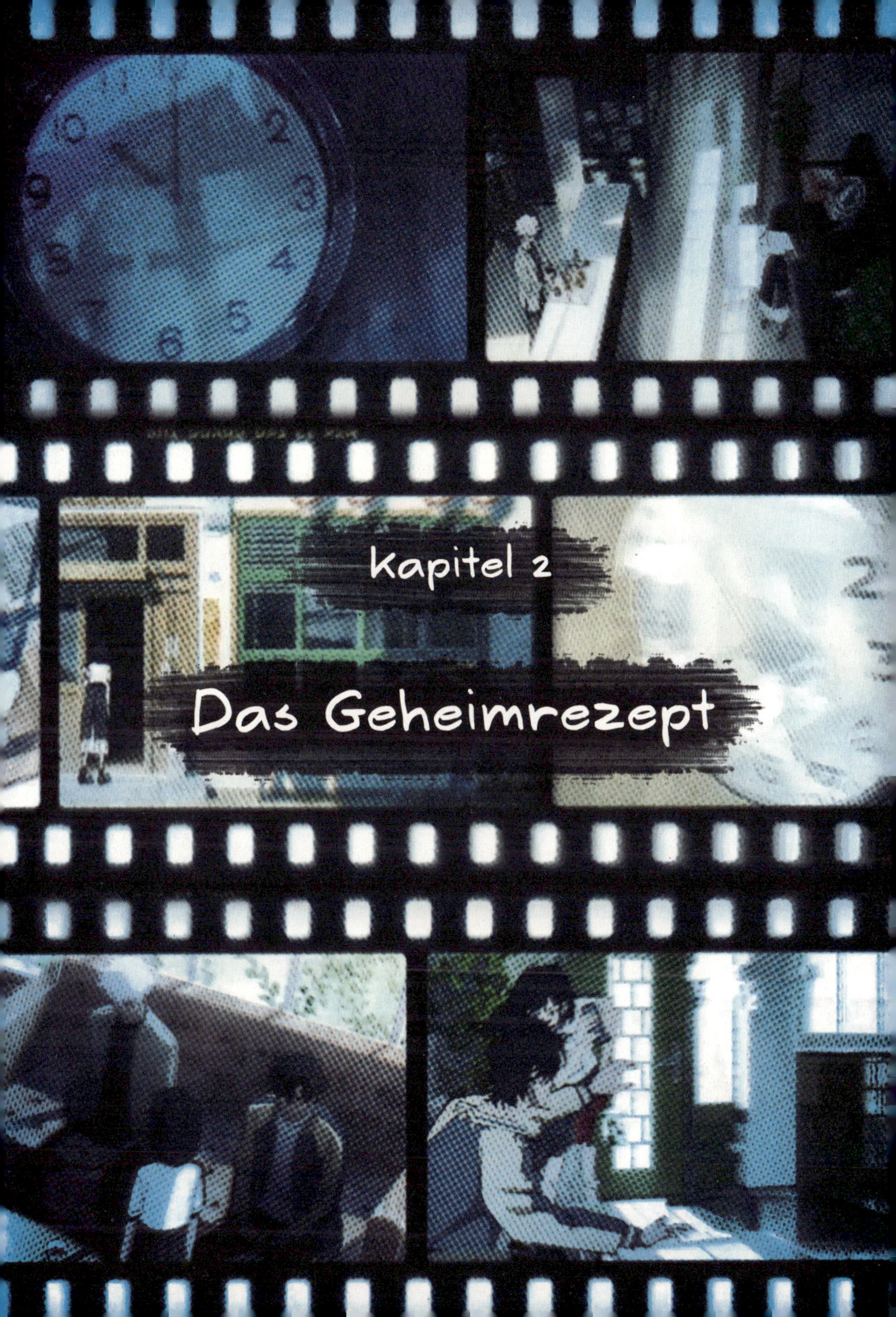

Kapitel 2

Das Geheimrezept

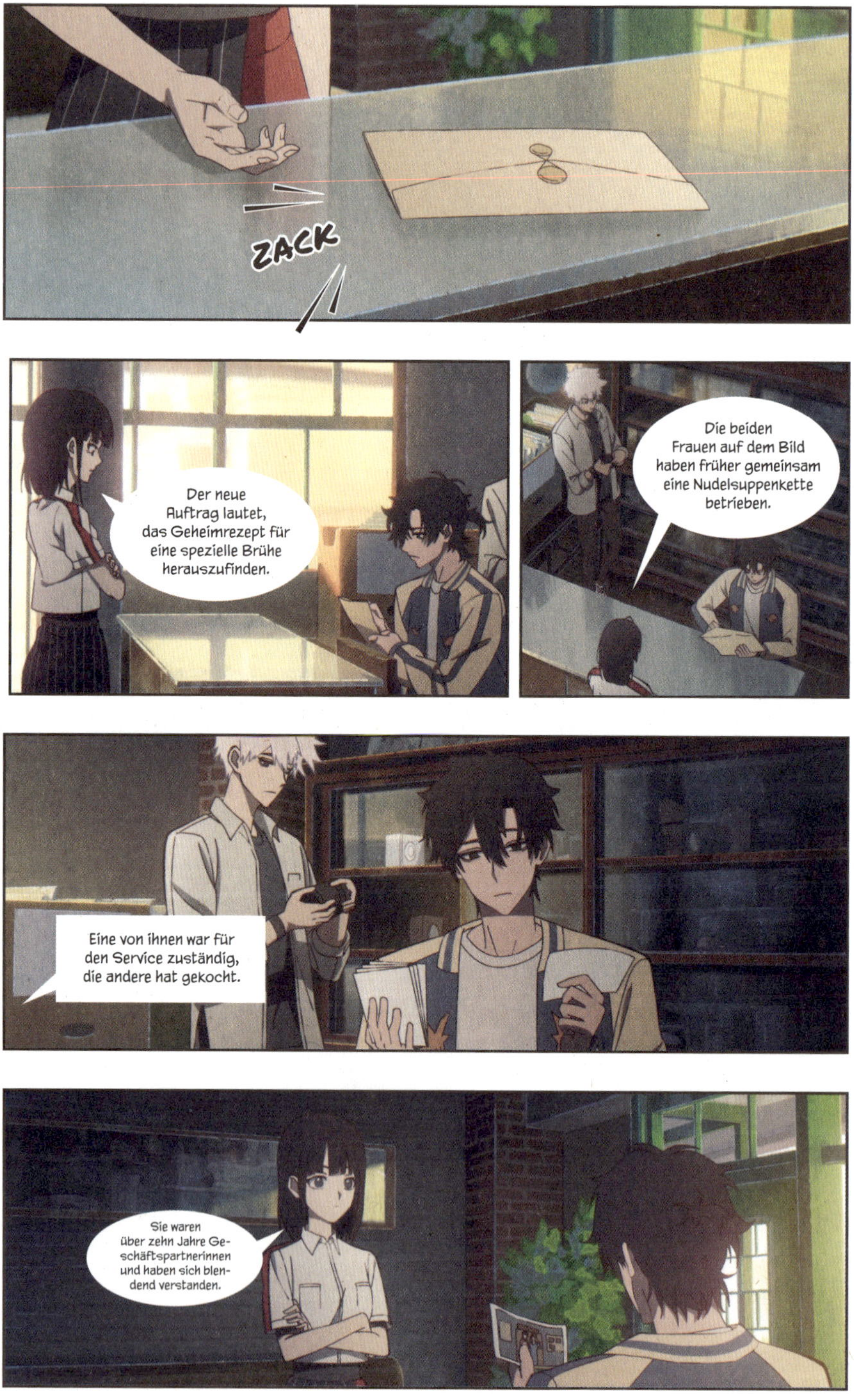
ZACK
Der neue Auftrag lautet, das Geheimrezept für eine spezielle Brühe herauszufinden.
Die beiden Frauen auf dem Bild haben früher gemeinsam eine Nudelsuppenkette betrieben.
Eine von ihnen war für den Service zuständig, die andere hat gekocht.
Sie waren über zehn Jahre Geschäftspartnerinnen und haben sich blendend verstanden.

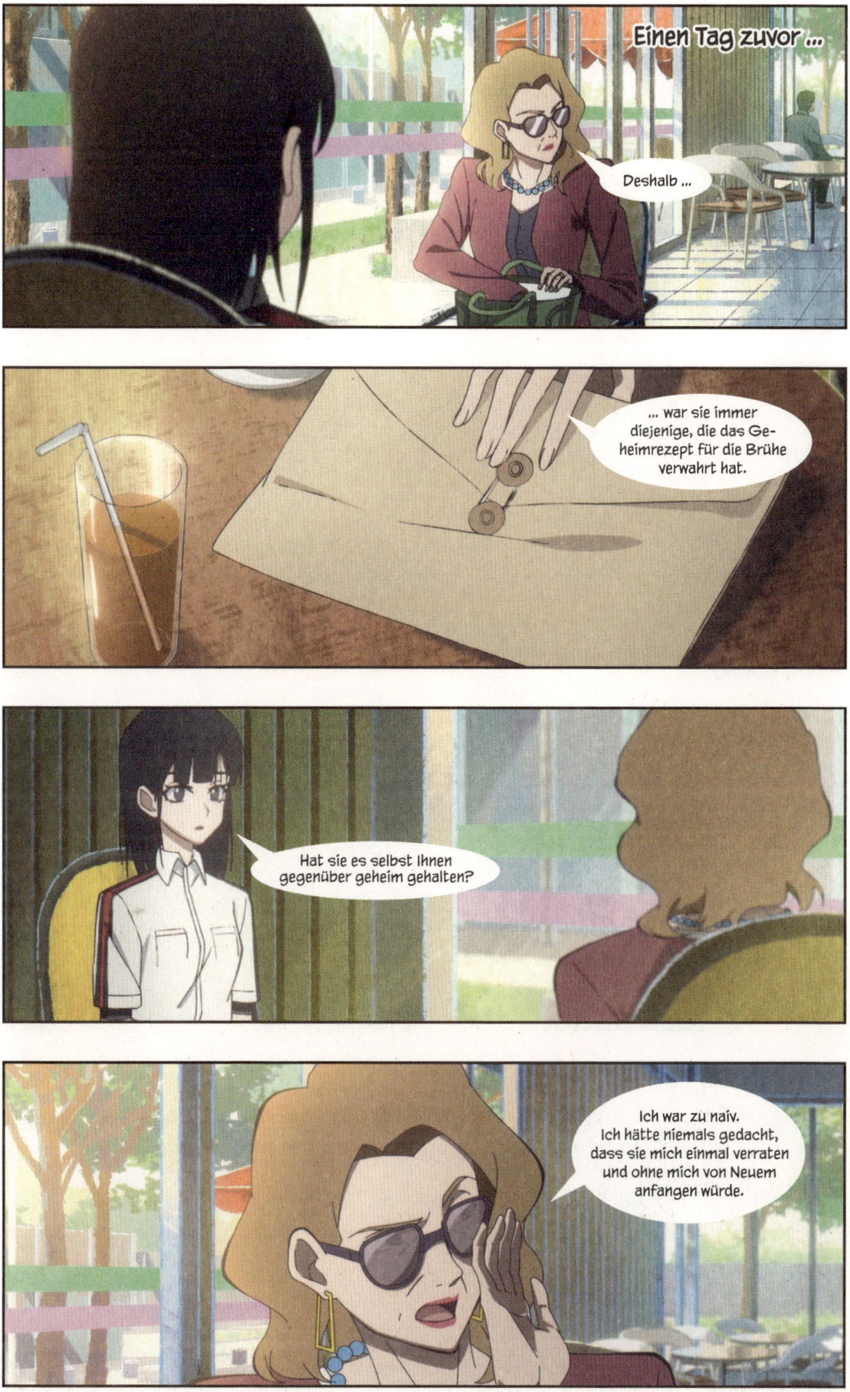
Einen Tag zuvor ...
Deshalb ...
... war sie immer diejenige, die das Geheimrezept für die Brühe verwahrt hat.
Hat sie es selbst Ihnen gegenüber geheim gehalten?
Ich war zu naiv. Ich hätte niemals gedacht, dass sie mich einmal verraten und ohne mich von Neuem anfangen würde.

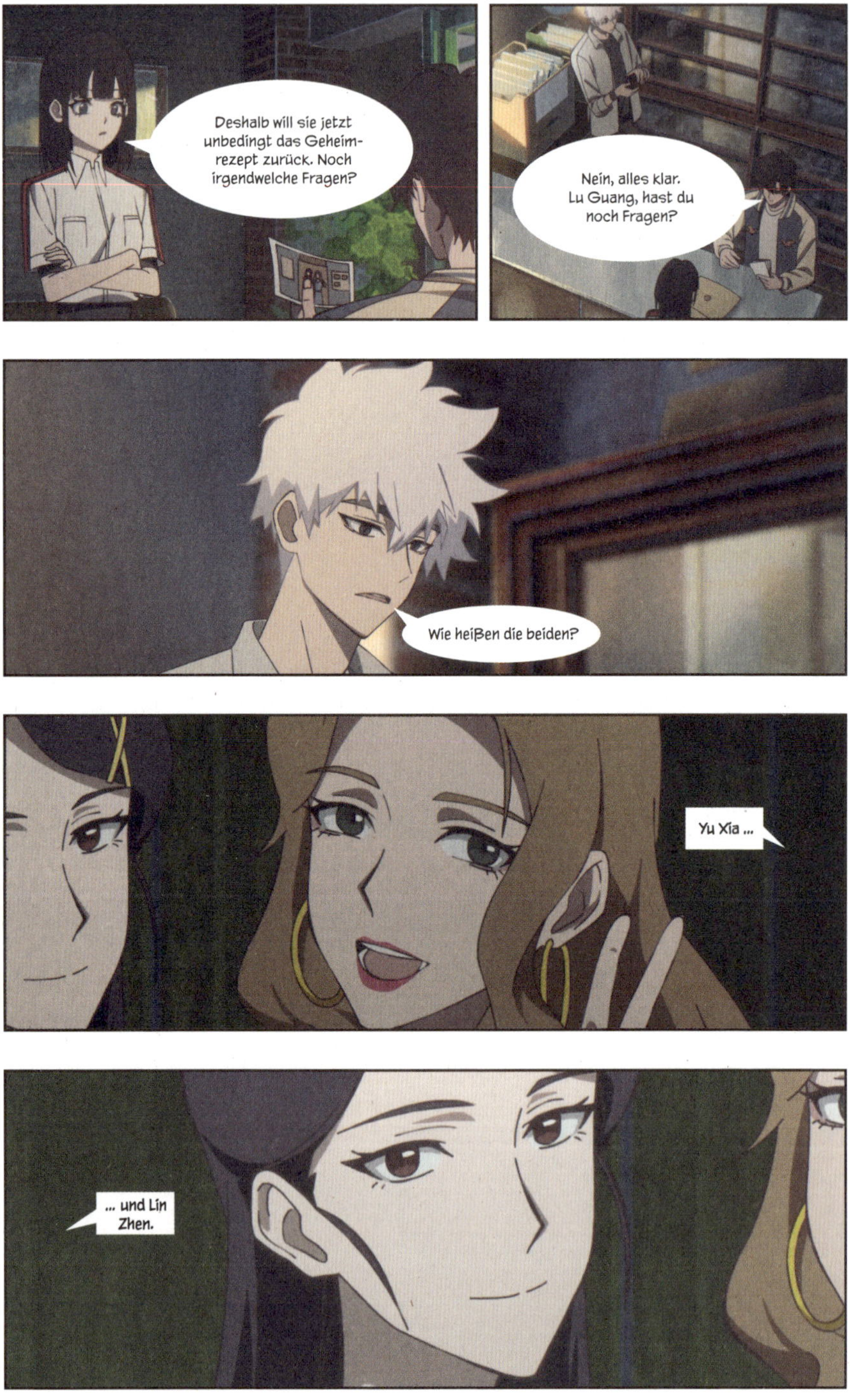
Deshalb will sie jetzt unbedingt das Geheimrezept zurück. Noch irgendwelche Fragen?
Nein, alles klar. Lu Guang, hast du noch Fragen?
Wie heißen die beiden?
Yu Xia ...
... und Lin Zhen.

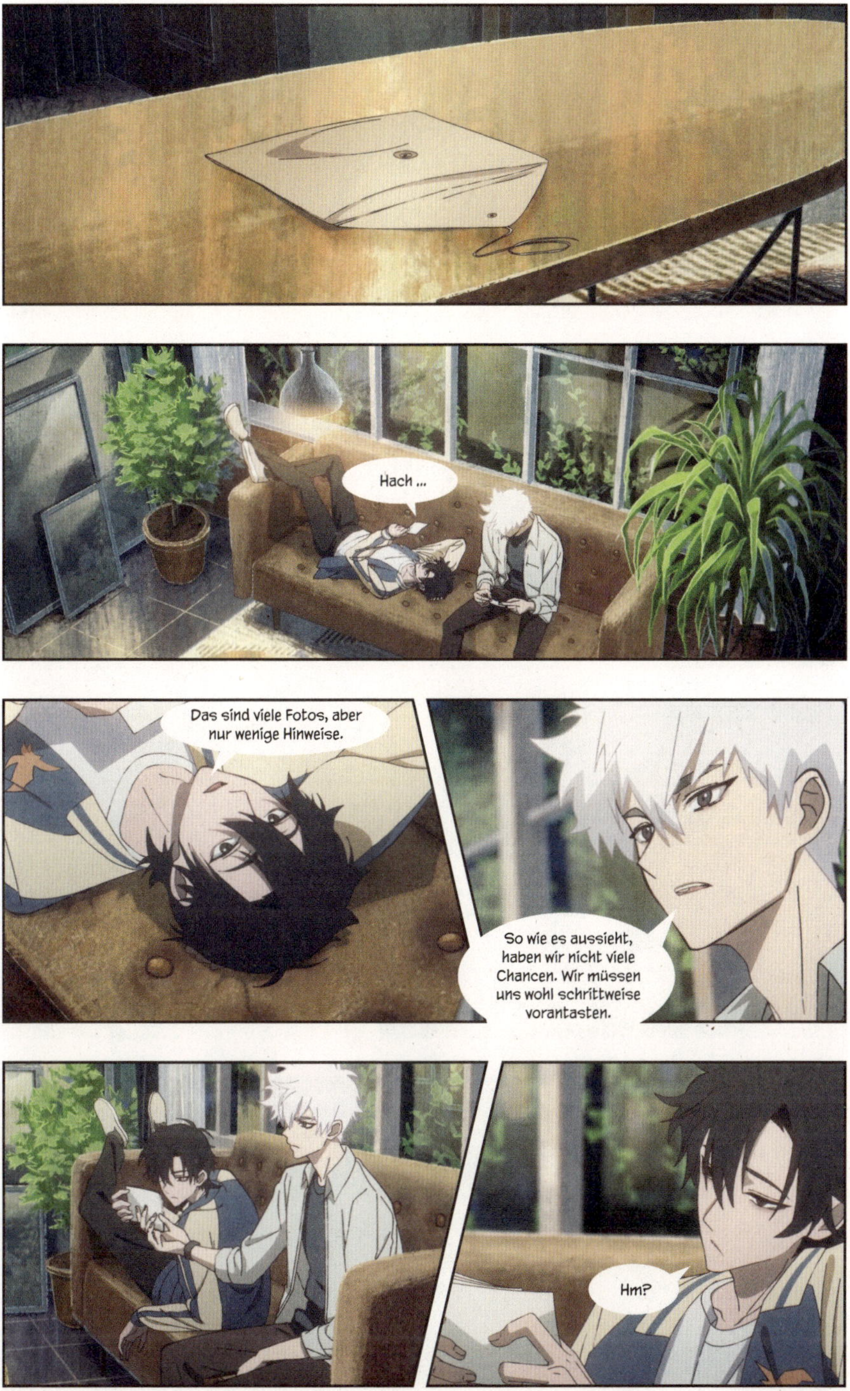
Hach ...
Das sind viele Fotos, aber nur wenige Hinweise.
So wie es aussieht, haben wir nicht viele Chancen. Wir müssen uns wohl schrittweise vorantasten.
Hm?

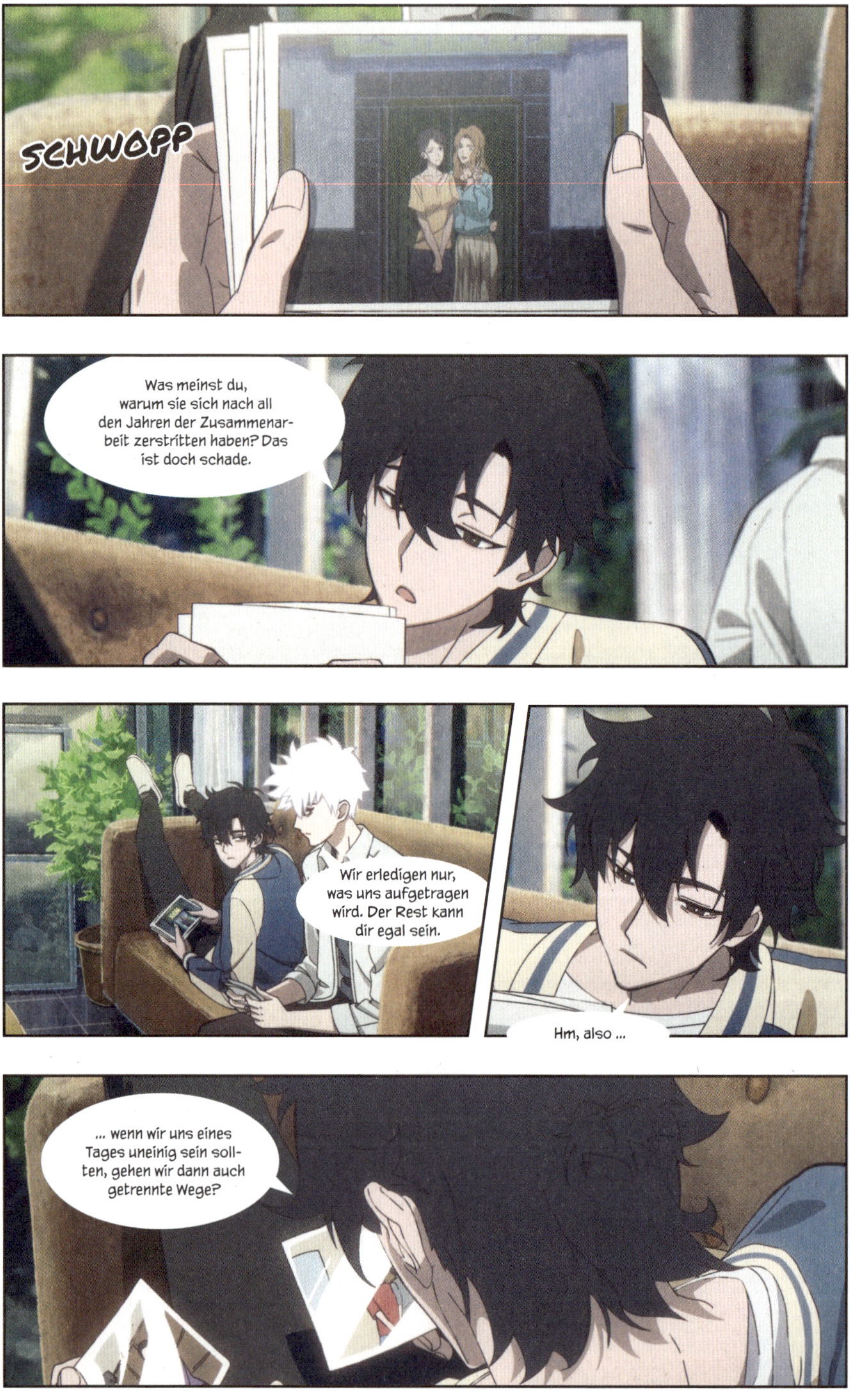
SCHWOPP
Was meinst du, warum sie sich nach all den Jahren der Zusammenar-beit zerstritten haben? Das ist doch schade.
Wir erledigen nur, was uns aufgetragen wird. Der Rest kann dir egal sein.
Hm, also ...
... wenn wir uns eines Tages uneinig sein soll-ten, gehen wir dann auch getrennte Wege?

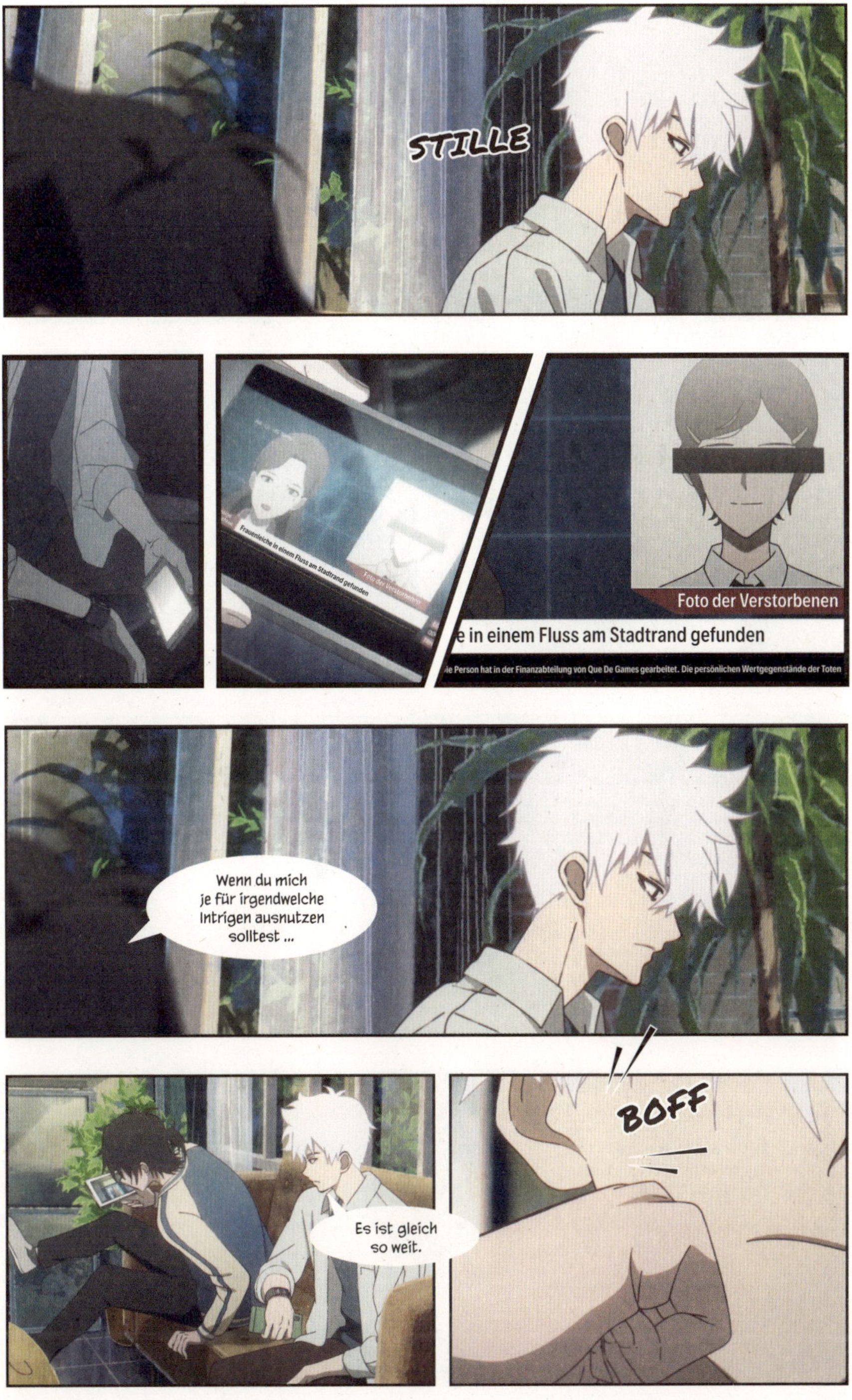
STILLE
Frauenleiche in einem Fluss am Stadtrand gefunden
Foto der Verstorbenen
Foto der Verstorbenen
e in einem Fluss am Stadtrand gefunden
ie Person hat in der Finanzabteilung von Que De Games gearbeitet. Die persönlichen Wertgegenstände der Toten
Wenn du mich je für irgendwelche Intrigen ausnutzen solltest ...
Es ist gleich so weit.
BOFF

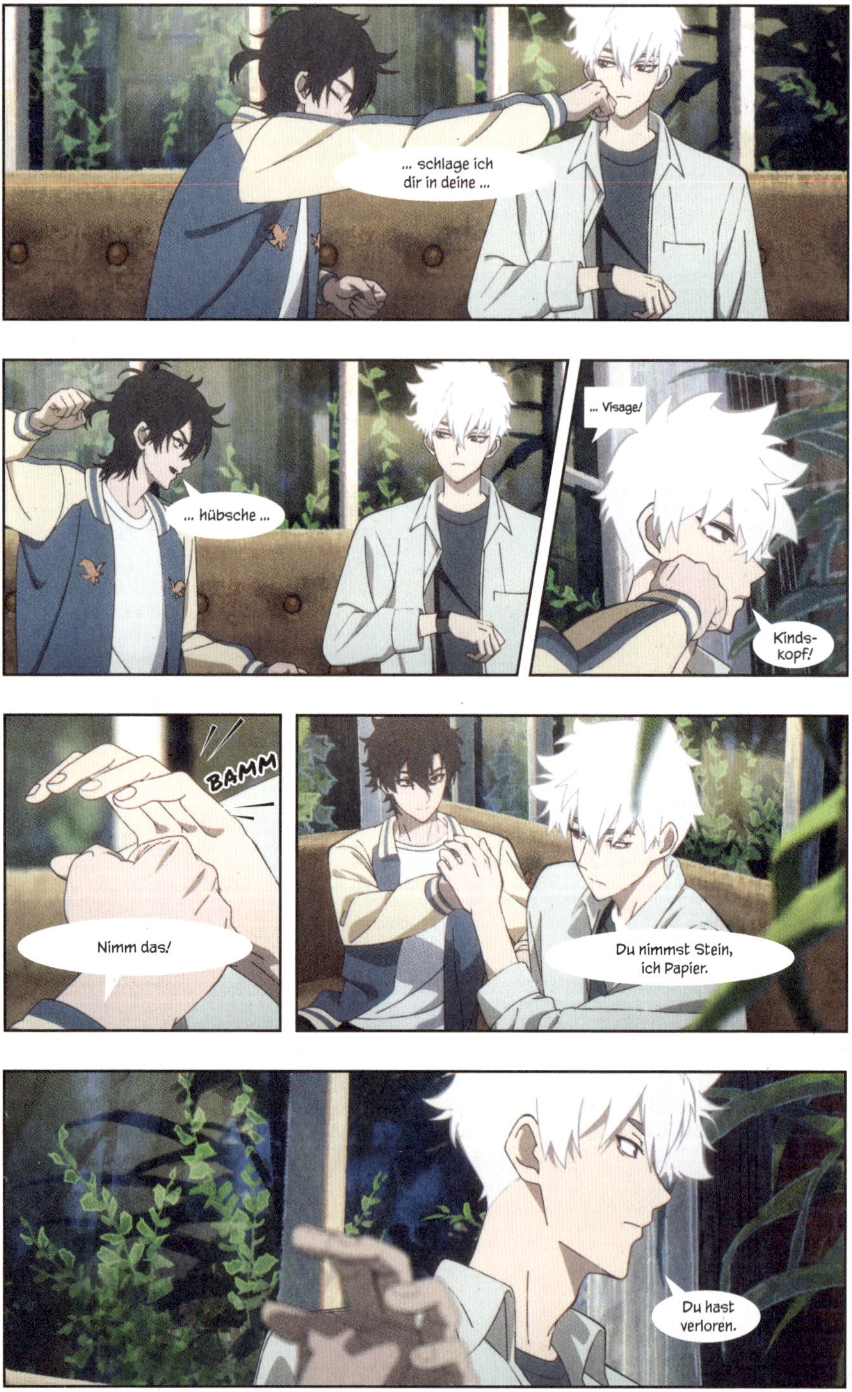
... schlage ich
dir in deine ...
... hübsche ...
... Visage!
Kinds-
kopf!
BAMM
Nimm das!
Du nimmst Stein,
ich Papier.
Du hast
verloren.

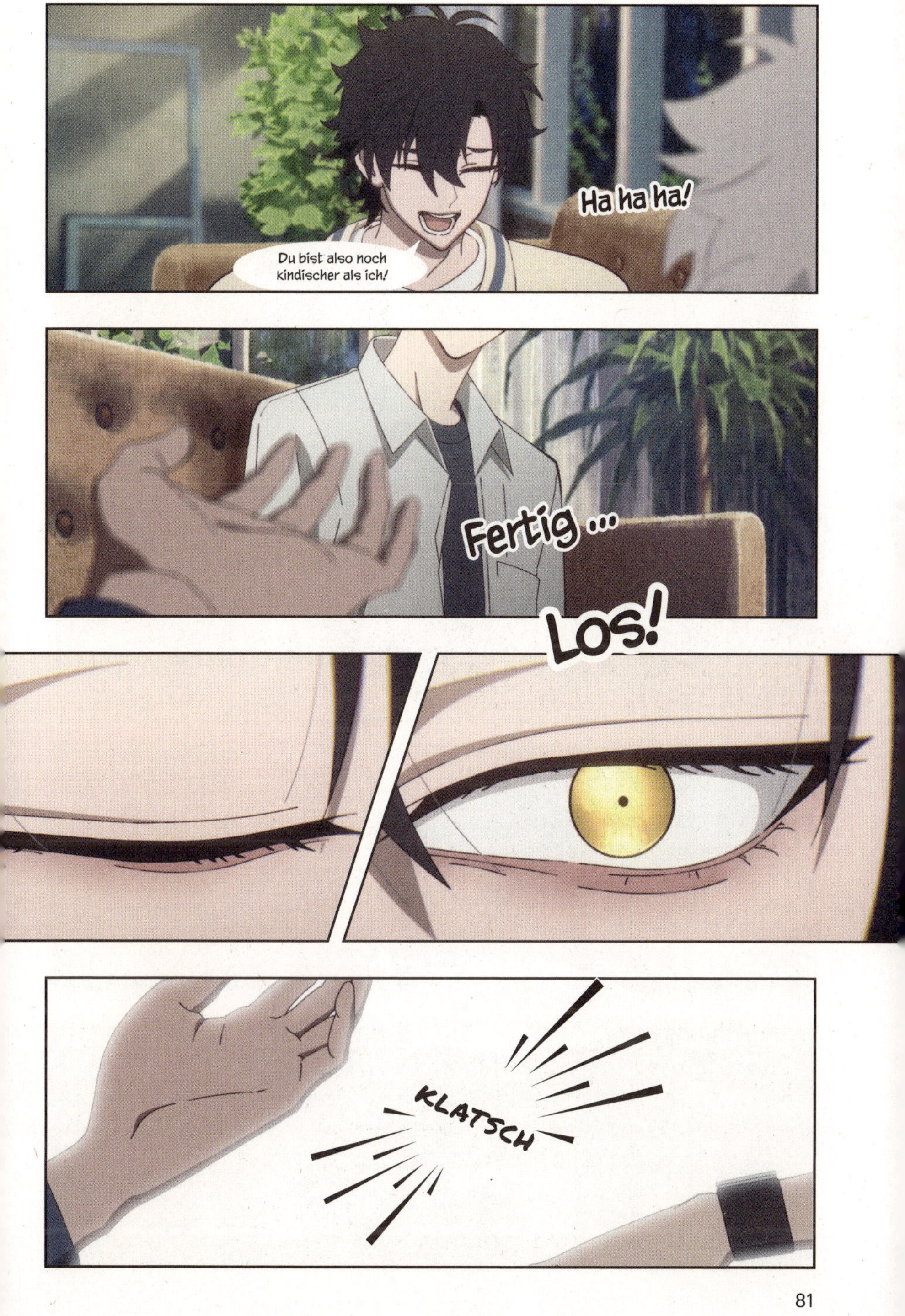

Ha ha ha!
Du bist also noch kindischer als ich!
Fertig ...
Los!
KLATSCH

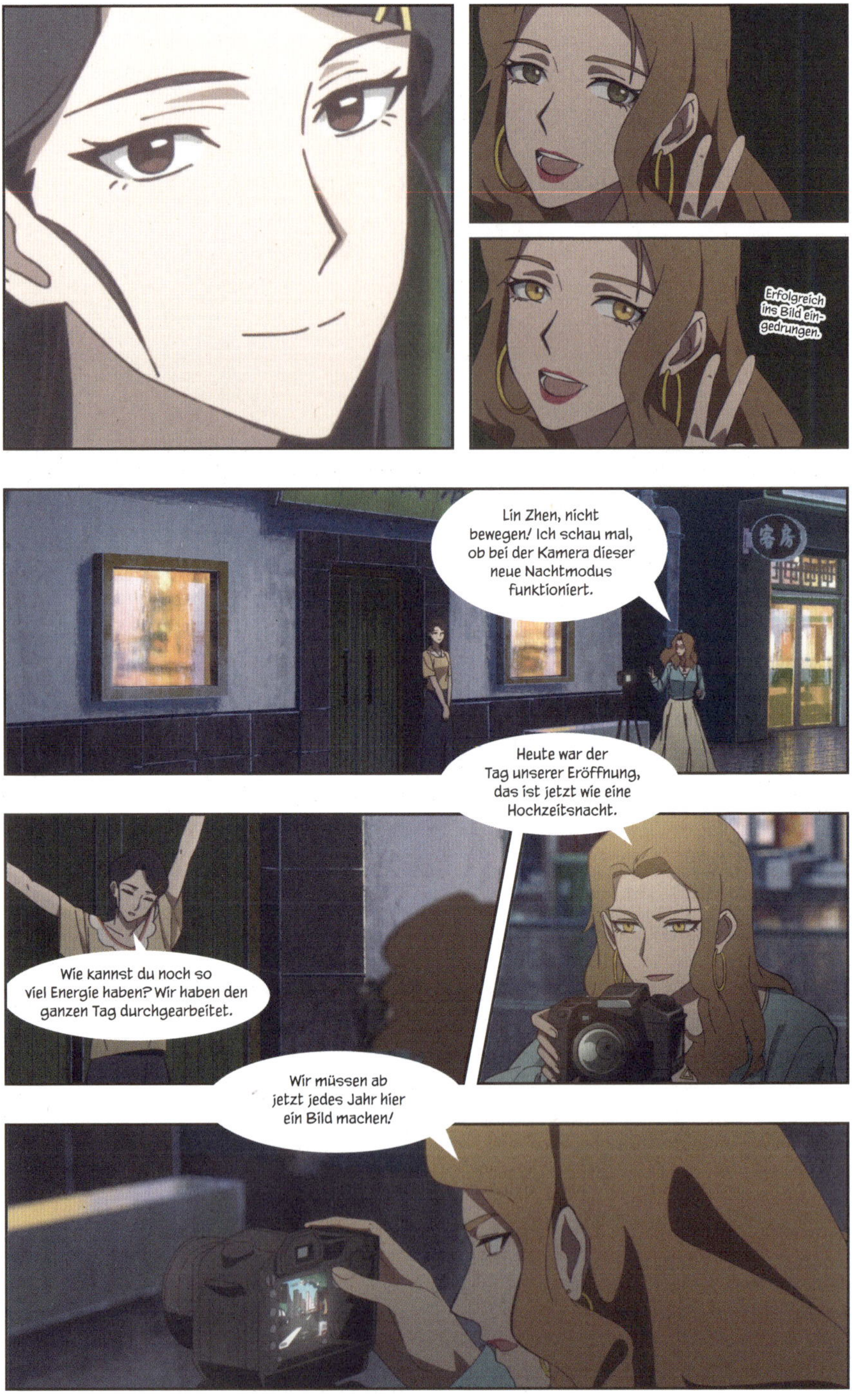

Erfolgreich ins Bild eingedrungen.
Lin Zhen, nicht bewegen! Ich schau mal, ob bei der Kamera dieser neue Nachtmodus funktioniert.
Heute war der Tag unserer Eröffnung, das ist jetzt wie eine Hochzeitsnacht.
Wie kannst du noch so viel Energie haben? Wir haben den ganzen Tag durchgearbeitet.
Wir müssen ab jetzt jedes Jahr hier ein Bild machen!

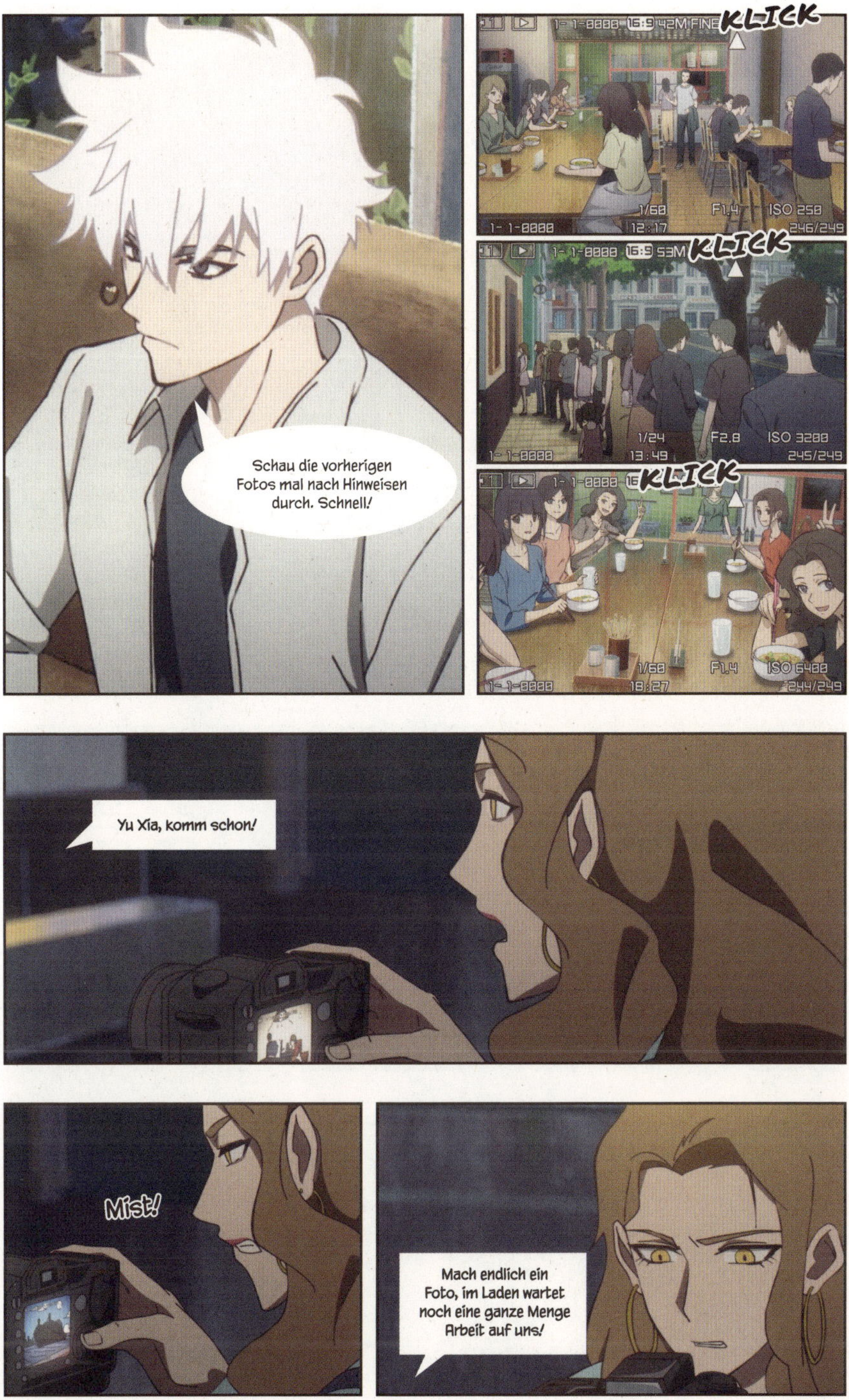

KLICK
KLICK
KLICK
Schau die vorherigen Fotos mal nach Hinweisen durch. Schnell!
Yu Xia, komm schon!
Mist!
Mach endlich ein Foto, im Laden wartet noch eine ganze Menge Arbeit auf uns!

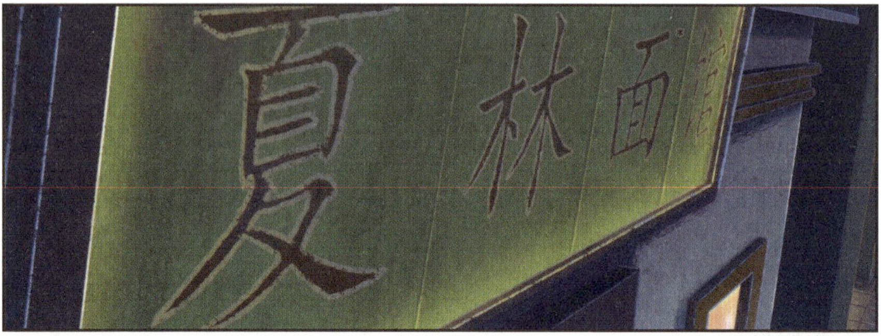

*Xia Lin Nudelimbiss

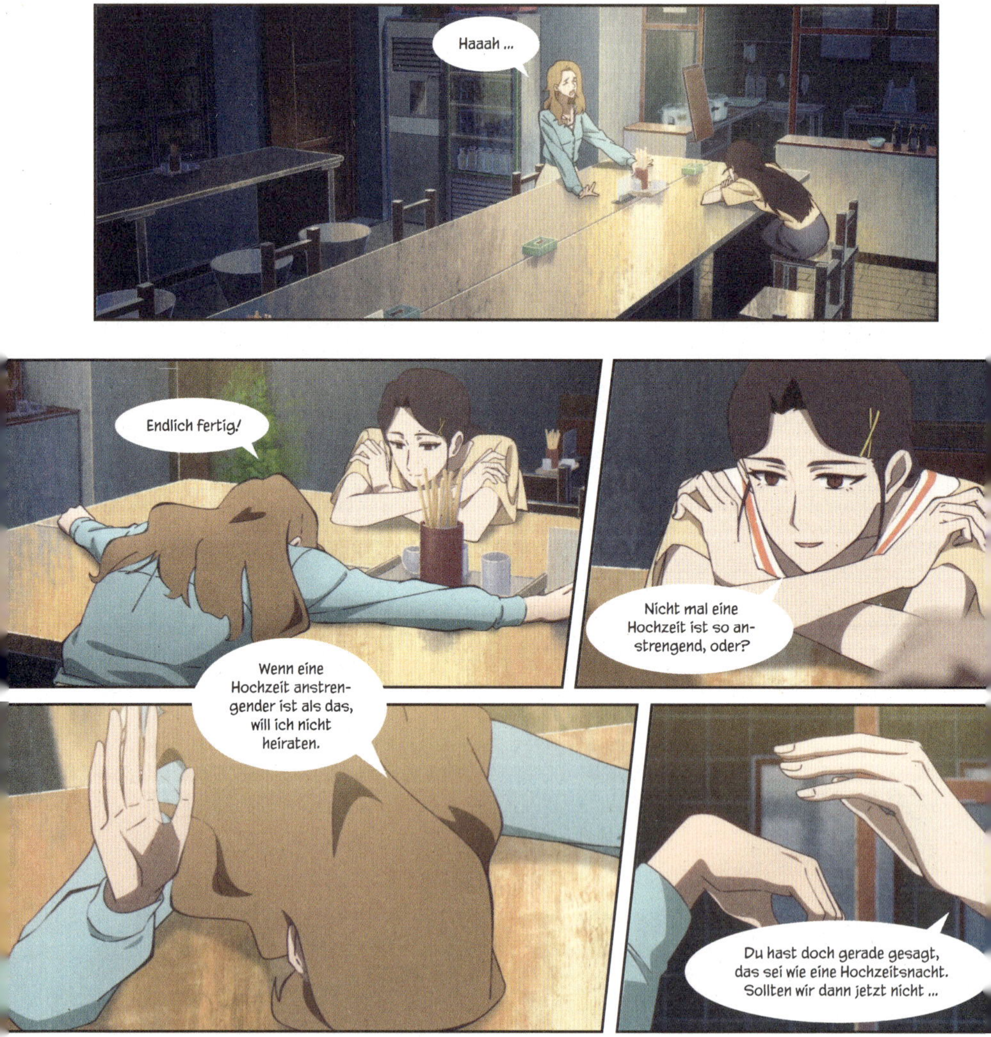

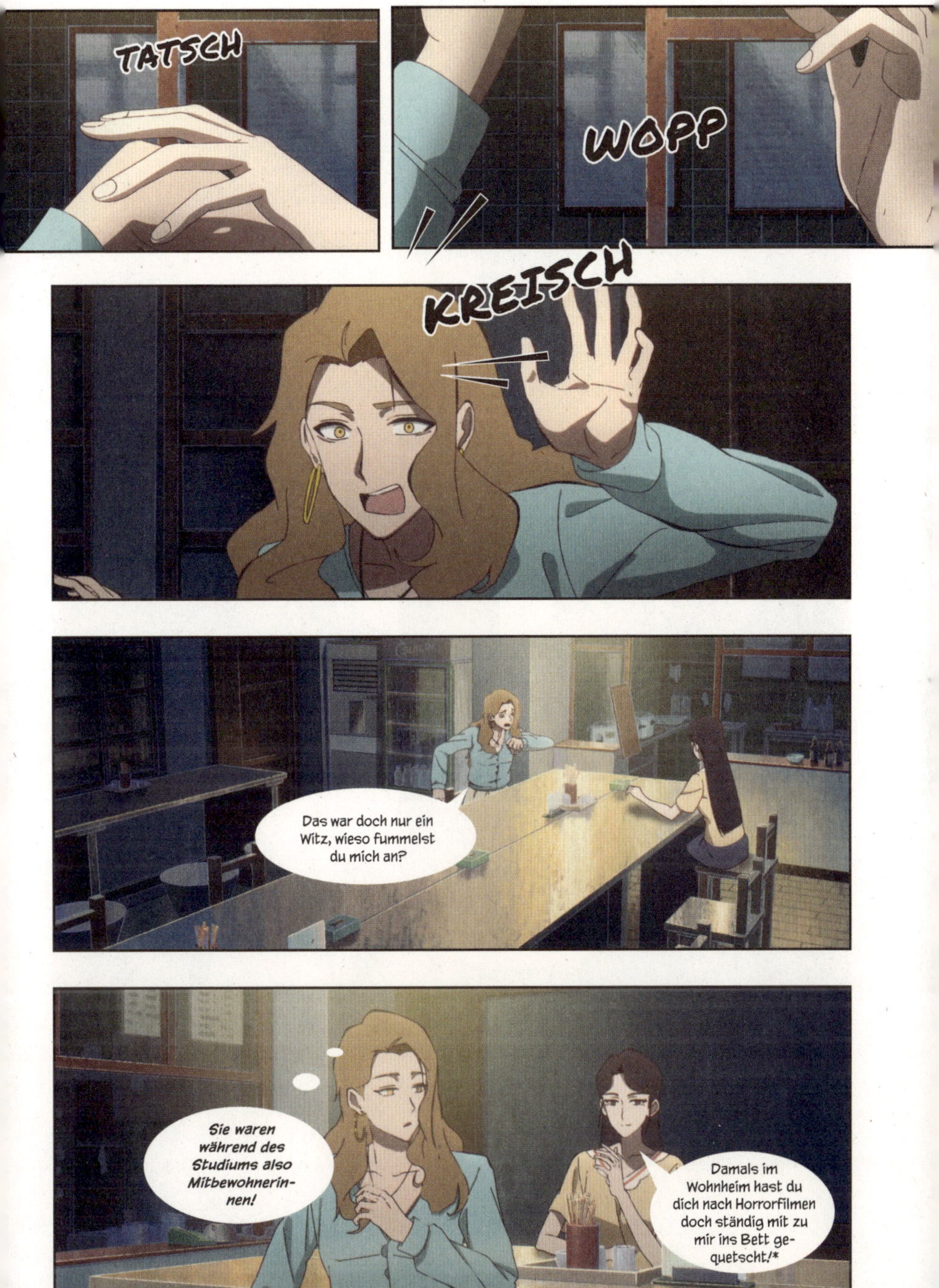

*In chines. Wohnheimen ist es üblich, dass sich gleichgeschlechtliche Studierende ein Zimmer teilen.

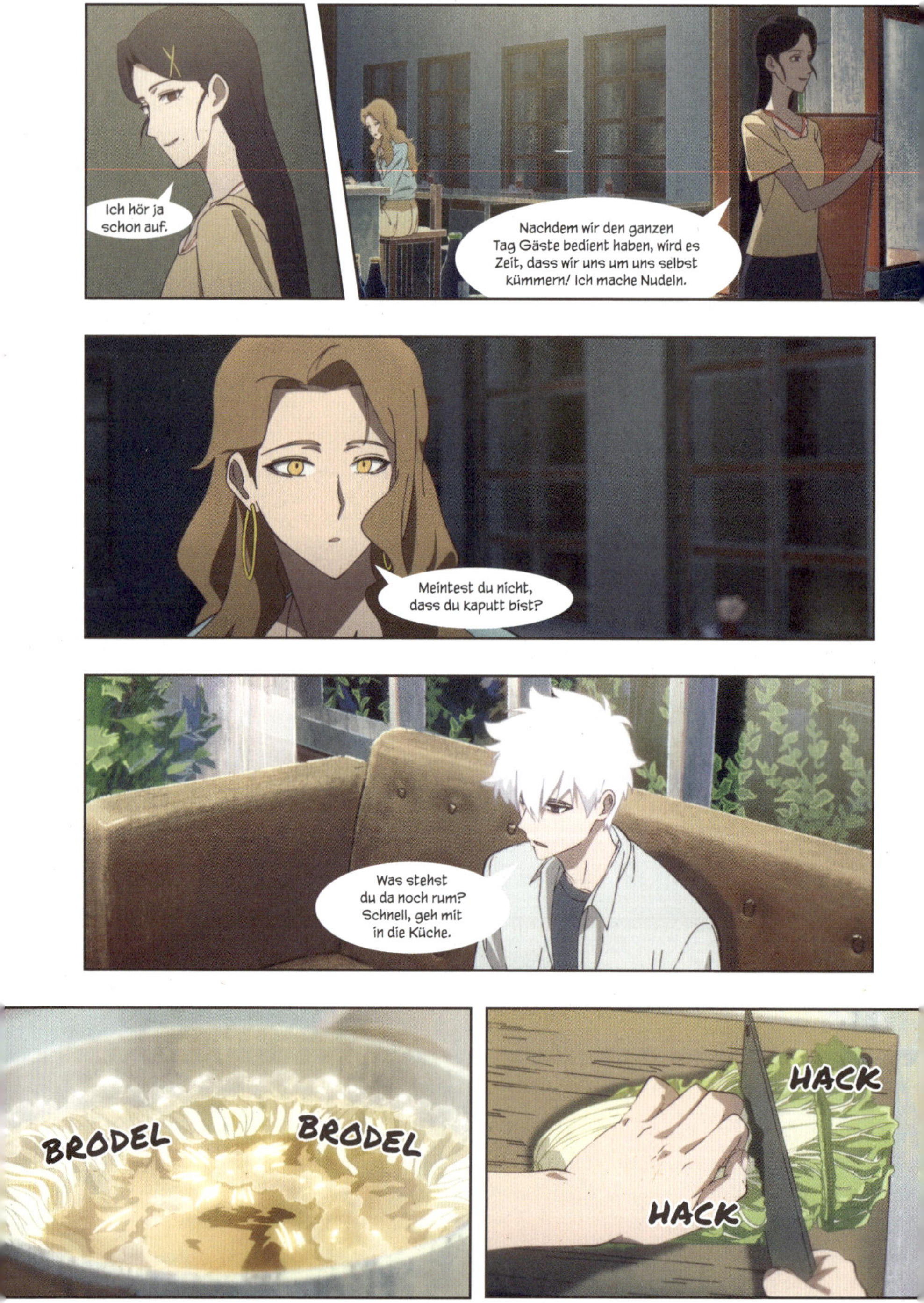
Ich hör ja schon auf.
Nachdem wir den ganzen Tag Gäste bedient haben, wird es Zeit, dass wir uns um uns selbst kümmern! Ich mache Nudeln.
Meintest du nicht, dass du kaputt bist?
Was stehst du da noch rum? Schnell, geh mit in die Küche.
BRODEL
BRODEL
HACK
HACK

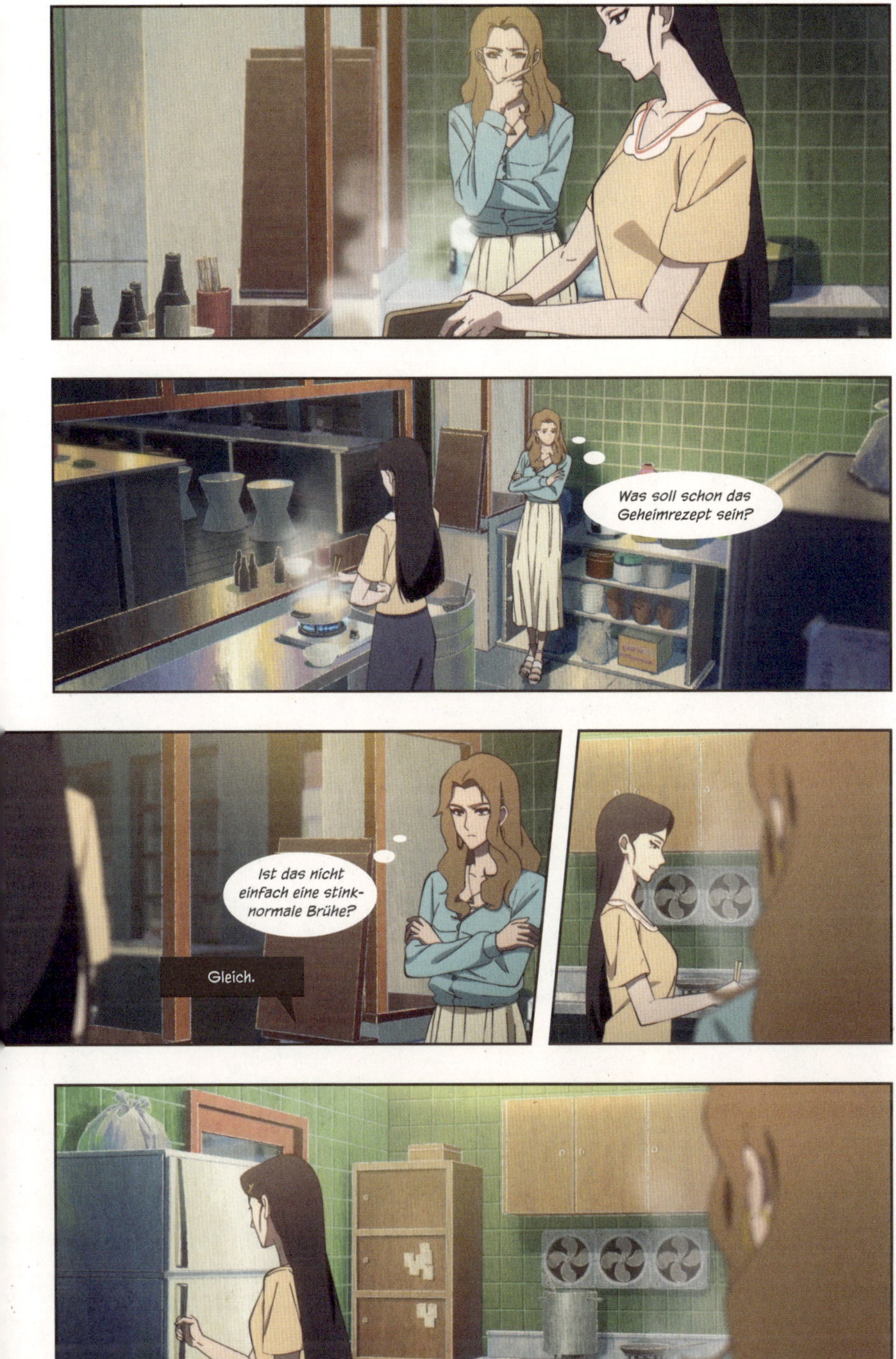
Was soll schon das Geheimrezept sein?
Ist das nicht einfach eine stinknormale Brühe?
Gleich.

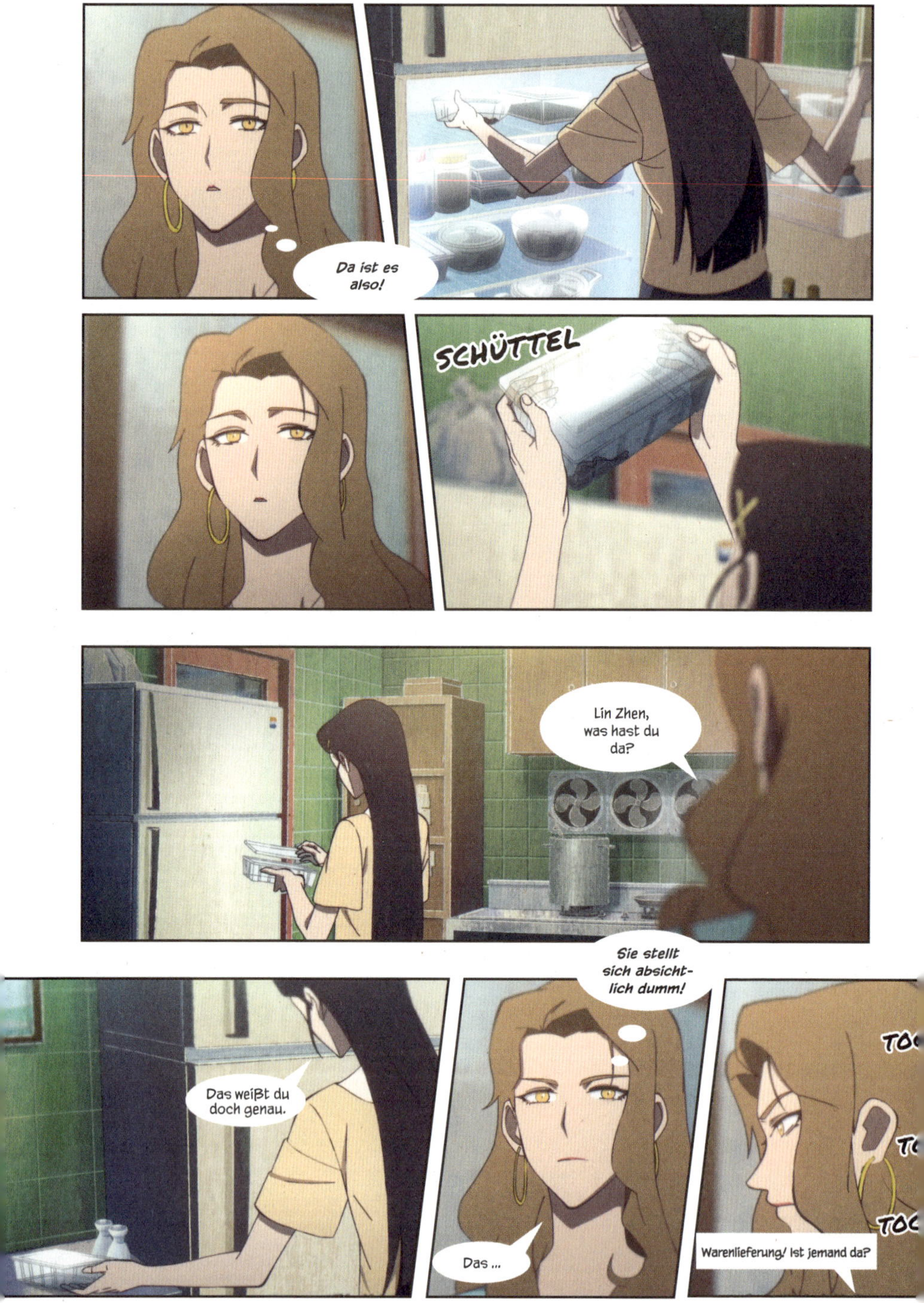
Da ist es also!
SCHÜTTEL
Lin Zhen, was hast du da?
Das weißt du doch genau.
Sie stellt sich absichtlich dumm!
Das ...
Warenlieferung! Ist jemand da?

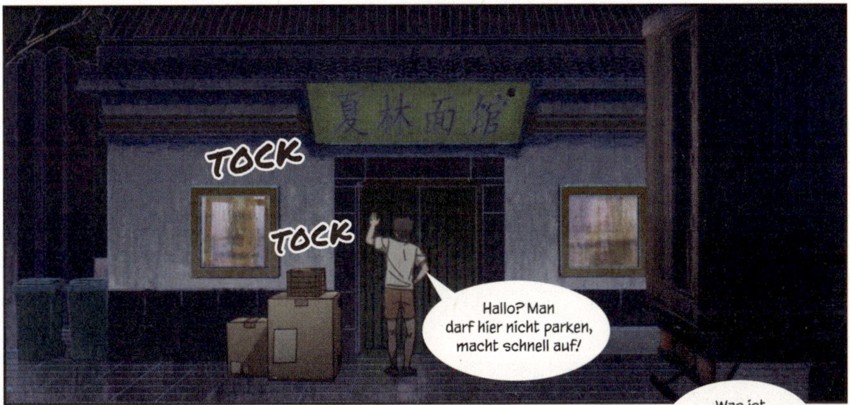

*Xia Lin Nudelimbiss

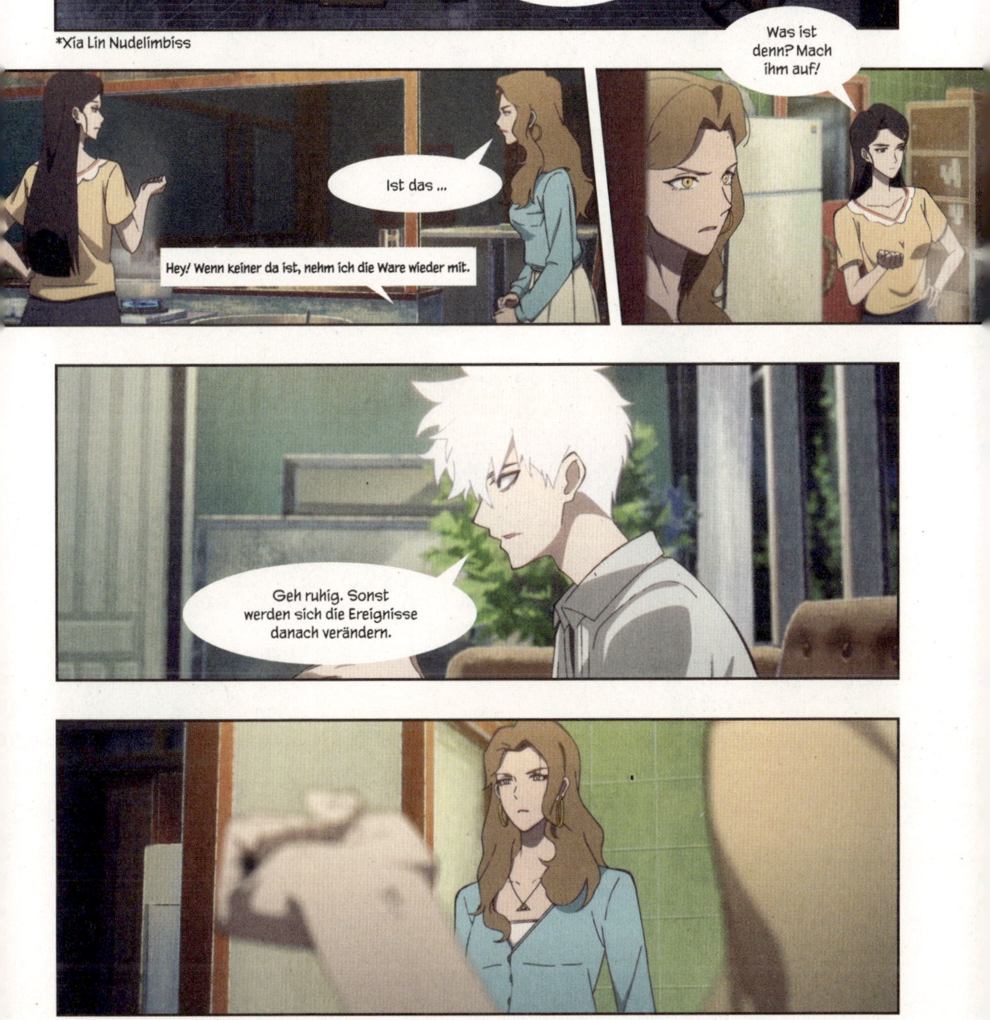

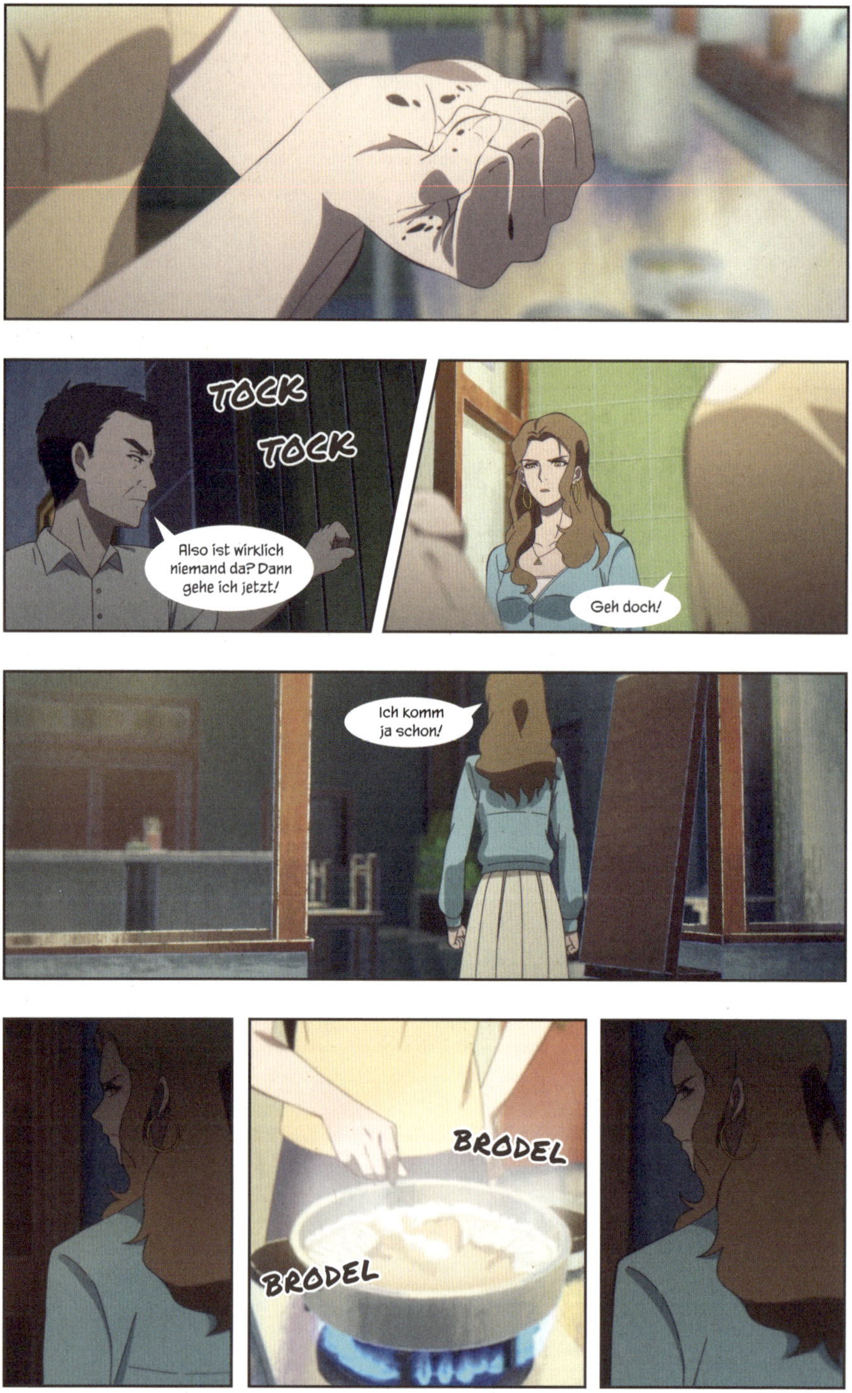
TOCK
TOCK
Also ist wirklich niemand da? Dann gehe ich jetzt!
Geh doch!
Ich komm ja schon!
BRODEL
BRODEL

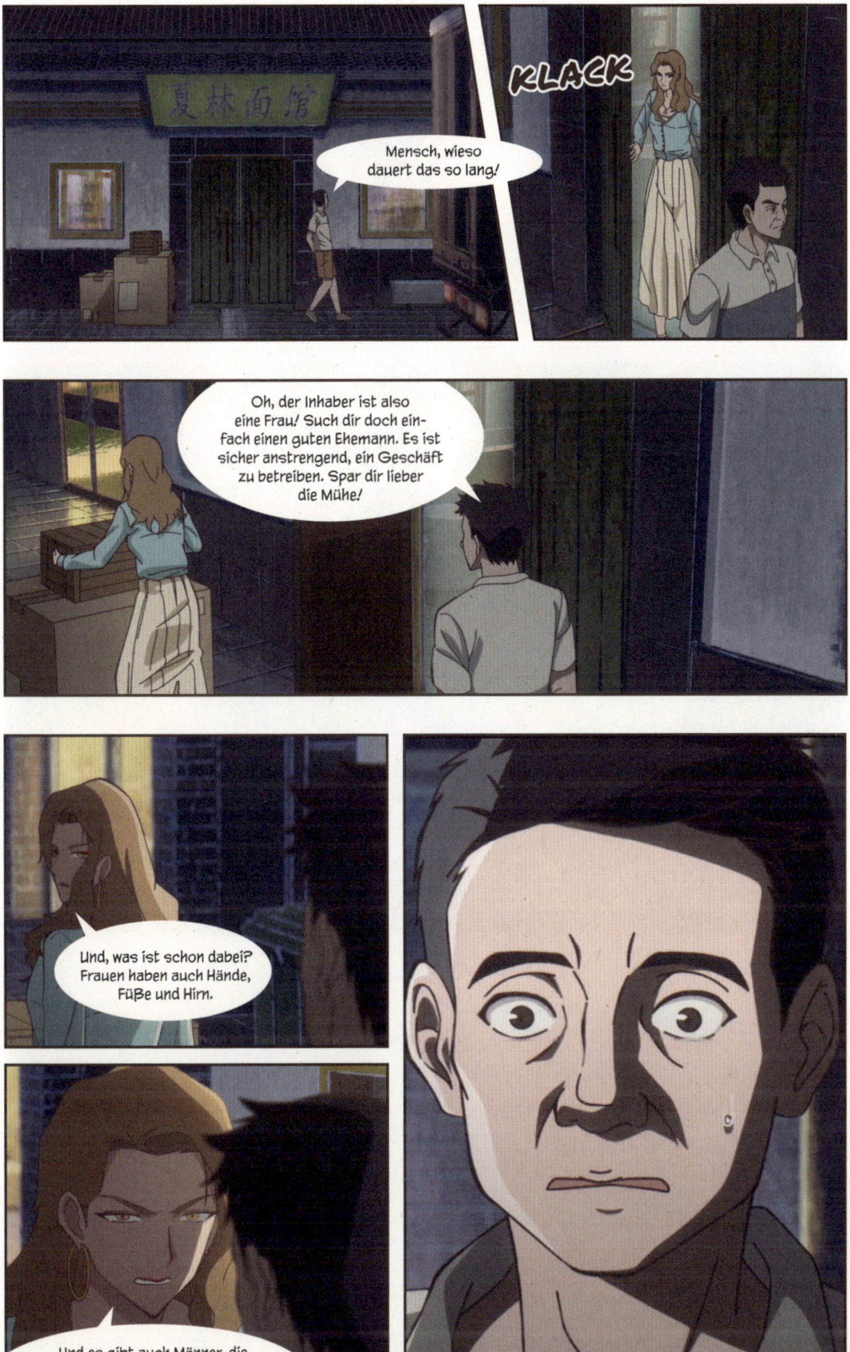
夏林面馆
Mensch, wieso dauert das so lang!
KLACK
Oh, der Inhaber ist also eine Frau! Such dir doch einfach einen guten Ehemann. Es ist sicher anstrengend, ein Geschäft zu betreiben. Spar dir lieber die Mühe!
Und, was ist schon dabei? Frauen haben auch Hände, Füße und Hirn.
Und es gibt auch Männer, die uns nicht das Wasser reichen können!

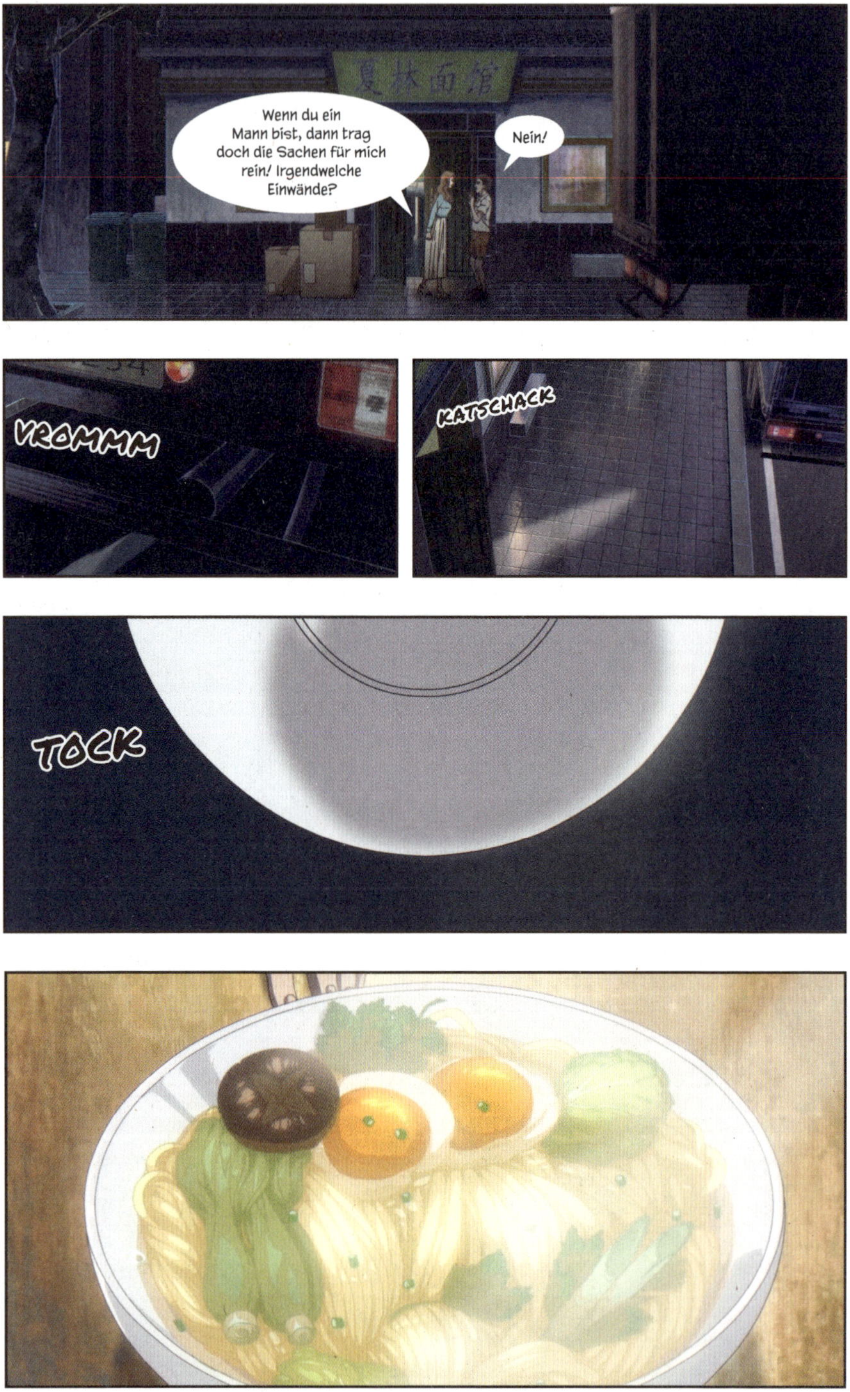
夏林面馆
Wenn du ein Mann bist, dann trag doch die Sachen für mich rein! Irgendwelche Einwände?
Nein!
VROMMM
KATSCHACK
TOCK

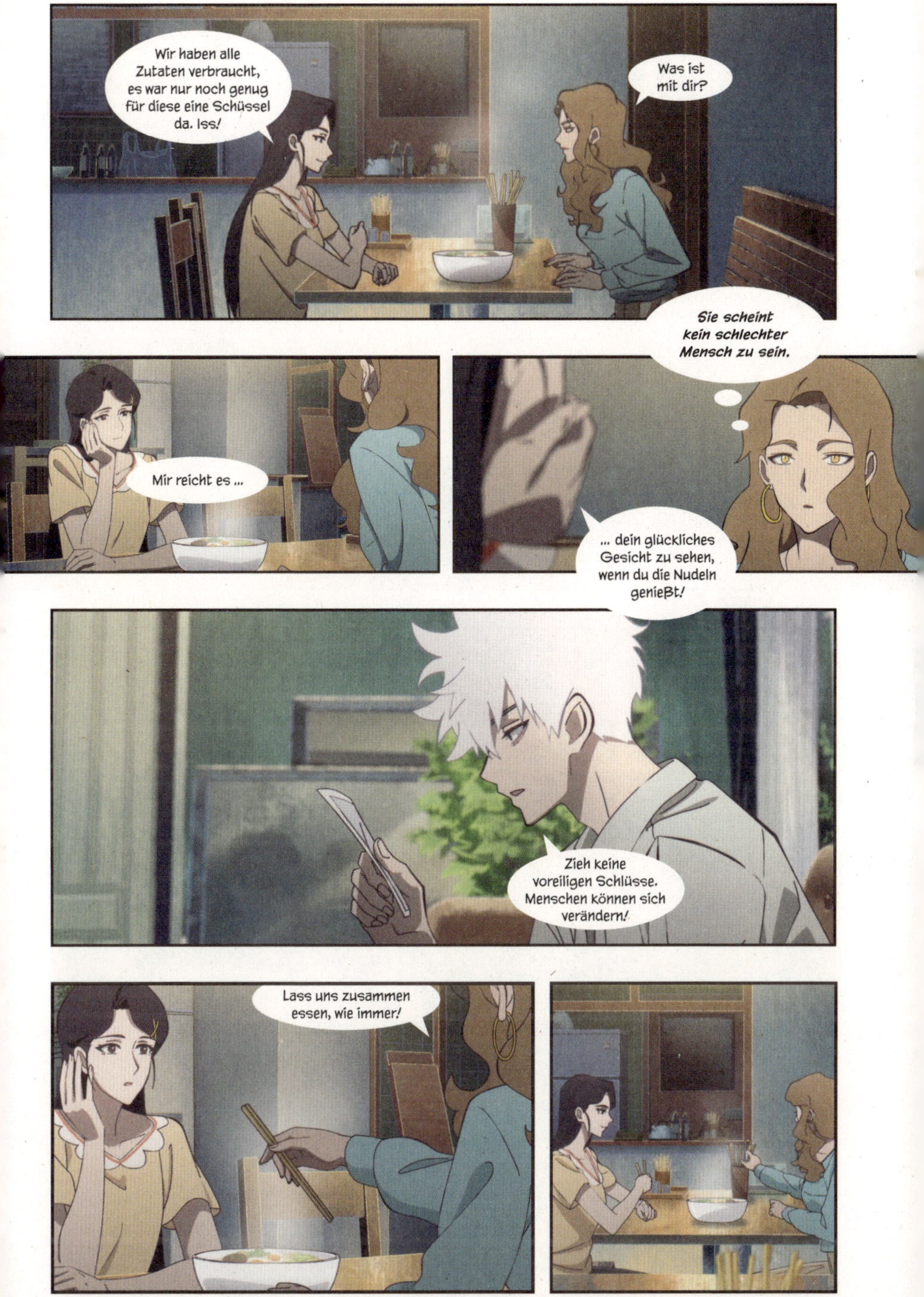
Wir haben alle Zutaten verbraucht, es war nur noch genug für diese eine Schüssel da. Iss!
Was ist mit dir?
Sie scheint kein schlechter Mensch zu sein.
Mir reicht es ...
... dein glückliches Gesicht zu sehen, wenn du die Nudeln genießt!
Zieh keine voreiligen Schlüsse. Menschen können sich verändern!
Lass uns zusammen essen, wie immer!

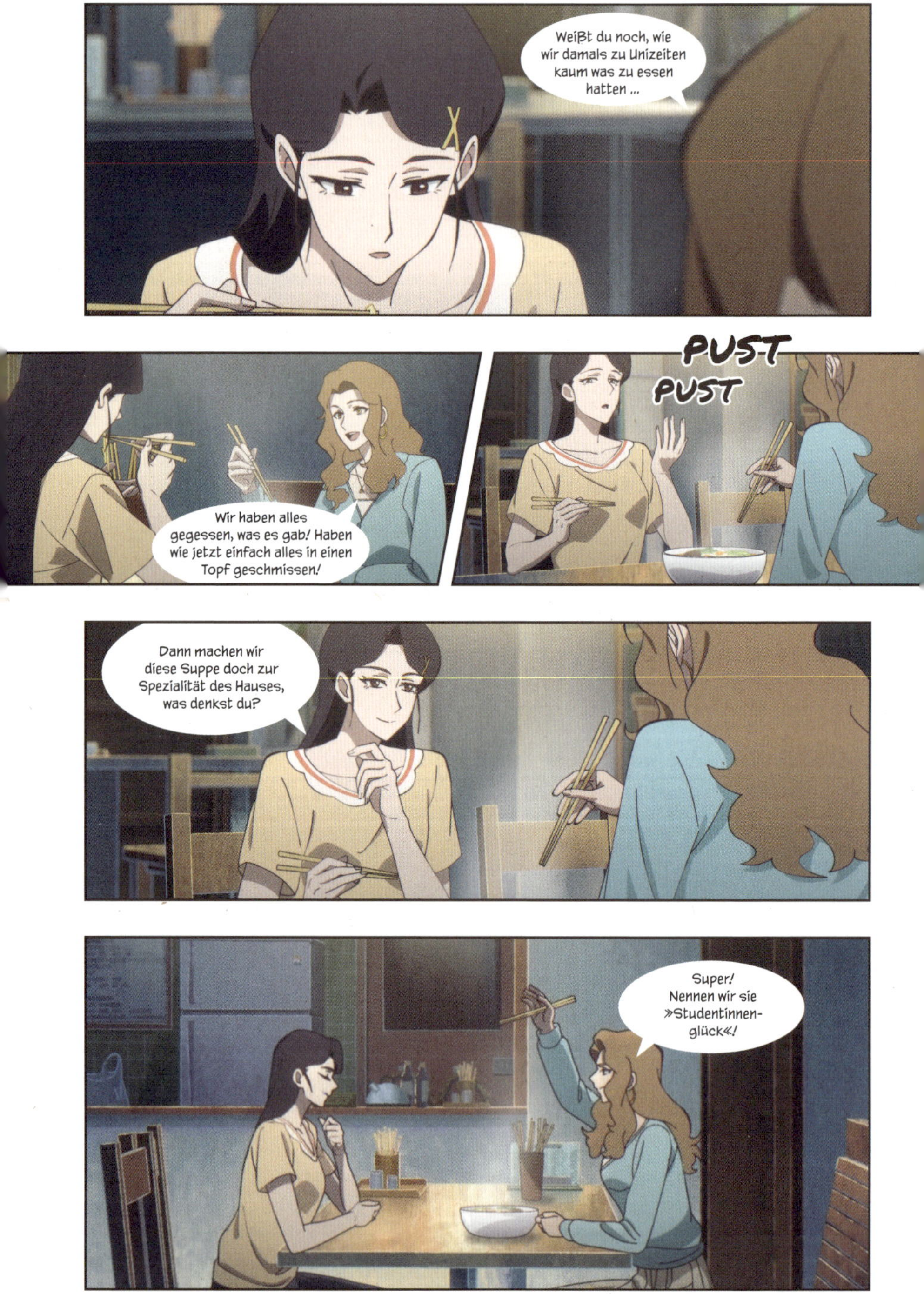
Weißt du noch, wie wir damals zu Unizeiten kaum was zu essen hatten ...
Wir haben alles gegessen, was es gab! Haben wie jetzt einfach alles in einen Topf geschmissen!
PUST
PUST
Dann machen wir diese Suppe doch zur Spezialität des Hauses, was denkst du?
Super! Nennen wir sie »Studentinnen-glück«!

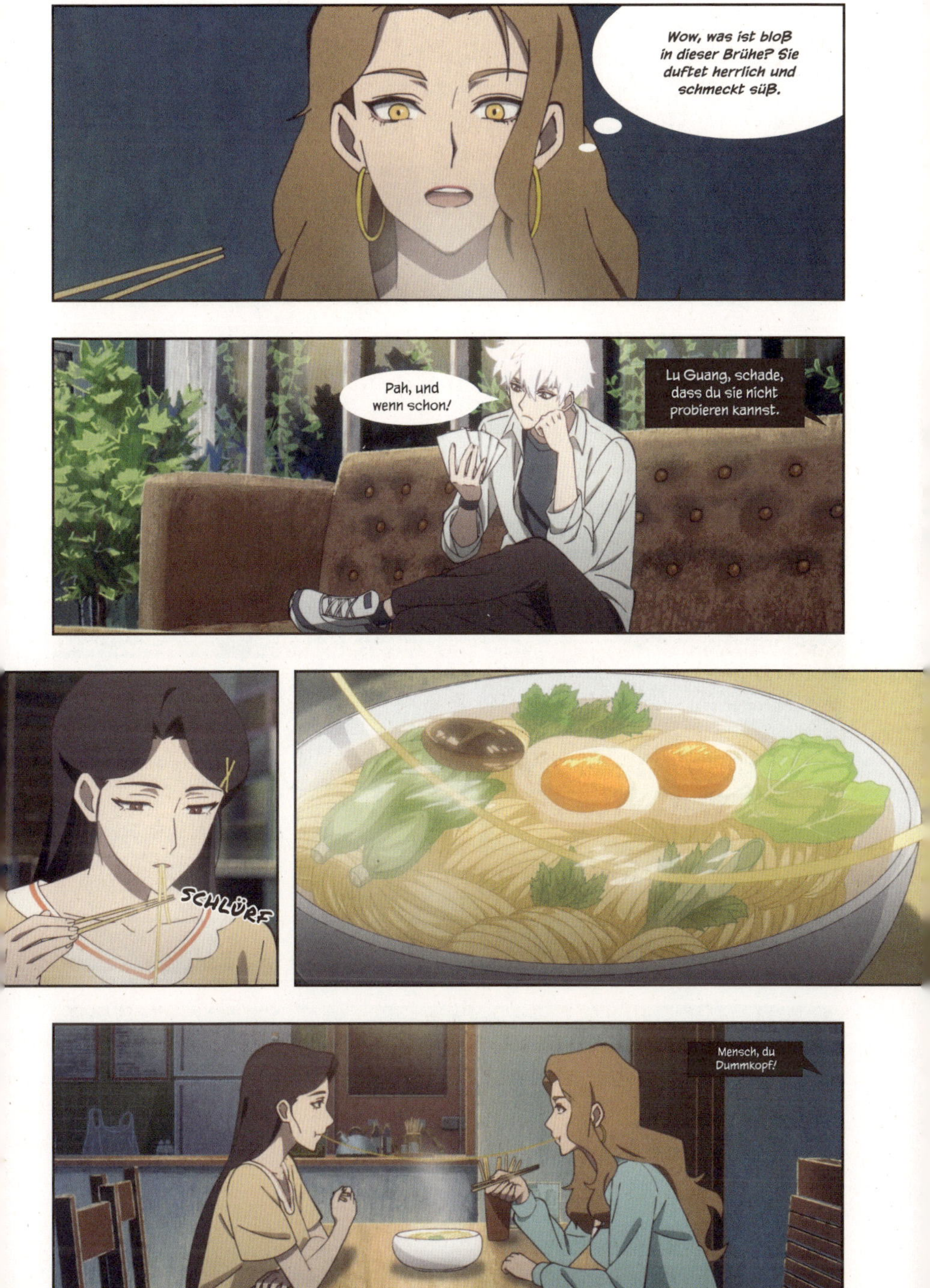
Wow, was ist bloß in dieser Brühe? Sie duftet herrlich und schmeckt süß.
Pah, und wenn schon!
Lu Guang, schade, dass du sie nicht probieren kannst.
SCHLÜRF
Mensch, du Dummkopf!

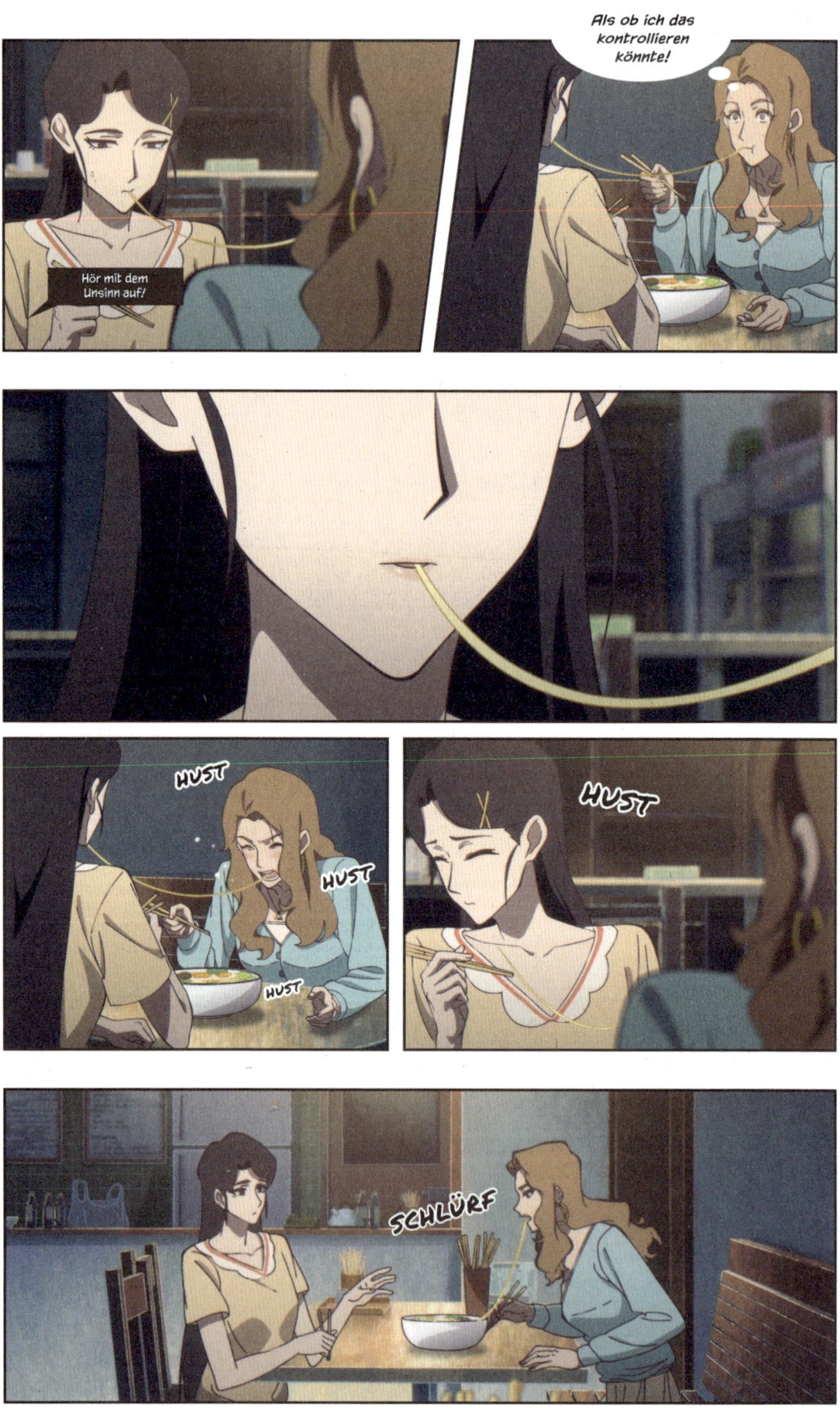
Hör mit dem Unsinn auf!
Als ob ich das kontrollieren könnte!
HUST
HUST
HUST
HUST
SCHLÜRF

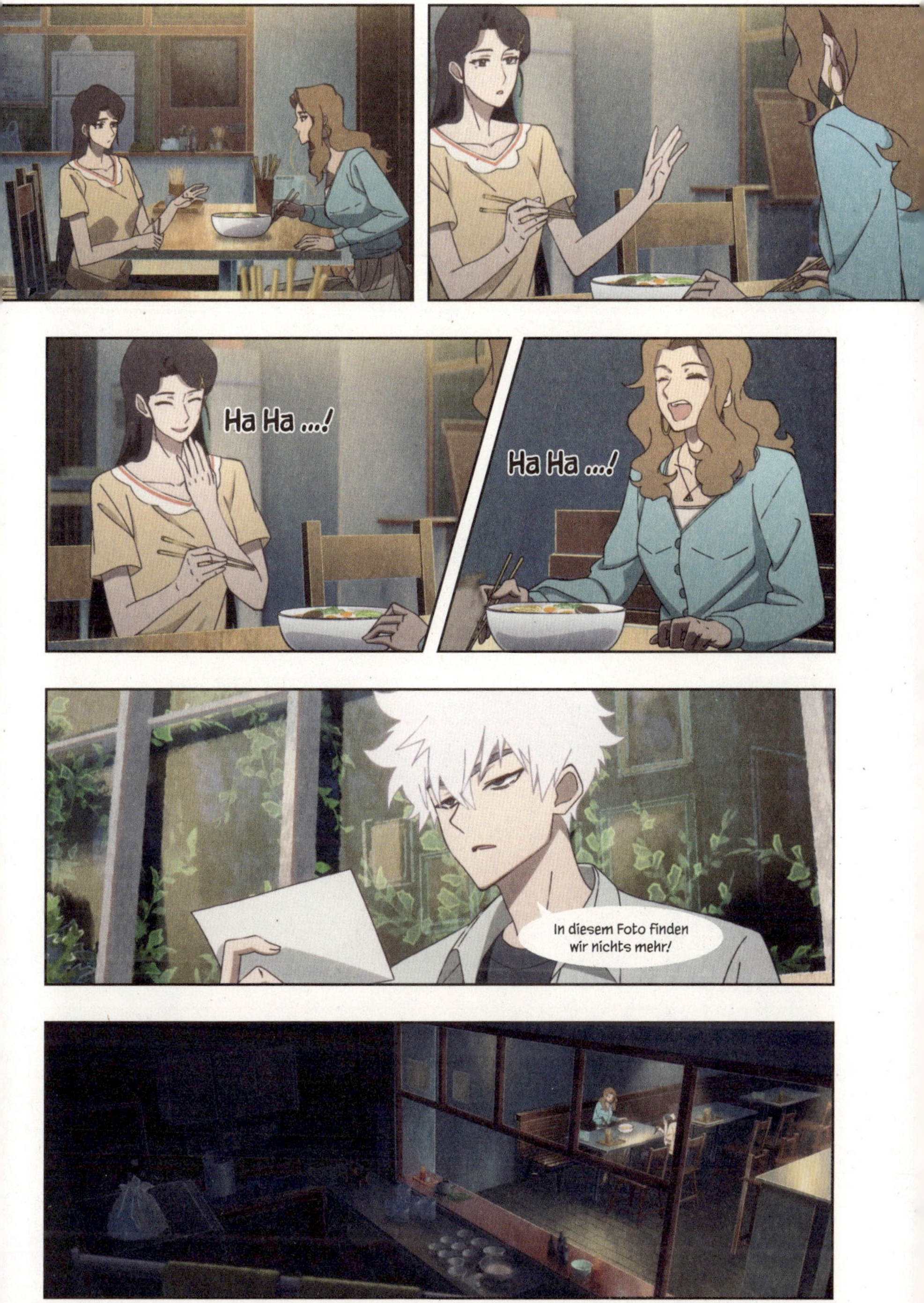
Ha Ha ...!
Ha Ha ...!
In diesem Foto finden
wir nichts mehr!

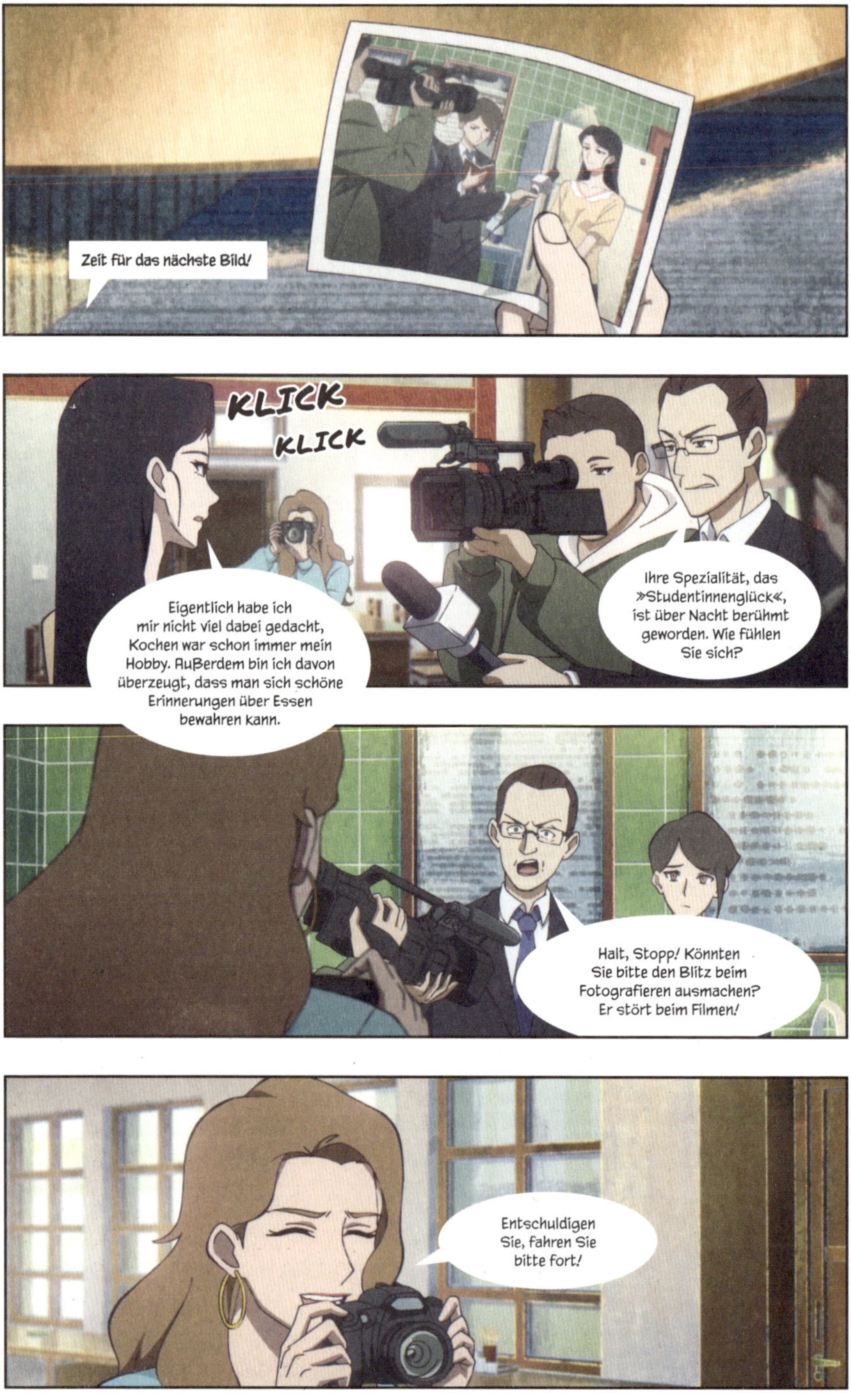
Zeit für das nächste Bild!
KLICK
KLICK
Ihre Spezialität, das »Studentinnenglück«, ist über Nacht berühmt geworden. Wie fühlen Sie sich?
Eigentlich habe ich mir nicht viel dabei gedacht, Kochen war schon immer mein Hobby. Außerdem bin ich davon überzeugt, dass man sich schöne Erinnerungen über Essen bewahren kann.
Halt, Stopp! Könnten Sie bitte den Blitz beim Fotografieren ausmachen? Er stört beim Filmen!
Entschuldigen Sie, fahren Sie bitte fort!

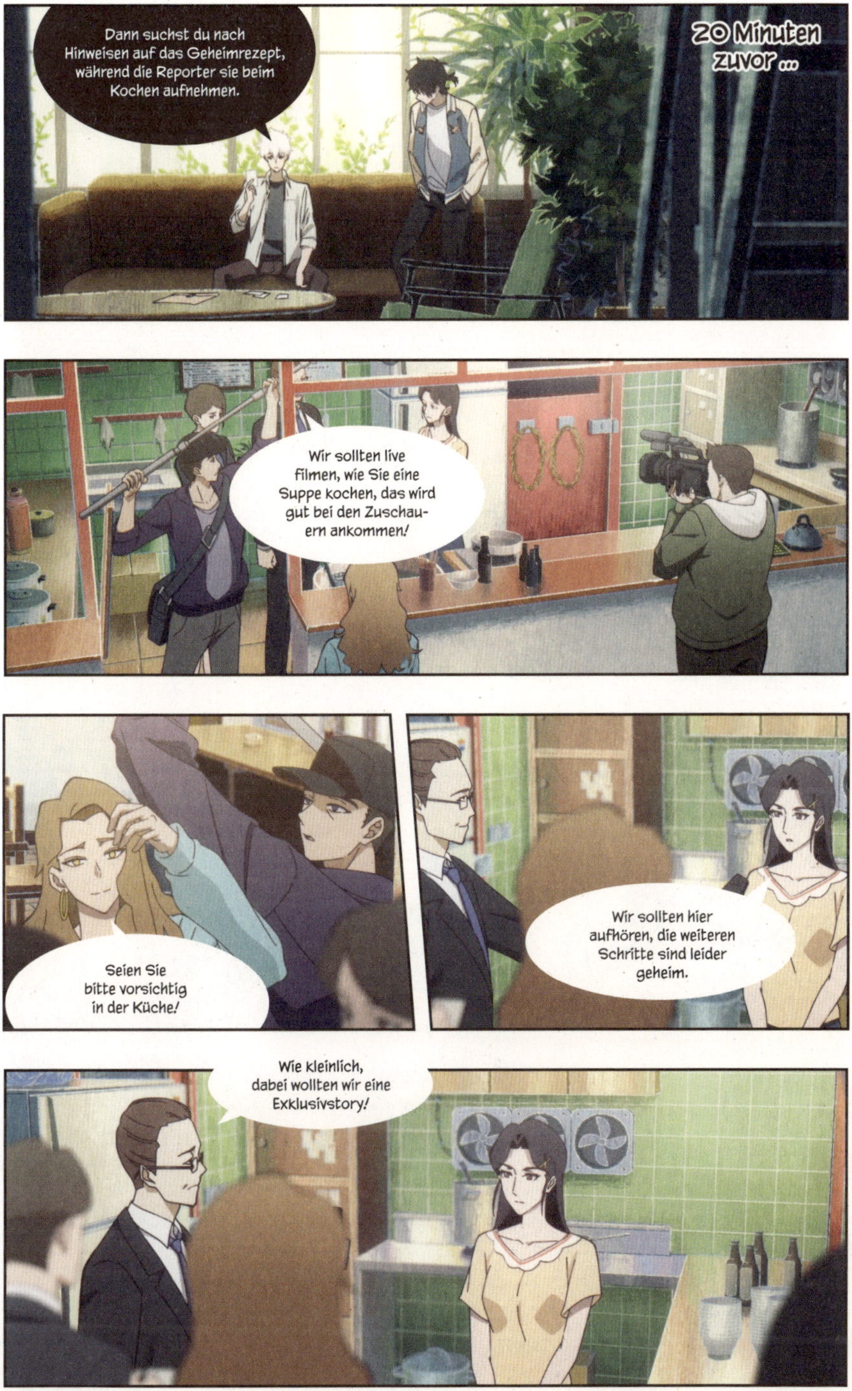
Dann suchst du nach Hinweisen auf das Geheimrezept, während die Reporter sie beim Kochen aufnehmen.
20 Minuten zuvor ...
Wir sollten live filmen, wie Sie eine Suppe kochen, das wird gut bei den Zuschauern ankommen!
Seien Sie bitte vorsichtig in der Küche!
Wir sollten hier aufhören, die weiteren Schritte sind leider geheim.
Wie kleinlich, dabei wollten wir eine Exklusivstory!

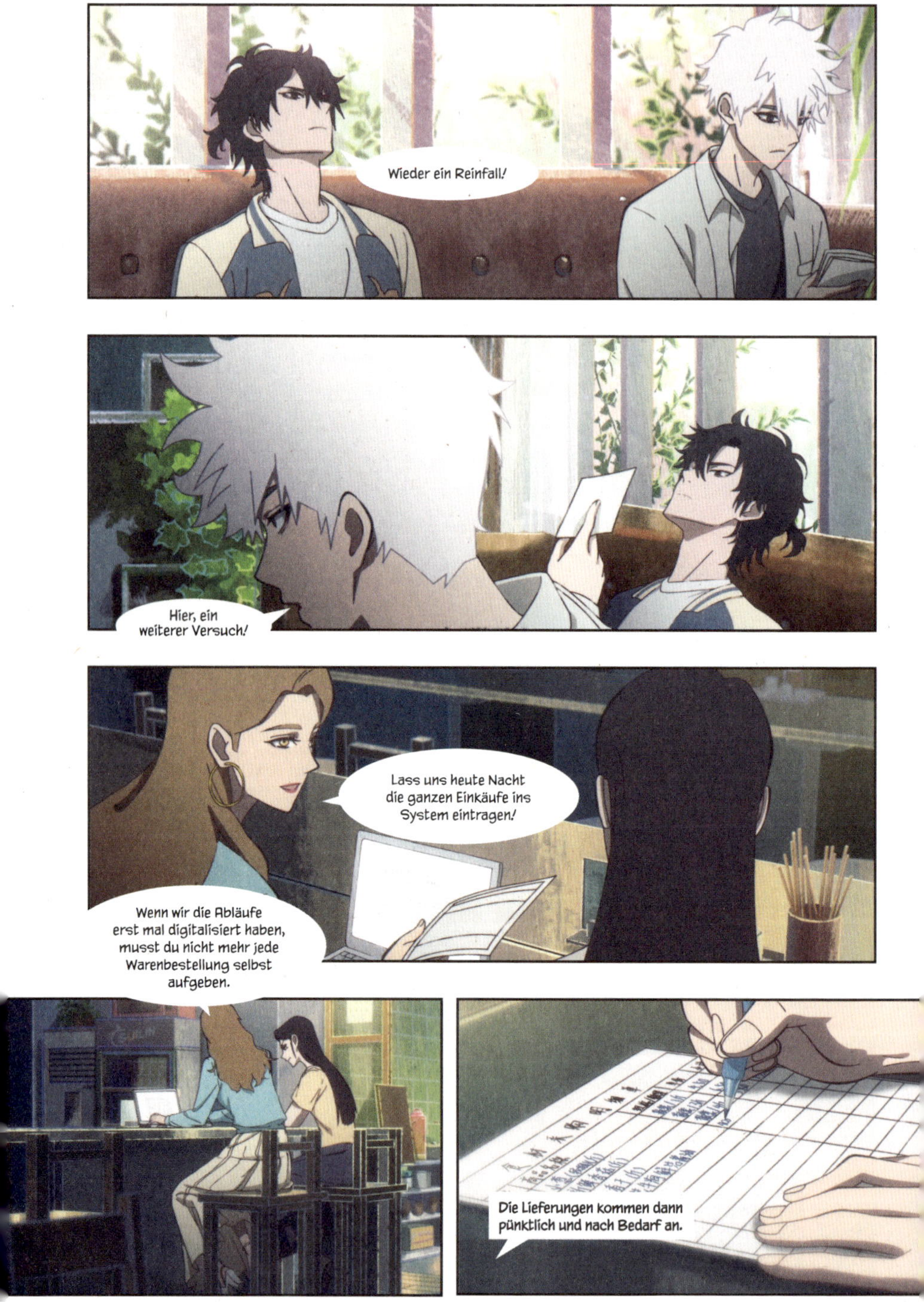
Wieder ein Reinfall!
Hier, ein weiterer Versuch!
Lass uns heute Nacht die ganzen Einkäufe ins System eintragen!
Wenn wir die Abläufe erst mal digitalisiert haben, musst du nicht mehr jede Warenbestellung selbst aufgeben.
Die Lieferungen kommen dann pünktlich und nach Bedarf an.

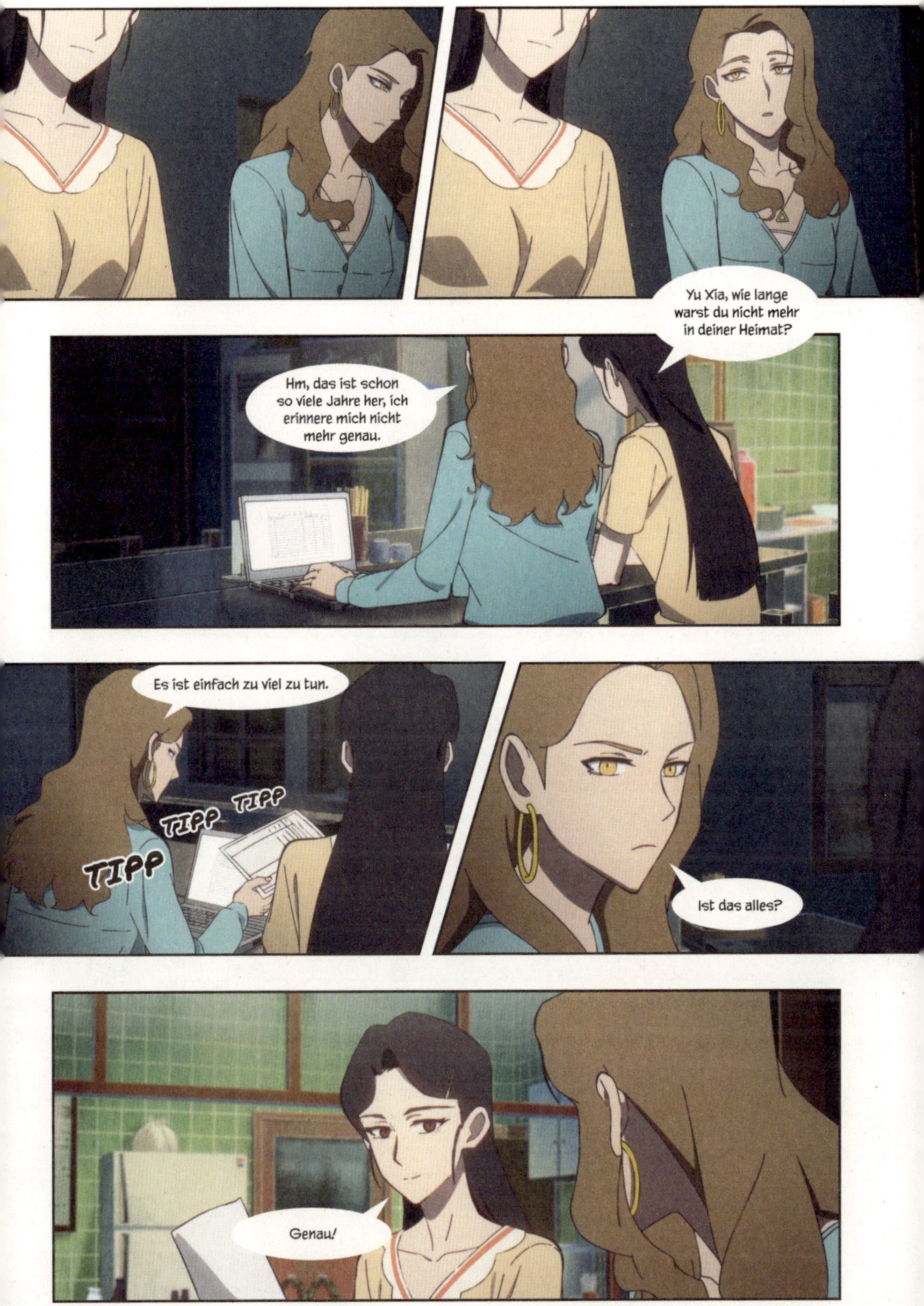

Yu Xia, wie lange warst du nicht mehr in deiner Heimat?
Hm, das ist schon so viele Jahre her, ich erinnere mich nicht mehr genau.
Es ist einfach zu viel zu tun.
TIPP
TIPP
TIPP
Ist das alles?
Genau!

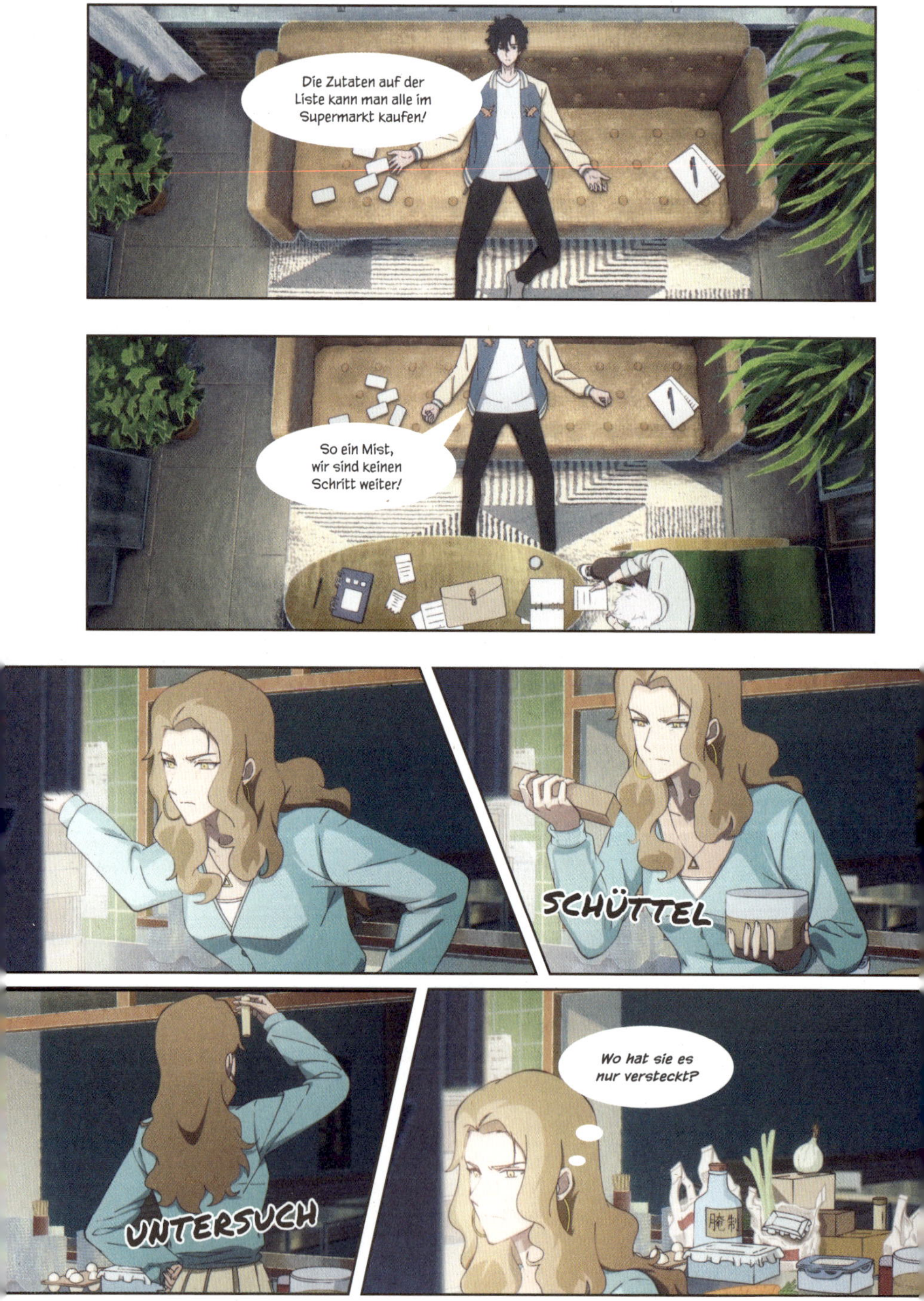
Die Zutaten auf der Liste kann man alle im Supermarkt kaufen!
So ein Mist, wir sind keinen Schritt weiter!
SCHÜTTEL
UNTERSUCH
Wo hat sie es nur versteckt?

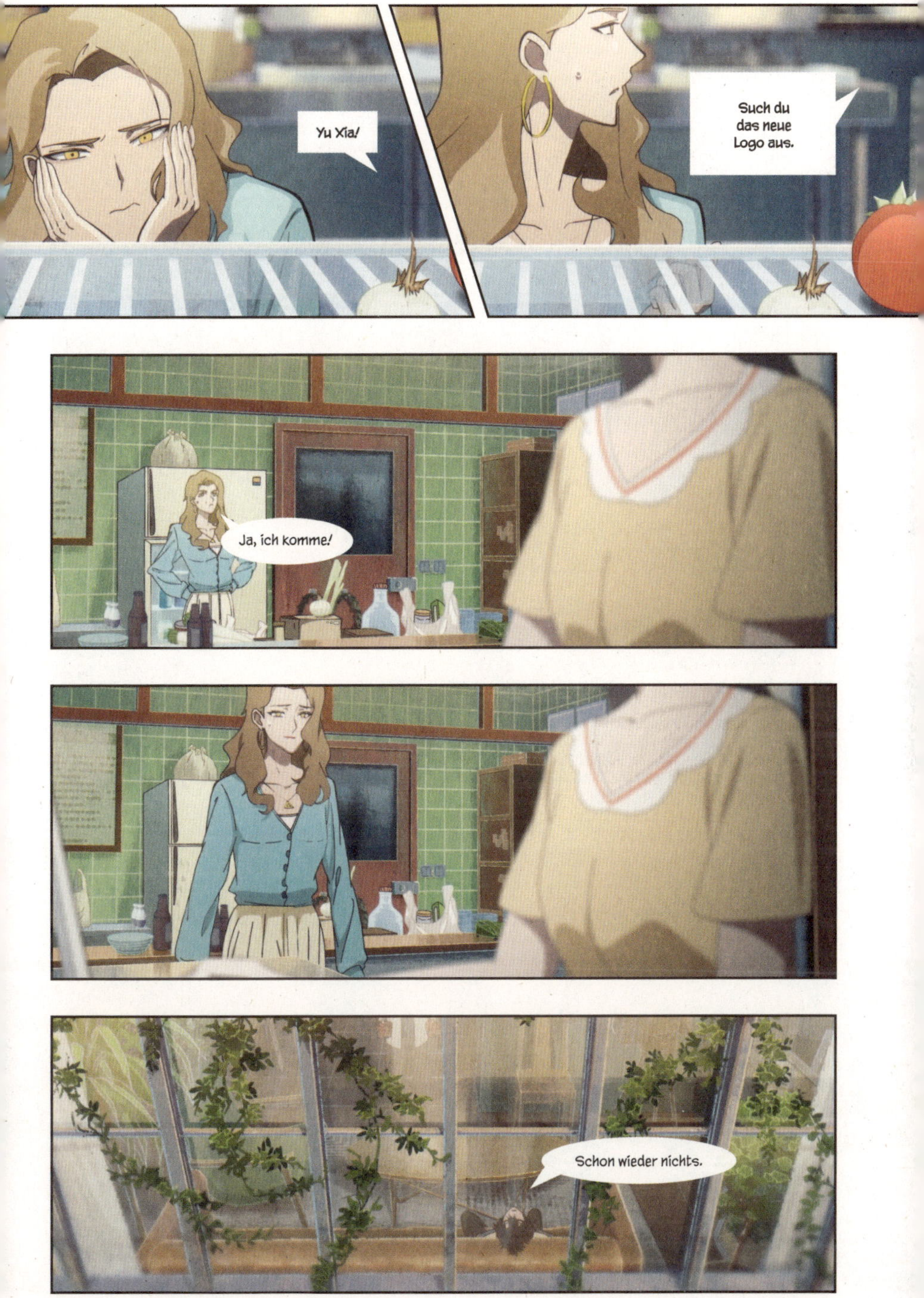
Yu Xia!
Such du das neue Logo aus.
Ja, ich komme!
Schon wieder nichts.

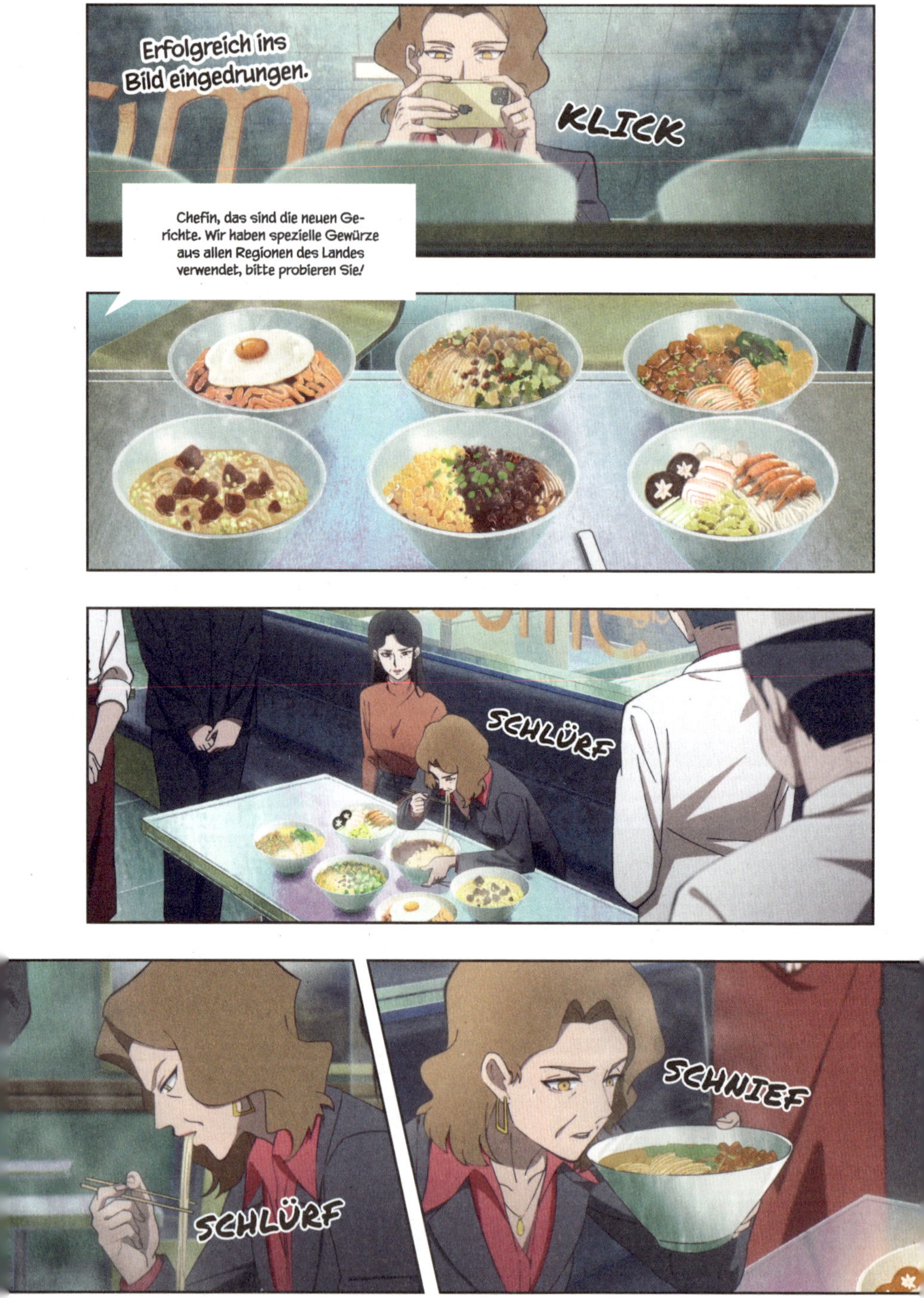
Erfolgreich ins Bild eingedrungen.
KLICK
Chefin, das sind die neuen Gerichte. Wir haben spezielle Gewürze aus allen Regionen des Landes verwendet, bitte probieren Sie!
SCHLÜRF
SCHLÜRF
SCHNIEF

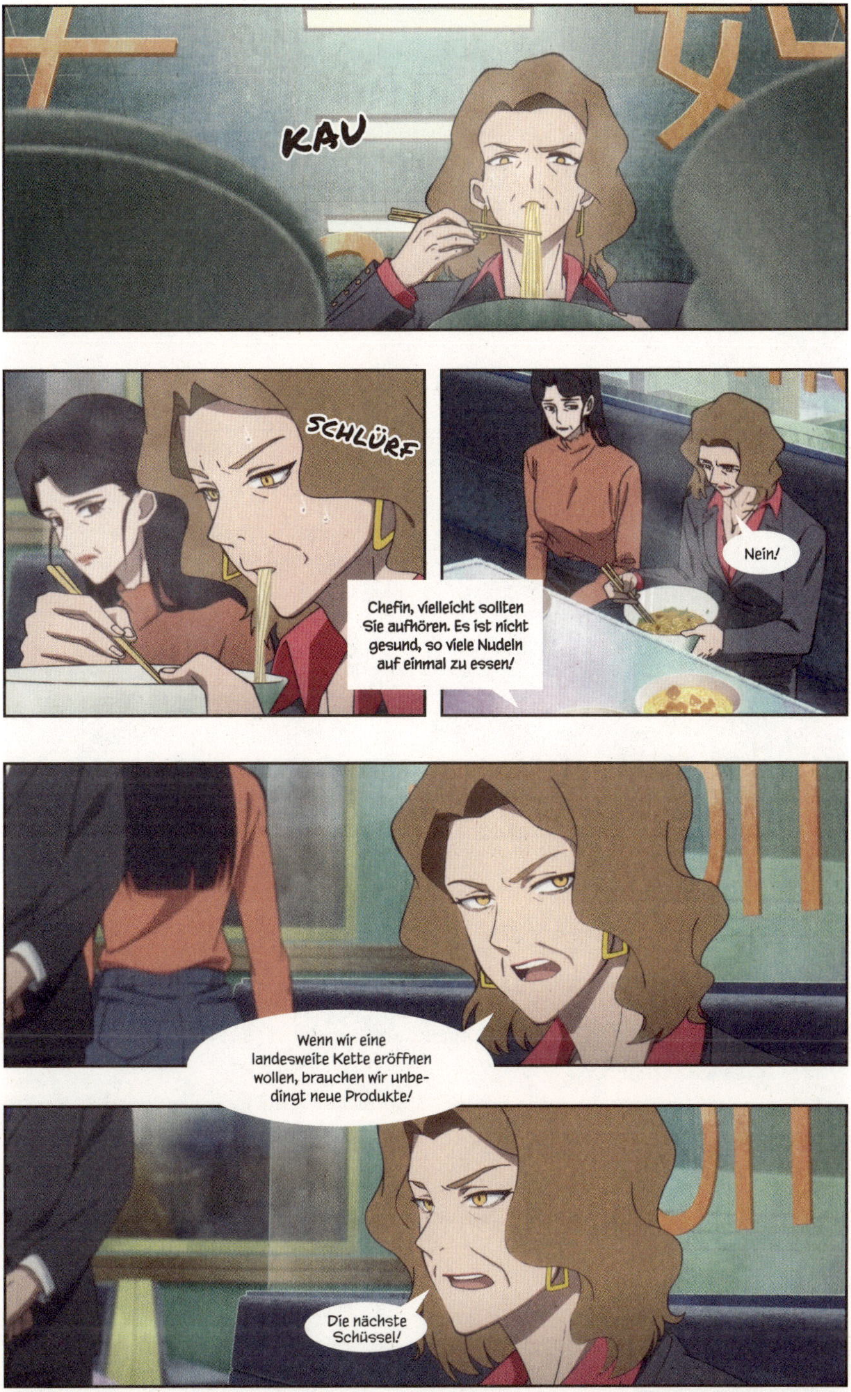
KAU
SCHLÜRF
Chefin, vielleicht sollten Sie aufhören. Es ist nicht gesund, so viele Nudeln auf einmal zu essen!
Nein!
Wenn wir eine landesweite Kette eröffnen wollen, brauchen wir unbedingt neue Produkte!
Die nächste Schüssel!

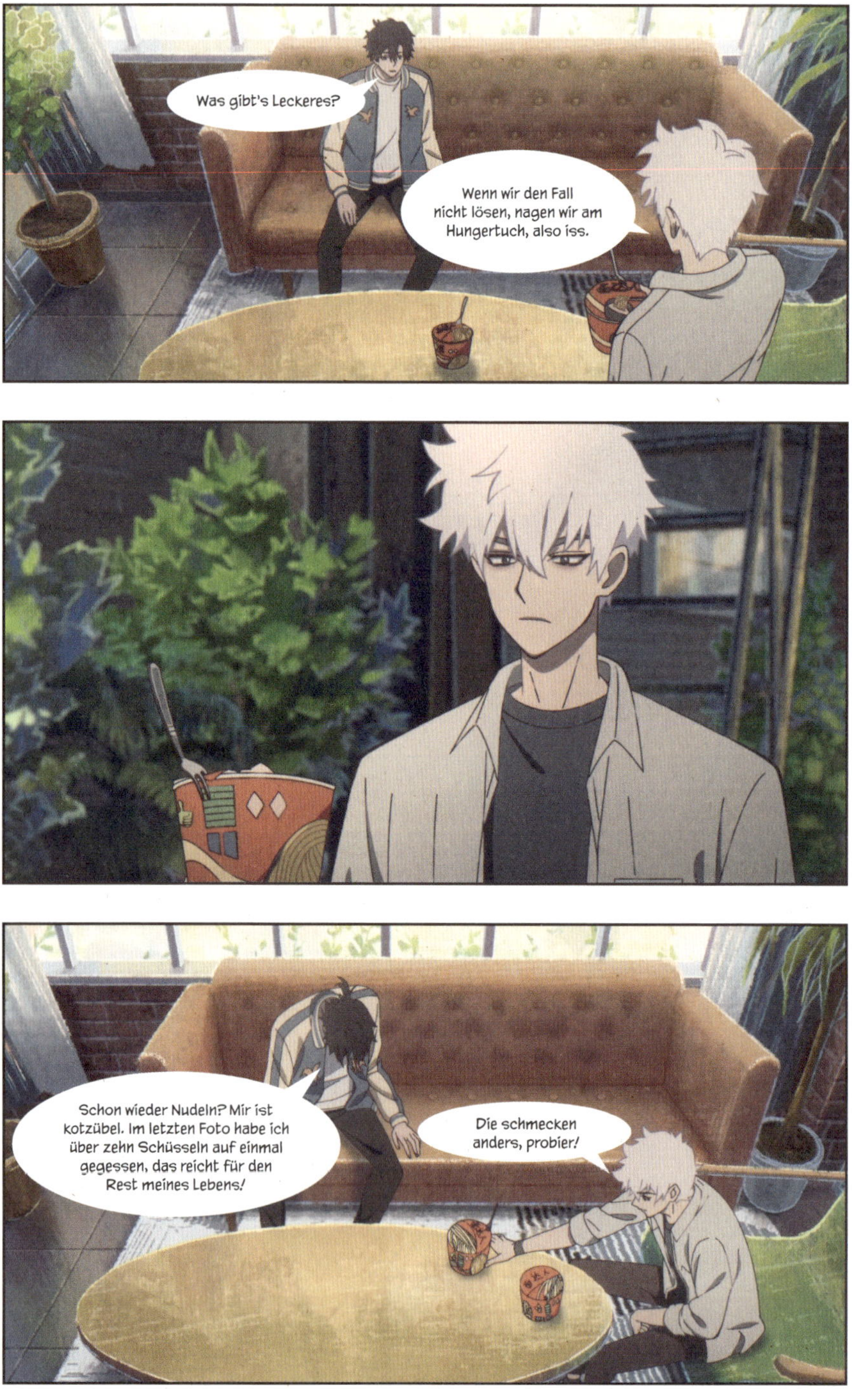
Was gibt's Leckeres?
Wenn wir den Fall nicht lösen, nagen wir am Hungertuch, also iss.
Schon wieder Nudeln? Mir ist kotzübel. Im letzten Foto habe ich über zehn Schüsseln auf einmal gegessen, das reicht für den Rest meines Lebens!
Die schmecken anders, probier!

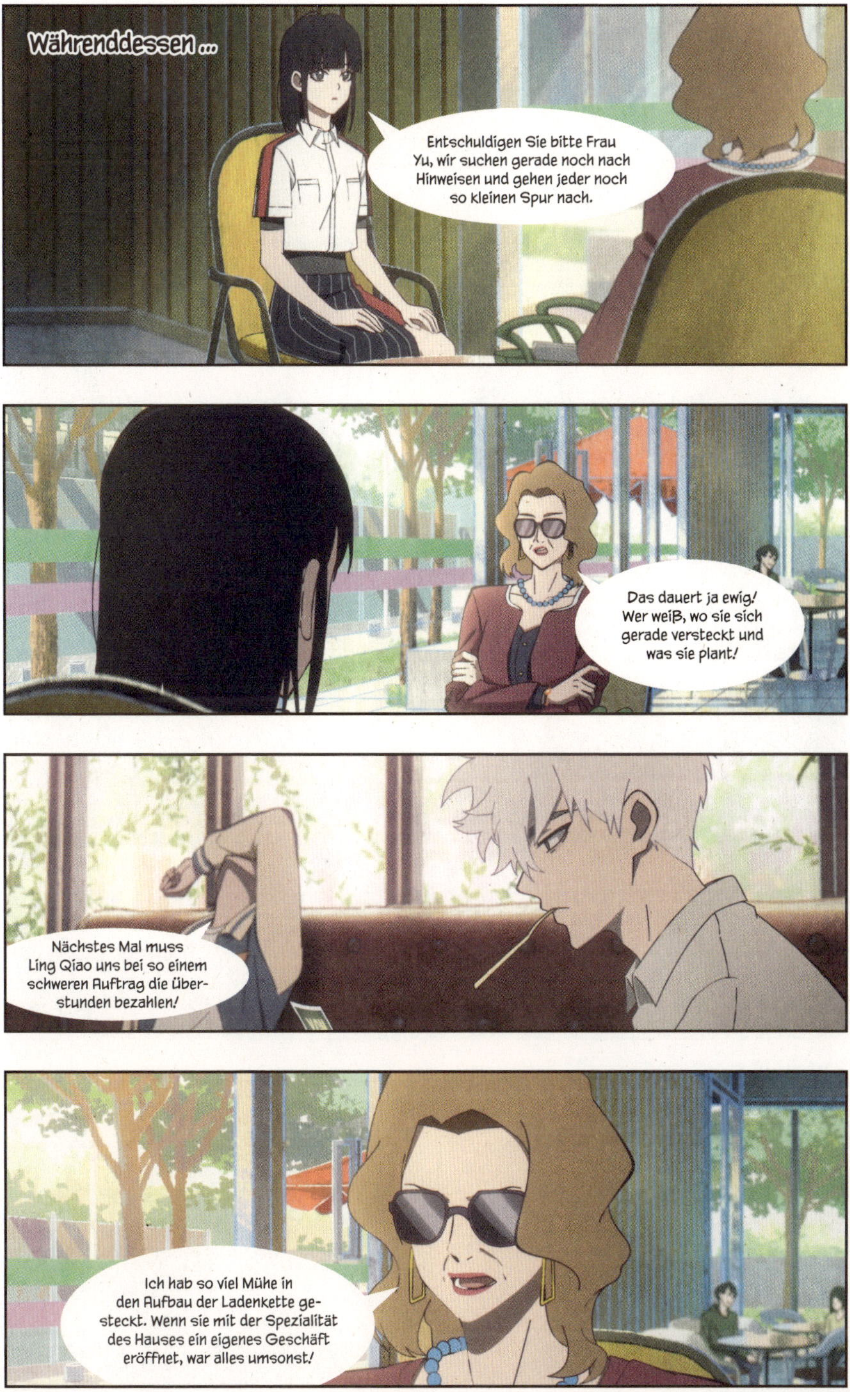
Währenddessen ...
Entschuldigen Sie bitte Frau Yu, wir suchen gerade noch nach Hinweisen und gehen jeder noch so kleinen Spur nach.
Das dauert ja ewig! Wer weiß, wo sie sich gerade versteckt und was sie plant!
Nächstes Mal muss Ling Qiao uns bei so einem schweren Auftrag die Überstunden bezahlen!
Ich hab so viel Mühe in den Aufbau der Ladenkette gesteckt. Wenn sie mit der Spezialität des Hauses ein eigenes Geschäft eröffnet, war alles umsonst!

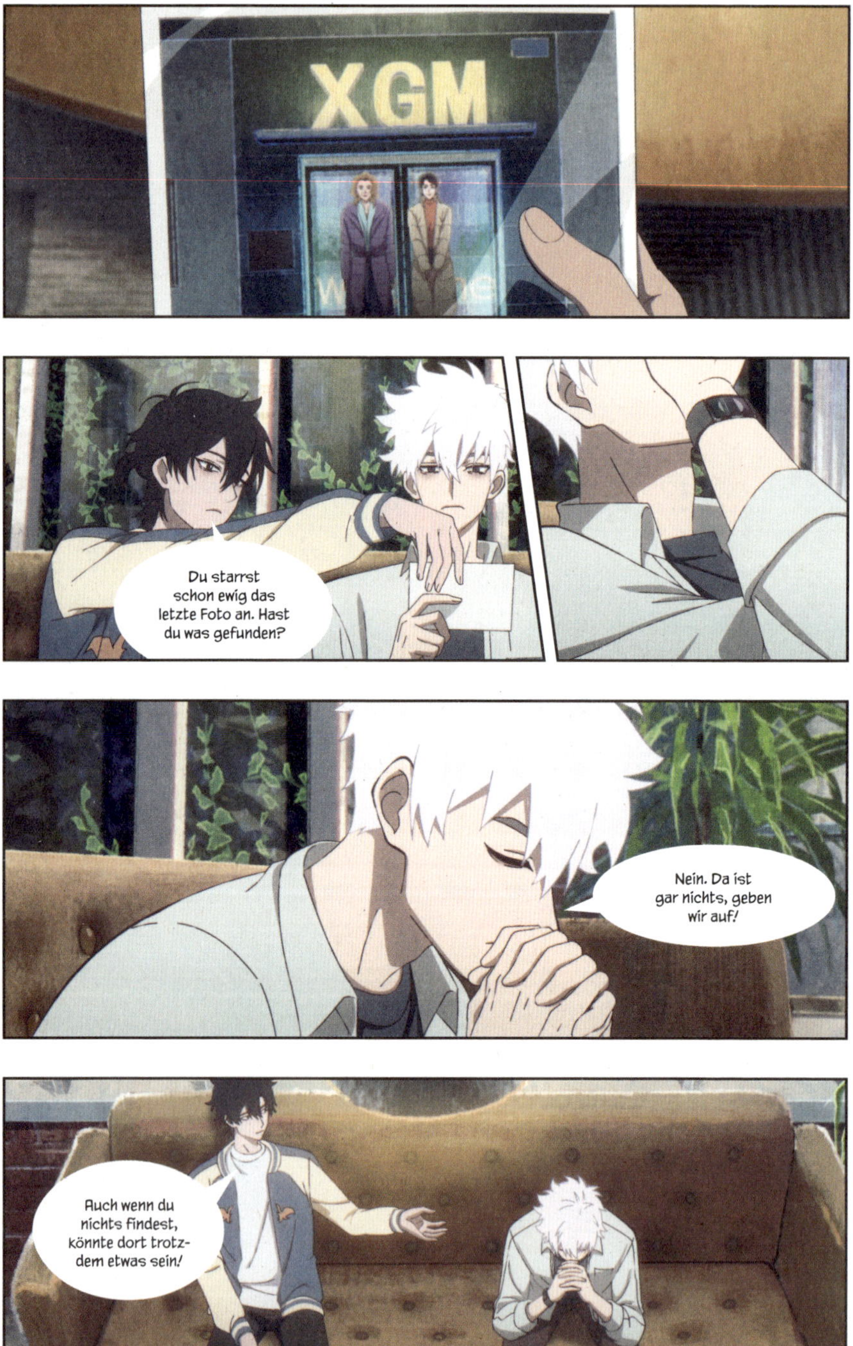
XGM
Du starrst schon ewig das letzte Foto an. Hast du was gefunden?
Nein. Da ist gar nichts, geben wir auf!
Auch wenn du nichts findest, könnte dort trotzdem etwas sein!

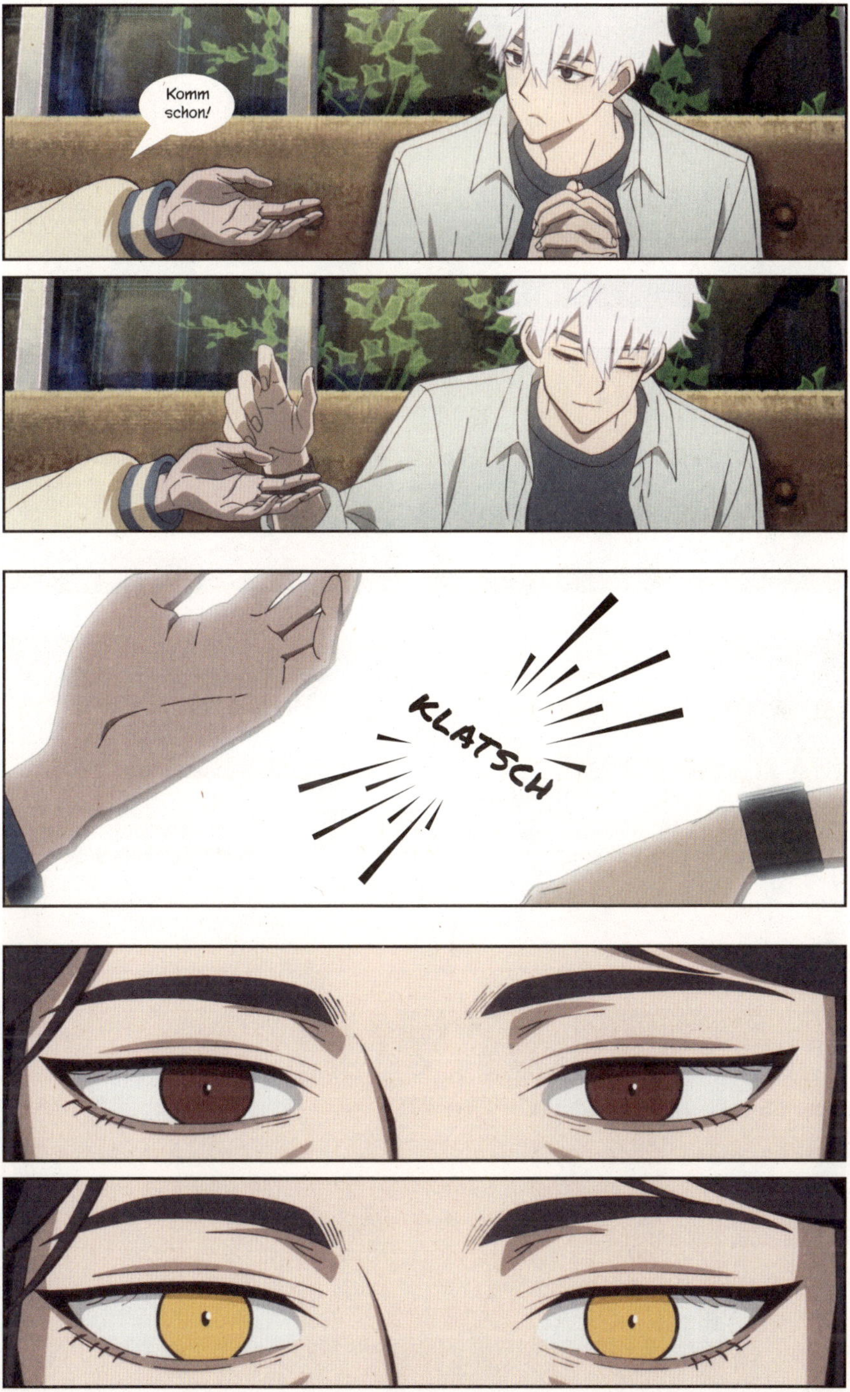
Komm schon!
KLATSCH

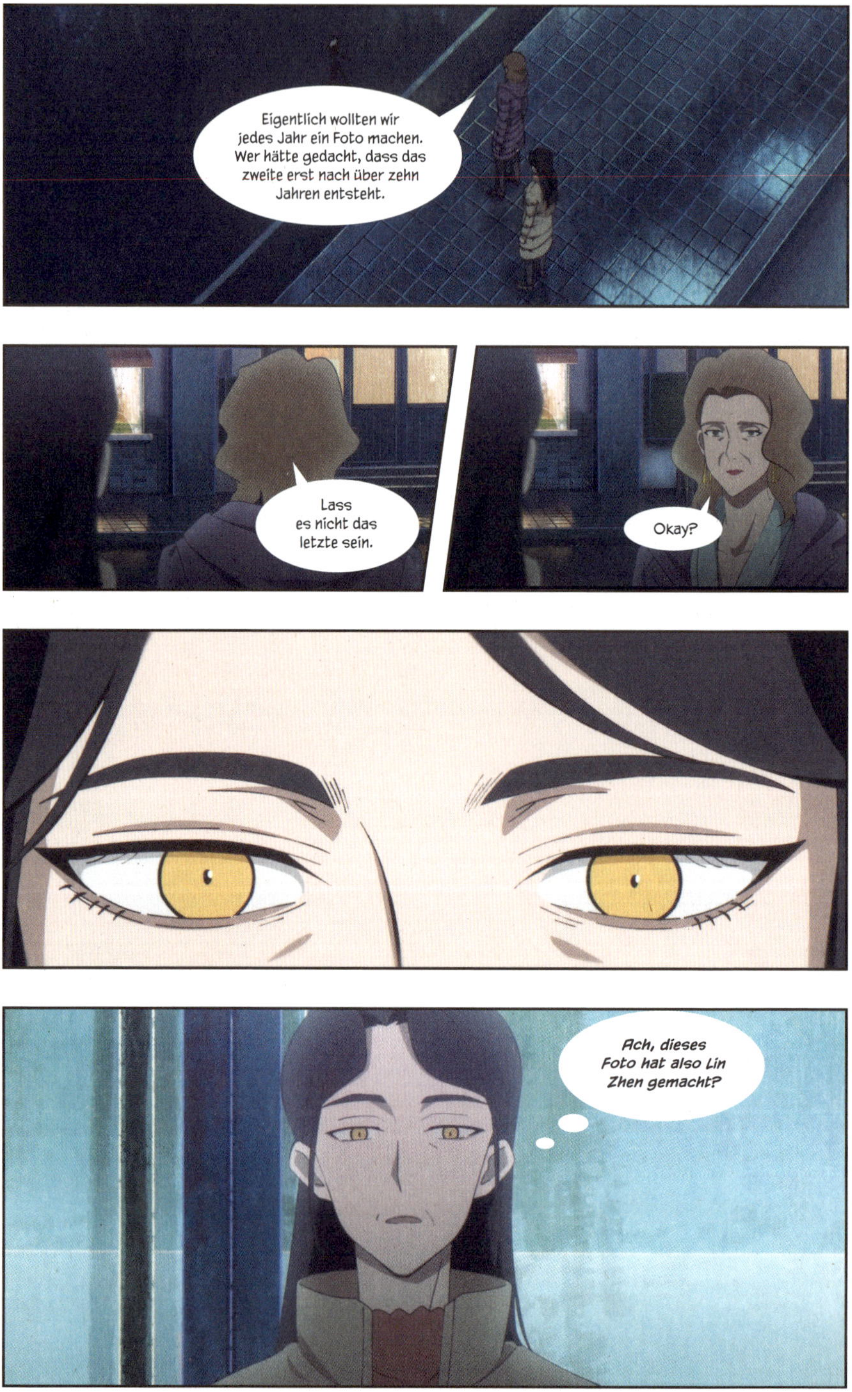
Eigentlich wollten wir jedes Jahr ein Foto machen. Wer hätte gedacht, dass das zweite erst nach über zehn Jahren entsteht.
Lass es nicht das letzte sein.
Okay?
Ach, dieses Foto hat also Lin Zhen gemacht?

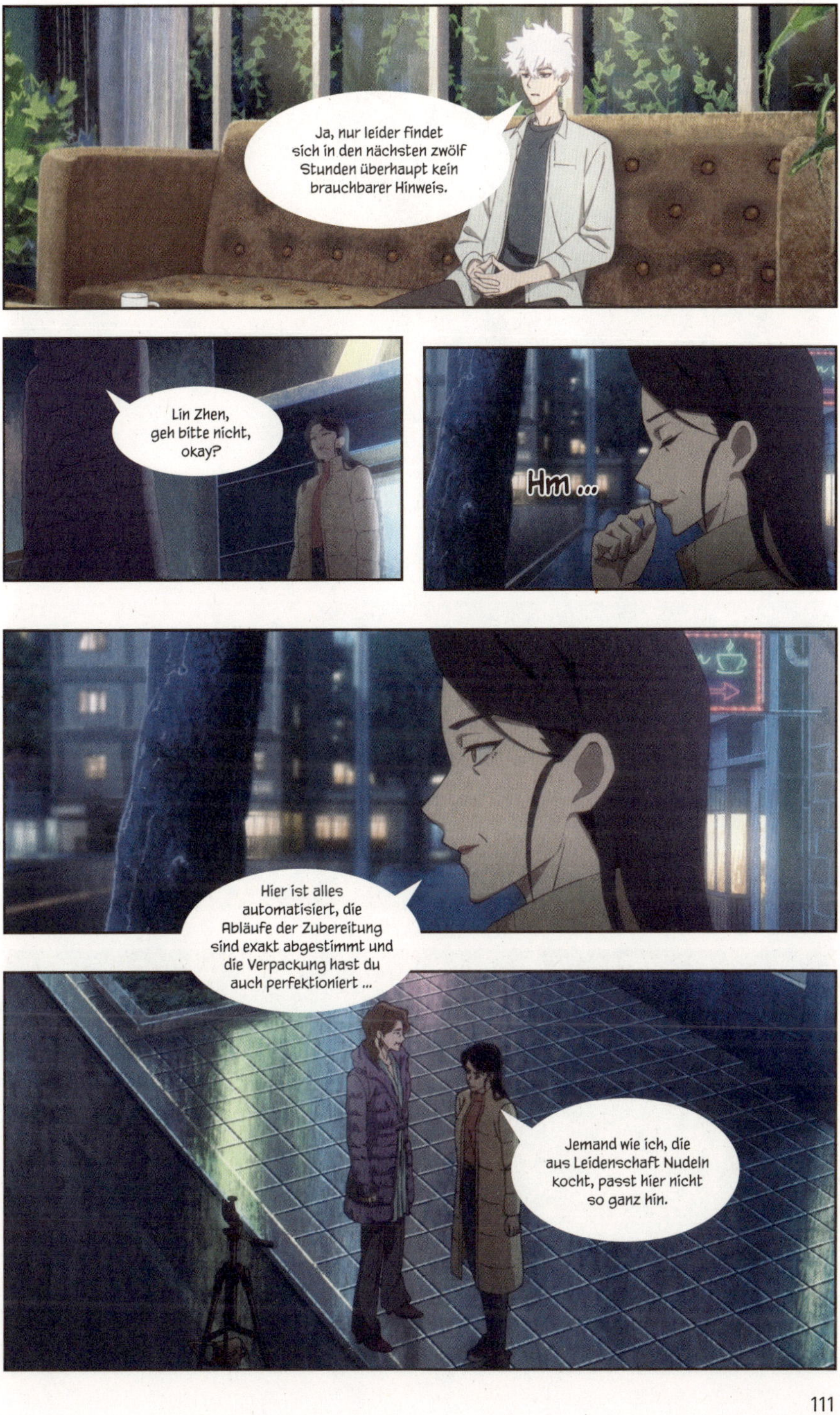
Ja, nur leider findet sich in den nächsten zwölf Stunden überhaupt kein brauchbarer Hinweis.
Lin Zhen, geh bitte nicht, okay?
Hm ...
Hier ist alles automatisiert, die Abläufe der Zubereitung sind exakt abgestimmt und die Verpackung hast du auch perfektioniert ...
Jemand wie ich, die aus Leidenschaft Nudeln kocht, passt hier nicht so ganz hin.

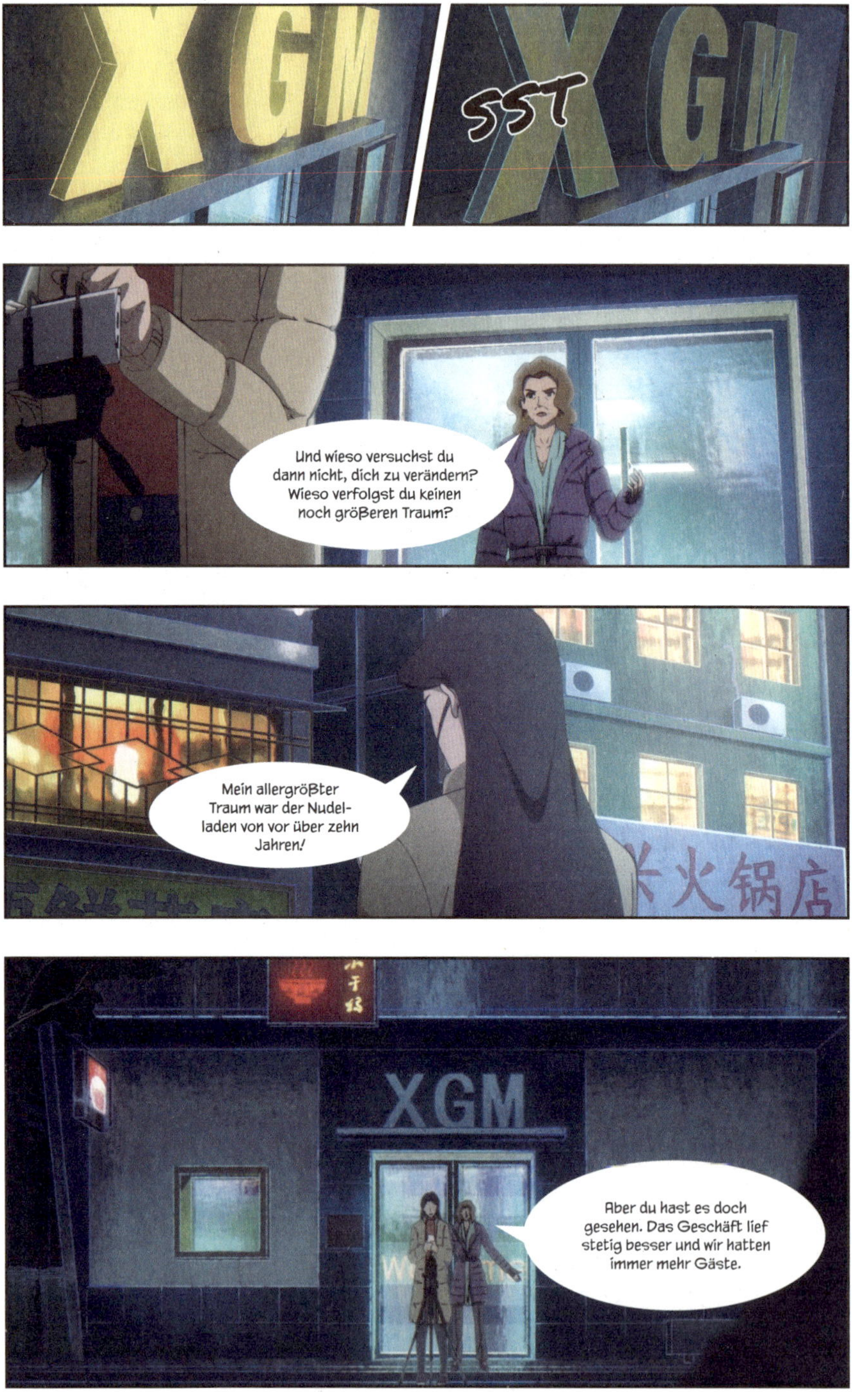
XGM
SST
XGM
Und wieso versuchst du dann nicht, dich zu verändern? Wieso verfolgst du keinen noch größeren Traum?
Mein allergrößter Traum war der Nudelladen von vor über zehn Jahren!
火锅店
XGM
Aber du hast es doch gesehen. Das Geschäft lief stetig besser und wir hatten immer mehr Gäste.

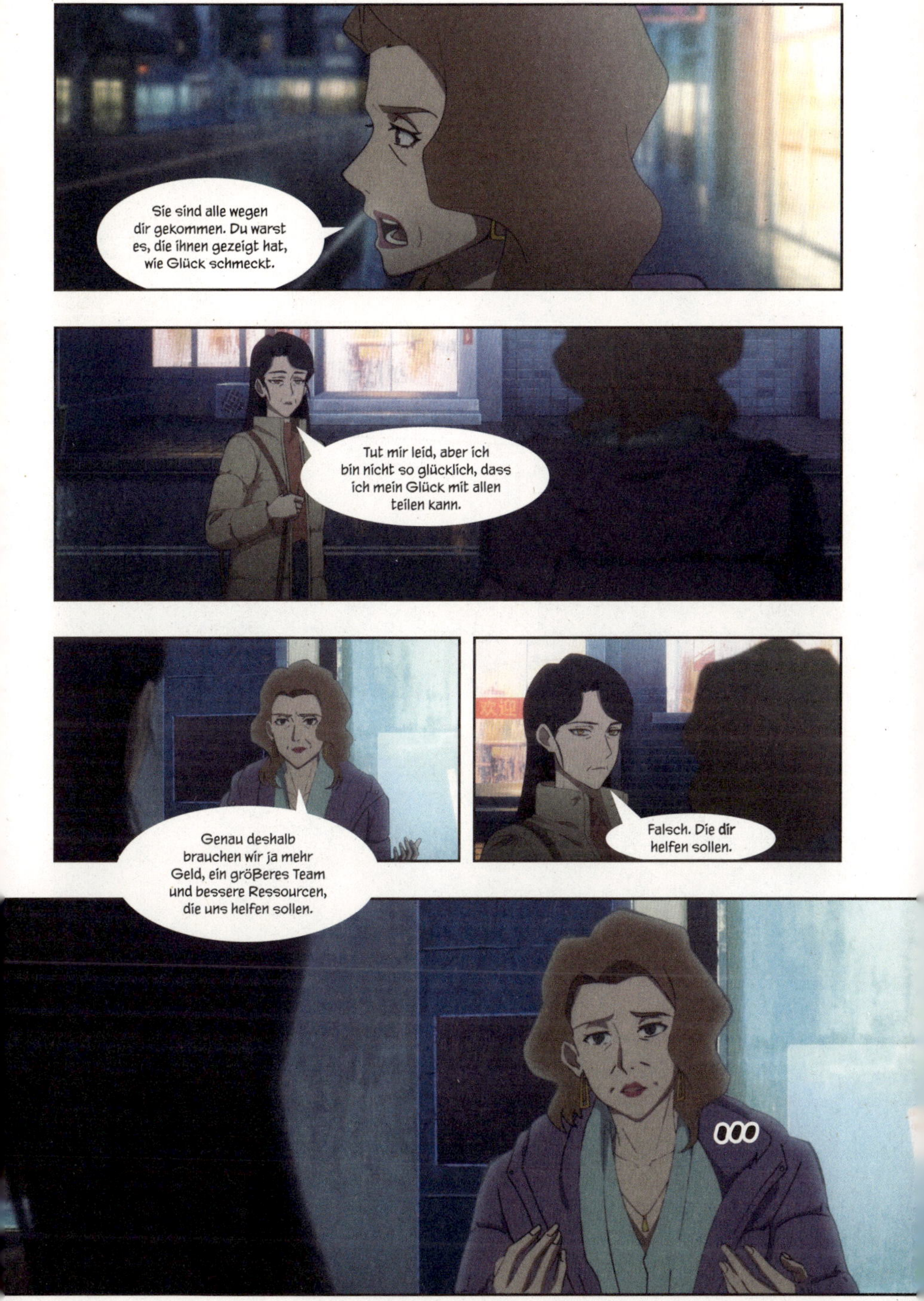
Sie sind alle wegen dir gekommen. Du warst es, die ihnen gezeigt hat, wie Glück schmeckt.
Tut mir leid, aber ich bin nicht so glücklich, dass ich mein Glück mit allen teilen kann.
Genau deshalb brauchen wir ja mehr Geld, ein größeres Team und bessere Ressourcen, die uns helfen sollen.
Falsch. Die dir helfen sollen.
欢迎
OOO

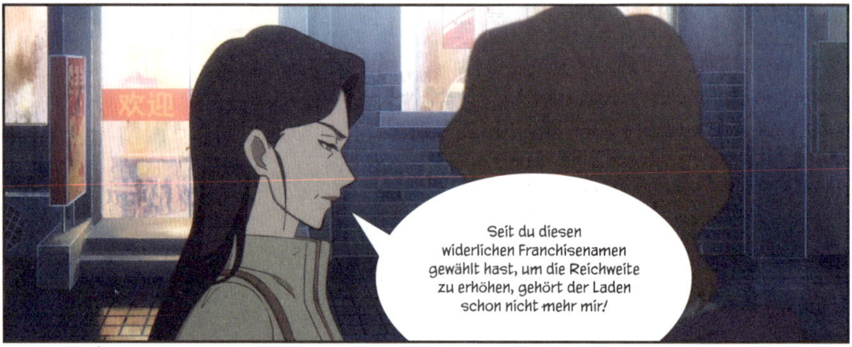
欢迎
Seit du diesen widerlichen Franchisenamen gewählt hast, um die Reichweite zu erhöhen, gehört der Laden schon nicht mehr mir!

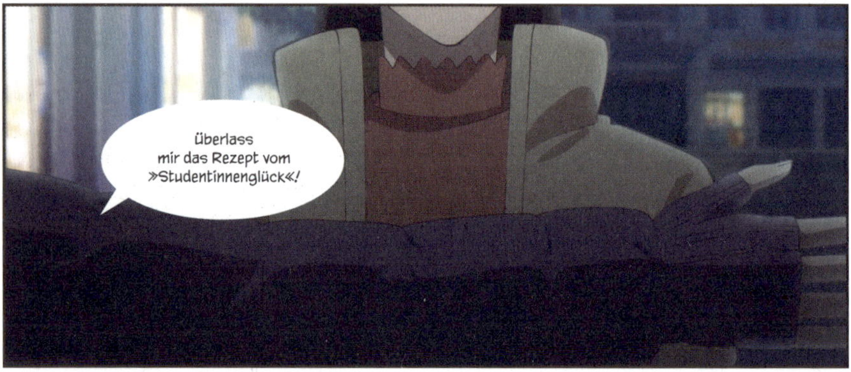
Überlass mir das Rezept vom »Studentinnenglück«!

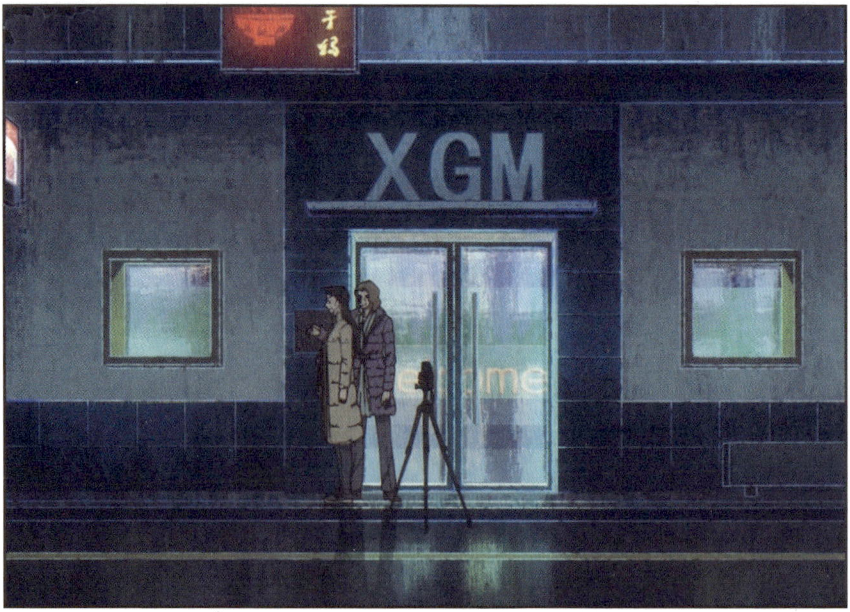
XGM

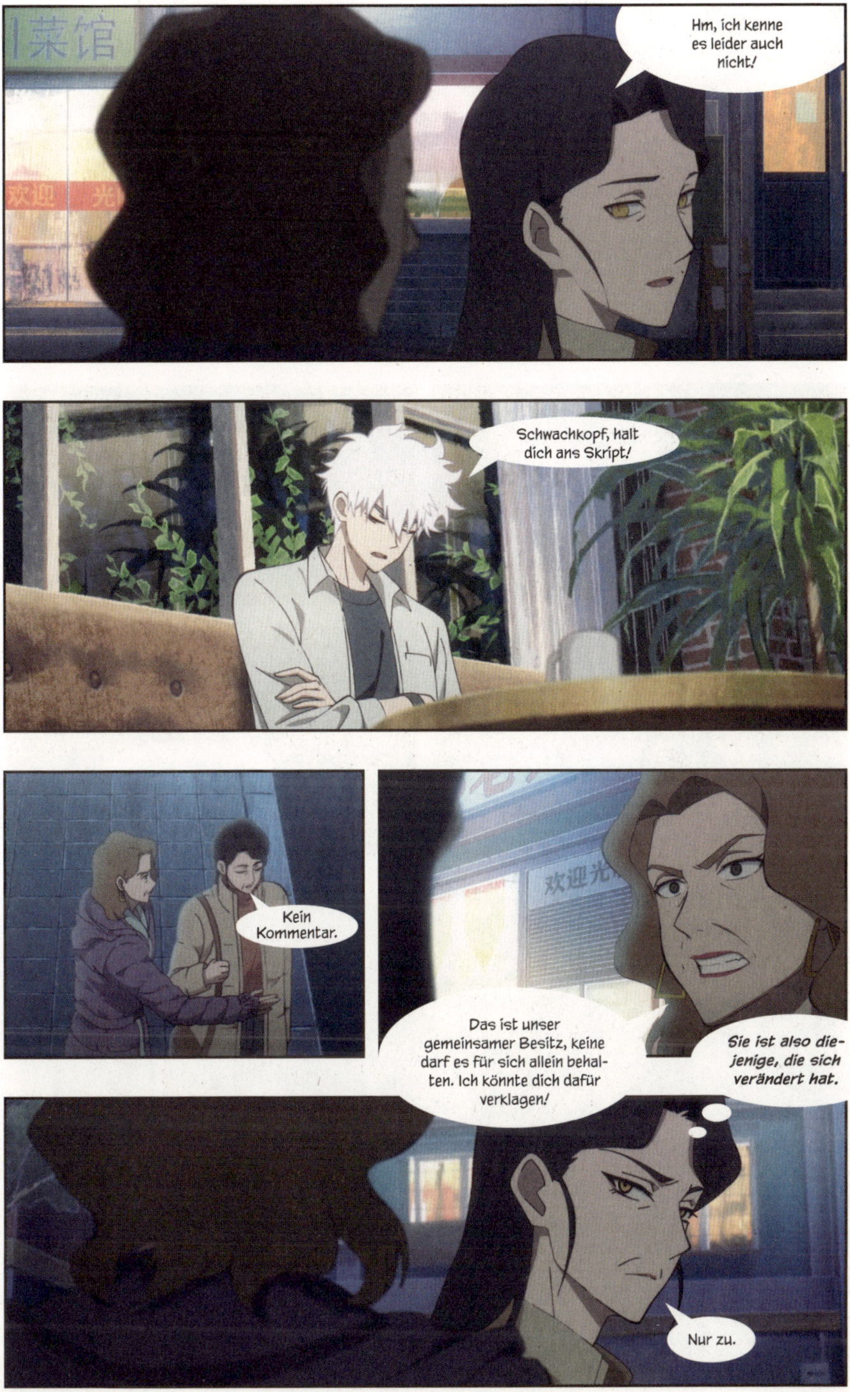
Hm, ich kenne es leider auch nicht!
Schwachkopf, halt dich ans Skript!
Kein Kommentar.
欢迎光
Das ist unser gemeinsamer Besitz, keine darf es für sich allein behalten. Ich könnte dich dafür verklagen!
Sie ist also diejenige, die sich verändert hat.
Nur zu.

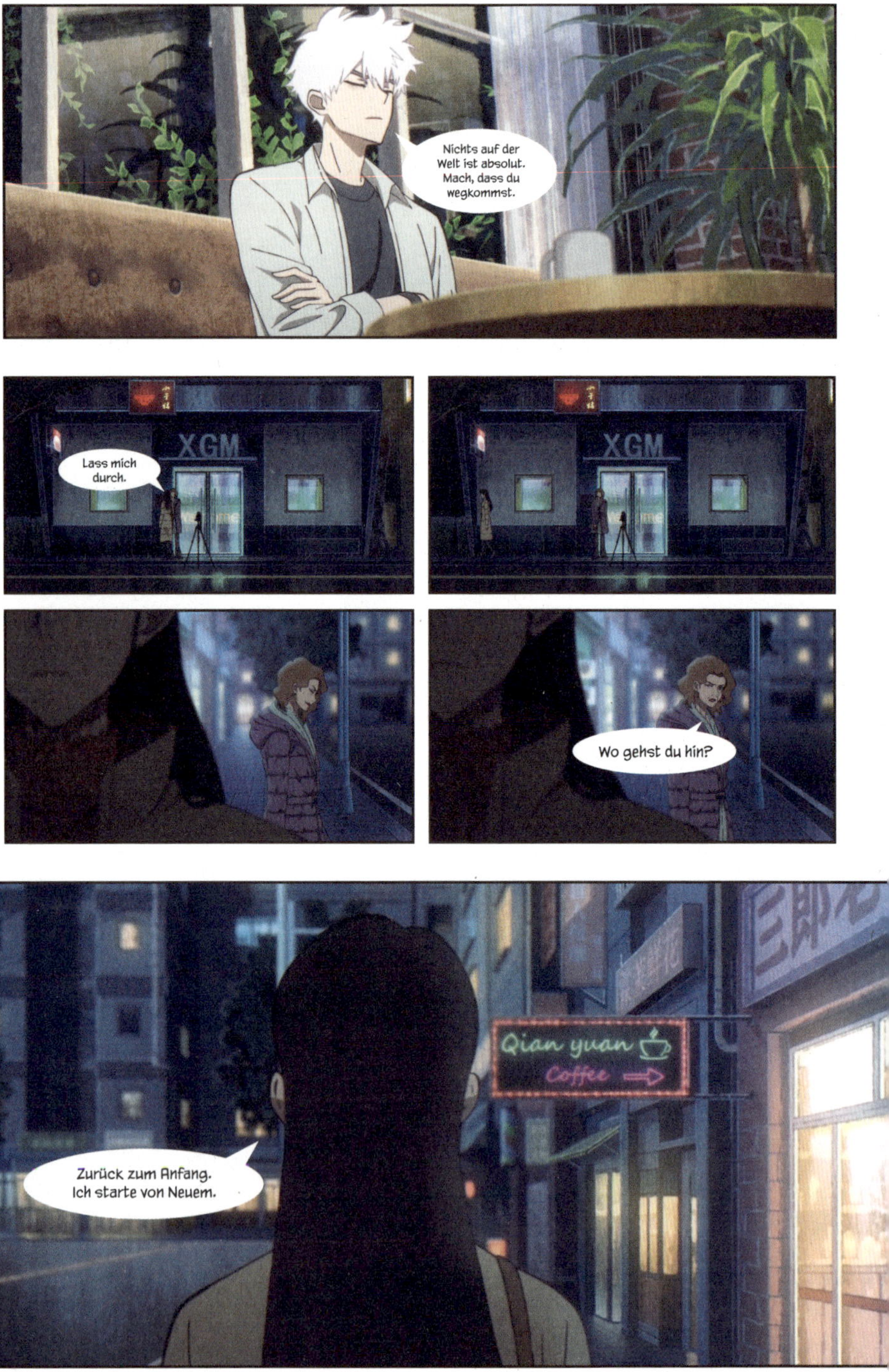
Nichts auf der Welt ist absolut. Mach, dass du wegkommst.
XGM
Lass mich durch.
XGM
Wo gehst du hin?
Qian yuan
Coffee
Zurück zum Anfang. Ich starte von Neuem.

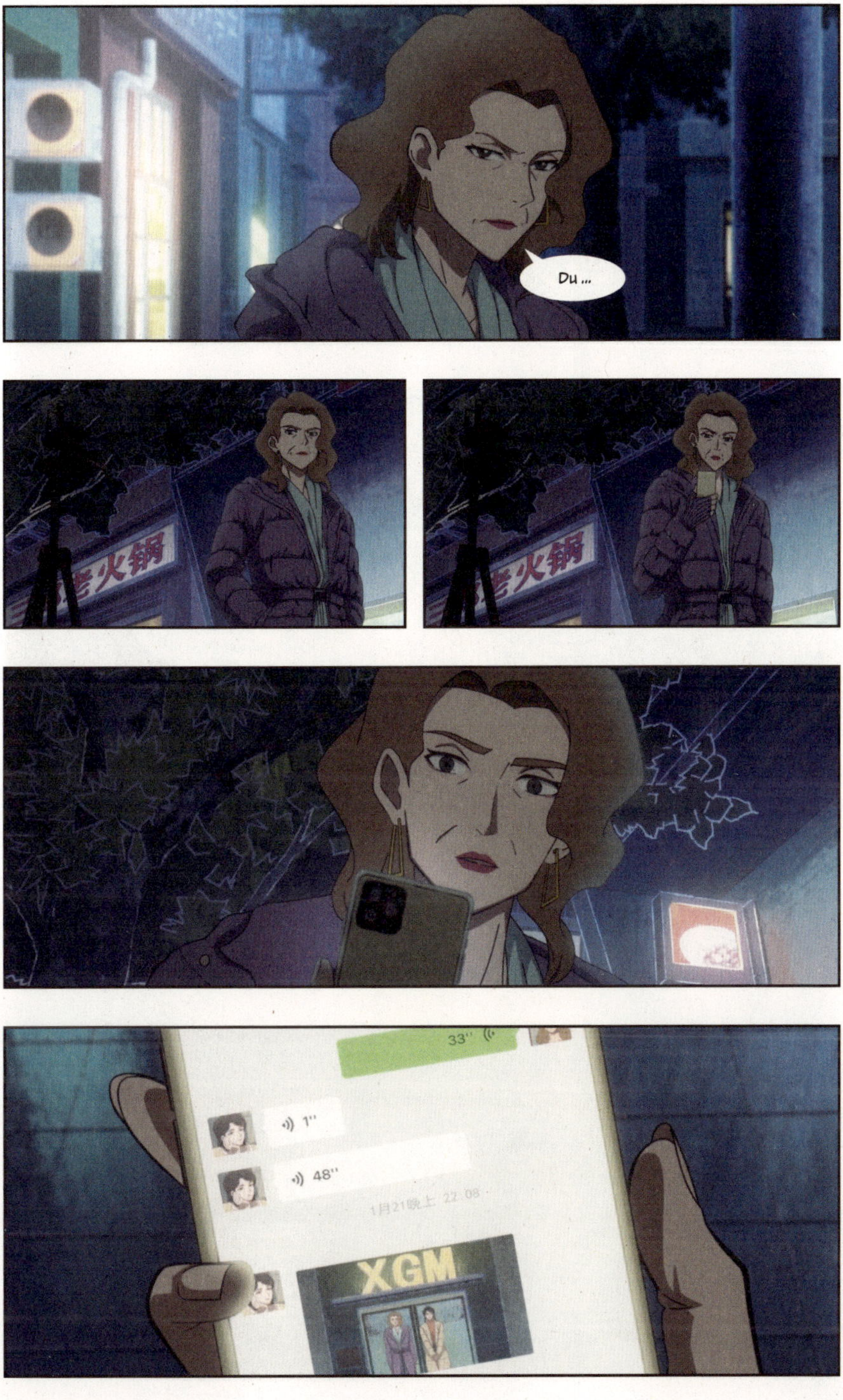

Du ...
老火锅
33''
1''
48''
1月21晚上 22:08
XGM

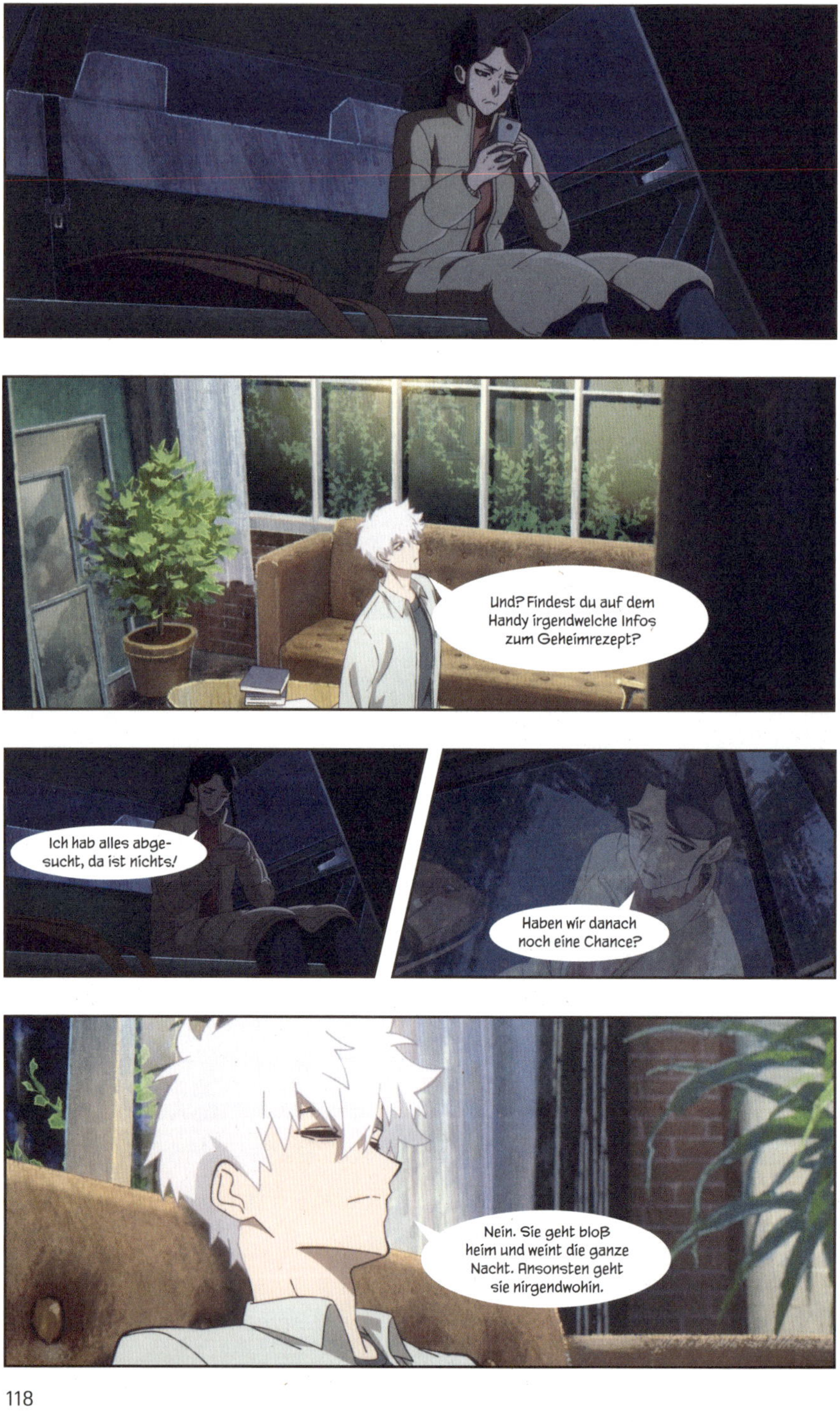
Und? Findest du auf dem Handy irgendwelche Infos zum Geheimrezept?
Ich hab alles abgesucht, da ist nichts!
Haben wir danach noch eine Chance?
Nein. Sie geht bloß heim und weint die ganze Nacht. Ansonsten geht sie nirgendwohin.

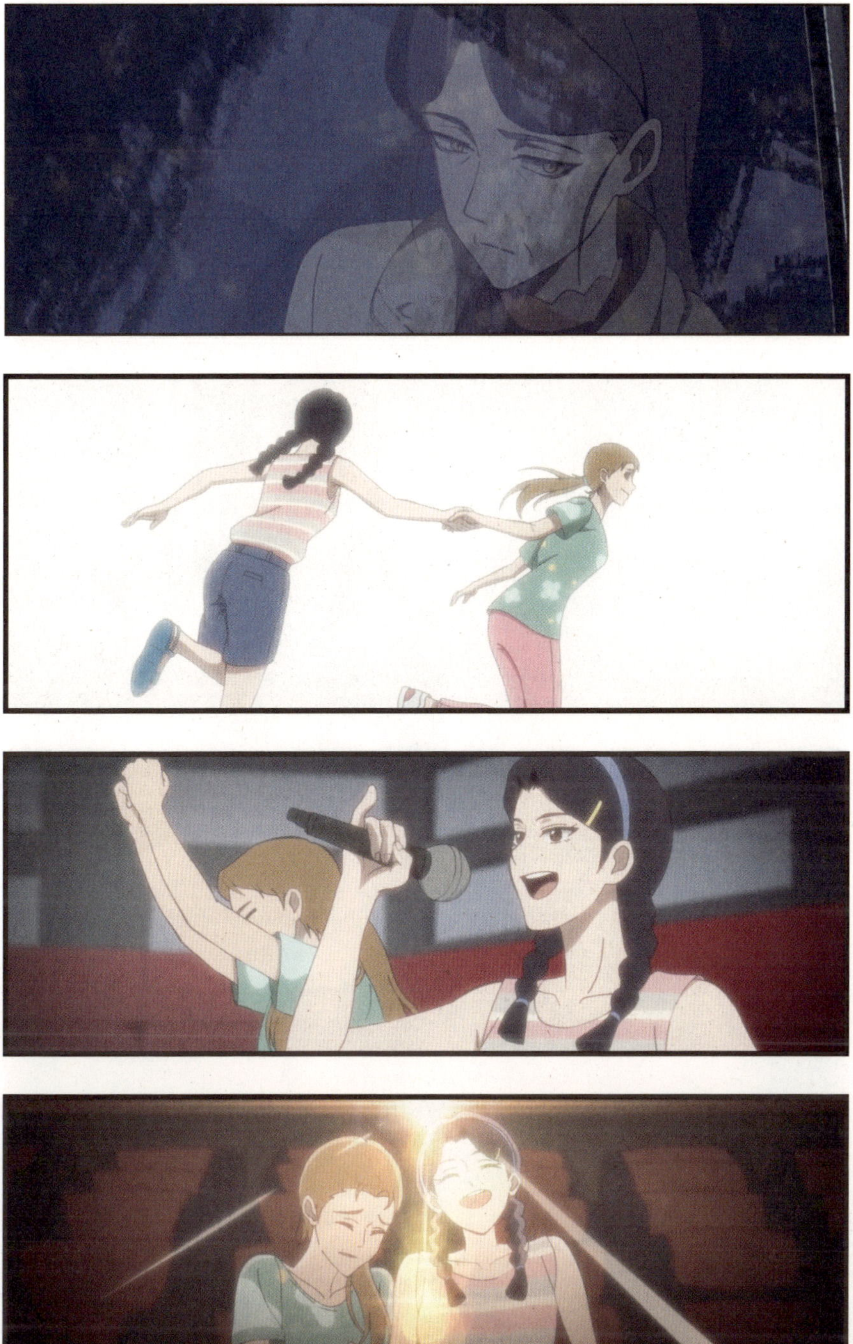

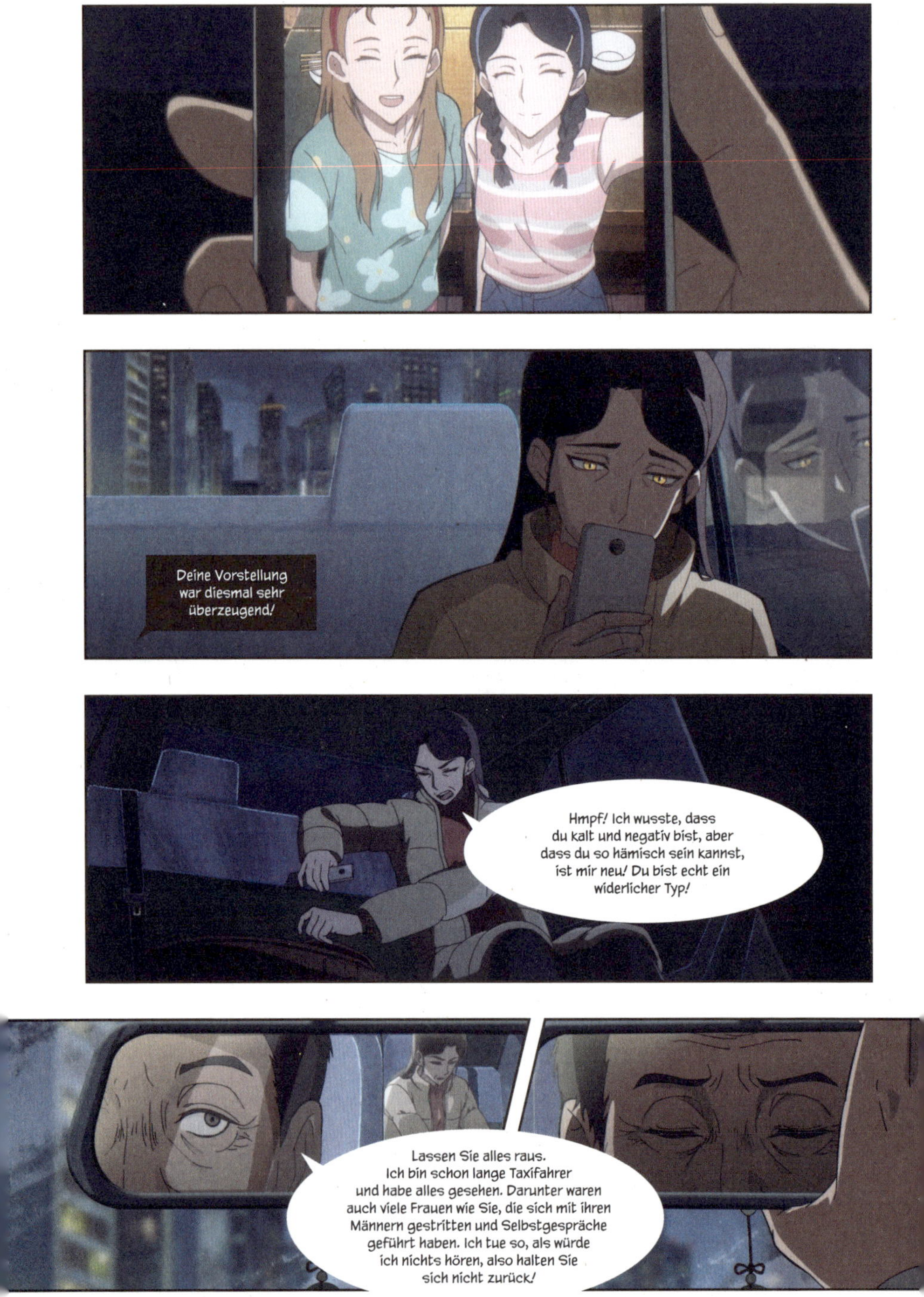
Deine Vorstellung war diesmal sehr überzeugend!
Hmpf! Ich wusste, dass du kalt und negativ bist, aber dass du so hämisch sein kannst, ist mir neu! Du bist echt ein widerlicher Typ!
Lassen Sie alles raus. Ich bin schon lange Taxifahrer und habe alles gesehen. Darunter waren auch viele Frauen wie Sie, die sich mit ihren Männern gestritten und Selbstgespräche geführt haben. Ich tue so, als würde ich nichts hören, also halten Sie sich nicht zurück!

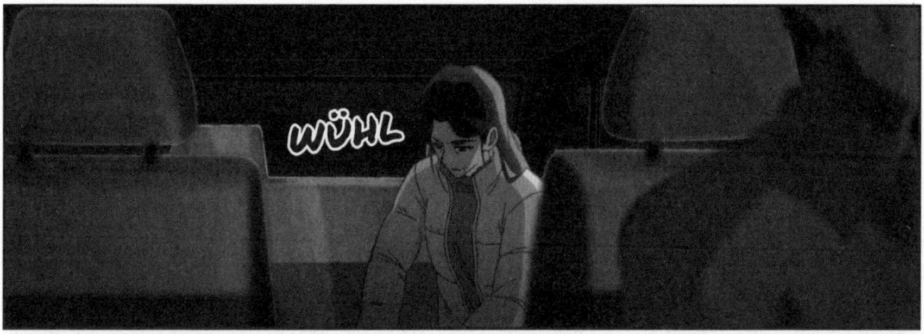

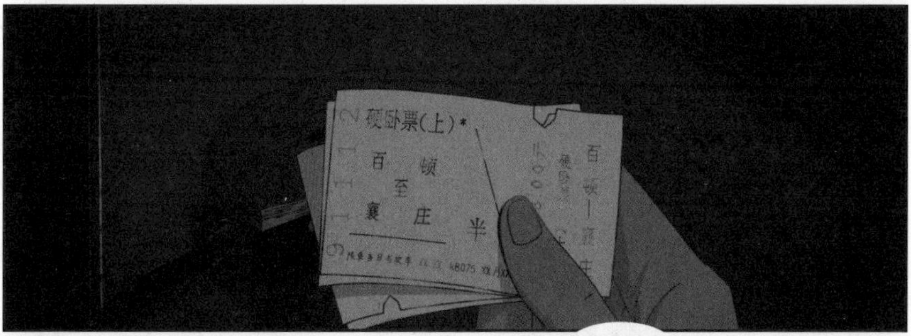

*Nachtzug von Baidun nach Xiangzhuang

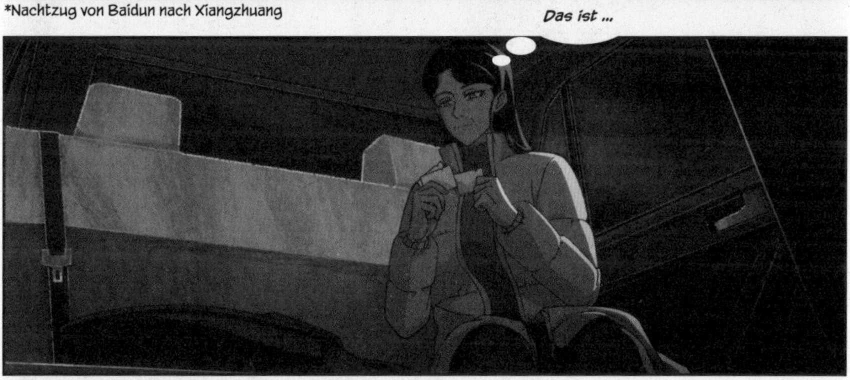

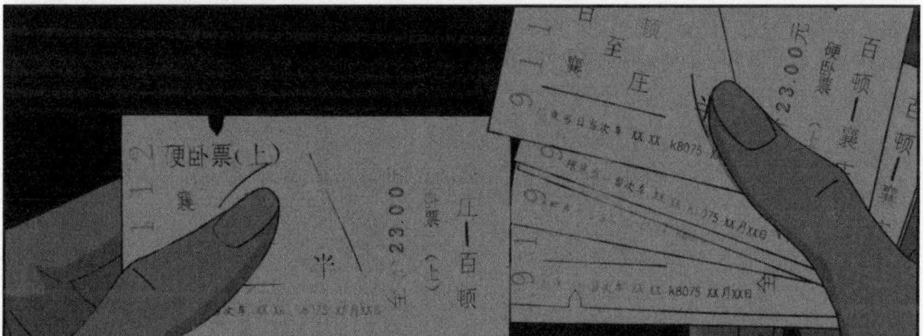

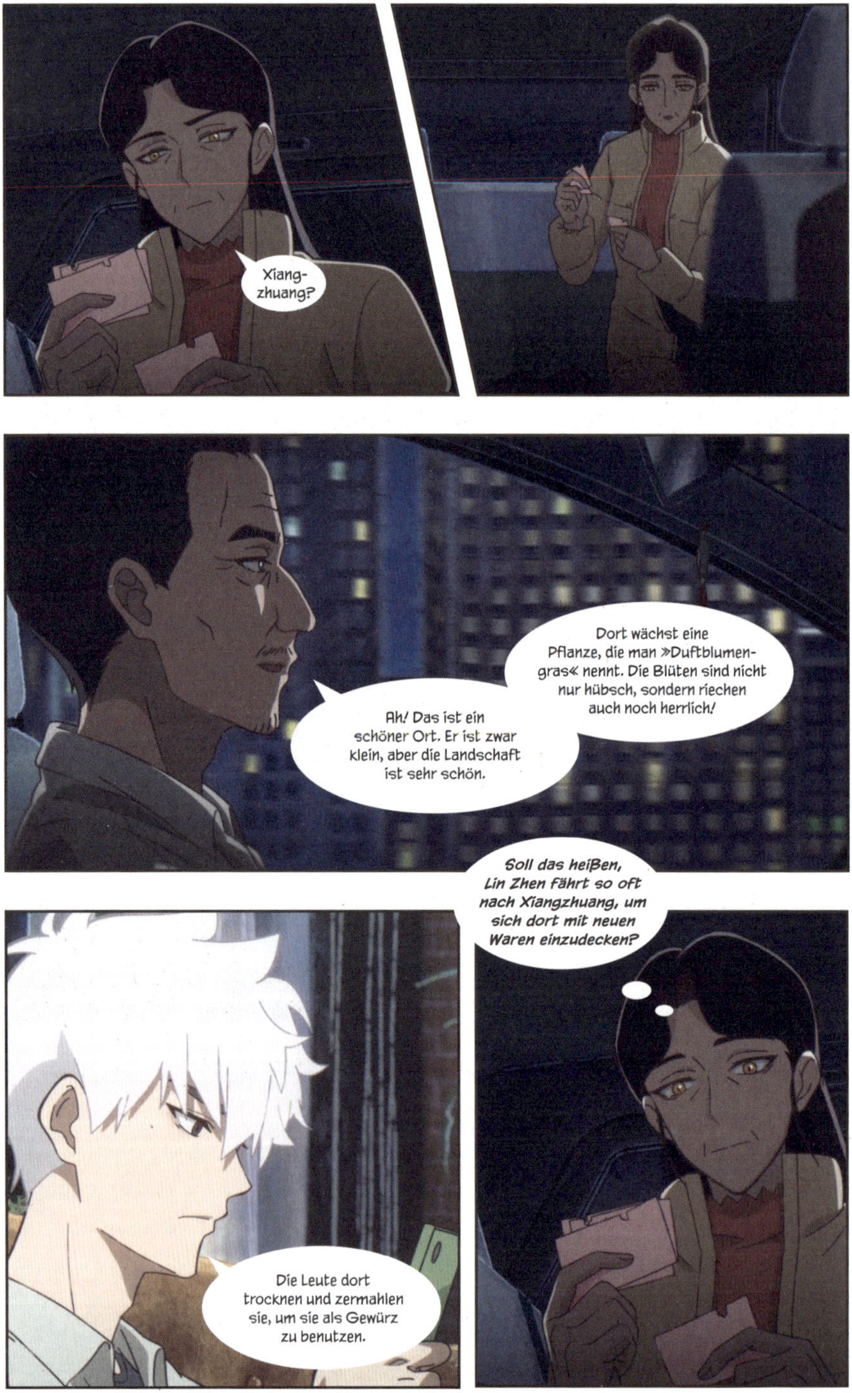
Xiang-
zhuang?
Ah! Das ist ein schöner Ort. Er ist zwar klein, aber die Landschaft ist sehr schön.
Dort wächst eine Pflanze, die man »Duftblumengras« nennt. Die Blüten sind nicht nur hübsch, sondern riechen auch noch herrlich!
Die Leute dort trocknen und zermahlen sie, um sie als Gewürz zu benutzen.
Soll das heißen, Lin Zhen fährt so oft nach Xiangzhuang, um sich dort mit neuen Waren einzudecken?

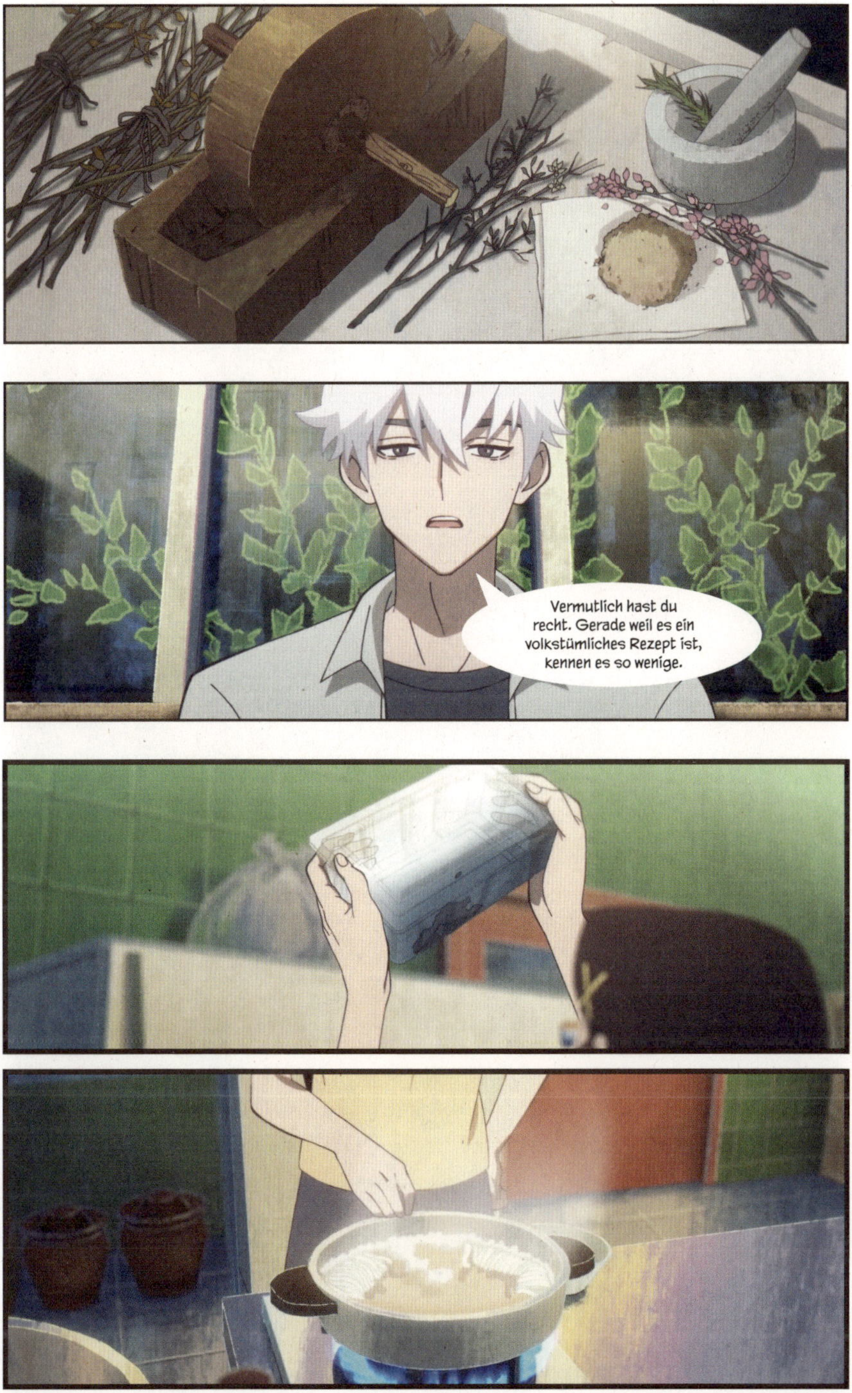
Vermutlich hast du recht. Gerade weil es ein volkstümliches Rezept ist, kennen es so wenige.

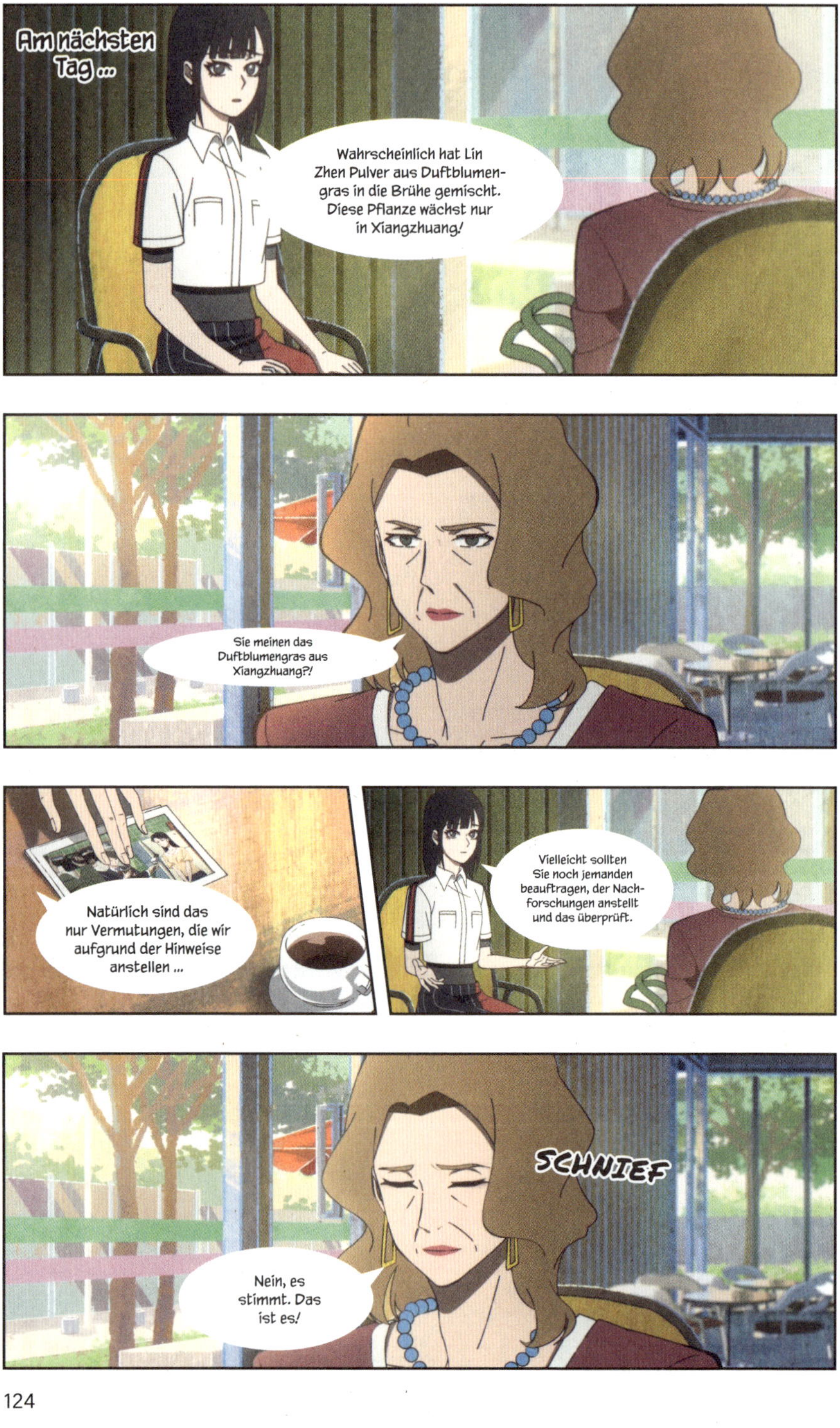
Am nächsten Tag ...
Wahrscheinlich hat Lin Zhen Pulver aus Duftblumengras in die Brühe gemischt. Diese Pflanze wächst nur in Xiangzhuang!
Sie meinen das Duftblumengras aus Xiangzhuang?!
Natürlich sind das nur Vermutungen, die wir aufgrund der Hinweise anstellen ...
Vielleicht sollten Sie noch jemanden beauftragen, der Nachforschungen anstellt und das überprüft.
SCHNIEF
Nein, es stimmt. Das ist es!

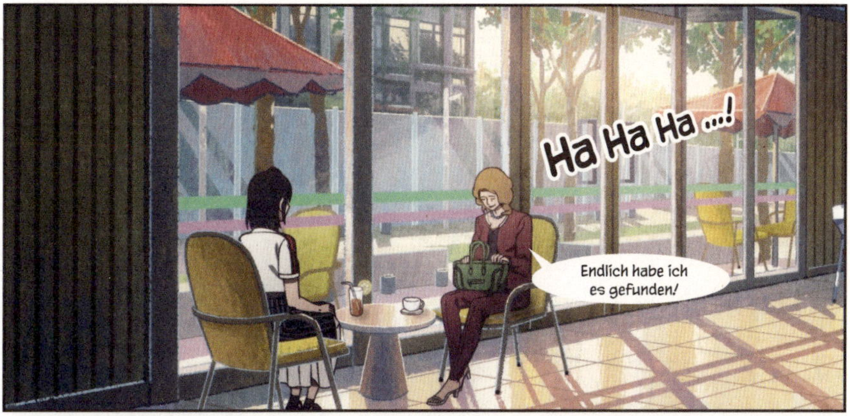
Ha Ha Ha ...!
Endlich habe ich es gefunden!

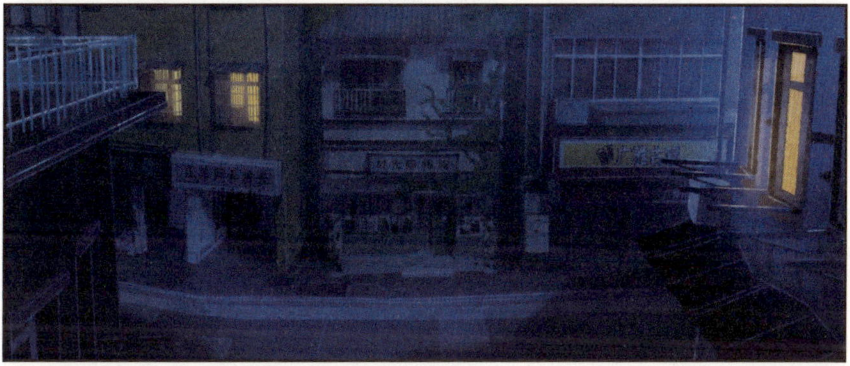

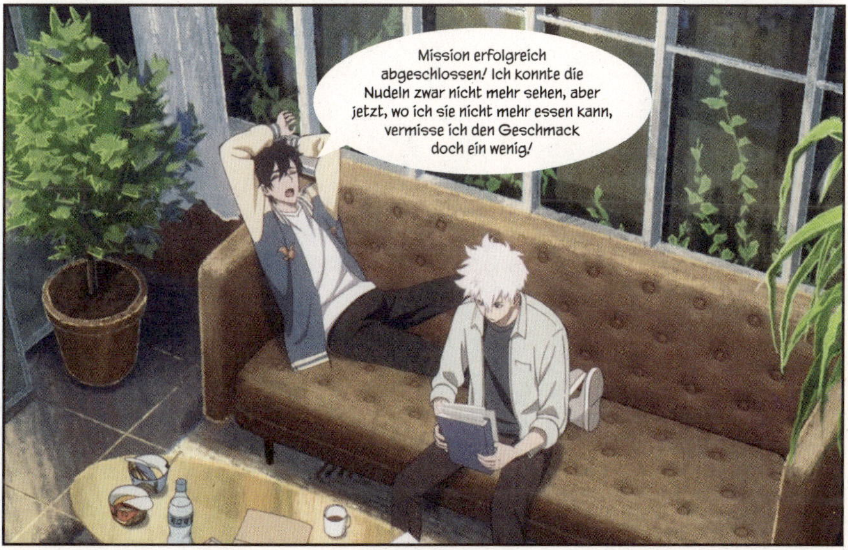
Mission erfolgreich abgeschlossen! Ich konnte die Nudeln zwar nicht mehr sehen, aber jetzt, wo ich sie nicht mehr essen kann, vermisse ich den Geschmack doch ein wenig!

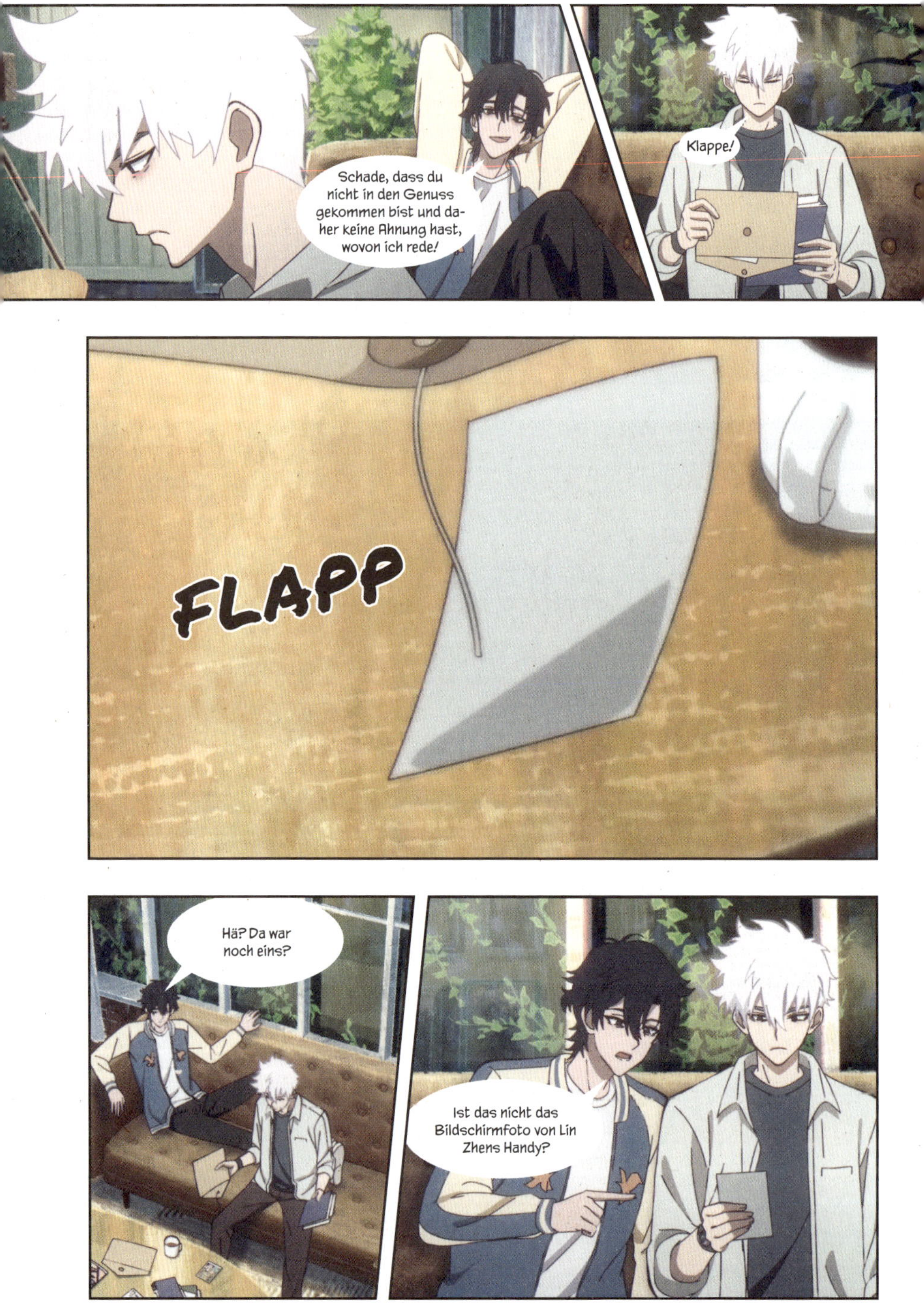
Schade, dass du nicht in den Genuss gekommen bist und daher keine Ahnung hast, wovon ich rede!
Klappe!
FLAPP
Hä? Da war noch eins?
Ist das nicht das Bildschirmfoto von Lin Zhens Handy?

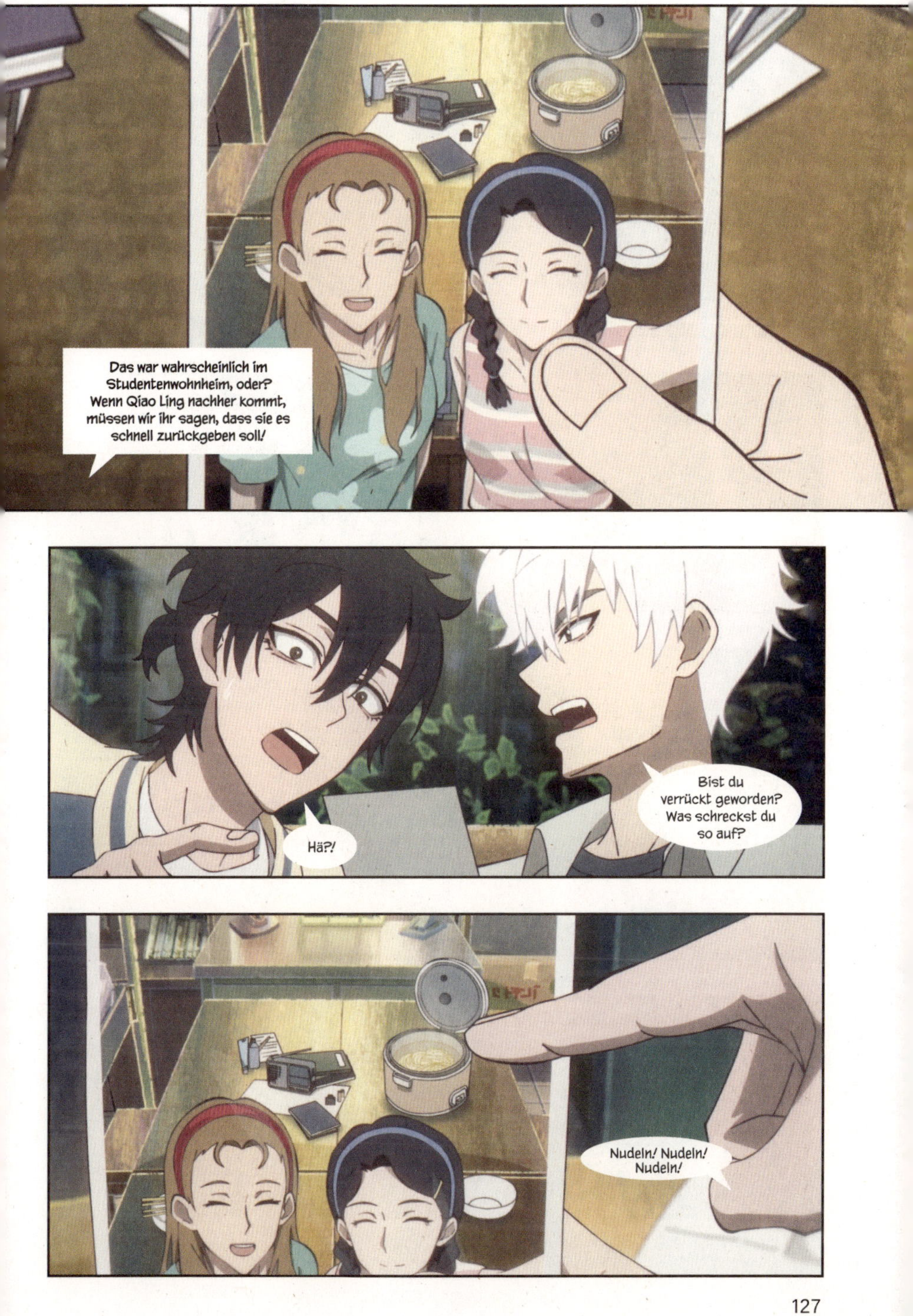
Das war wahrscheinlich im Studentenwohnheim, oder? Wenn Qiao Ling nachher kommt, müssen wir ihr sagen, dass sie es schnell zurückgeben soll!
Bist du verrückt geworden? Was schreckst du so auf?
Hä?!
Nudeln! Nudeln! Nudeln!

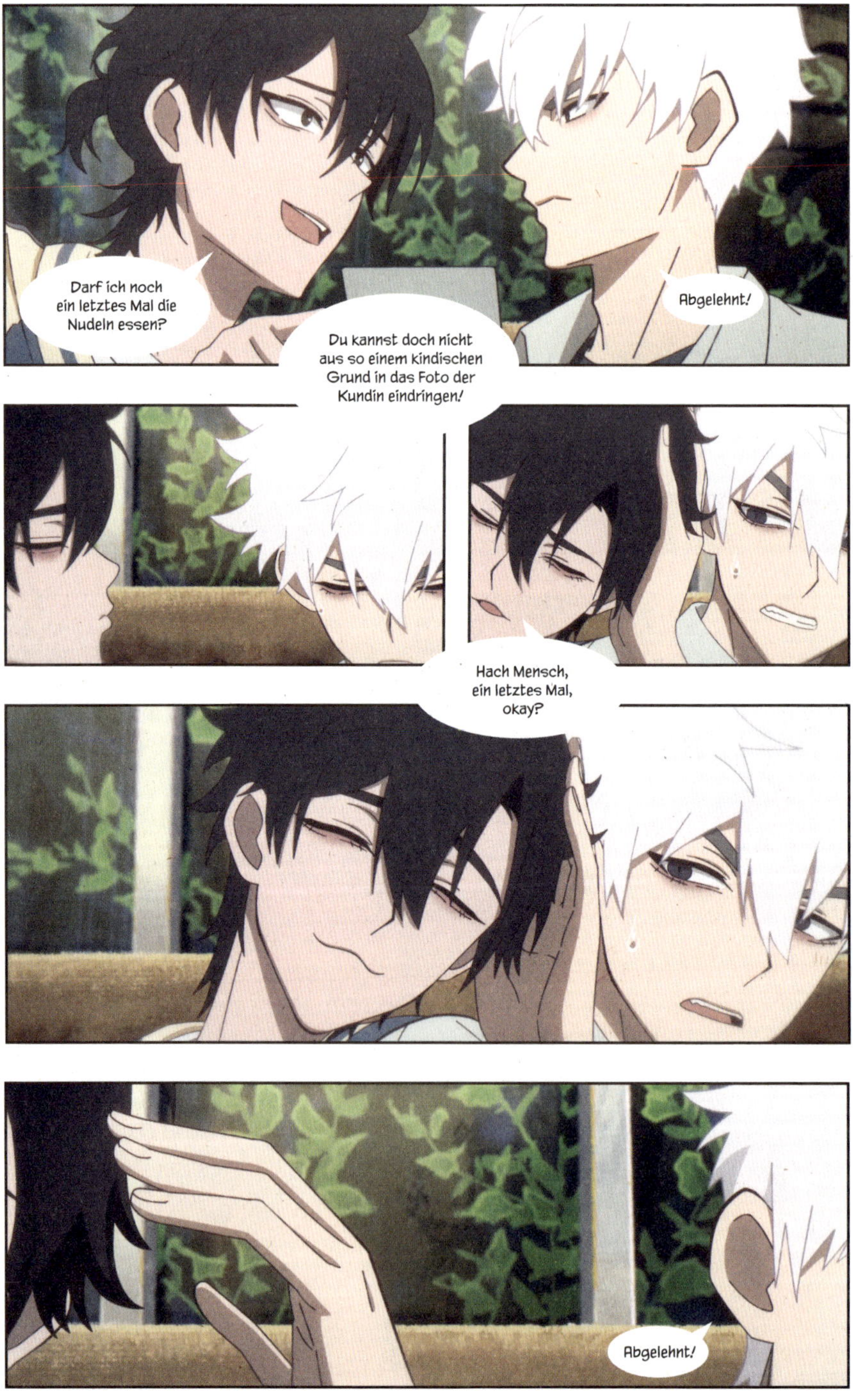
Darf ich noch ein letztes Mal die Nudeln essen?
Abgelehnt!
Du kannst doch nicht aus so einem kindischen Grund in das Foto der Kundin eindringen!
Hach Mensch, ein letztes Mal, okay?
Abgelehnt!

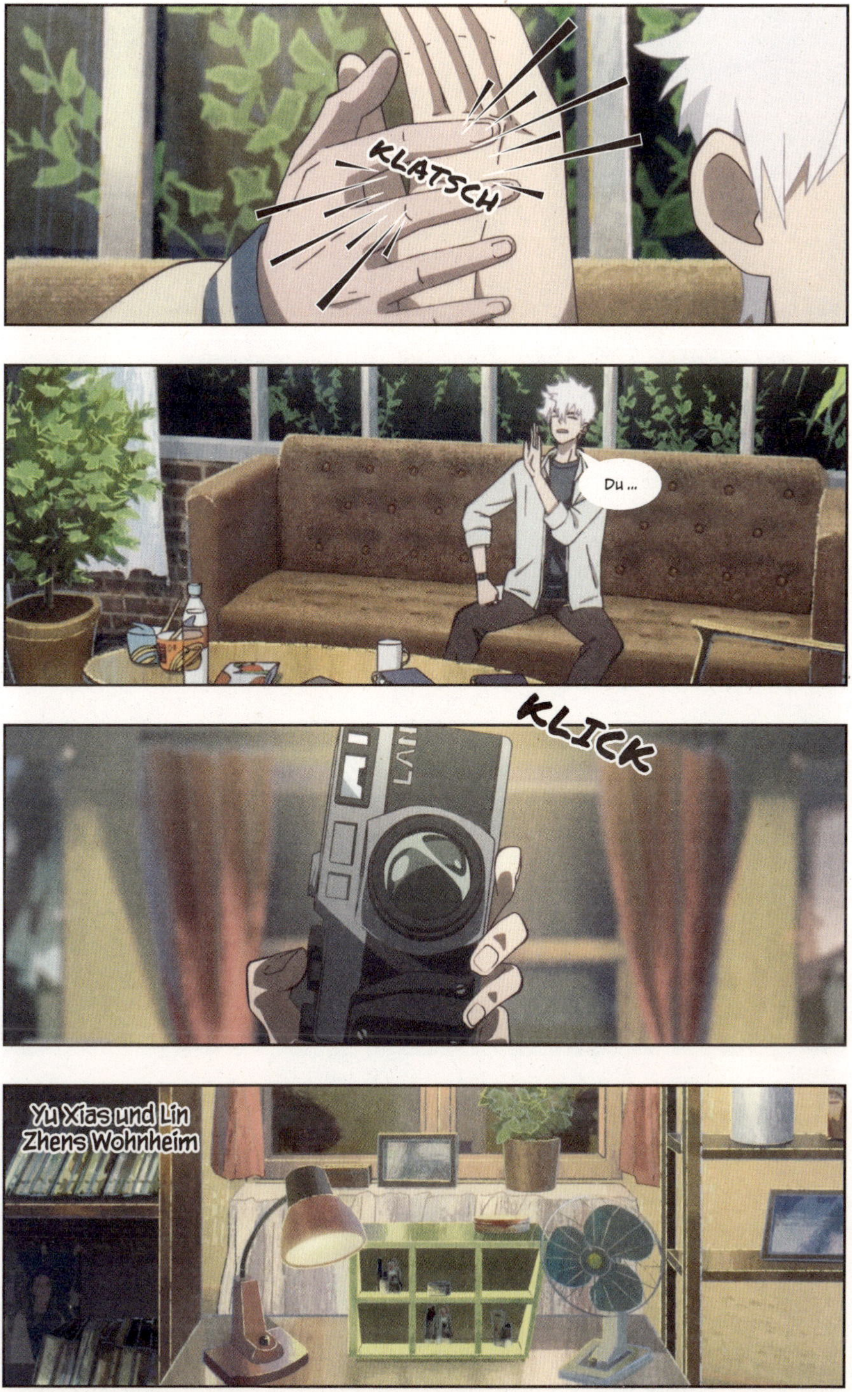
KLATSCH
Du …
KLICK
Yu Xias und Lin Zhens Wohnheim

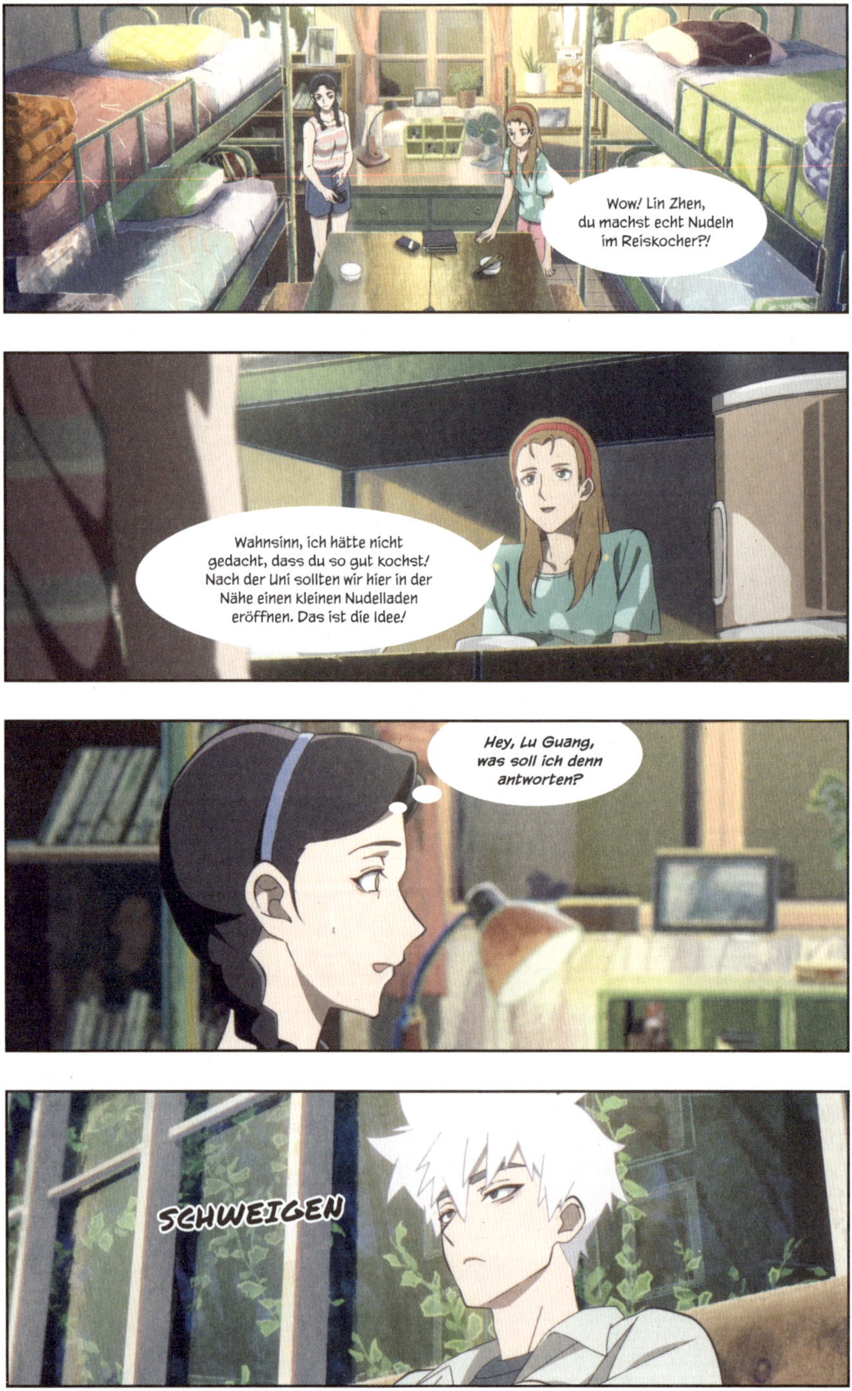

Wow! Lin Zhen, du machst echt Nudeln im Reiskocher?!
Wahnsinn, ich hätte nicht gedacht, dass du so gut kochst! Nach der Uni sollten wir hier in der Nähe einen kleinen Nudelladen eröffnen. Das ist die Idee!
Hey, Lu Guang, was soll ich denn antworten?
SCHWEIGEN

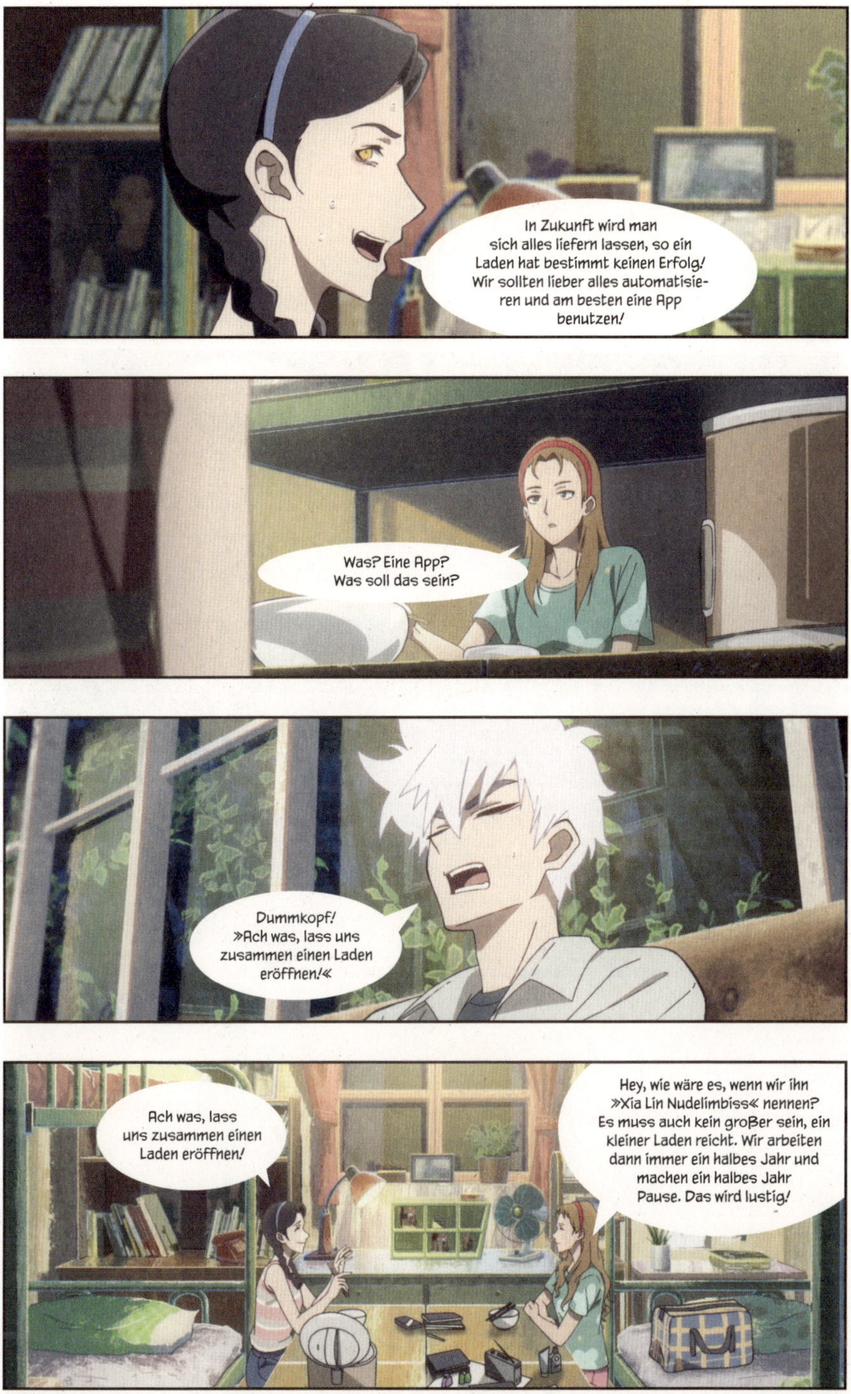
In Zukunft wird man sich alles liefern lassen, so ein Laden hat bestimmt keinen Erfolg! Wir sollten lieber alles automatisieren und am besten eine App benutzen!
Was? Eine App? Was soll das sein?
Dummkopf! »Ach was, lass uns zusammen einen Laden eröffnen!«
Ach was, lass uns zusammen einen Laden eröffnen!
Hey, wie wäre es, wenn wir ihn »Xia Lin Nudelimbiss« nennen? Es muss auch kein großer sein, ein kleiner Laden reicht. Wir arbeiten dann immer ein halbes Jahr und machen ein halbes Jahr Pause. Das wird lustig!

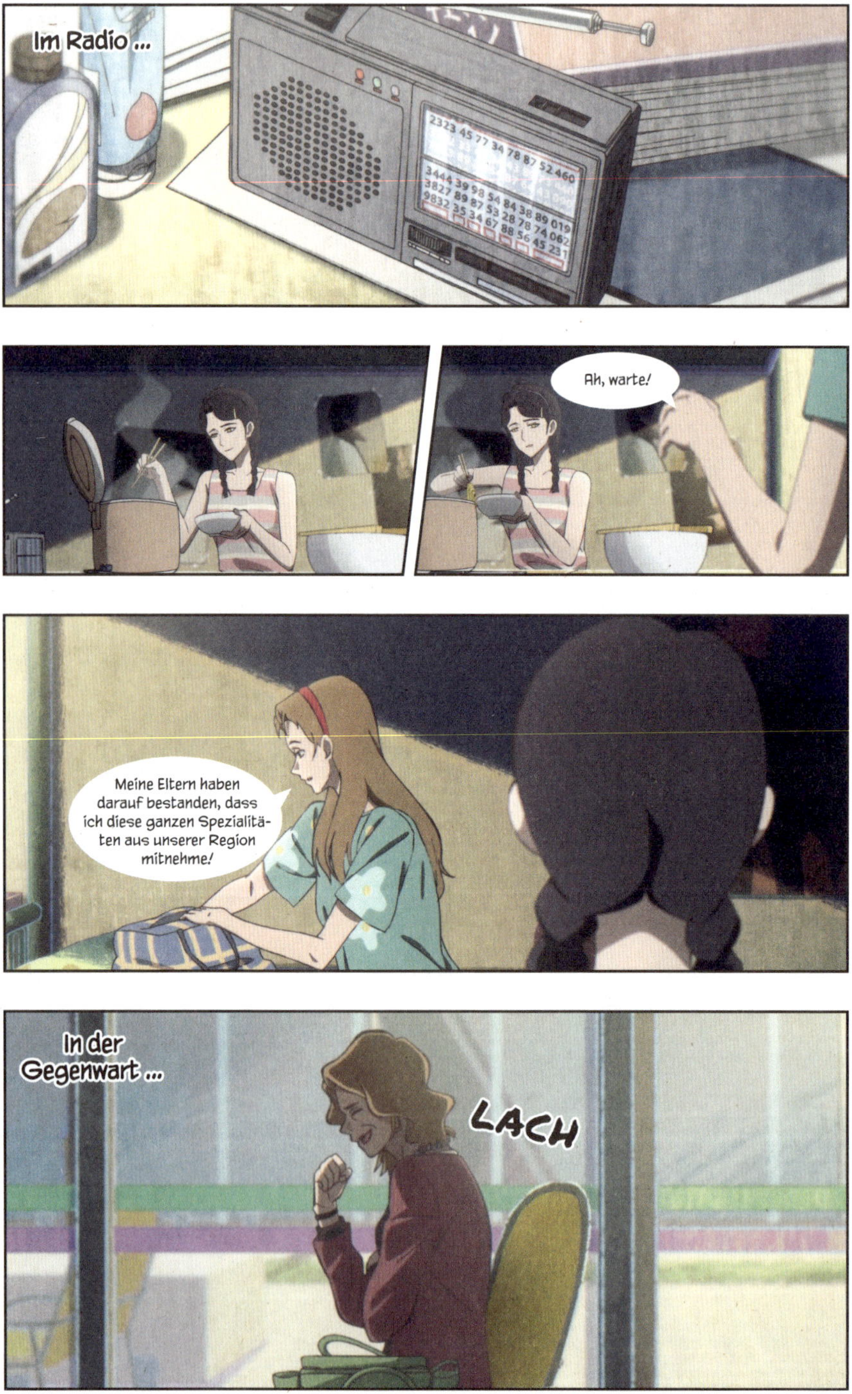
Im Radio ...
Ah, warte!
Meine Eltern haben darauf bestanden, dass ich diese ganzen Spezialitäten aus unserer Region mitnehme!
In der Gegenwart ...
LACH

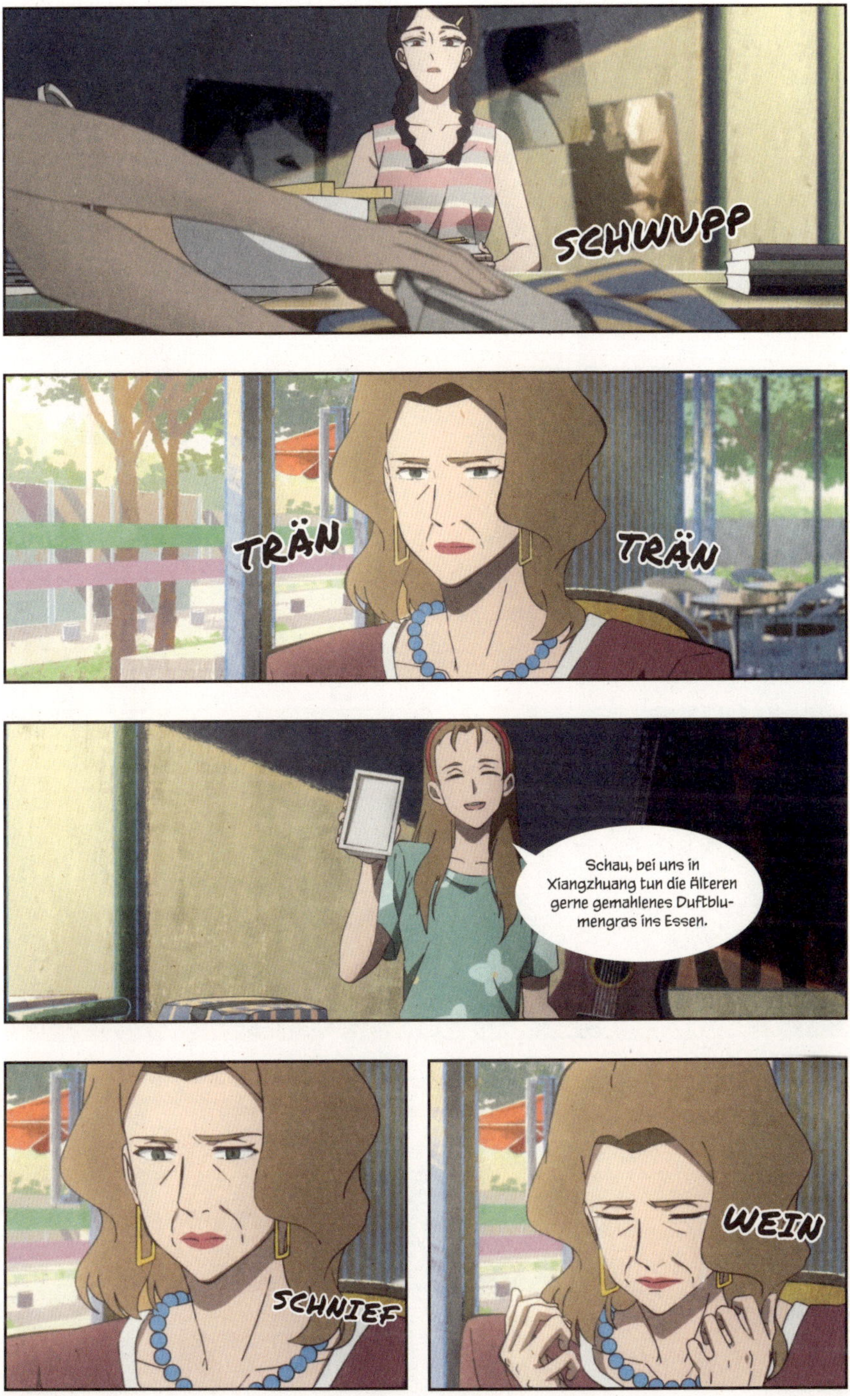
SCHWUPP
TRÄN
TRÄN
Schau, bei uns in Xiangzhuang tun die Älteren gerne gemahlenes Duftblumengras ins Essen.
SCHNIEF
WEIN

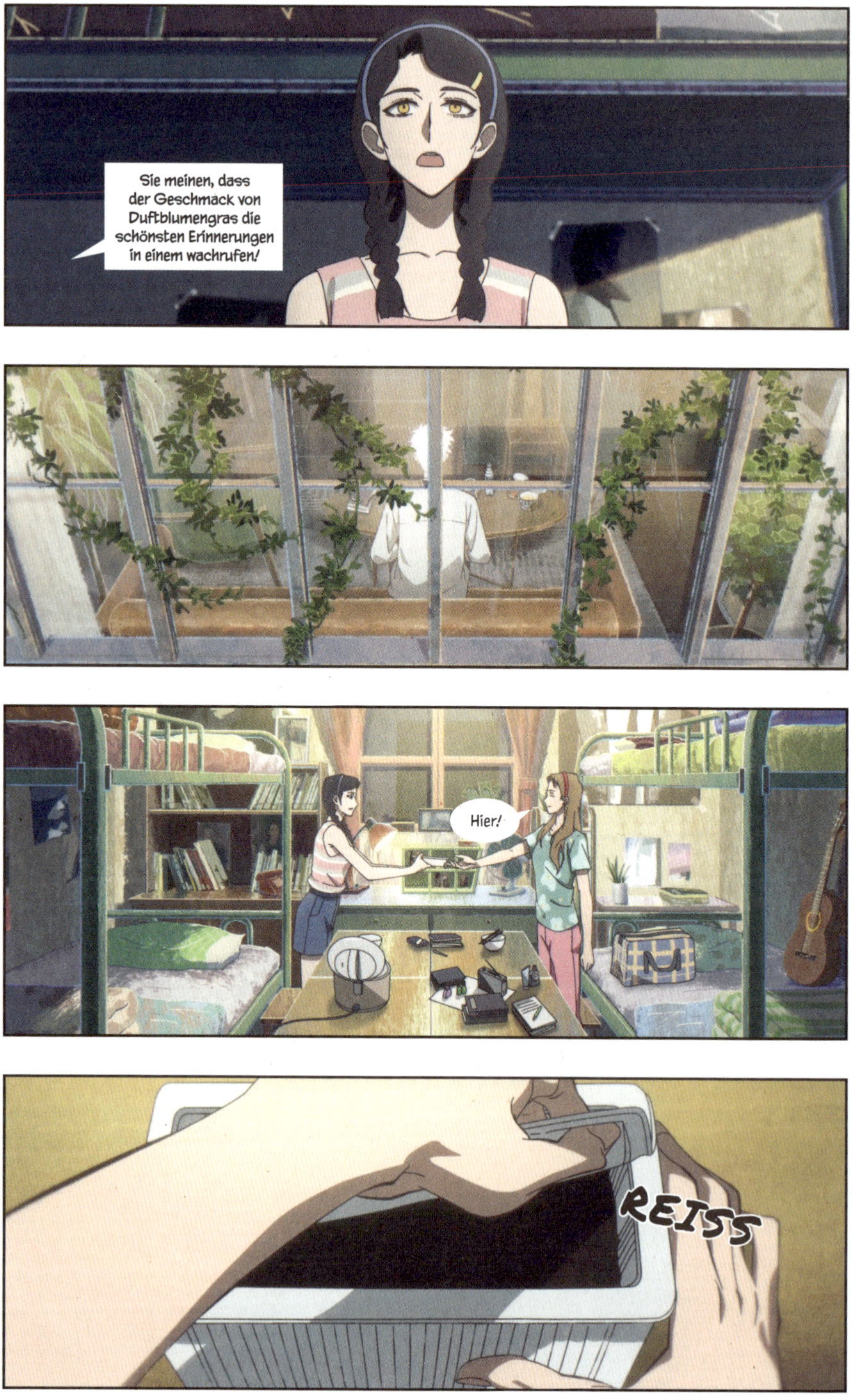
Sie meinen, dass der Geschmack von Duftblumengras die schönsten Erinnerungen in einem wachrufen!
Hier!
REISS

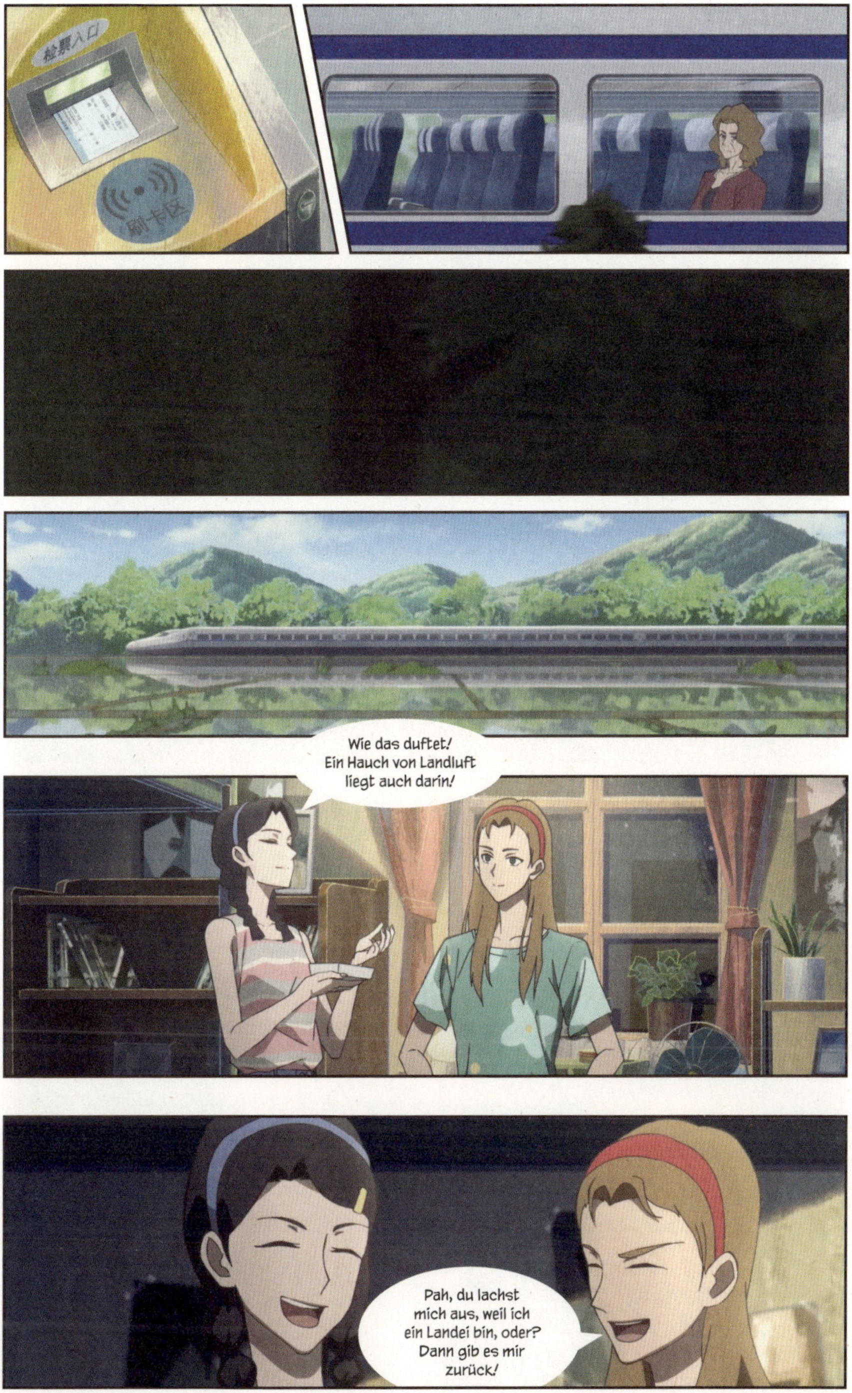
检票入口
刷卡区
Wie das duftet! Ein Hauch von Landluft liegt auch darin!
Pah, du lachst mich aus, weil ich ein Landei bin, oder? Dann gib es mir zurück!

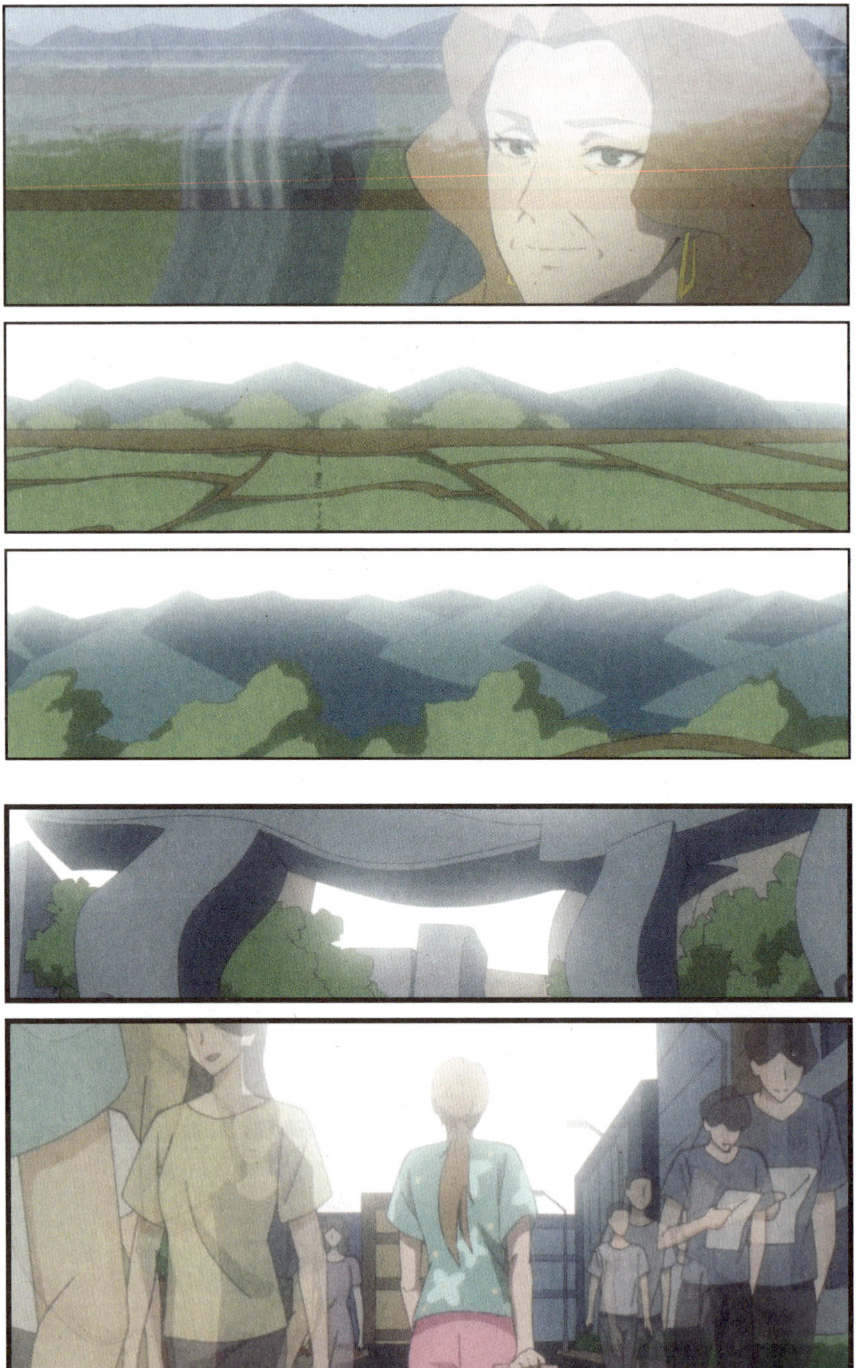

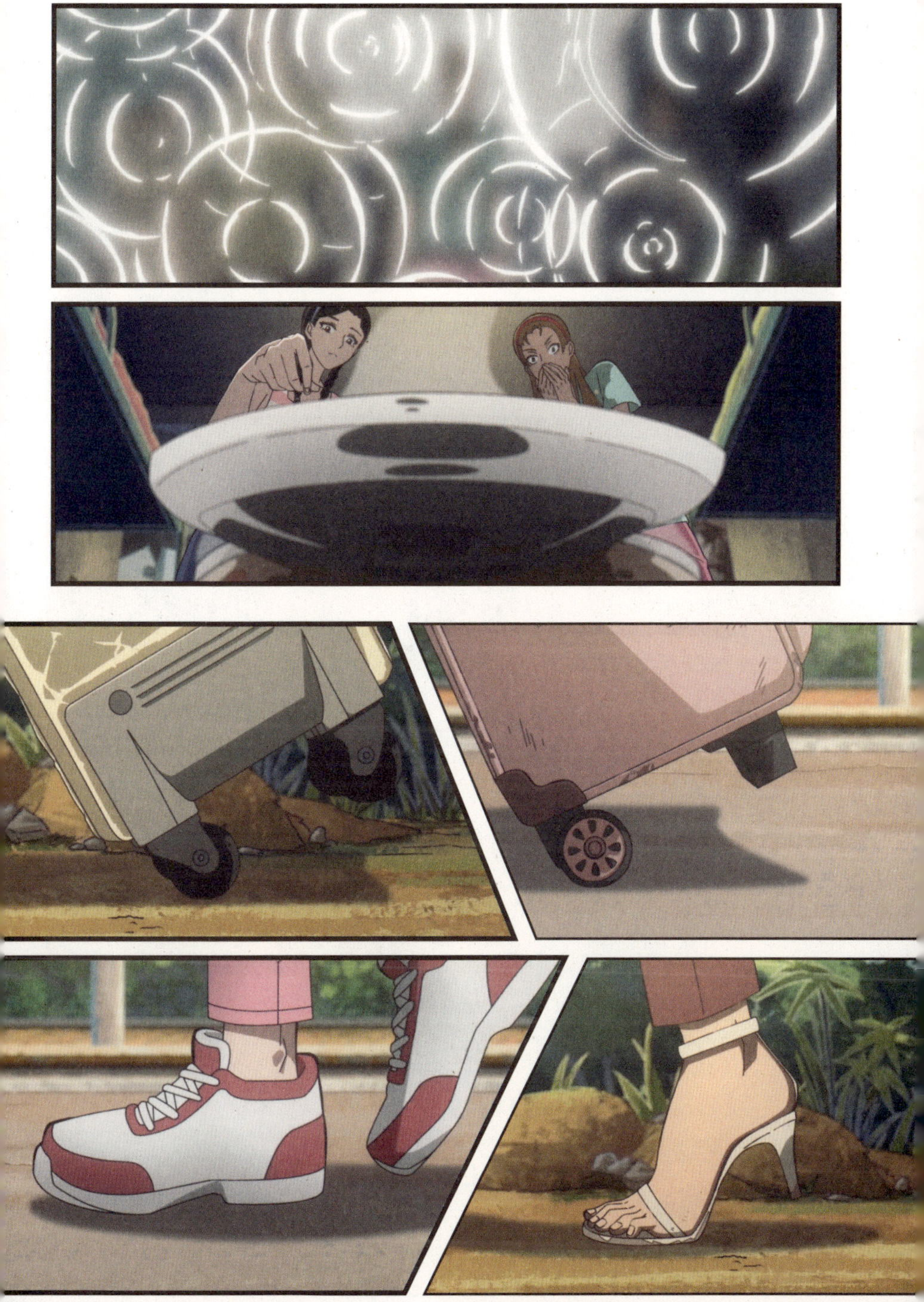

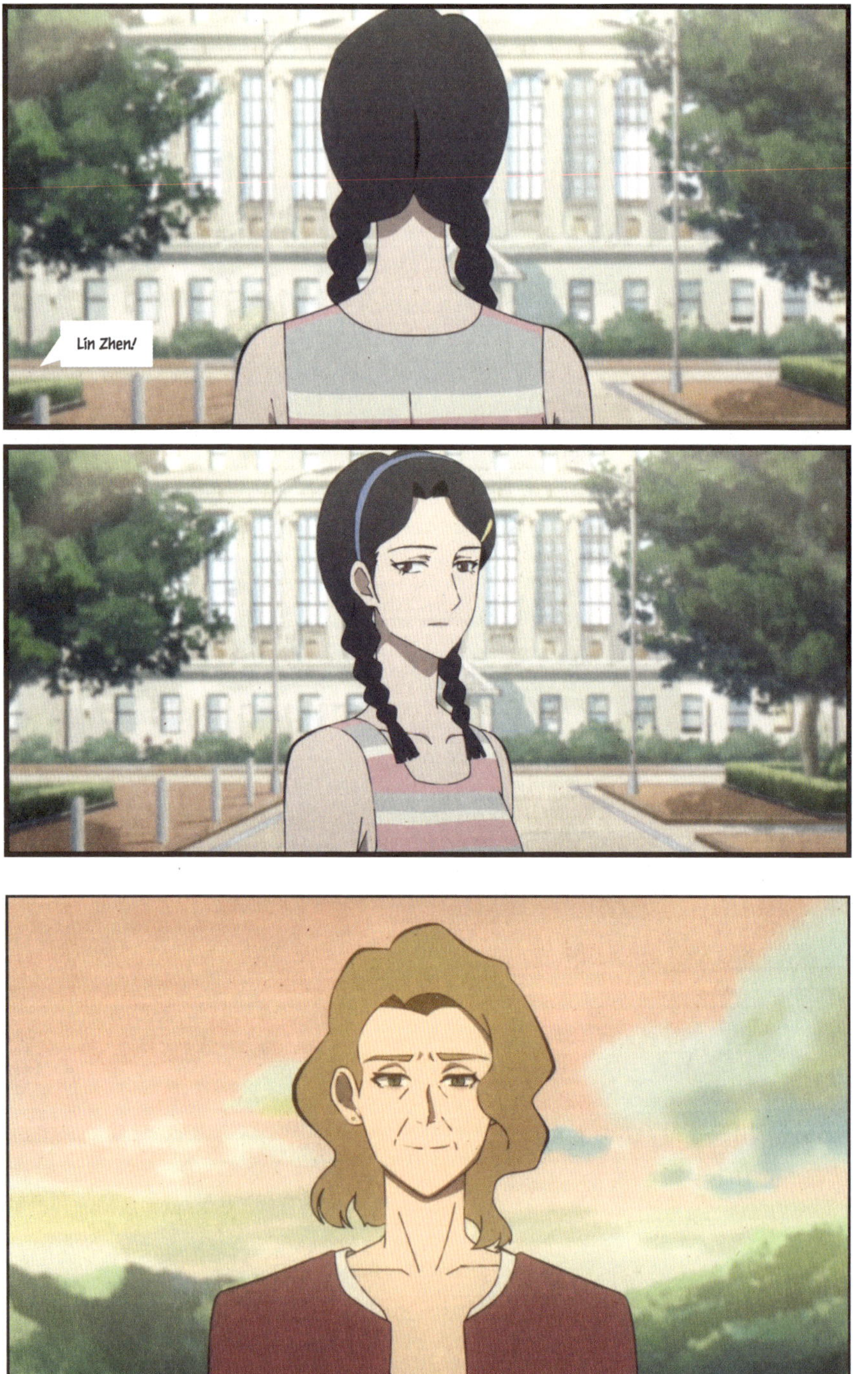
Lin Zhen!

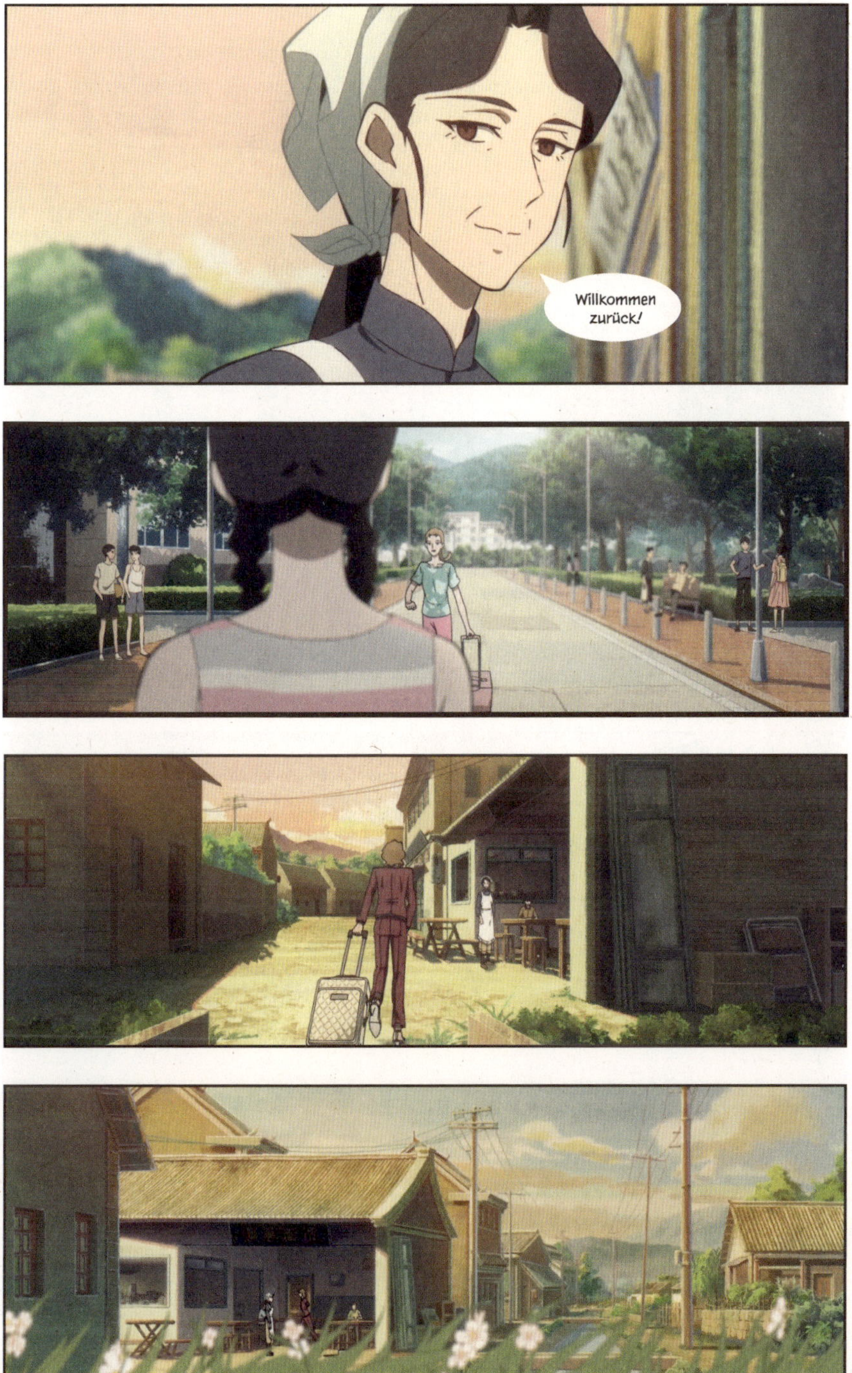
Willkommen
zurück!

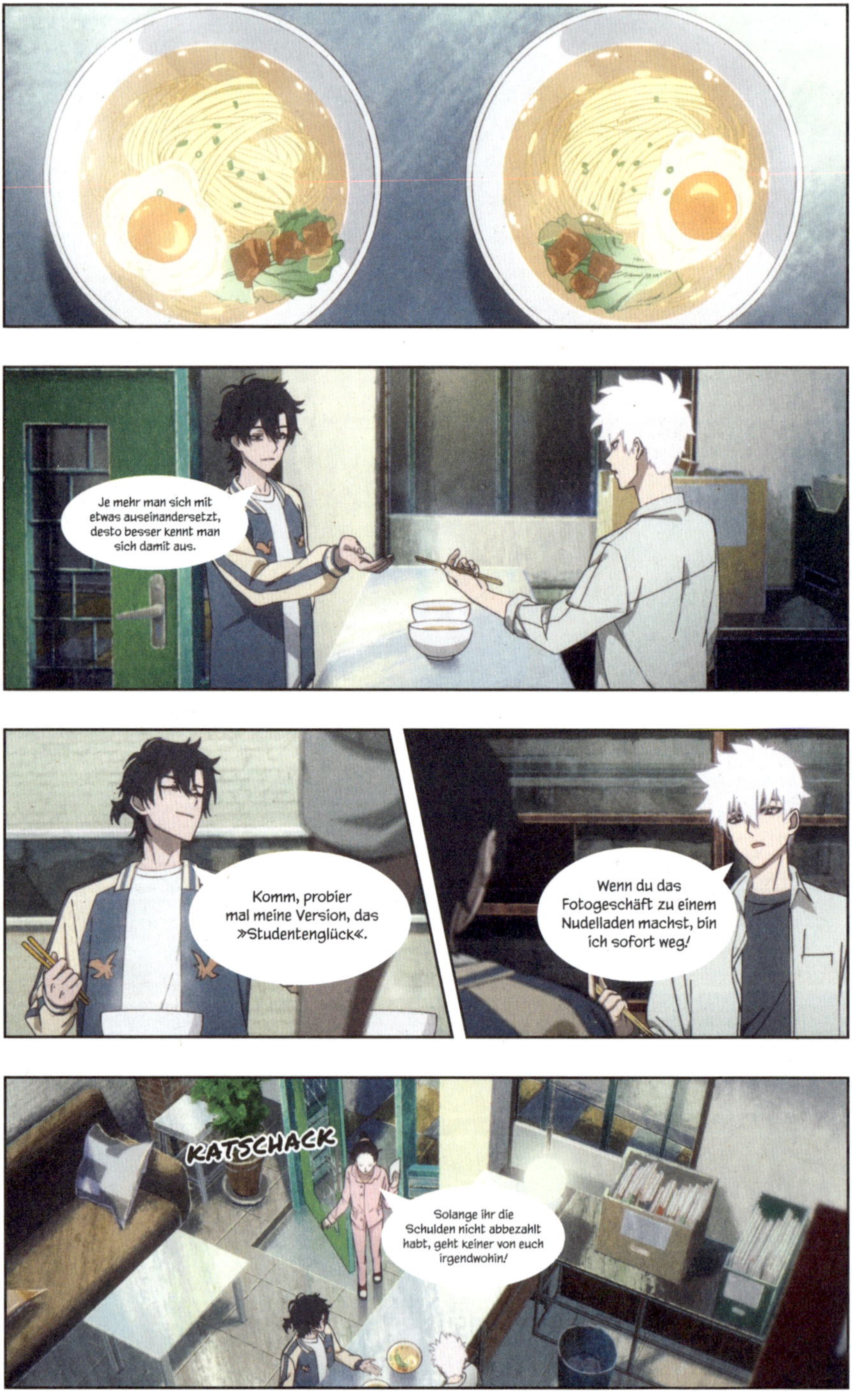
Je mehr man sich mit etwas auseinandersetzt, desto besser kennt man sich damit aus.
Komm, probier mal meine Version, das »Studentenglück«.
Wenn du das Fotogeschäft zu einem Nudelladen machst, bin ich sofort weg!
KATSCHACK
Solange ihr die Schulden nicht abbezahlt habt, geht keiner von euch irgendwohin!

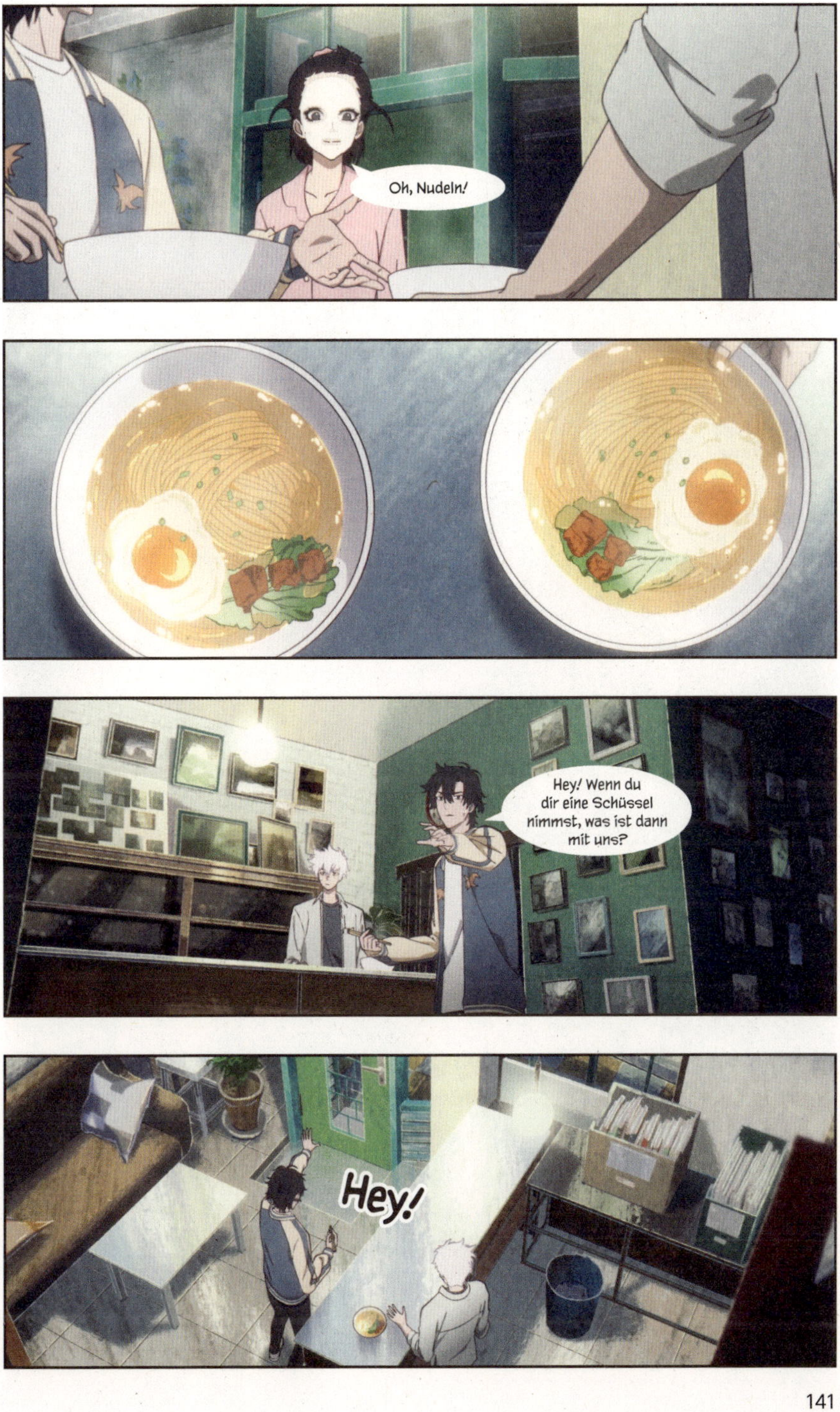
Oh, Nudeln!
Hey! Wenn du dir eine Schüssel nimmst, was ist dann mit uns?
Hey!

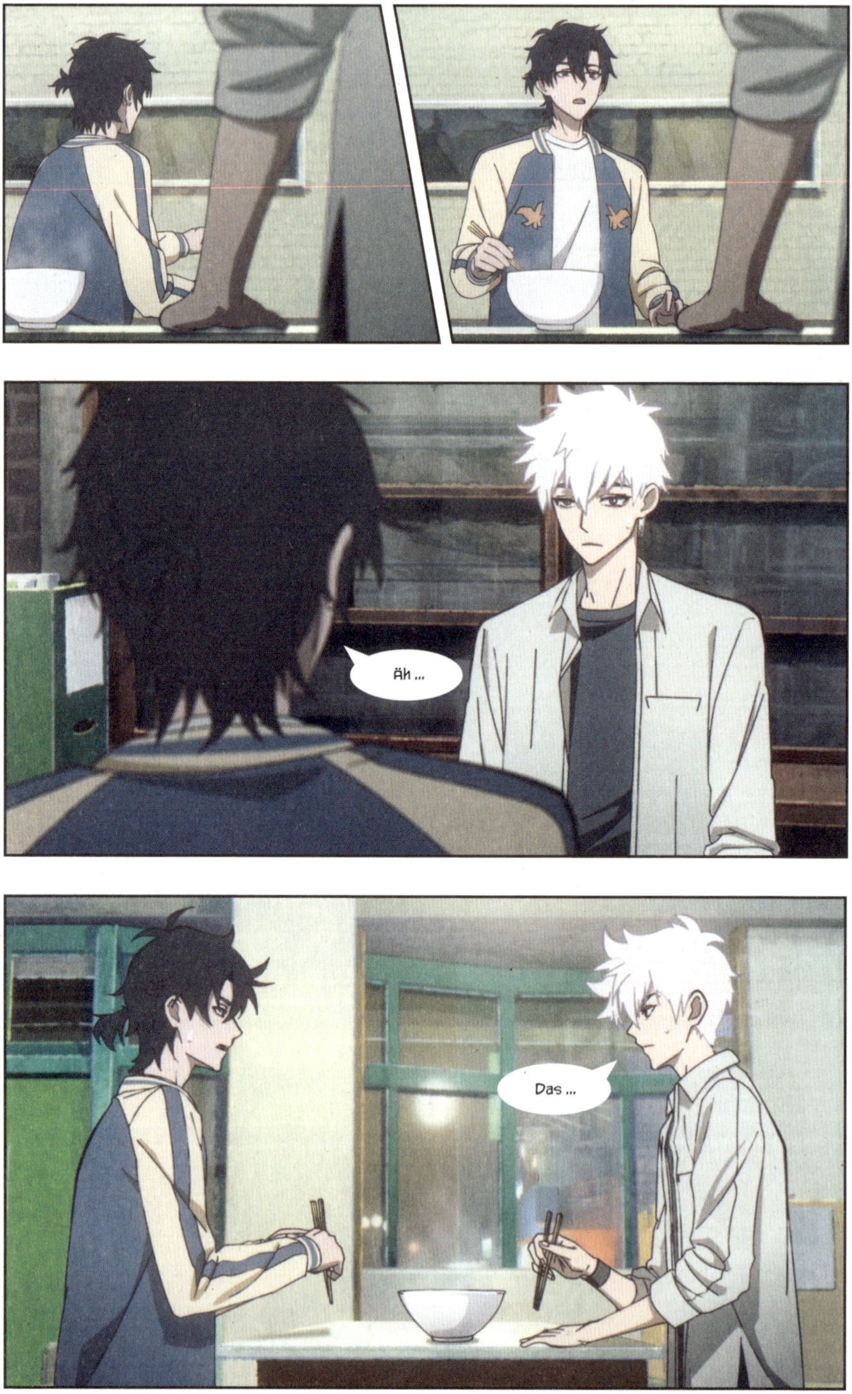
Äh ...
Das ...

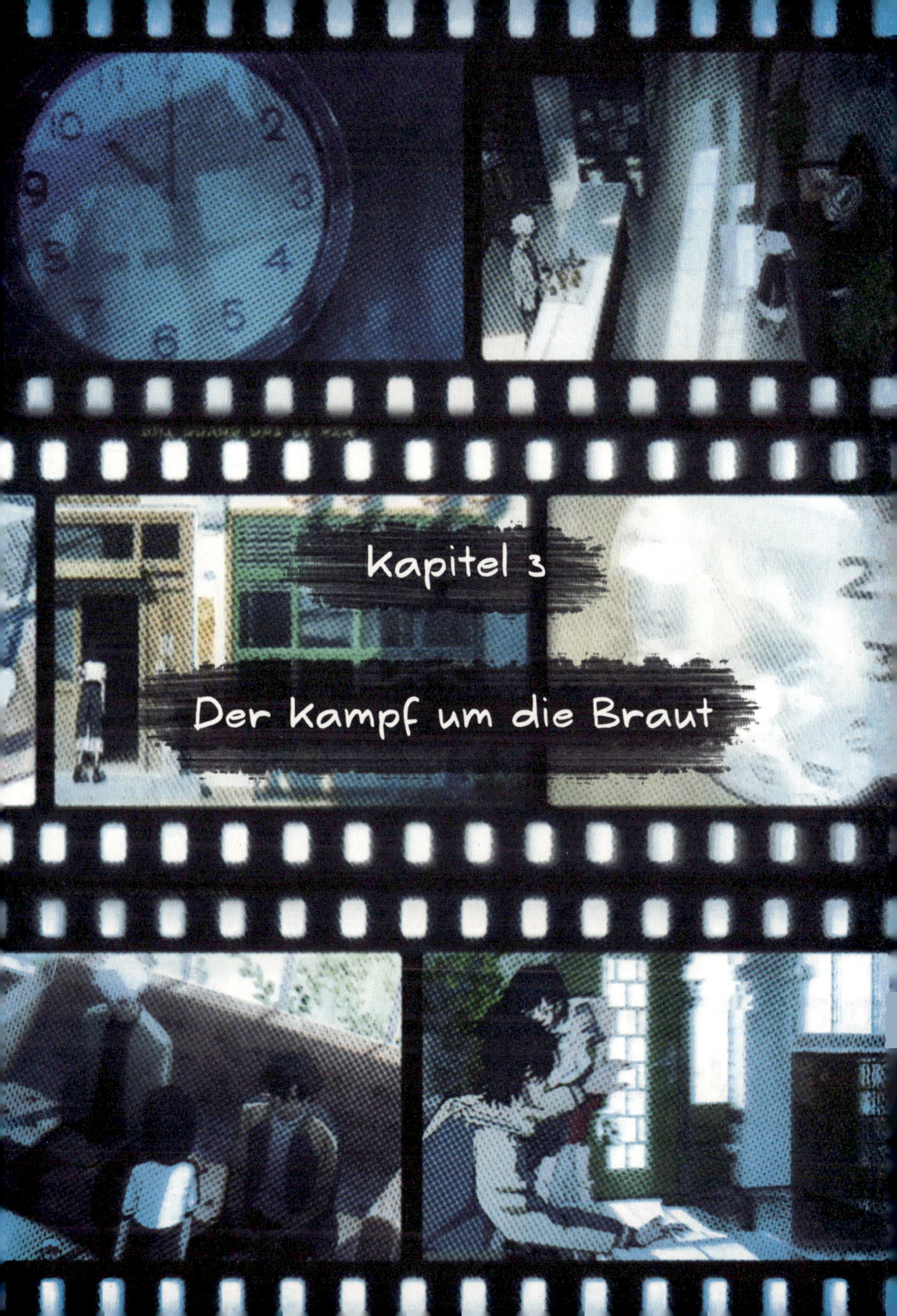
Kapitel 3
Der Kampf um die Braut

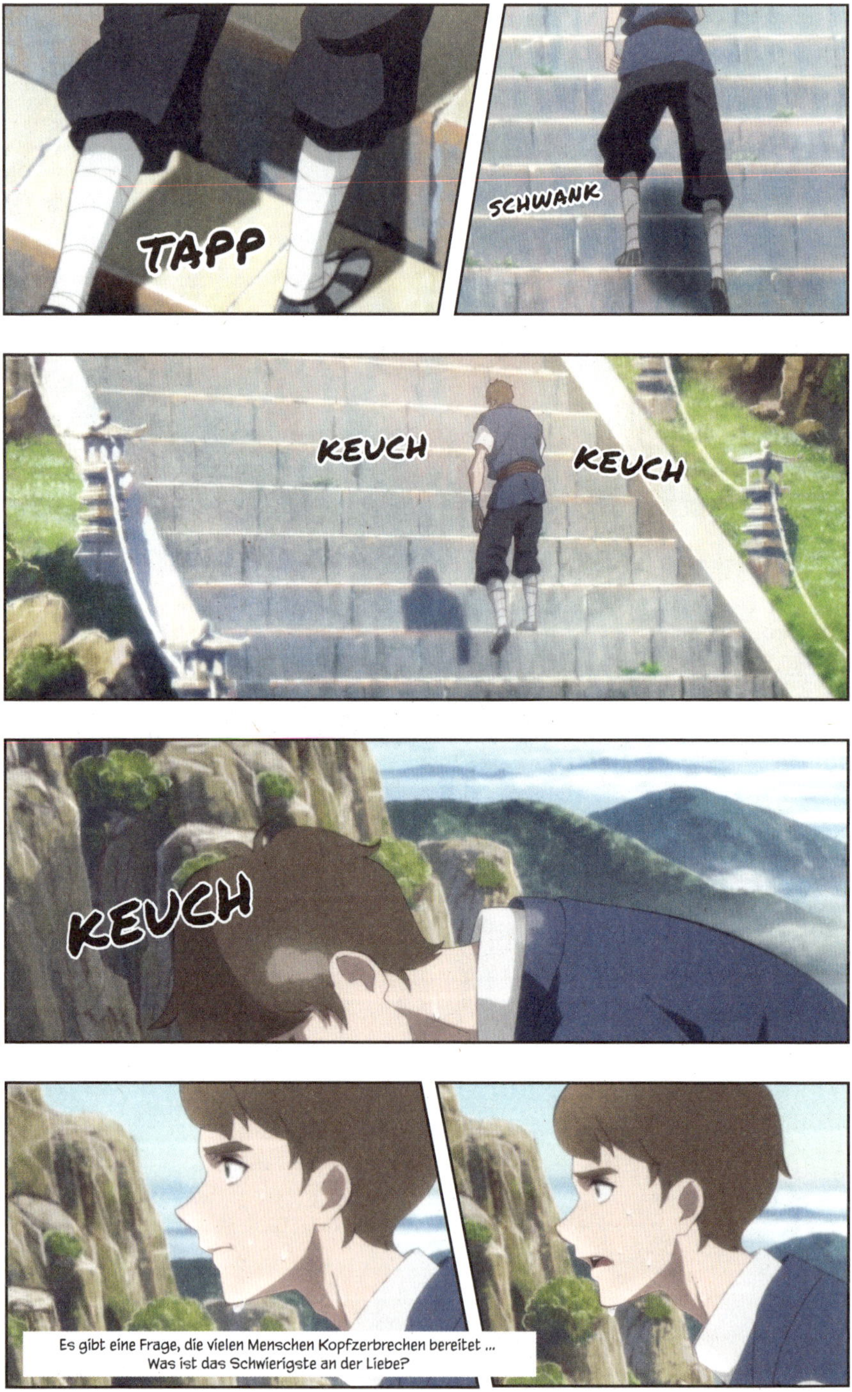
TAPP
SCHWANK
KEUCH
KEUCH
KEUCH
Es gibt eine Frage, die vielen Menschen Kopfzerbrechen bereitet ...
Was ist das Schwierigste an der Liebe?

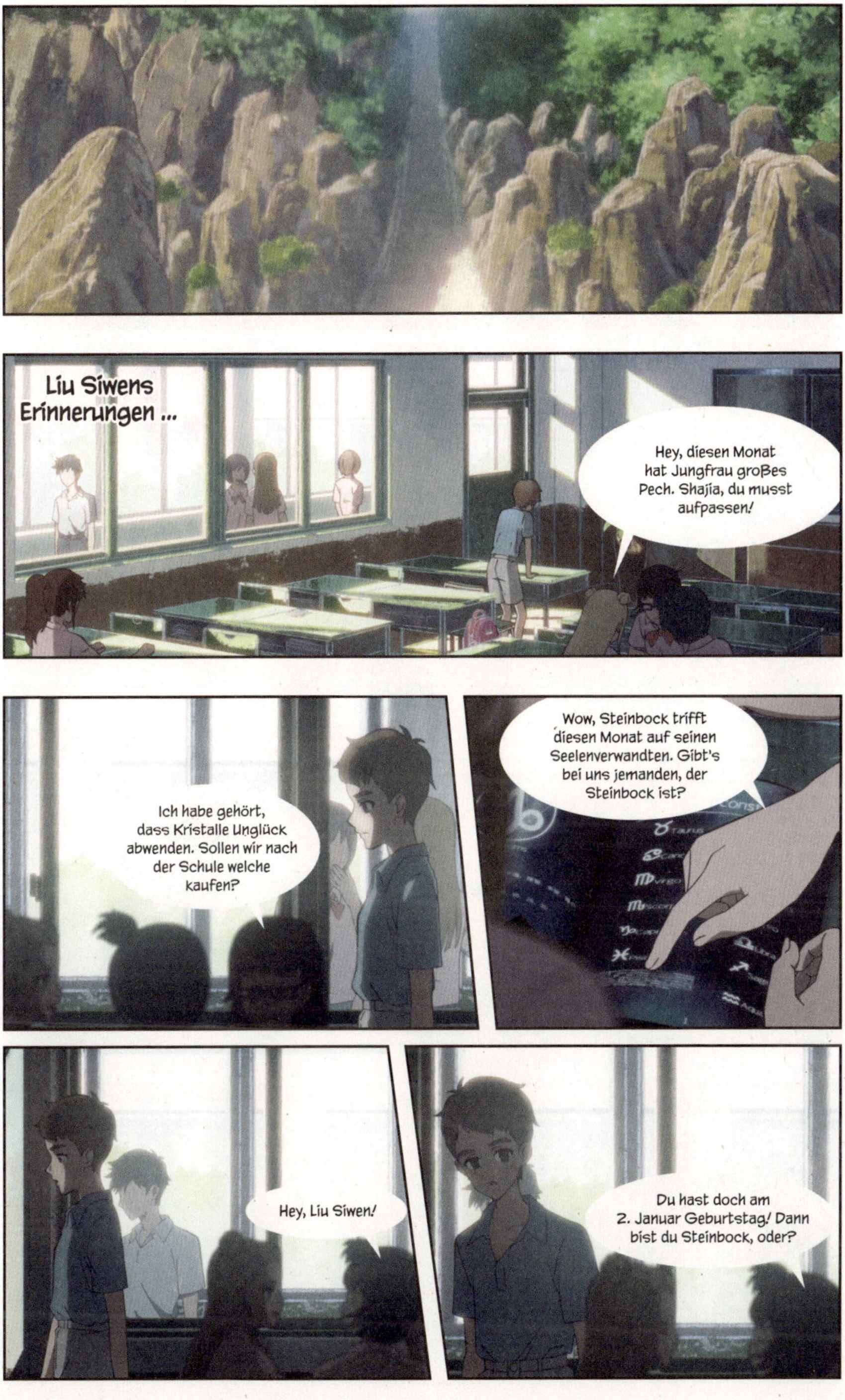
Liu Siwens Erinnerungen ...
Hey, diesen Monat hat Jungfrau großes Pech. Shajia, du musst aufpassen!
Ich habe gehört, dass Kristalle Unglück abwenden. Sollen wir nach der Schule welche kaufen?
Wow, Steinbock trifft diesen Monat auf seinen Seelenverwandten. Gibt's bei uns jemanden, der Steinbock ist?
Hey, Liu Siwen!
Du hast doch am 2. Januar Geburtstag! Dann bist du Steinbock, oder?

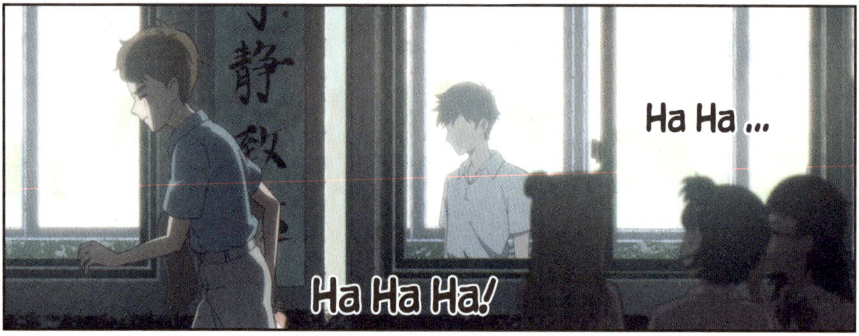

*»In der Ruhe liegt die Kraft.«

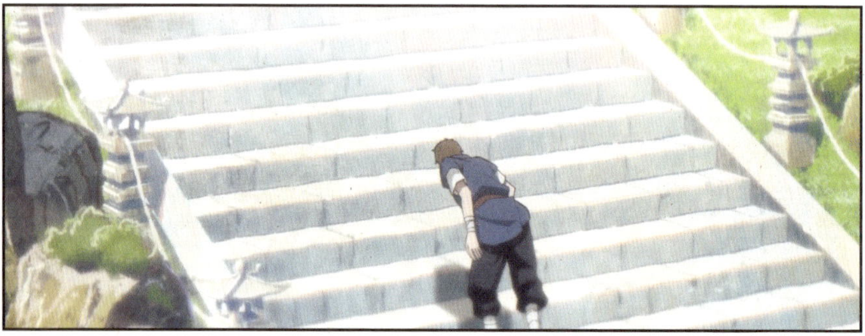

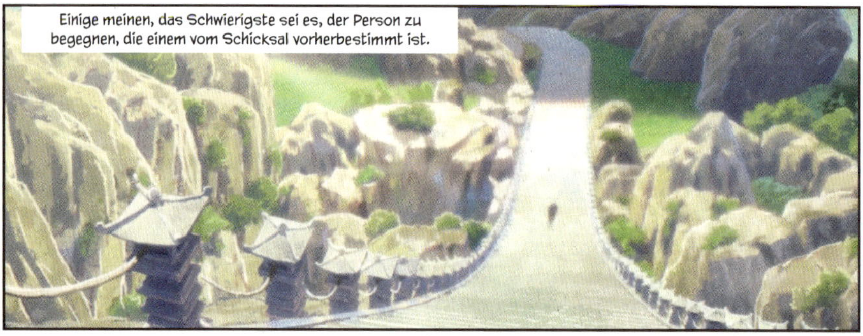

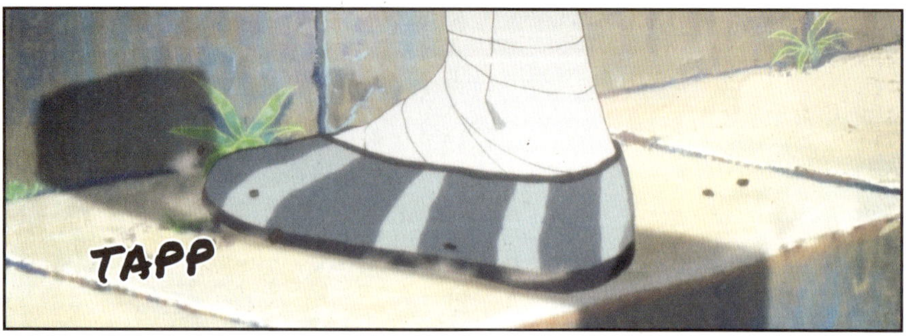

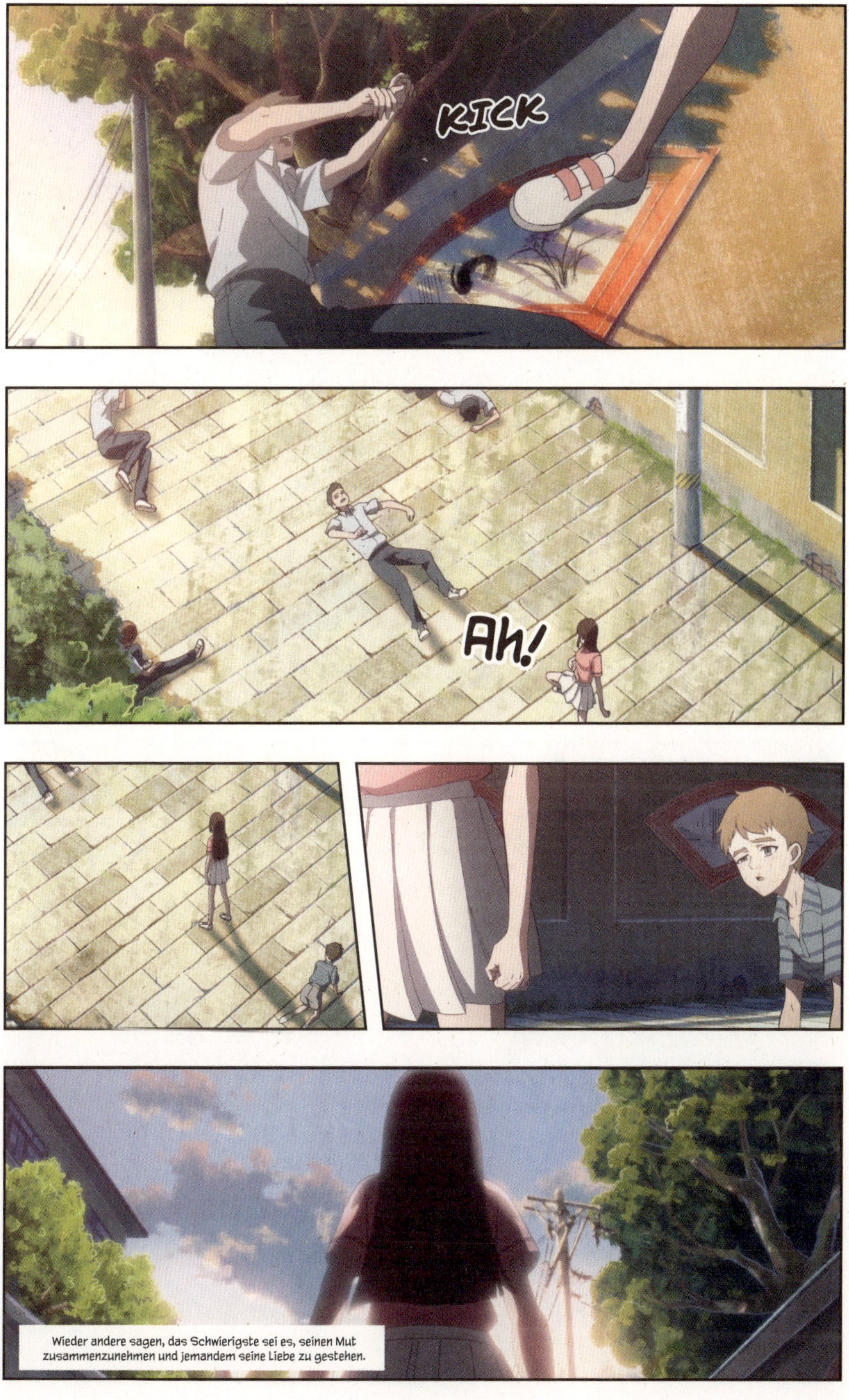
KICK
Ah!
Wieder andere sagen, das Schwierigste sei es, seinen Mut zusammenzunehmen und jemandem seine Liebe zu gestehen.

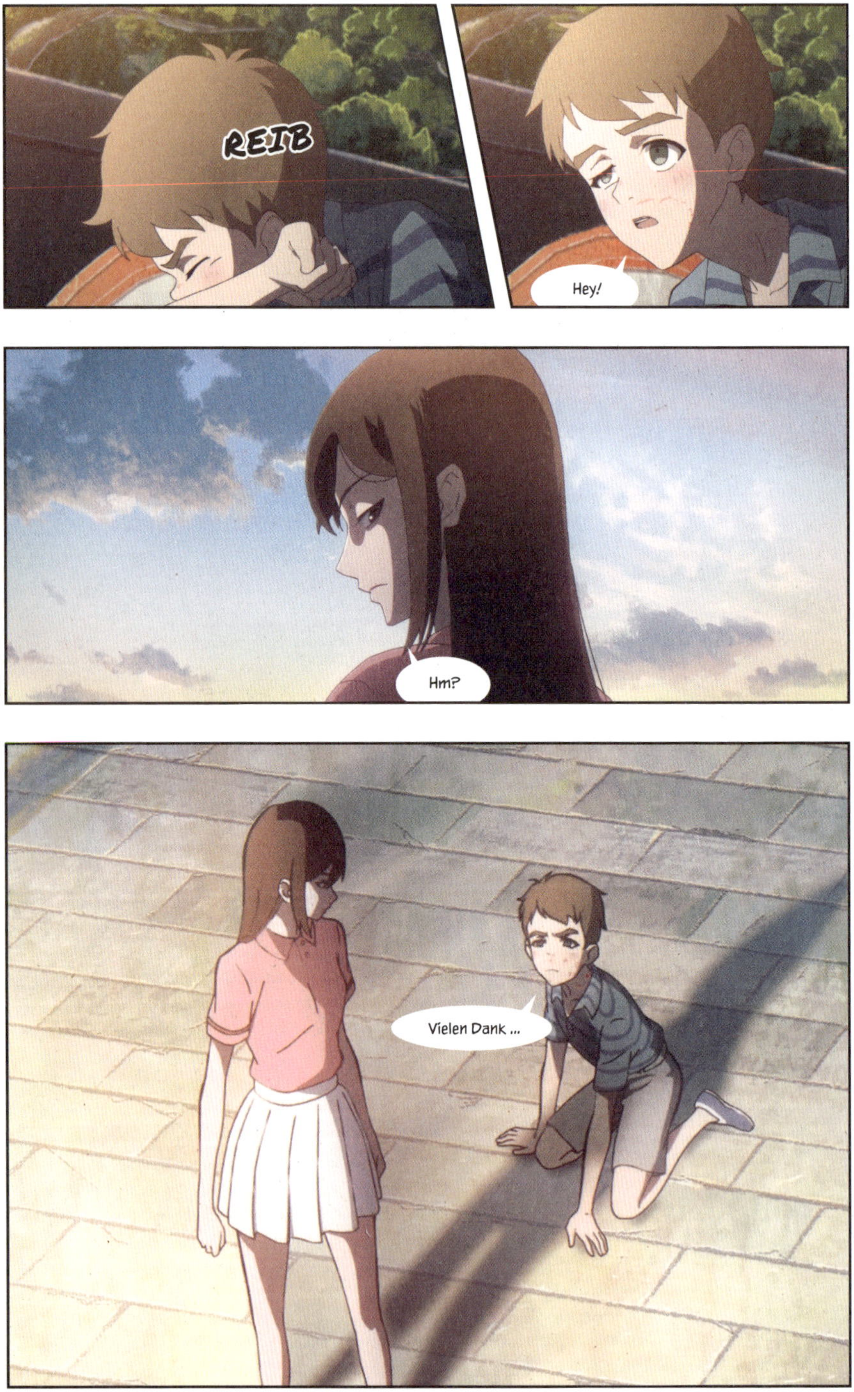
REIB
Hey!
Hm?
Vielen Dank ...

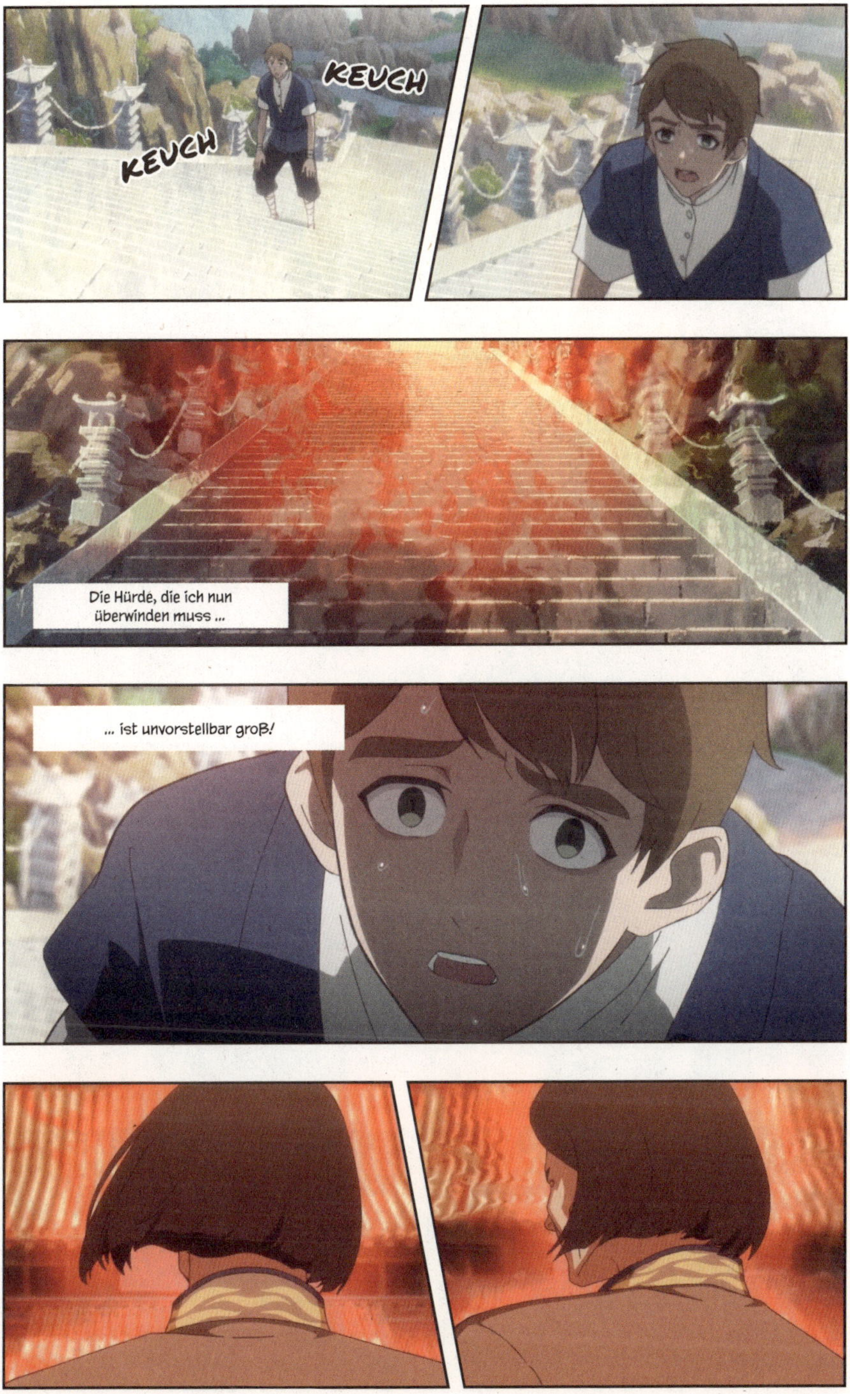
KEUCH
KEUCH
Die Hürde, die ich nun überwinden muss ...
... ist unvorstellbar groß!

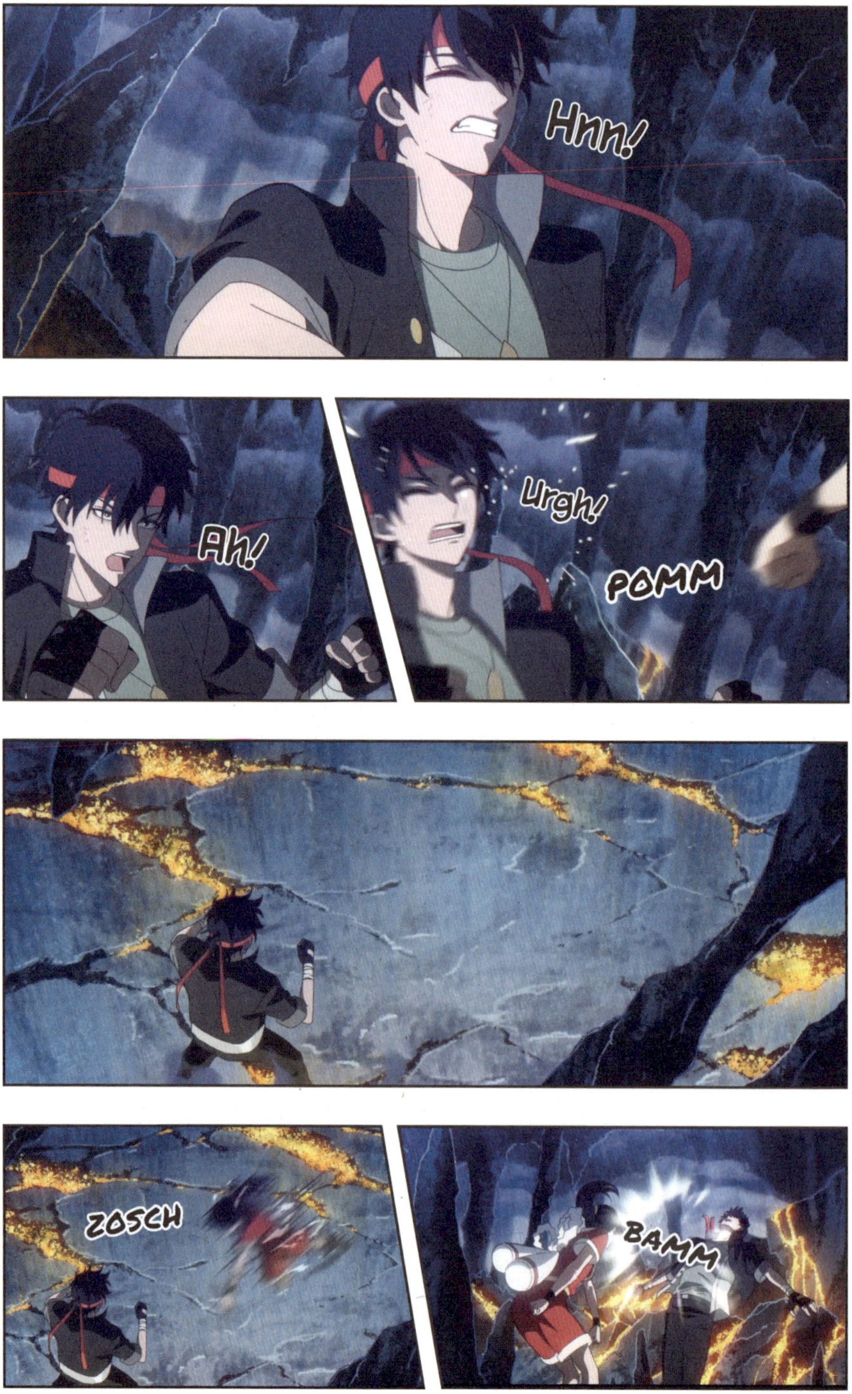
Hnn!
Ah!
Urgh!
POMM
ZOSCH
BAMM

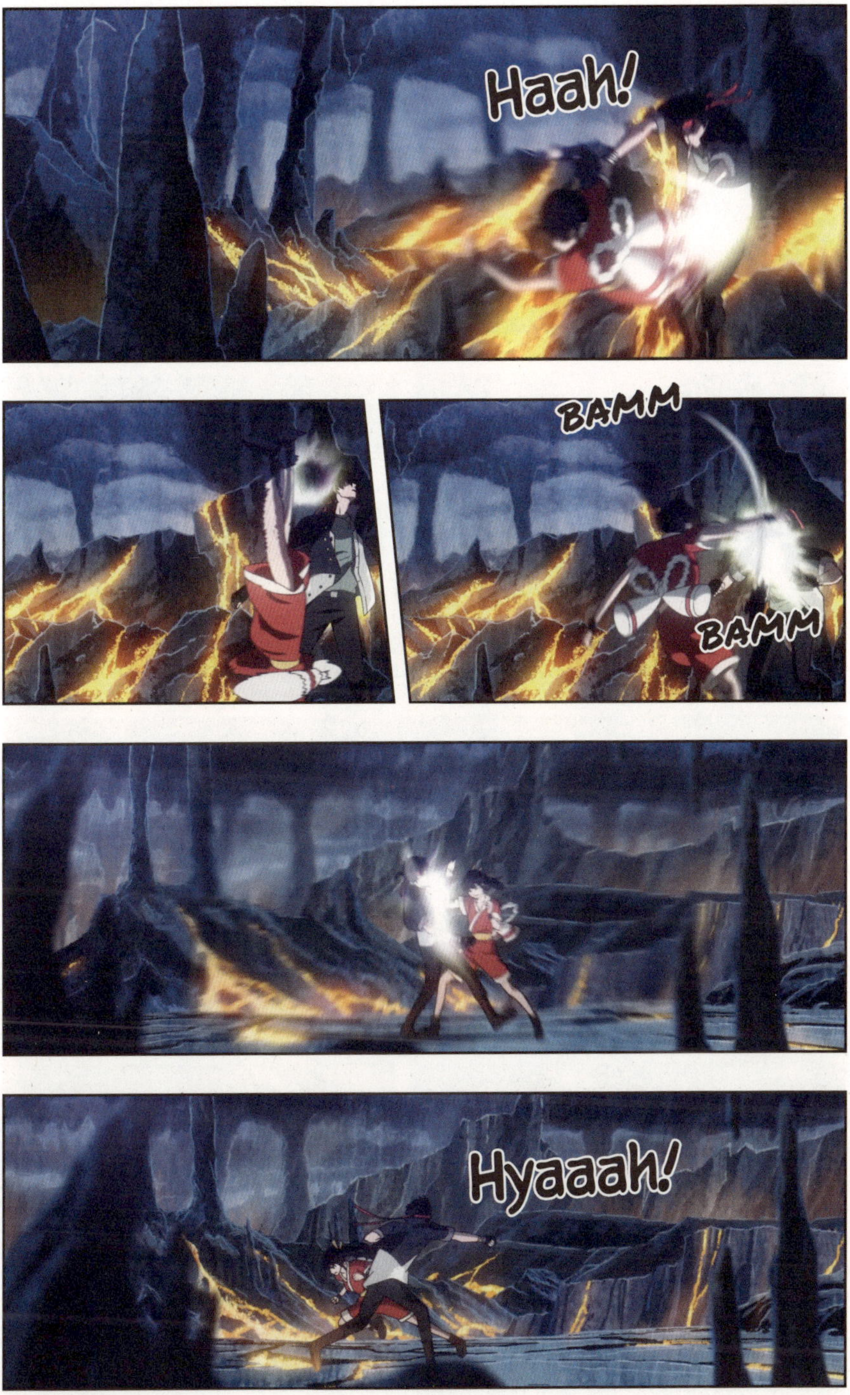
Haah!
BAMM
BAMM
Hyaaah!

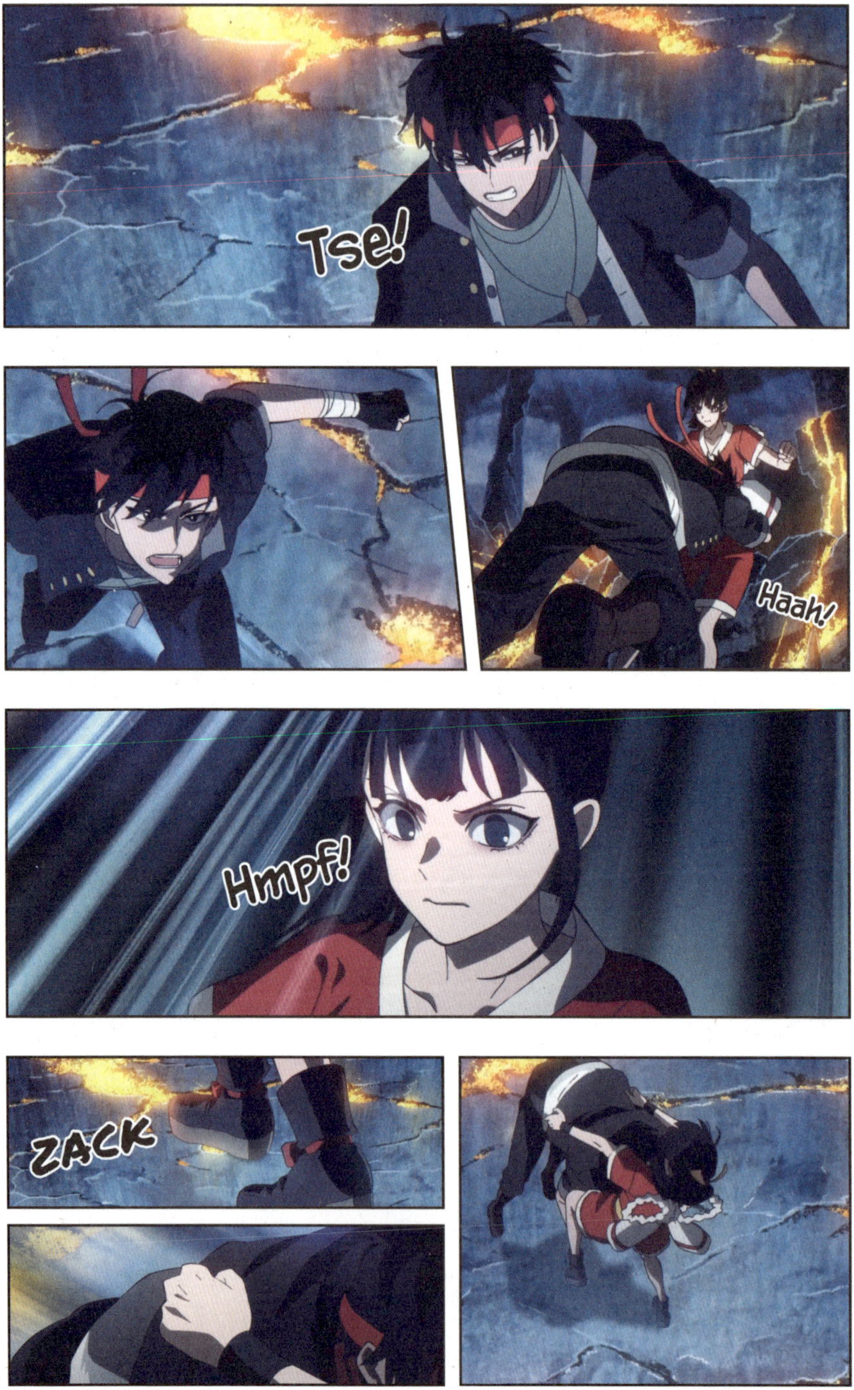
Tse!
Haah!
Hmpf!
ZACK

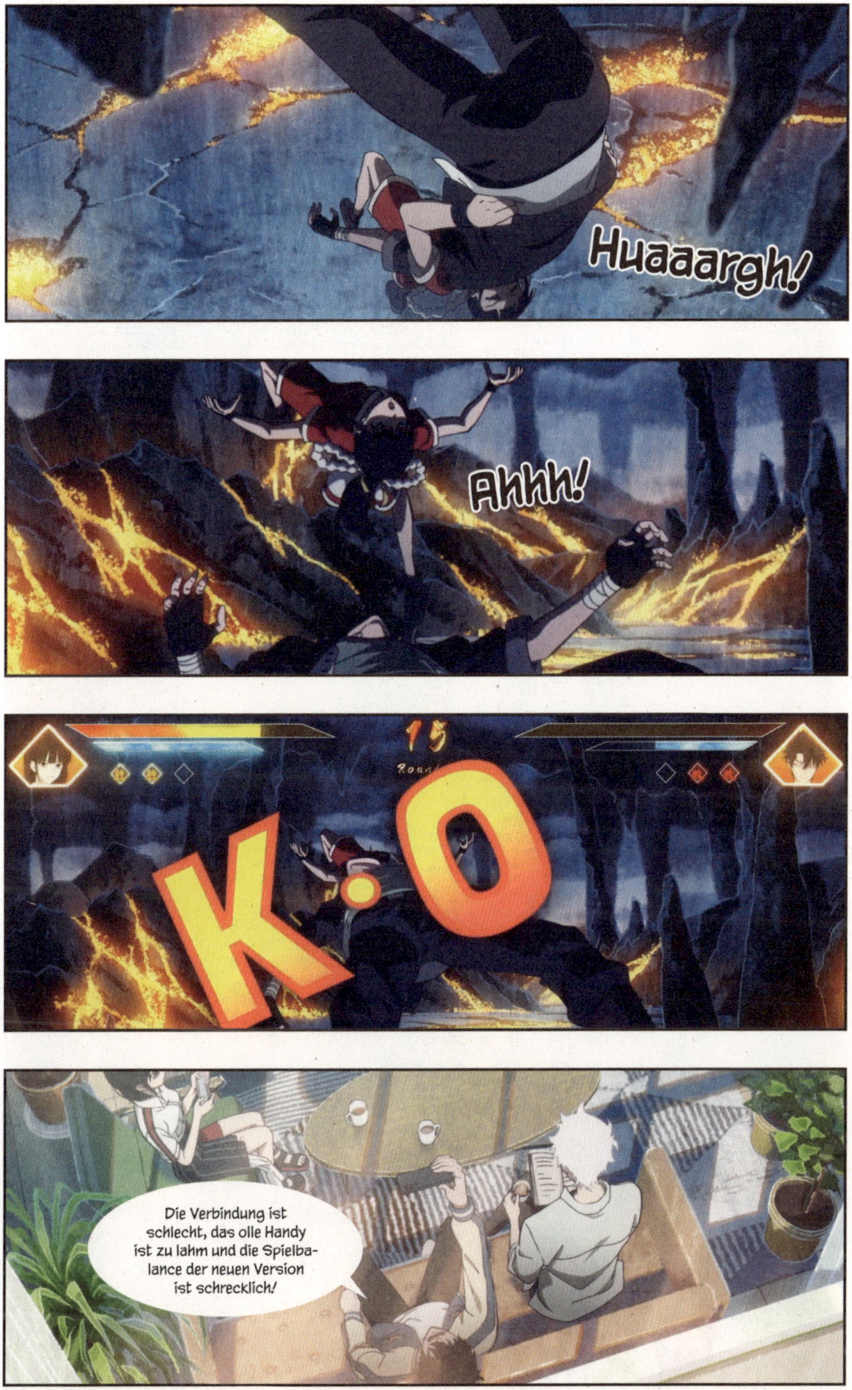
Huaaargh!
Ahhh!
K.O
Die Verbindung ist schlecht, das olle Handy ist zu lahm und die Spielbalance der neuen Version ist schrecklich!

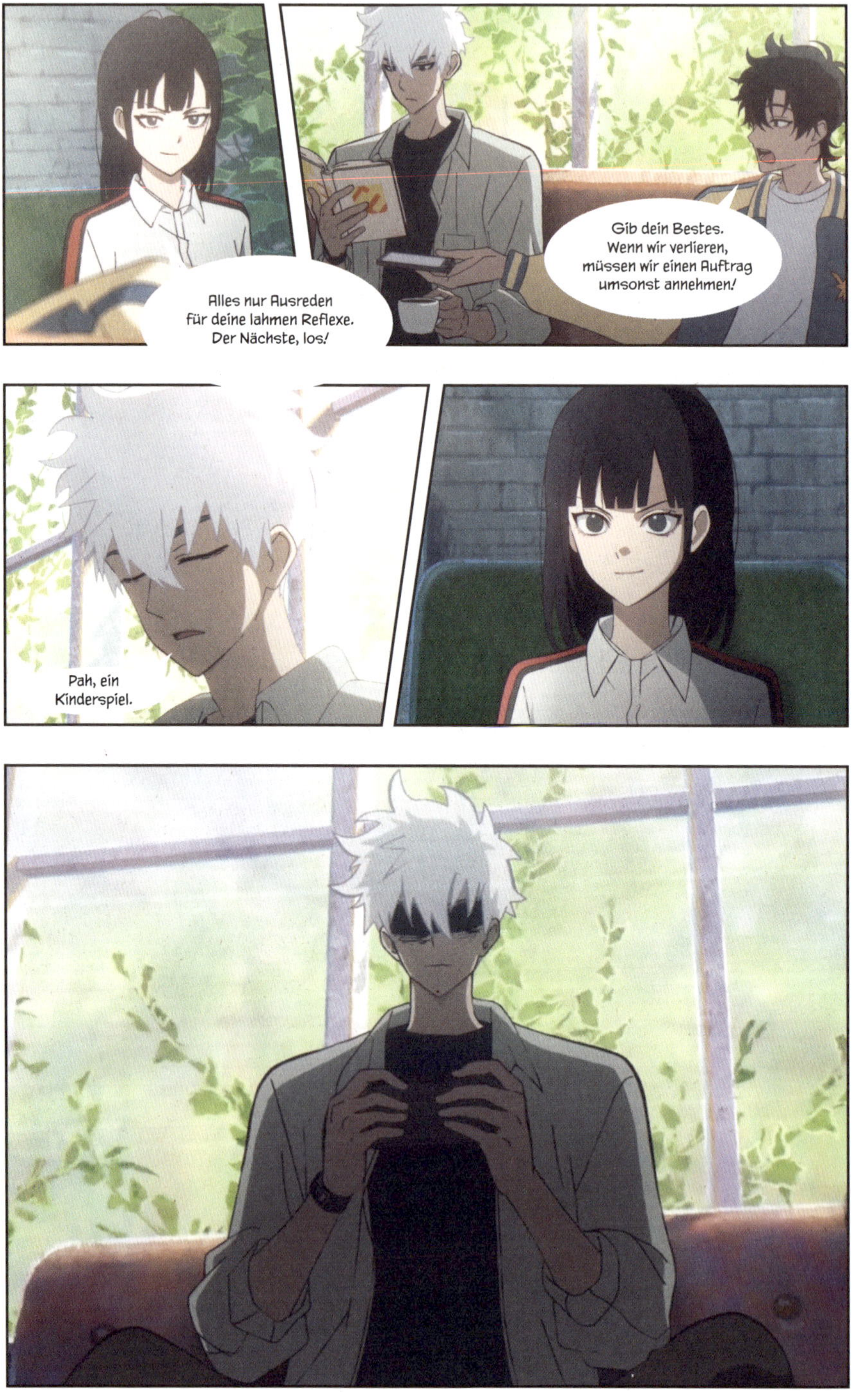
Gib dein Bestes. Wenn wir verlieren, müssen wir einen Auftrag umsonst annehmen!
Alles nur Ausreden für deine lahmen Reflexe. Der Nächste, los!
Pah, ein Kinderspiel.

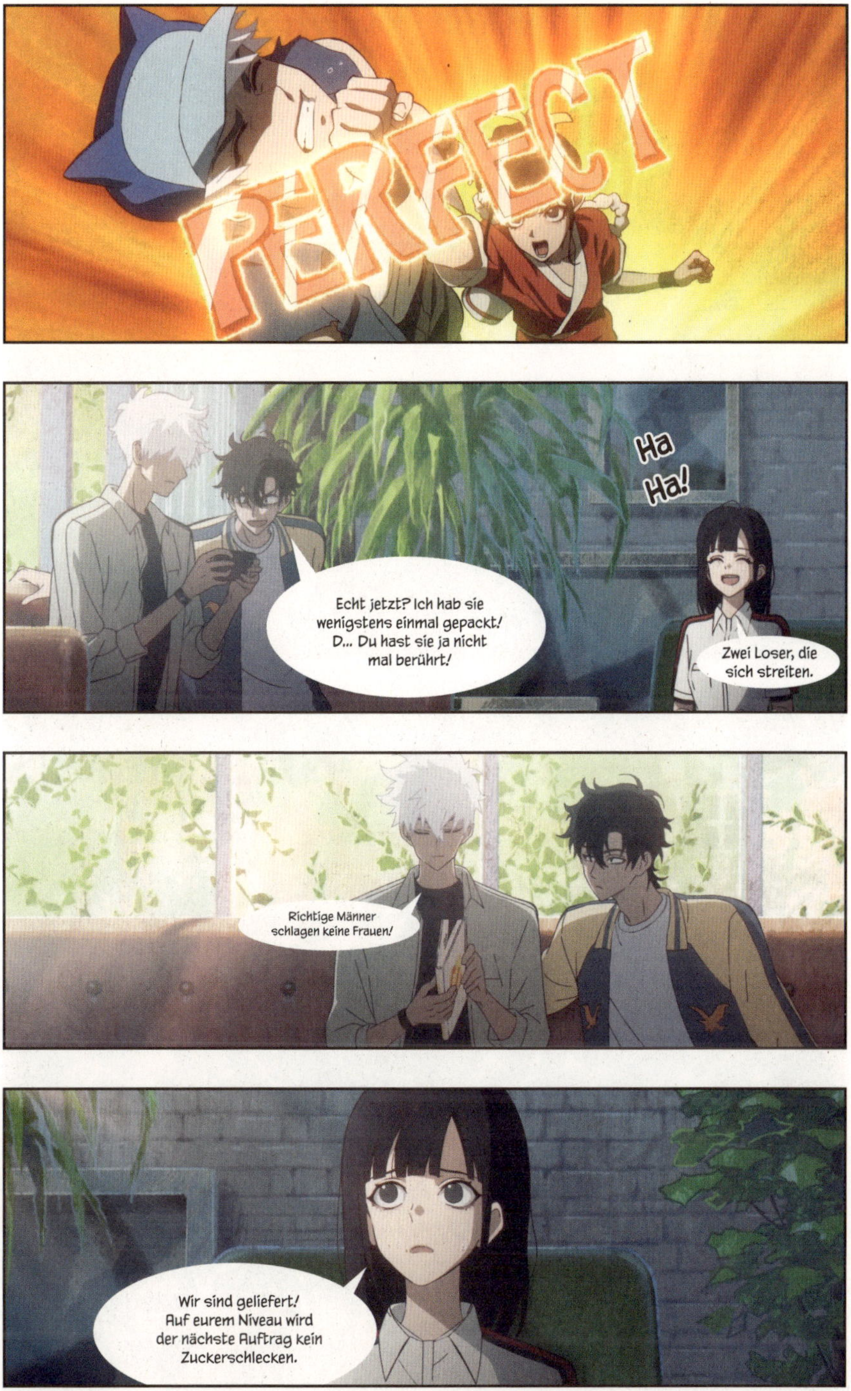
PERFECT
Ha
Ha!
Echt jetzt? Ich hab sie wenigstens einmal gepackt! D... Du hast sie ja nicht mal berührt!
Zwei Loser, die sich streiten.
Richtige Männer schlagen keine Frauen!
Wir sind geliefert! Auf eurem Niveau wird der nächste Auftrag kein Zuckerschlecken.

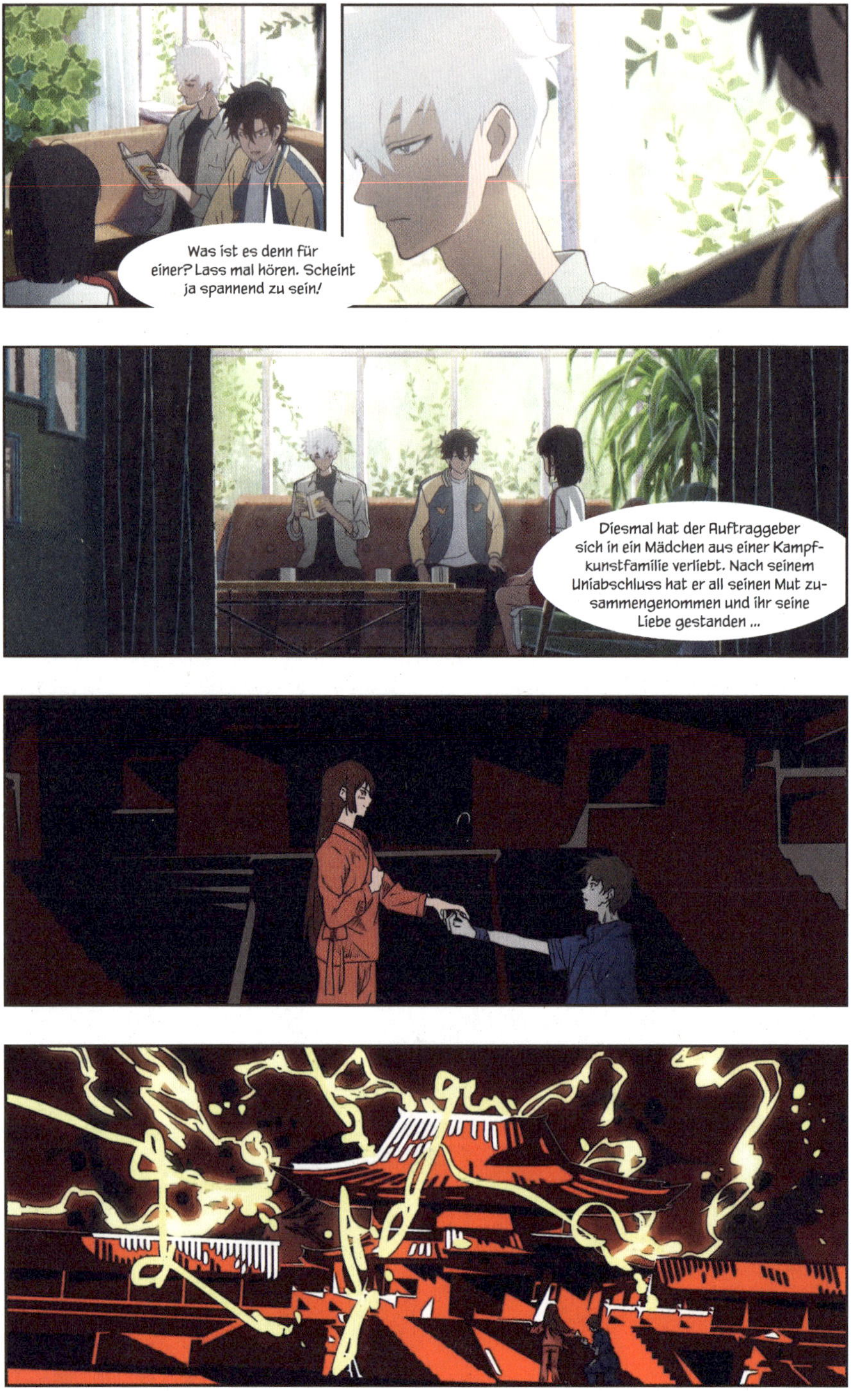
Was ist es denn für einer? Lass mal hören. Scheint ja spannend zu sein!
Diesmal hat der Auftraggeber sich in ein Mädchen aus einer Kampfkunstfamilie verliebt. Nach seinem Uniabschluss hat er all seinen Mut zusammengenommen und ihr seine Liebe gestanden …

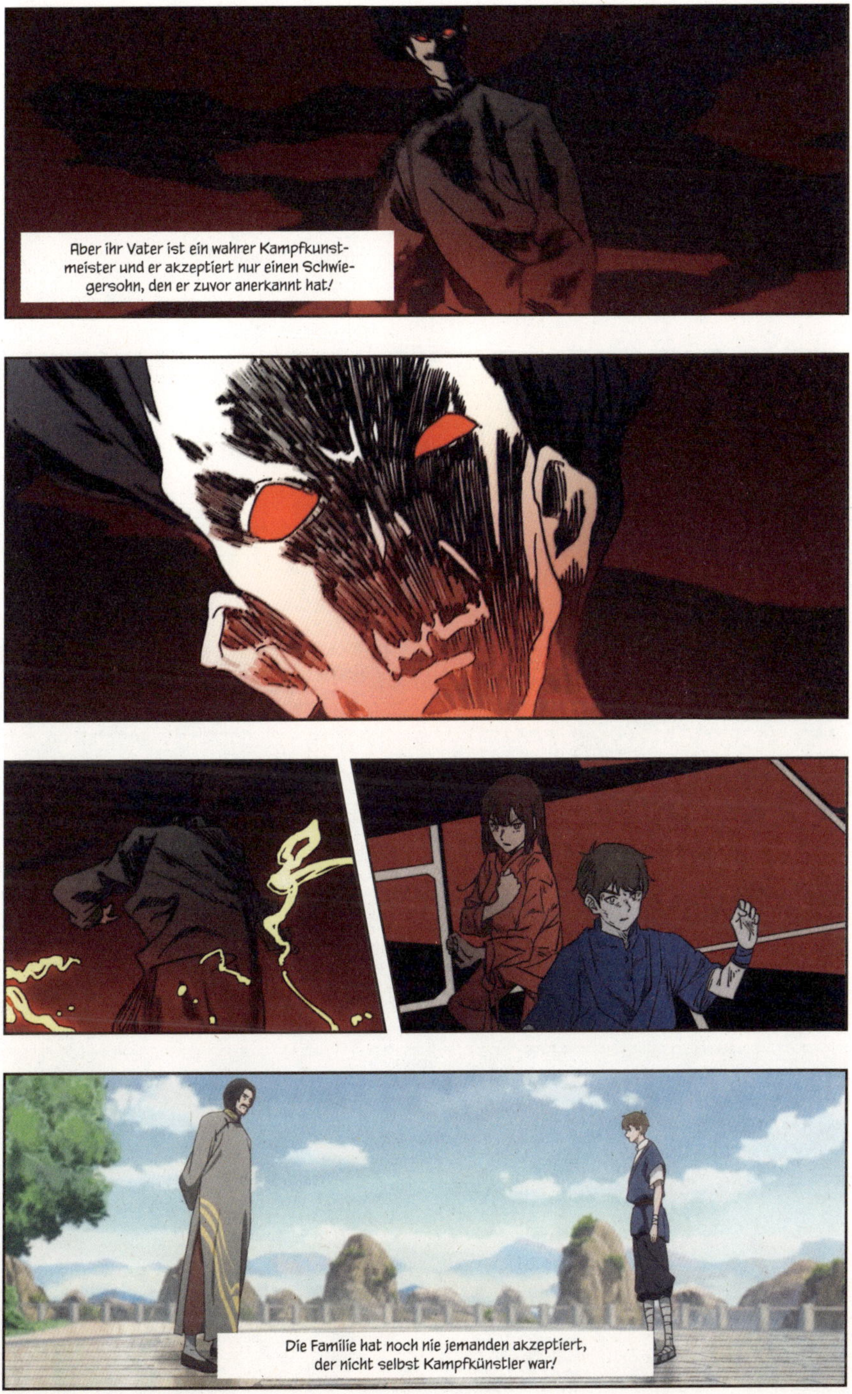
Aber ihr Vater ist ein wahrer Kampfkunstmeister und er akzeptiert nur einen Schwiegersohn, den er zuvor anerkannt hat!
Die Familie hat noch nie jemanden akzeptiert, der nicht selbst Kampfkünstler war!

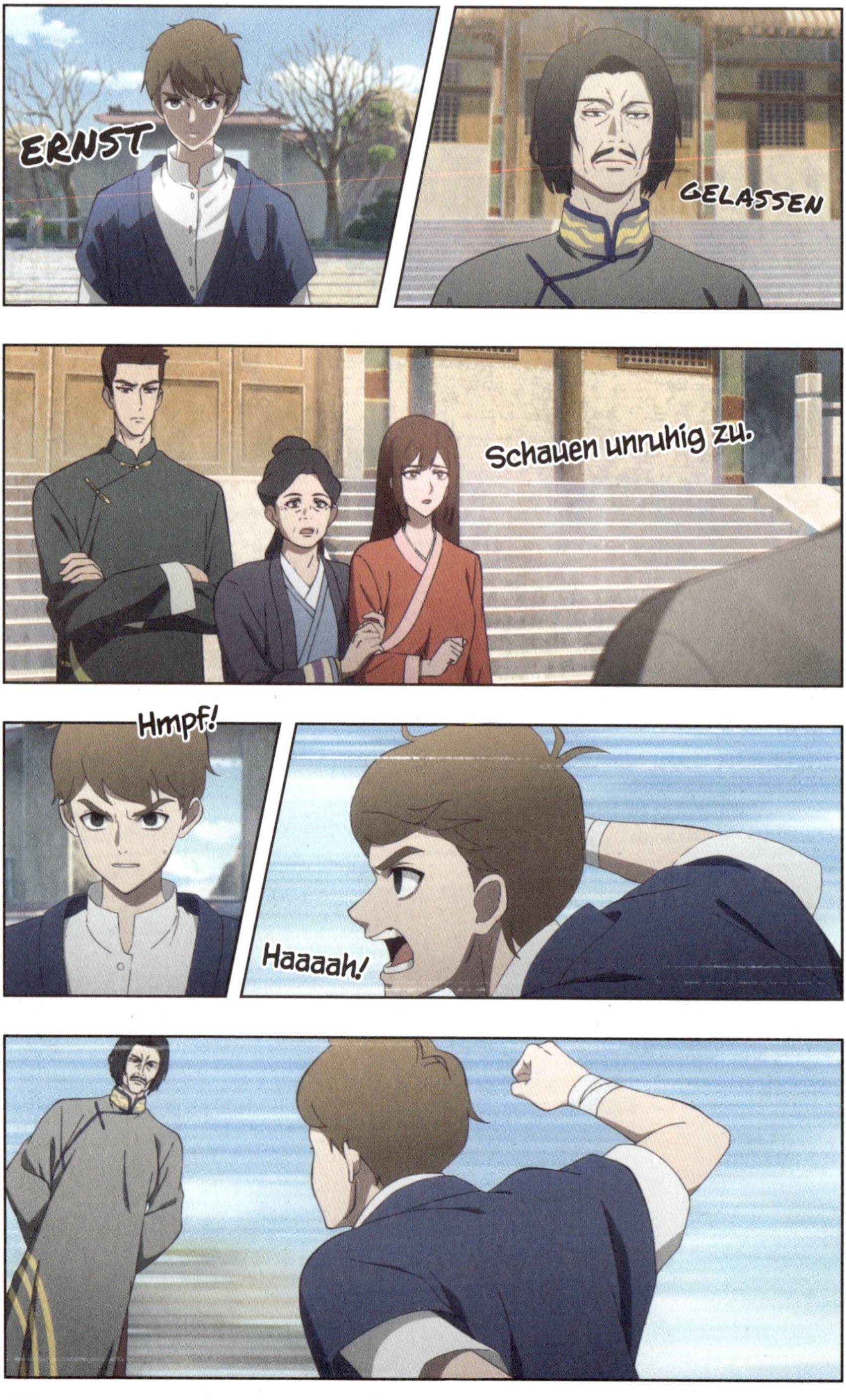
ERNST
GELASSEN
Schauen unruhig zu.
Hmpf!
Haaaah!

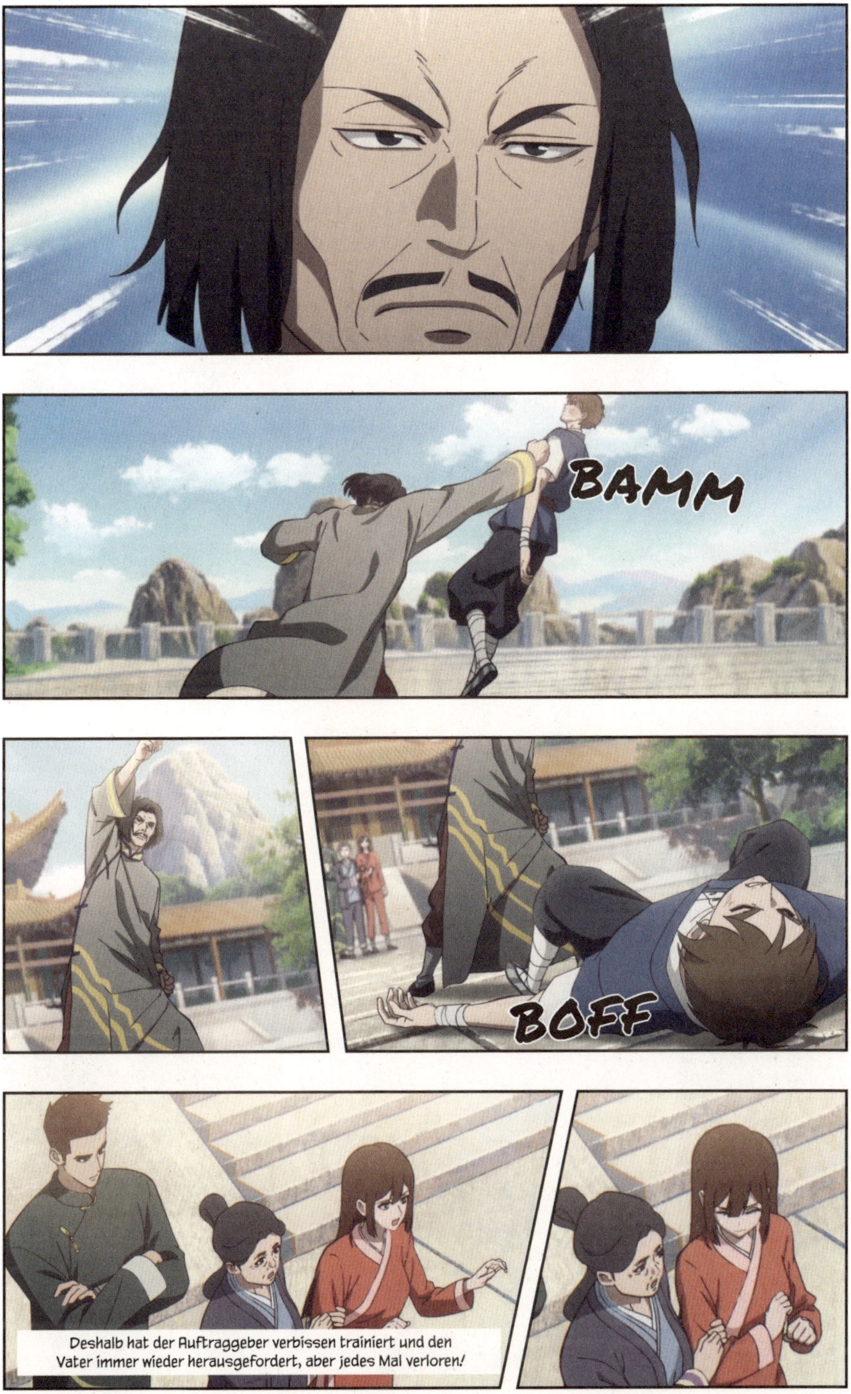
BAMM
BOFF
Deshalb hat der Auftraggeber verbissen trainiert und den Vater immer wieder herausgefordert, aber jedes Mal verloren!

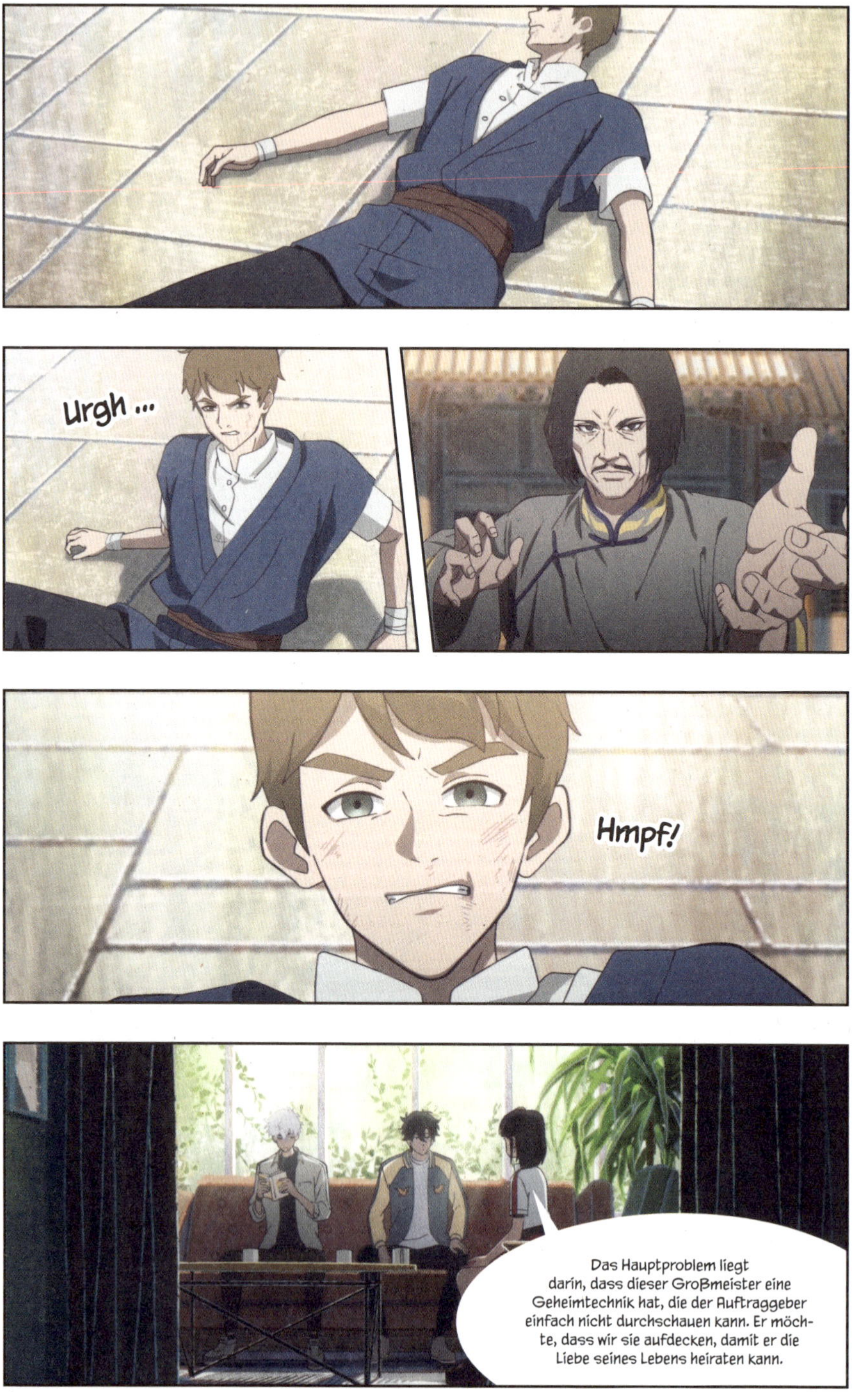
Urgh ...
Hmpf!
Das Hauptproblem liegt darin, dass dieser Großmeister eine Geheimtechnik hat, die der Auftraggeber einfach nicht durchschauen kann. Er möchte, dass wir sie aufdecken, damit er die Liebe seines Lebens heiraten kann.

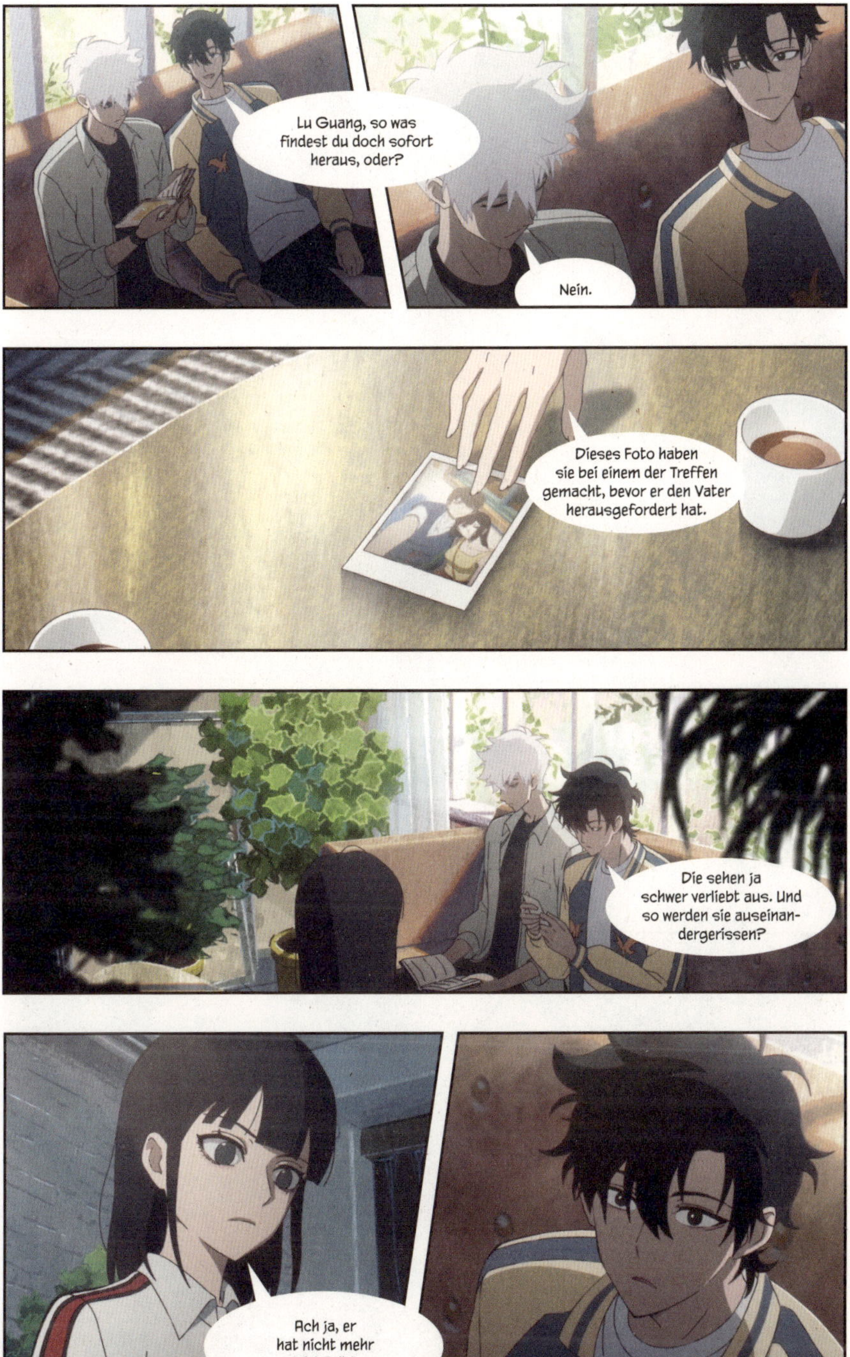
Lu Guang, so was findest du doch sofort heraus, oder?
Nein.
Dieses Foto haben sie bei einem der Treffen gemacht, bevor er den Vater herausgefordert hat.
Die sehen ja schwer verliebt aus. Und so werden sie auseinandergerissen?
Ach ja, er hat nicht mehr viel Zeit!

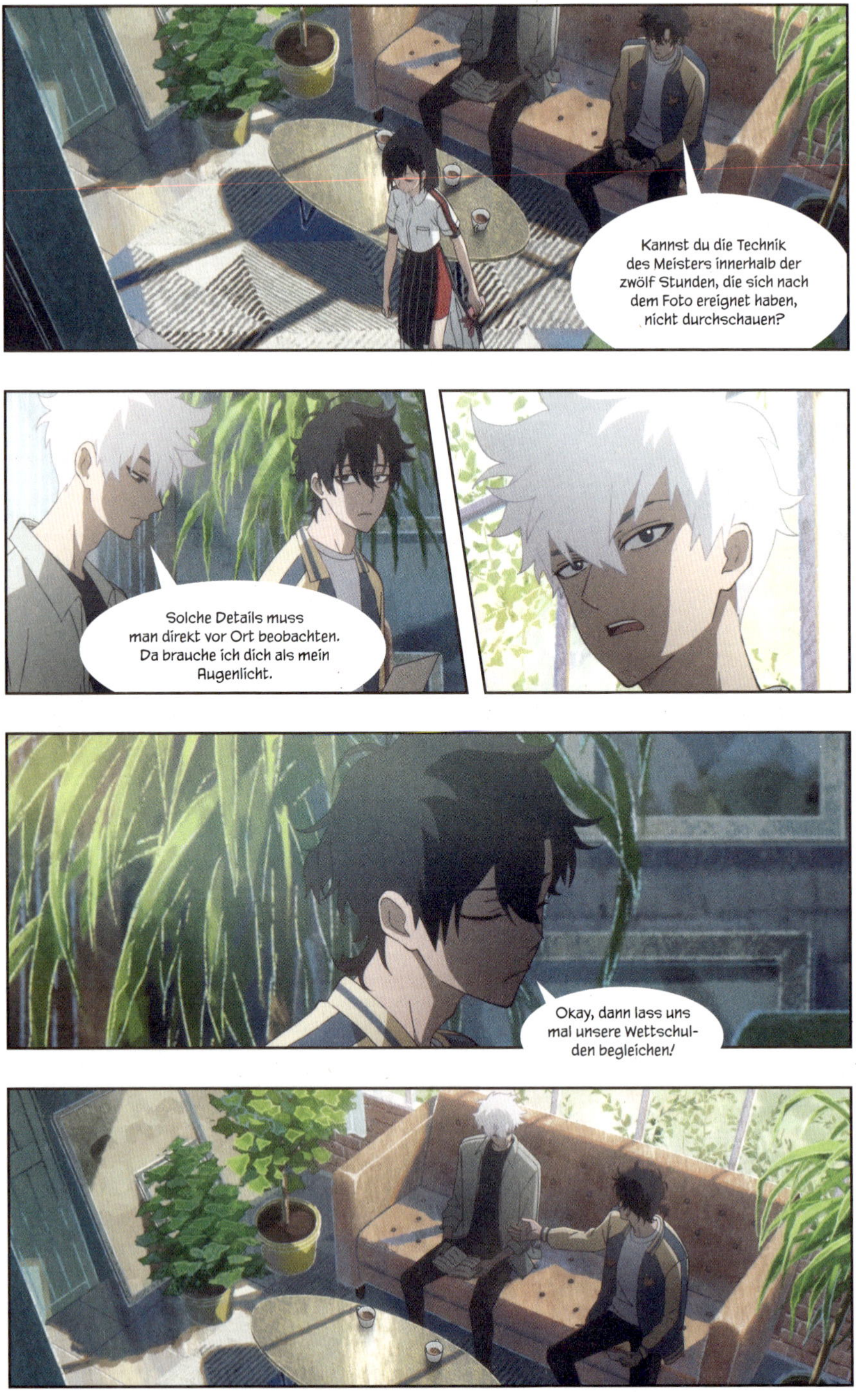
Kannst du die Technik des Meisters innerhalb der zwölf Stunden, die sich nach dem Foto ereignet haben, nicht durchschauen?
Solche Details muss man direkt vor Ort beobachten. Da brauche ich dich als mein Augenlicht.
Okay, dann lass uns mal unsere Wettschulden begleichen!

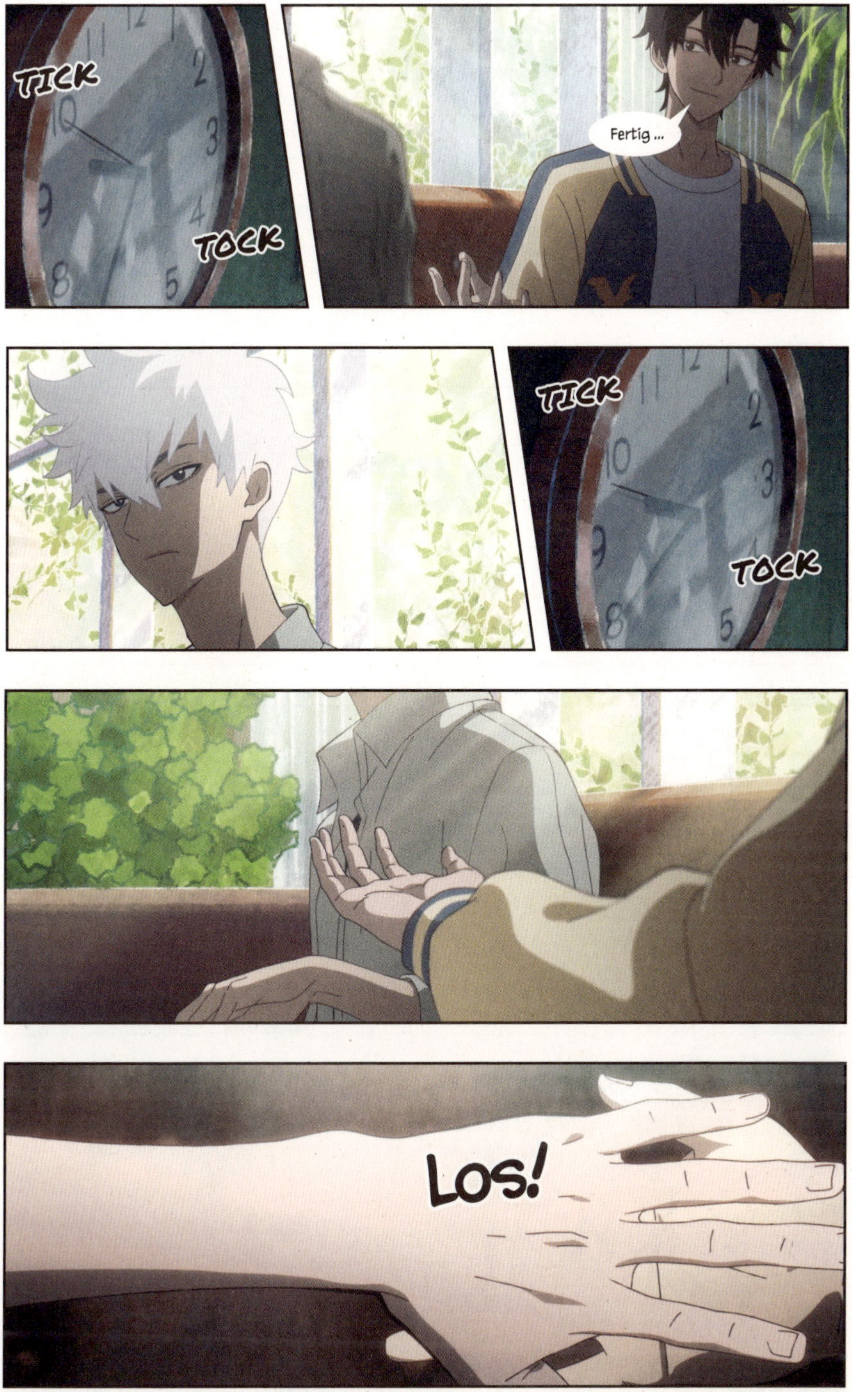
TICK
TOCK
Fertig ...
TICK
TOCK
LOS!

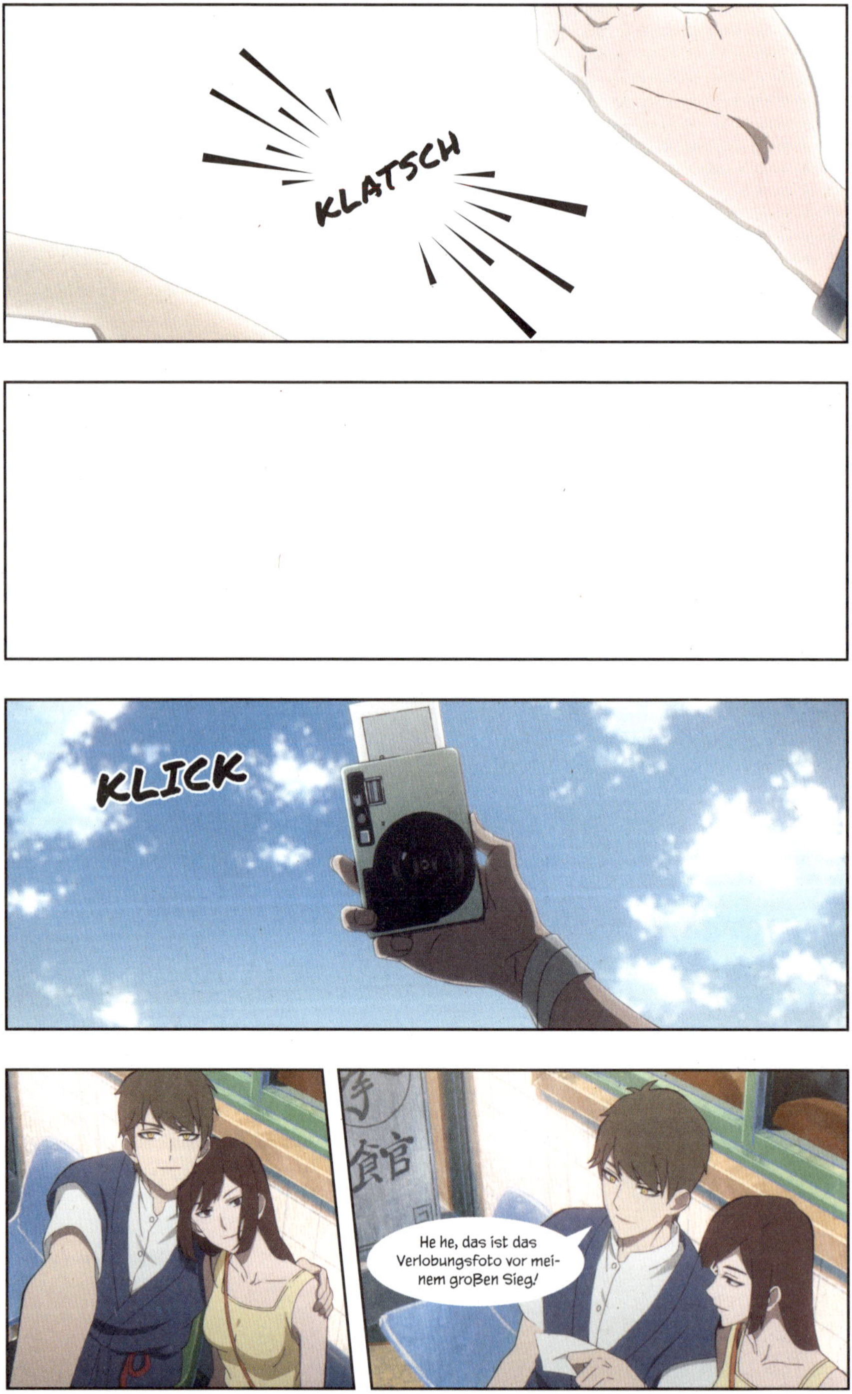
KLATSCH
KLICK
He he, das ist das Verlobungsfoto vor meinem großen Sieg!

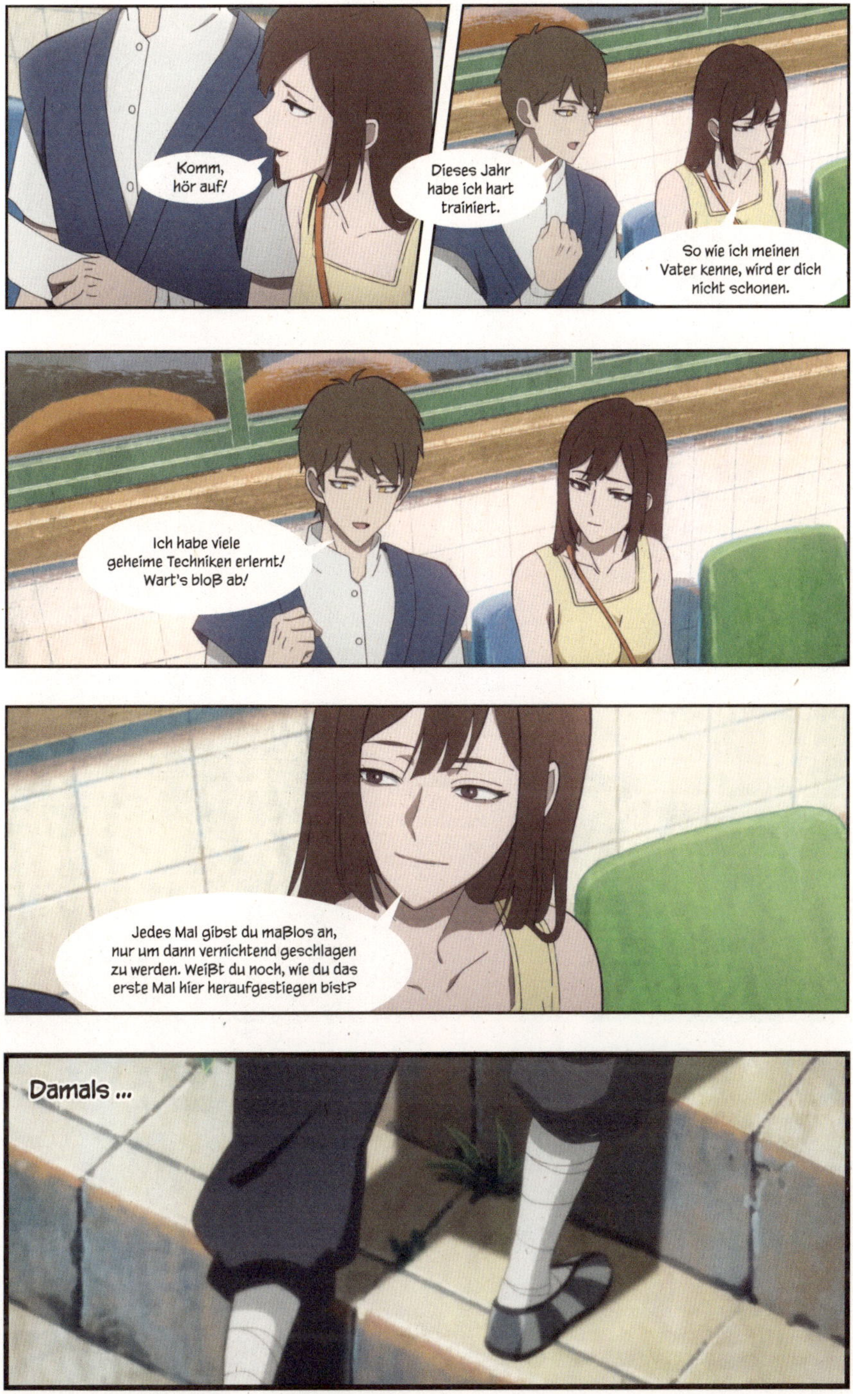
Komm, hör auf!
Dieses Jahr habe ich hart trainiert.
So wie ich meinen Vater kenne, wird er dich nicht schonen.
Ich habe viele geheime Techniken erlernt! Wart's bloß ab!
Jedes Mal gibst du maßlos an, nur um dann vernichtend geschlagen zu werden. Weißt du noch, wie du das erste Mal hier heraufgestiegen bist?
Damals ...

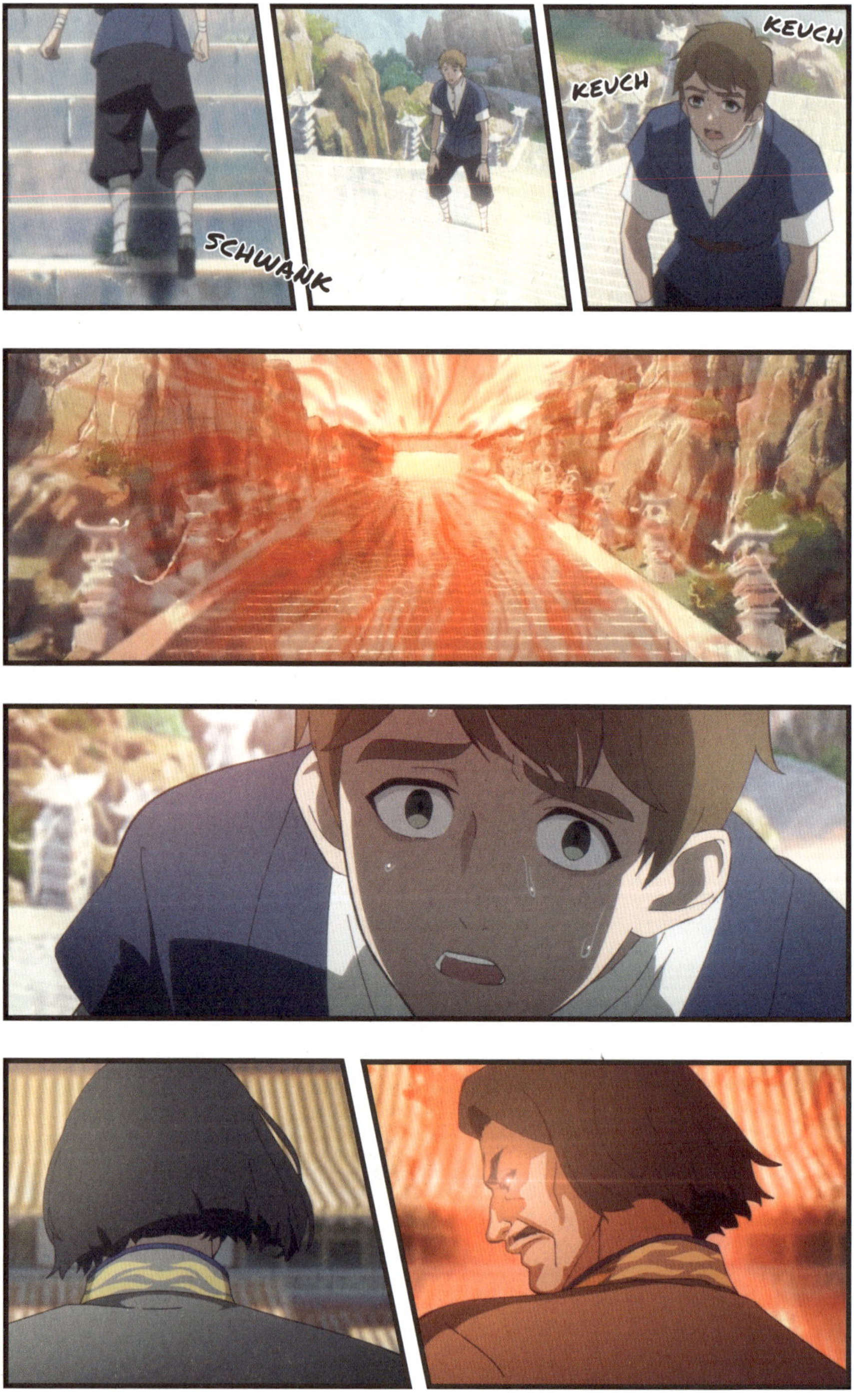
SCHWANK
KEUCH
KEUCH

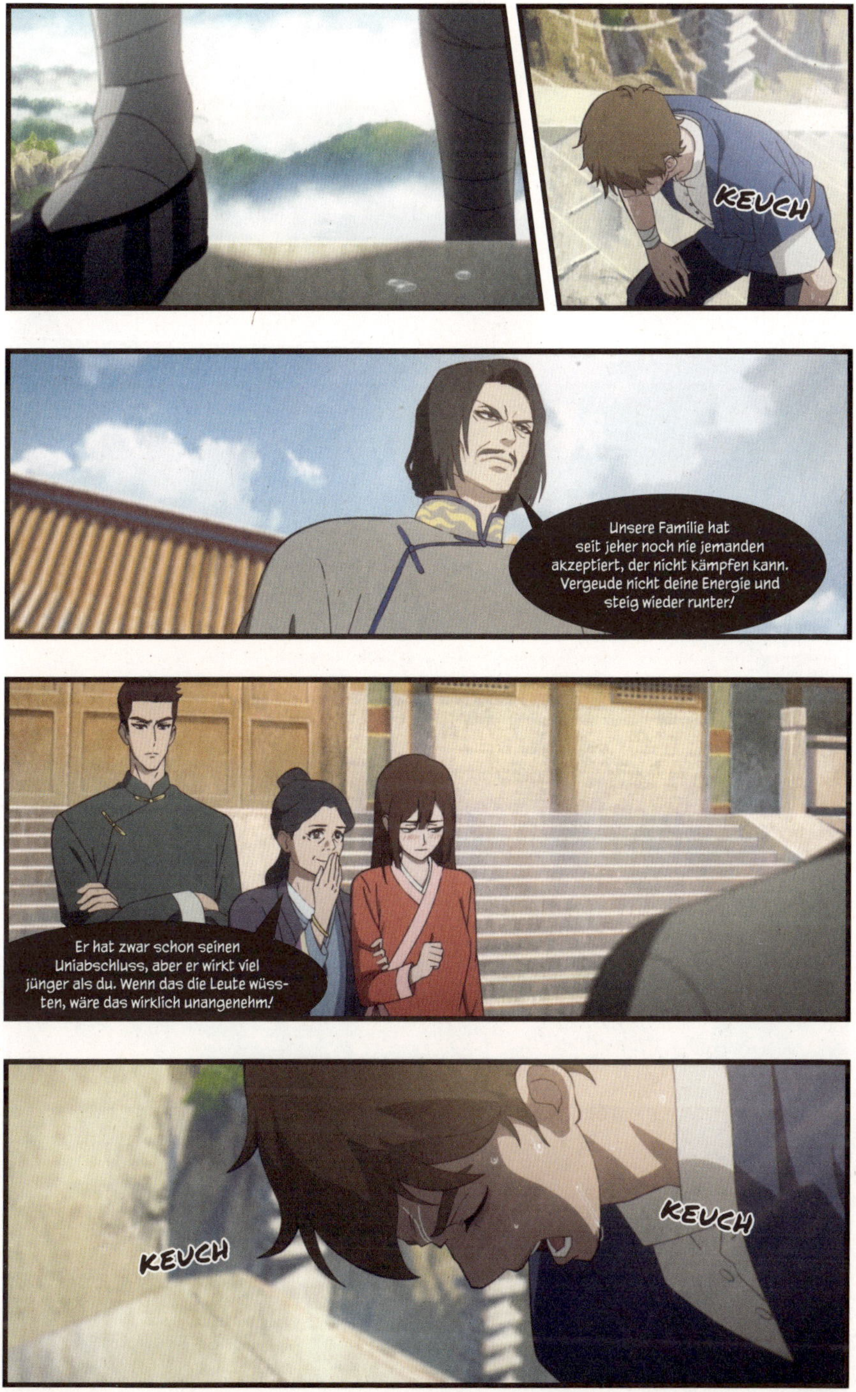
KEUCH
Unsere Familie hat seit jeher noch nie jemanden akzeptiert, der nicht kämpfen kann. Vergeude nicht deine Energie und steig wieder runter!
Er hat zwar schon seinen Uniabschluss, aber er wirkt viel jünger als du. Wenn das die Leute wüssten, wäre das wirklich unangenehm!
KEUCH
KEUCH

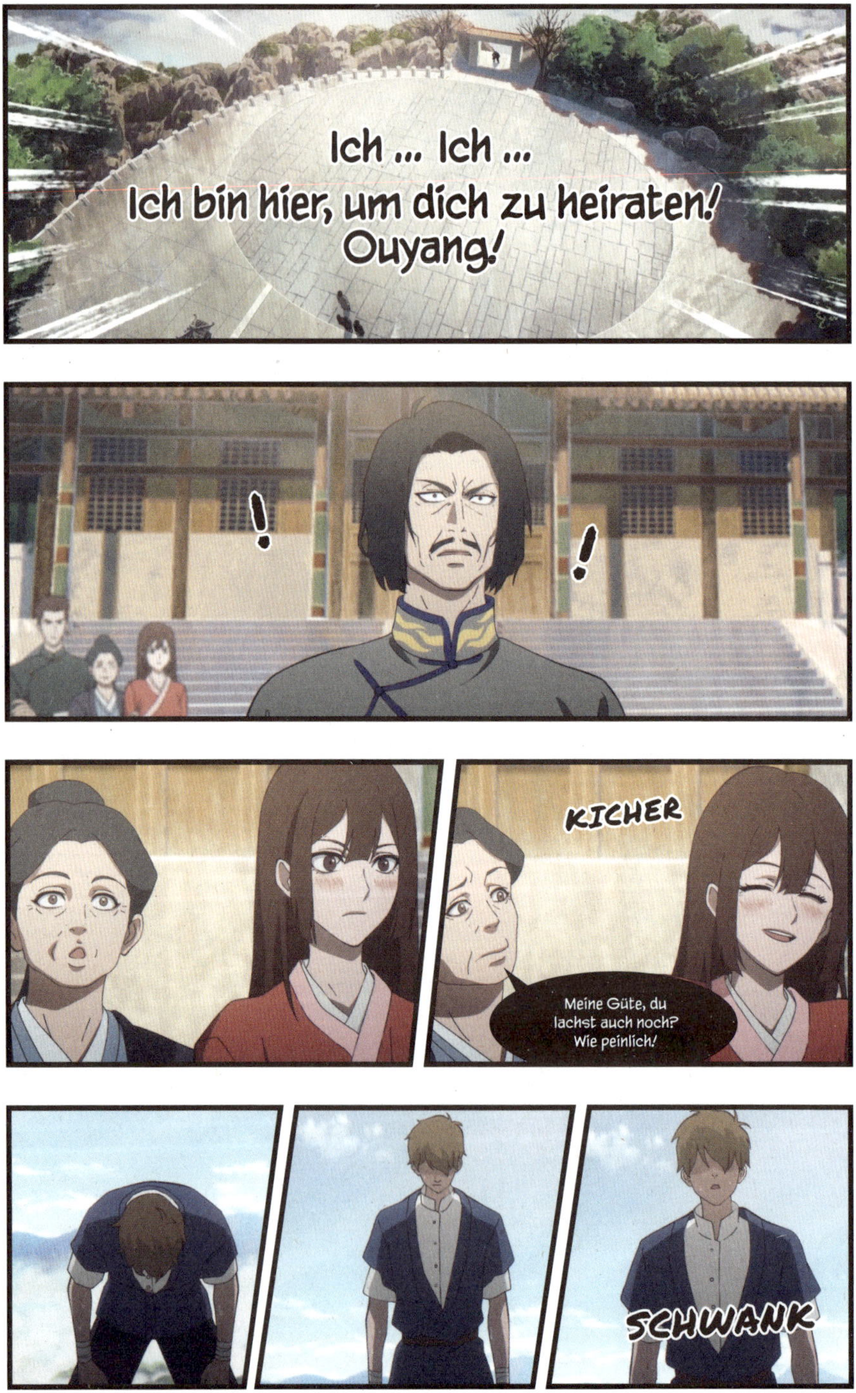
Ich ... Ich ...
Ich bin hier, um dich zu heiraten! Ouyang!
KICHER
Meine Güte, du lachst auch noch? Wie peinlich!
SCHWANK

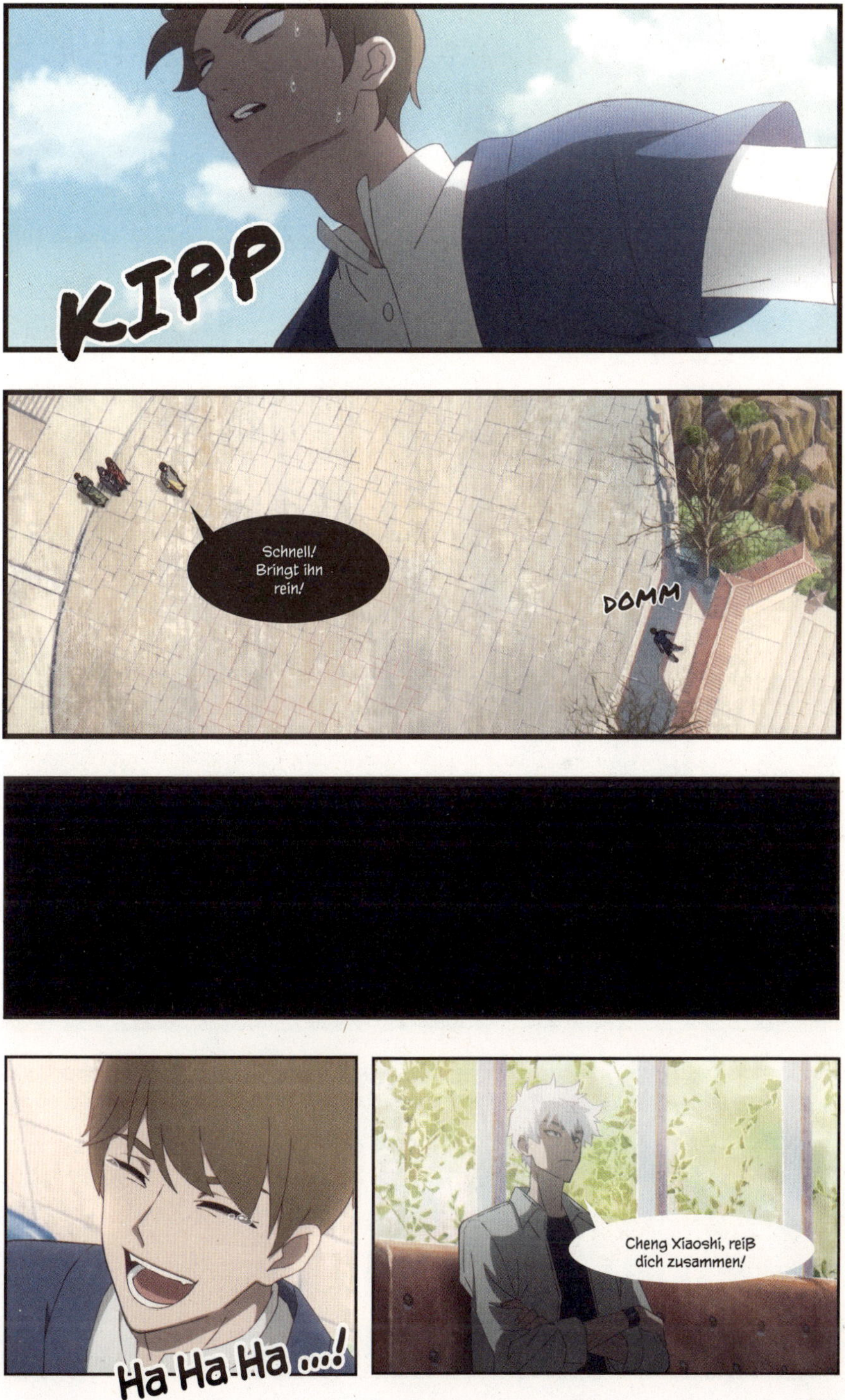
KIPP
Schnell! Bringt ihn rein!
DOMM
Ha-Ha-Ha ...!
Cheng Xiaoshi, reiß dich zusammen!

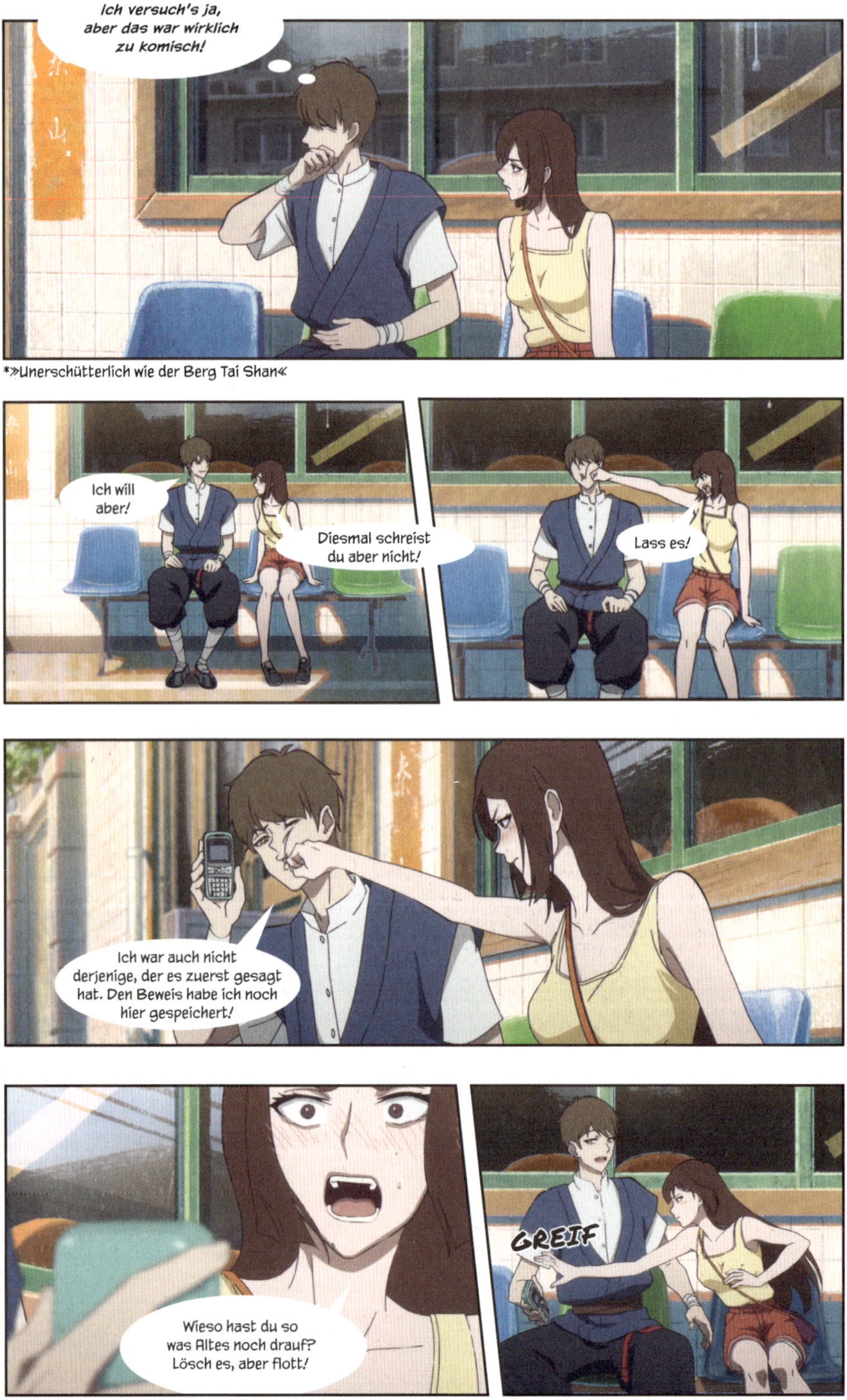

*»Unerschütterlich wie der Berg Tai Shan«

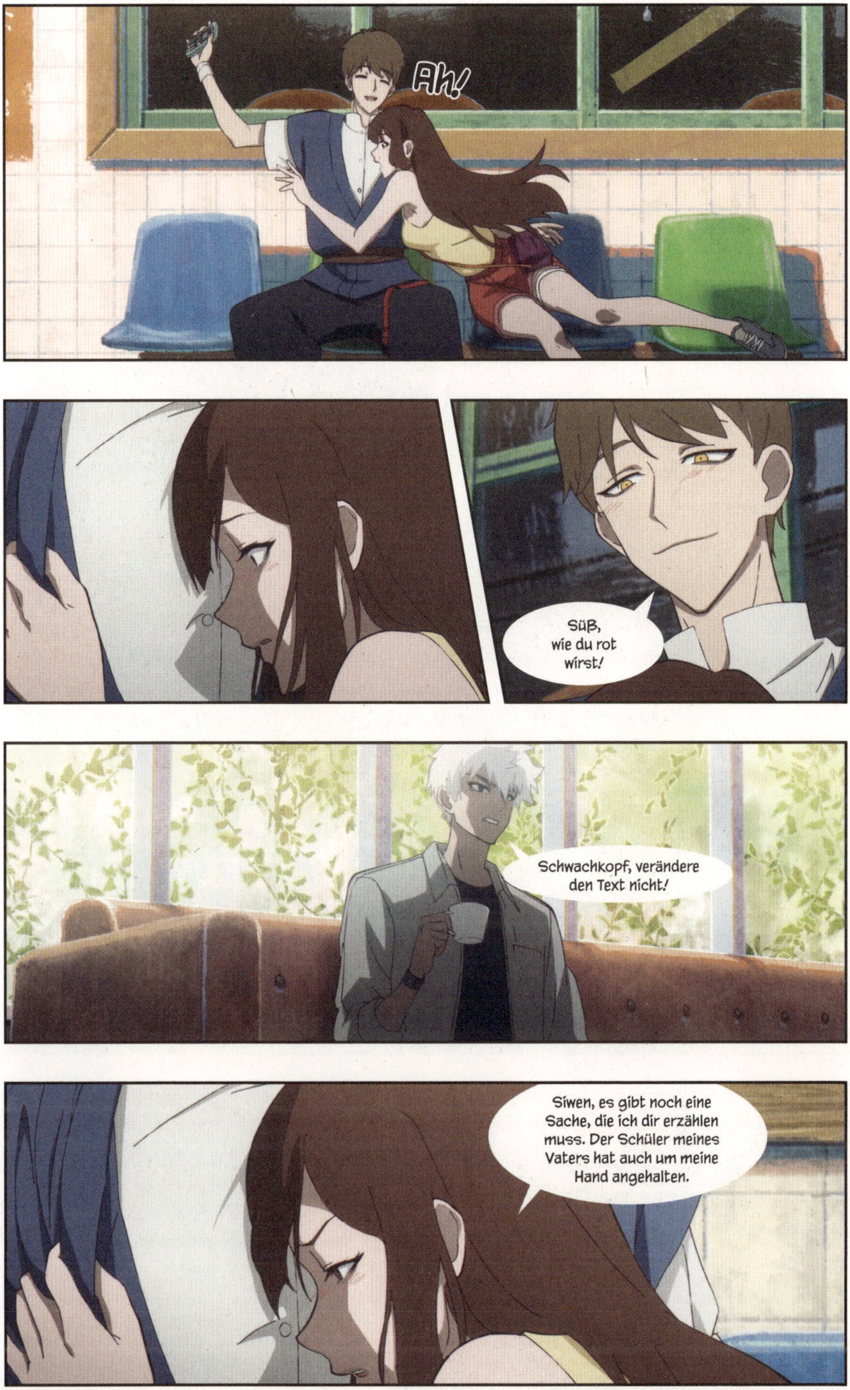
Ah!
Süß, wie du rot wirst!
Schwachkopf, verändere den Text nicht!
Siwen, es gibt noch eine Sache, die ich dir erzählen muss. Der Schüler meines Vaters hat auch um meine Hand angehalten.

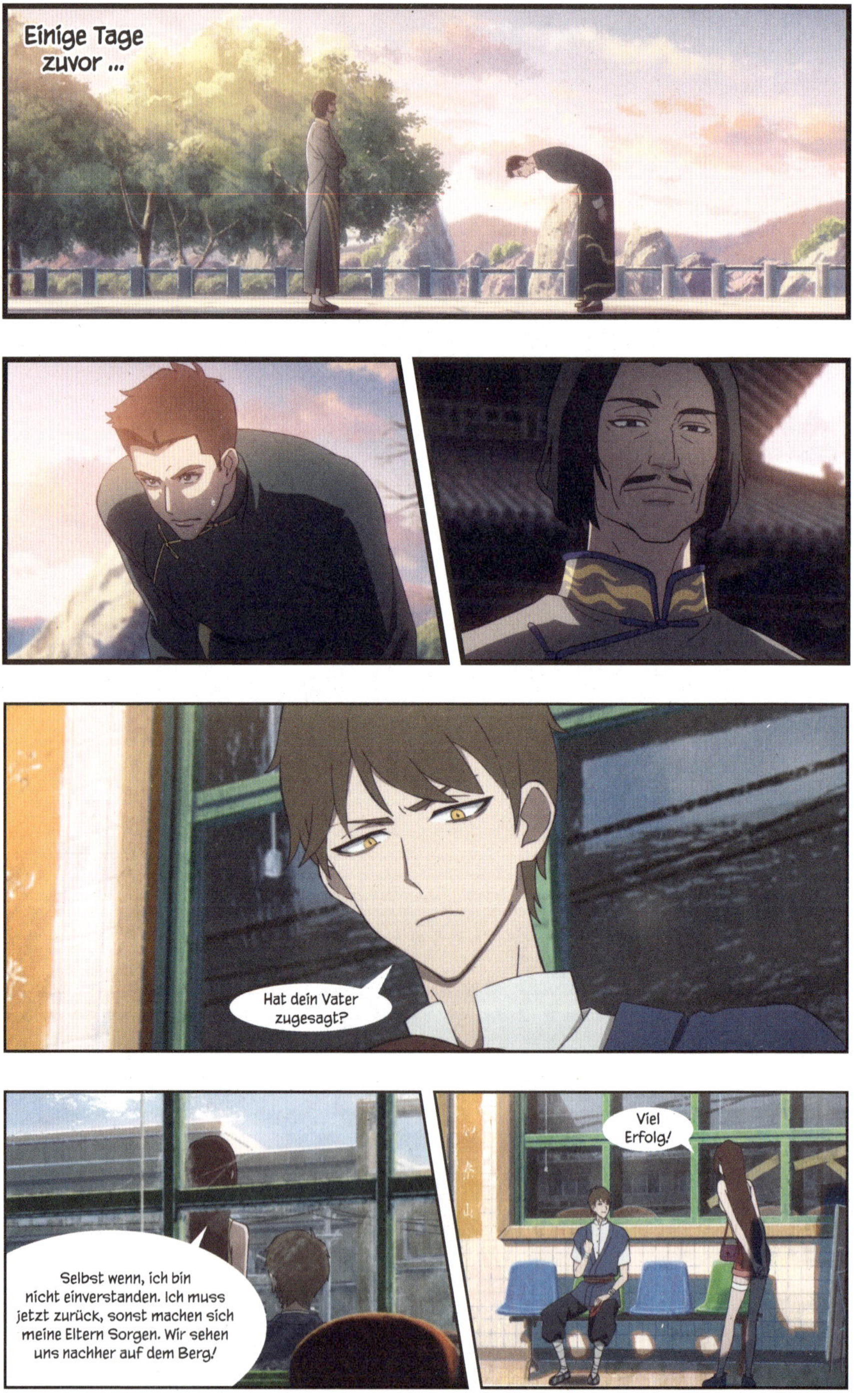
Einige Tage zuvor ...
Hat dein Vater zugesagt?
Selbst wenn, ich bin nicht einverstanden. Ich muss jetzt zurück, sonst machen sich meine Eltern Sorgen. Wir sehen uns nachher auf dem Berg!
Viel Erfolg!

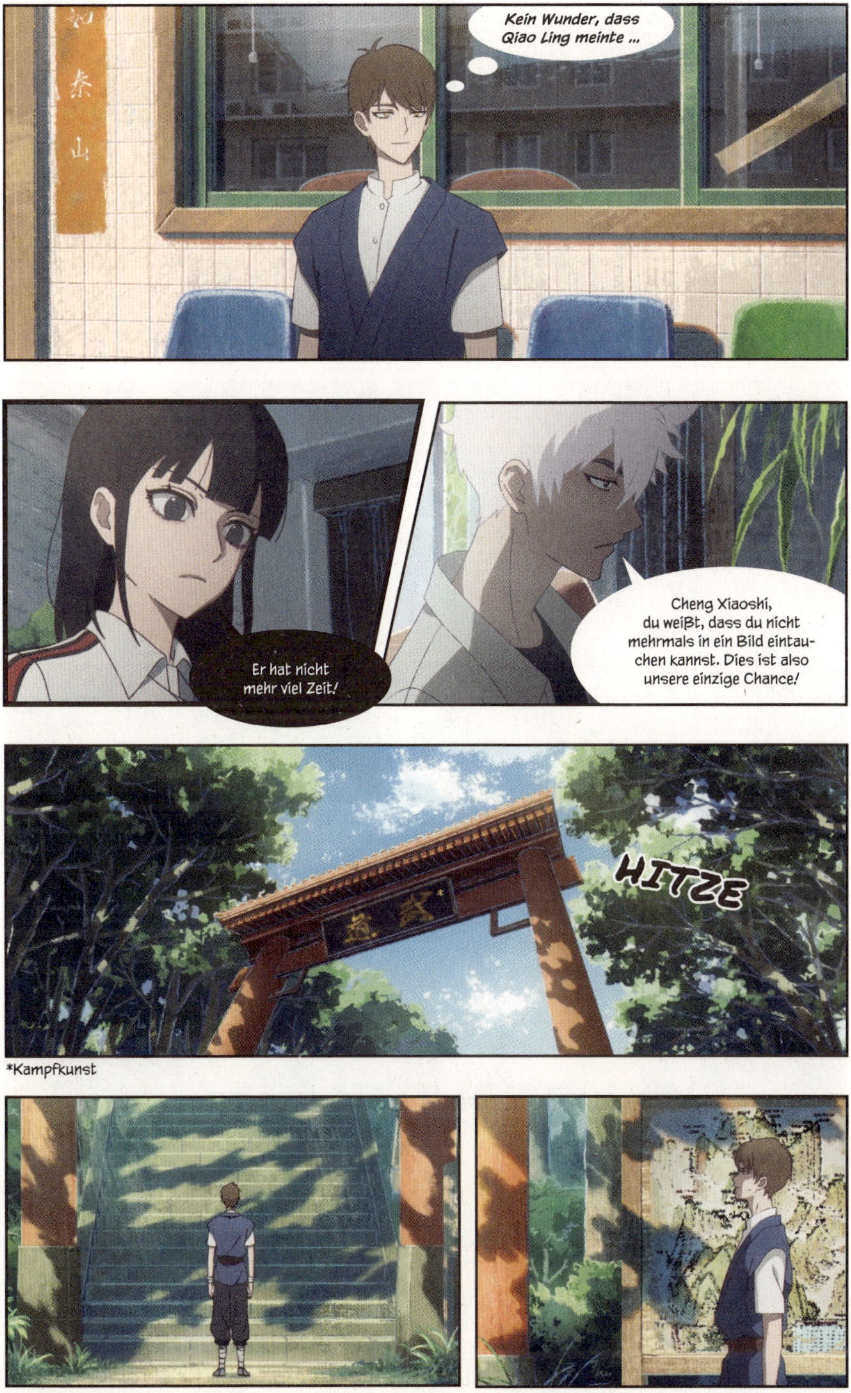
Kein Wunder, dass Qiao Ling meinte ...
Cheng Xiaoshi, du weißt, dass du nicht mehrmals in ein Bild eintauchen kannst. Dies ist also unsere einzige Chance!
Er hat nicht mehr viel Zeit!
HITZE

*Kampfkunst

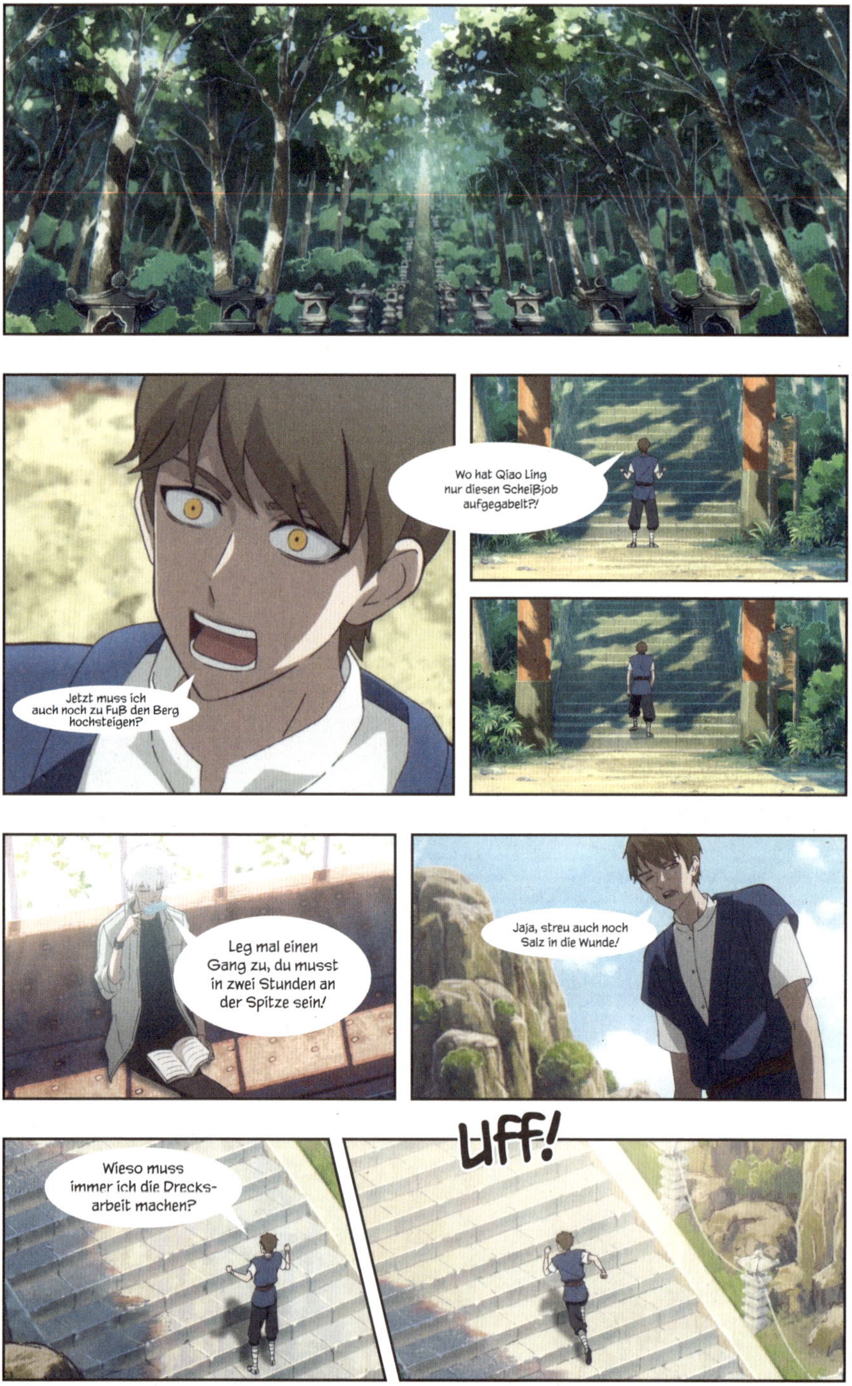
Jetzt muss ich auch noch zu Fuß den Berg hochsteigen?
Wo hat Qiao Ling nur diesen Scheißjob aufgegabelt?!
Leg mal einen Gang zu, du musst in zwei Stunden an der Spitze sein!
Jaja, streu auch noch Salz in die Wunde!
Wieso muss immer ich die Drecksarbeit machen?
UFF!

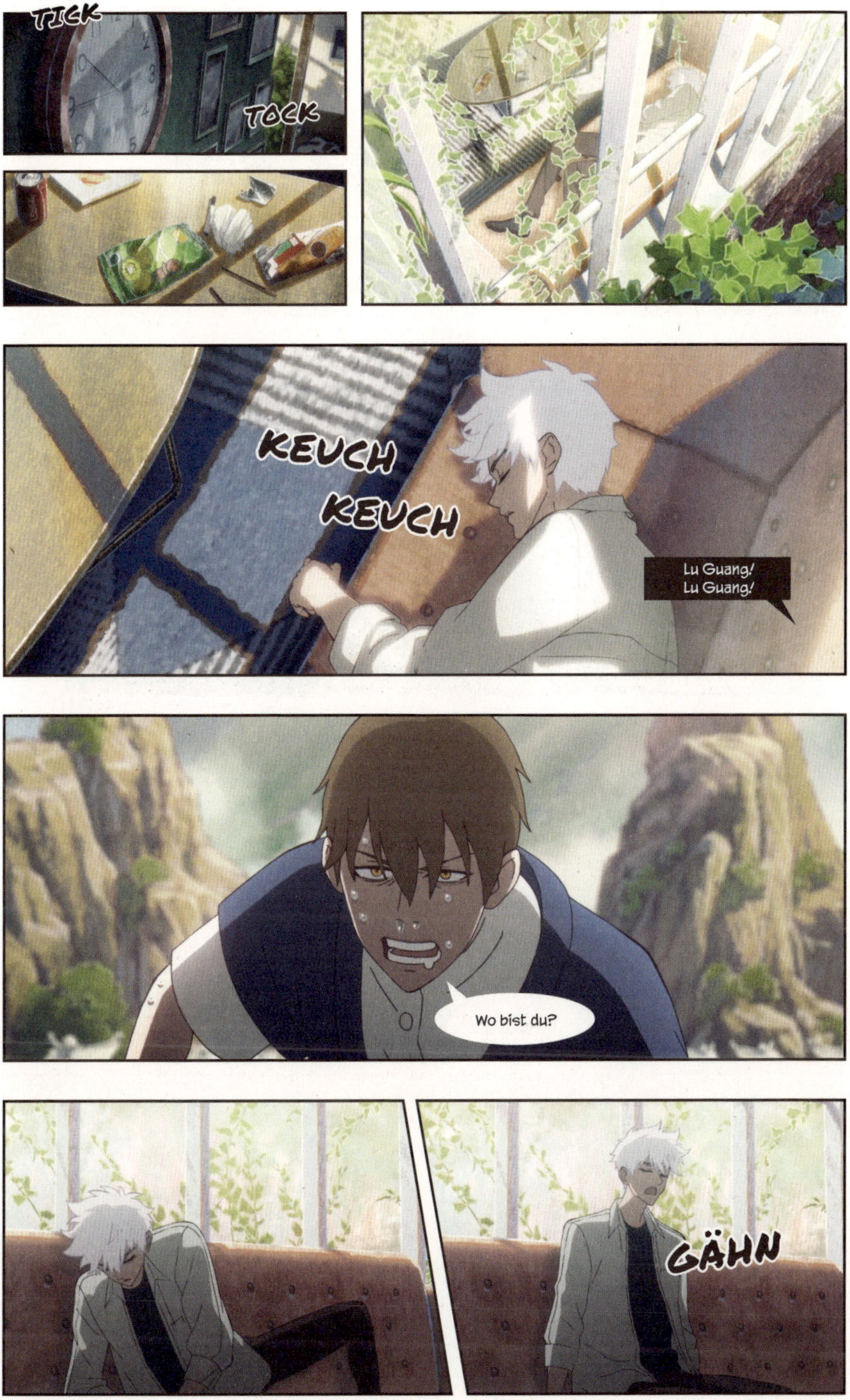
TICK
TOCK
KEUCH
KEUCH
Lu Guang!
Lu Guang!
Wo bist du?
GÄHN

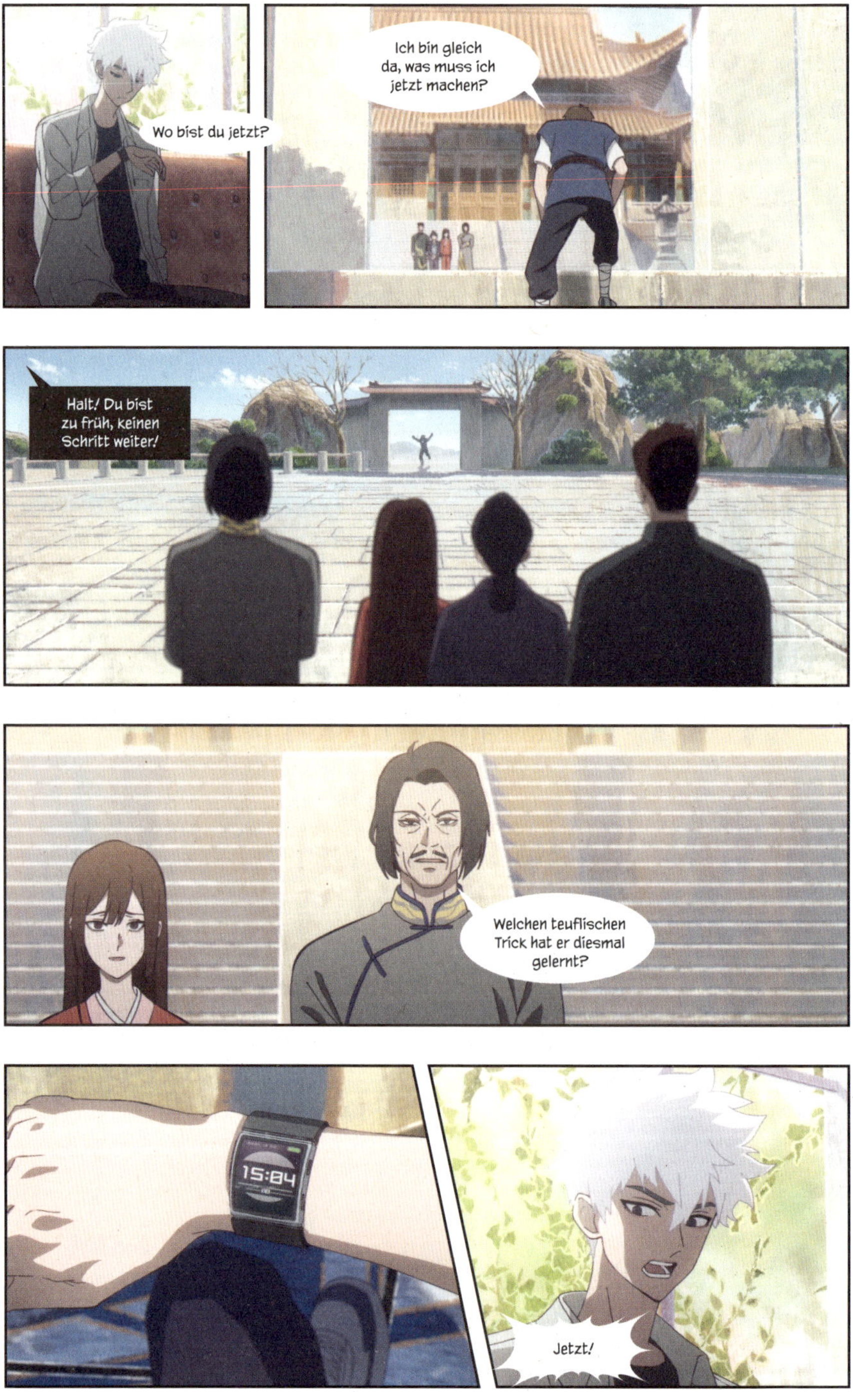
Wo bist du jetzt?
Ich bin gleich da, was muss ich jetzt machen?
Halt! Du bist zu früh, keinen Schritt weiter!
Welchen teuflischen Trick hat er diesmal gelernt?
15:84
Jetzt!

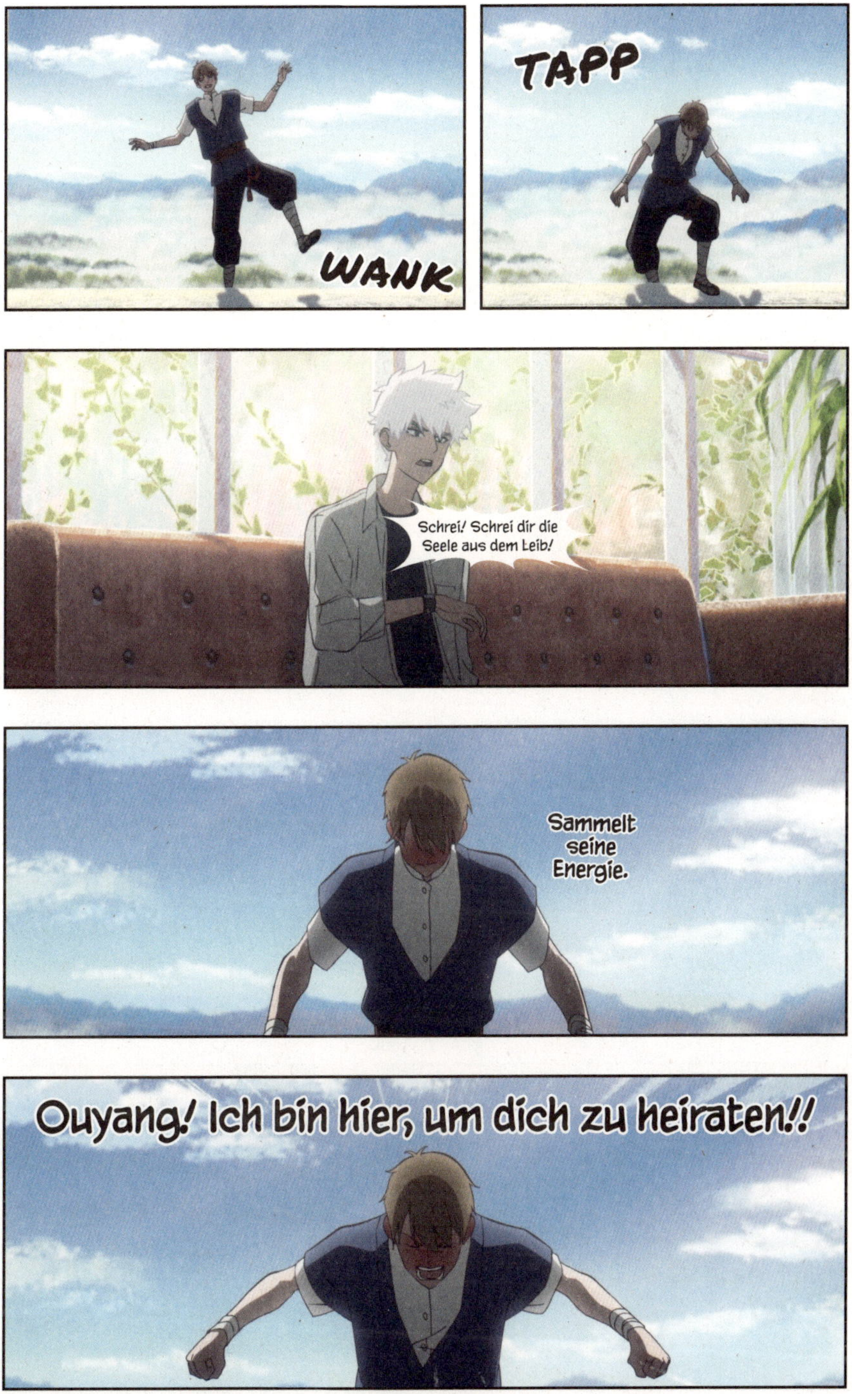
WANK
TAPP
Schrei! Schrei dir die Seele aus dem Leib!
Sammelt seine Energie.
Ouyang! Ich bin hier, um dich zu heiraten!!

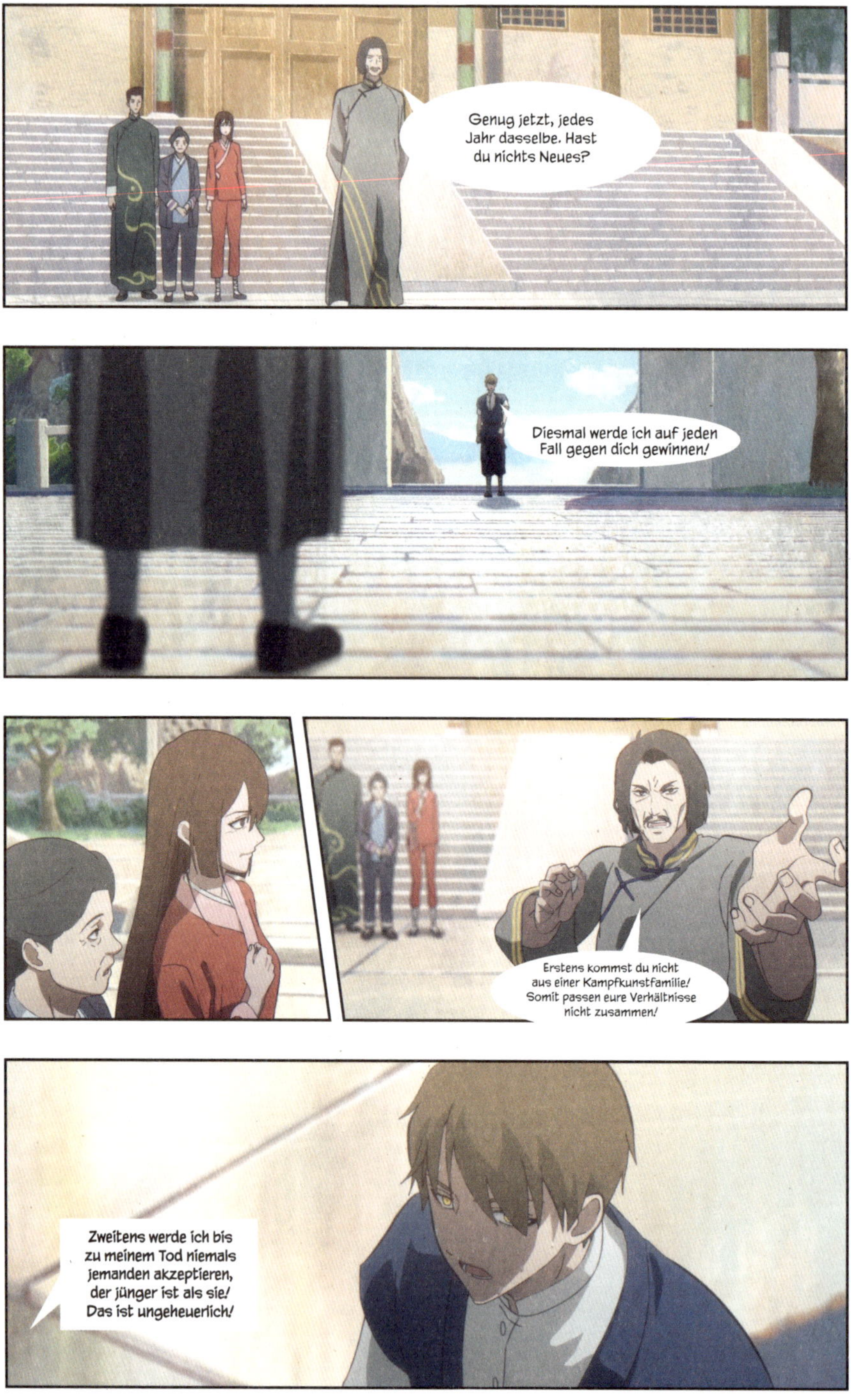
Genug jetzt, jedes Jahr dasselbe. Hast du nichts Neues?
Diesmal werde ich auf jeden Fall gegen dich gewinnen!
Erstens kommst du nicht aus einer Kampfkunstfamilie! Somit passen eure Verhältnisse nicht zusammen!
Zweitens werde ich bis zu meinem Tod niemals jemanden akzeptieren, der jünger ist als sie! Das ist ungeheuerlich!

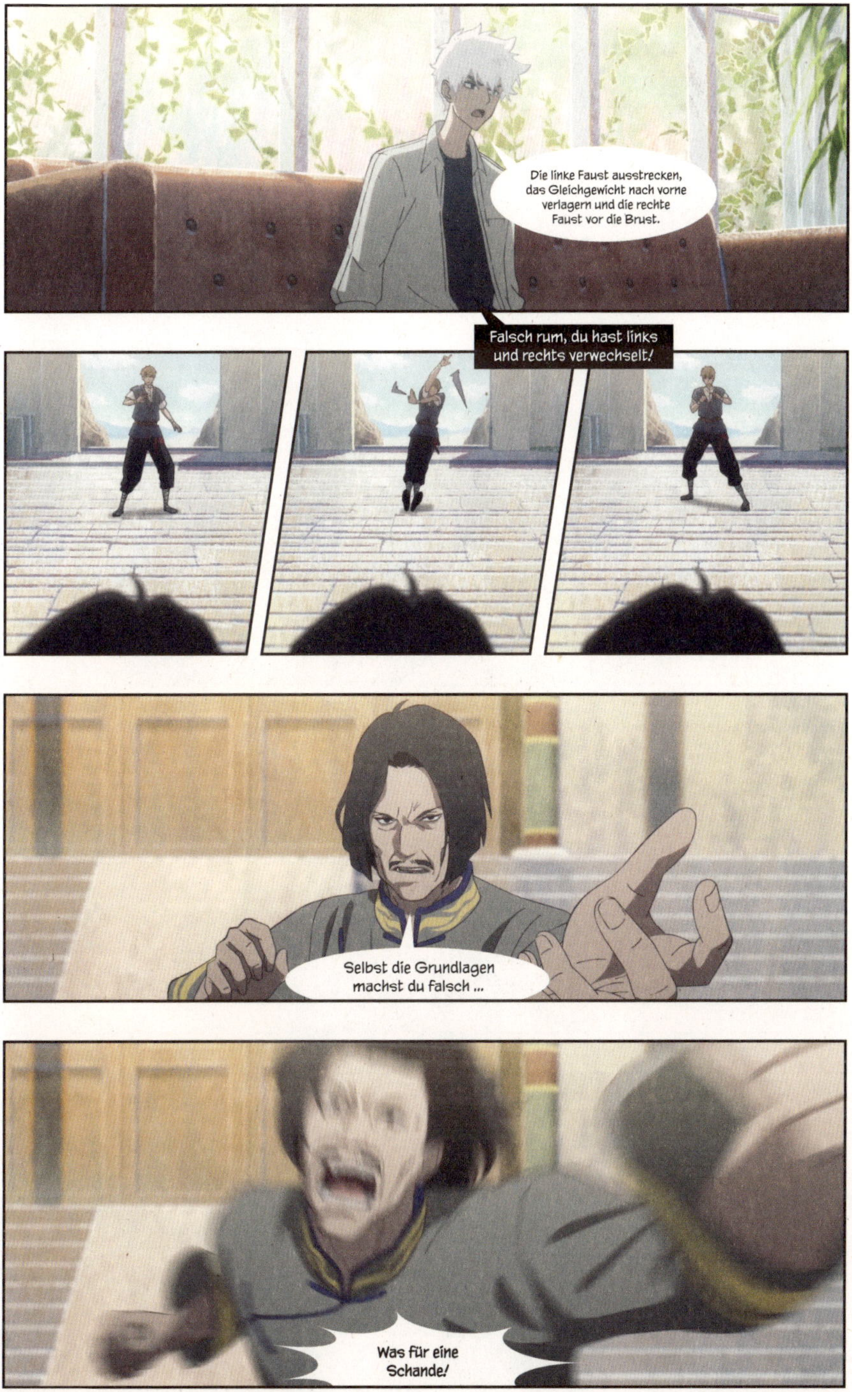

Die linke Faust ausstrecken, das Gleichgewicht nach vorne verlagern und die rechte Faust vor die Brust.
Falsch rum, du hast links und rechts verwechselt!
Selbst die Grundlagen machst du falsch ...
Was für eine Schande!

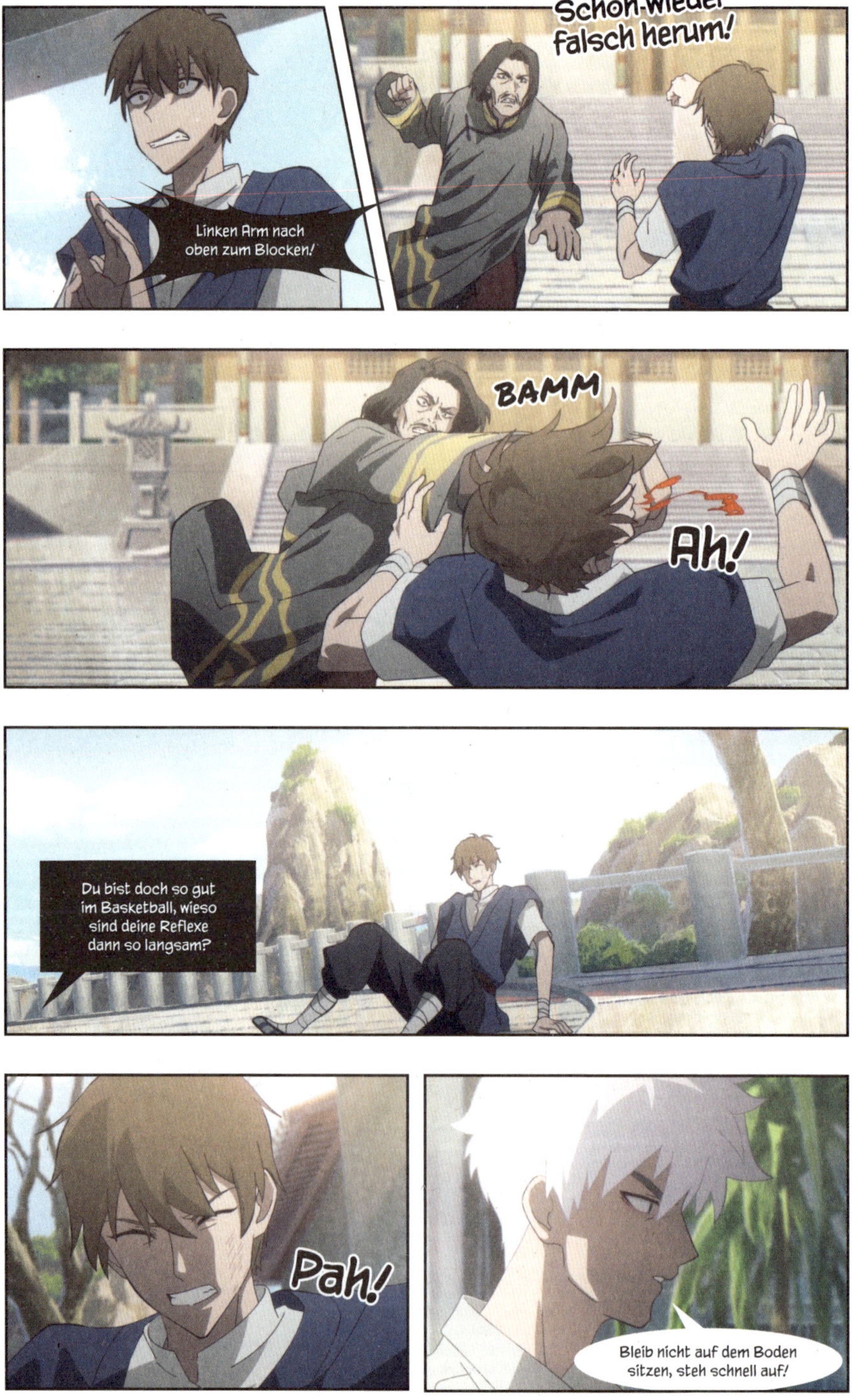
Linken Arm nach oben zum Blocken!
Schon wieder falsch herum!
BAMM
Ah!
Du bist doch so gut im Basketball, wieso sind deine Reflexe dann so langsam?
Pah!
Bleib nicht auf dem Boden sitzen, steh schnell auf!

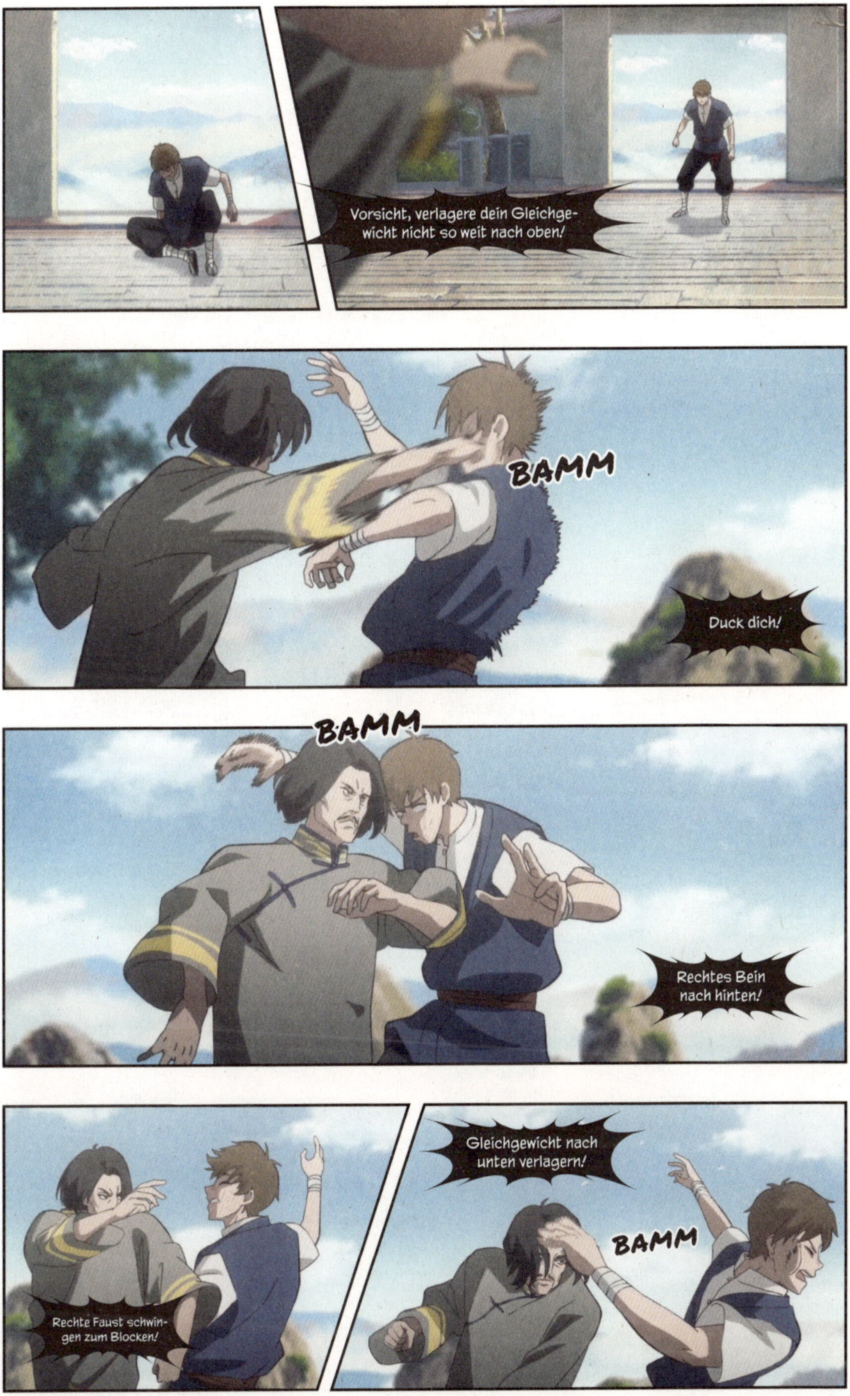

Vorsicht, verlagere dein Gleichgewicht nicht so weit nach oben!
BAMM
Duck dich!
BAMM
Rechtes Bein nach hinten!
Rechte Faust schwingen zum Blocken!
Gleichgewicht nach unten verlagern!
BAMM

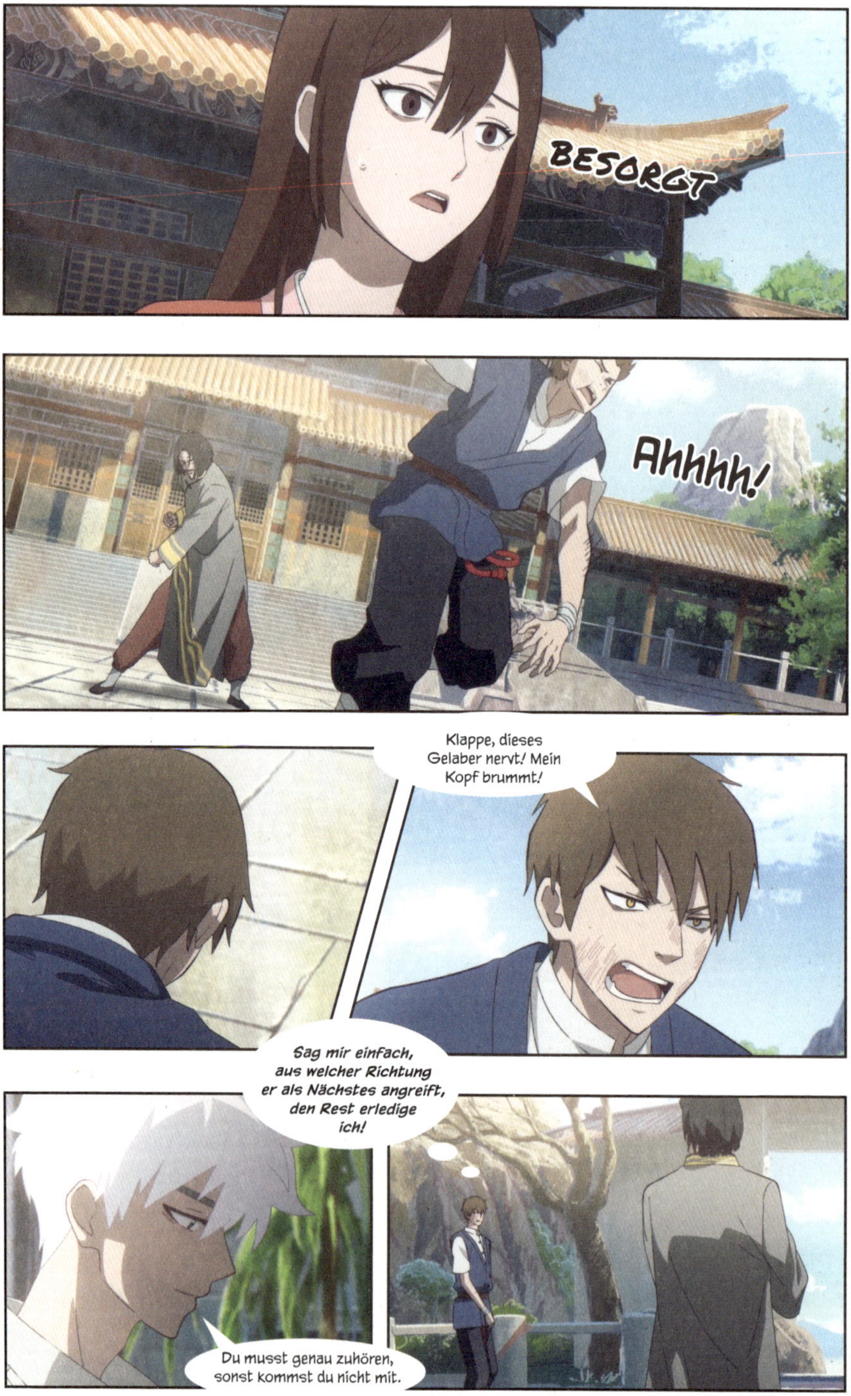
BESORGT
Ahhhh!
Klappe, dieses Gelaber nervt! Mein Kopf brummt!
Sag mir einfach, aus welcher Richtung er als Nächstes angreift, den Rest erledige ich!
Du musst genau zuhören, sonst kommst du nicht mit.

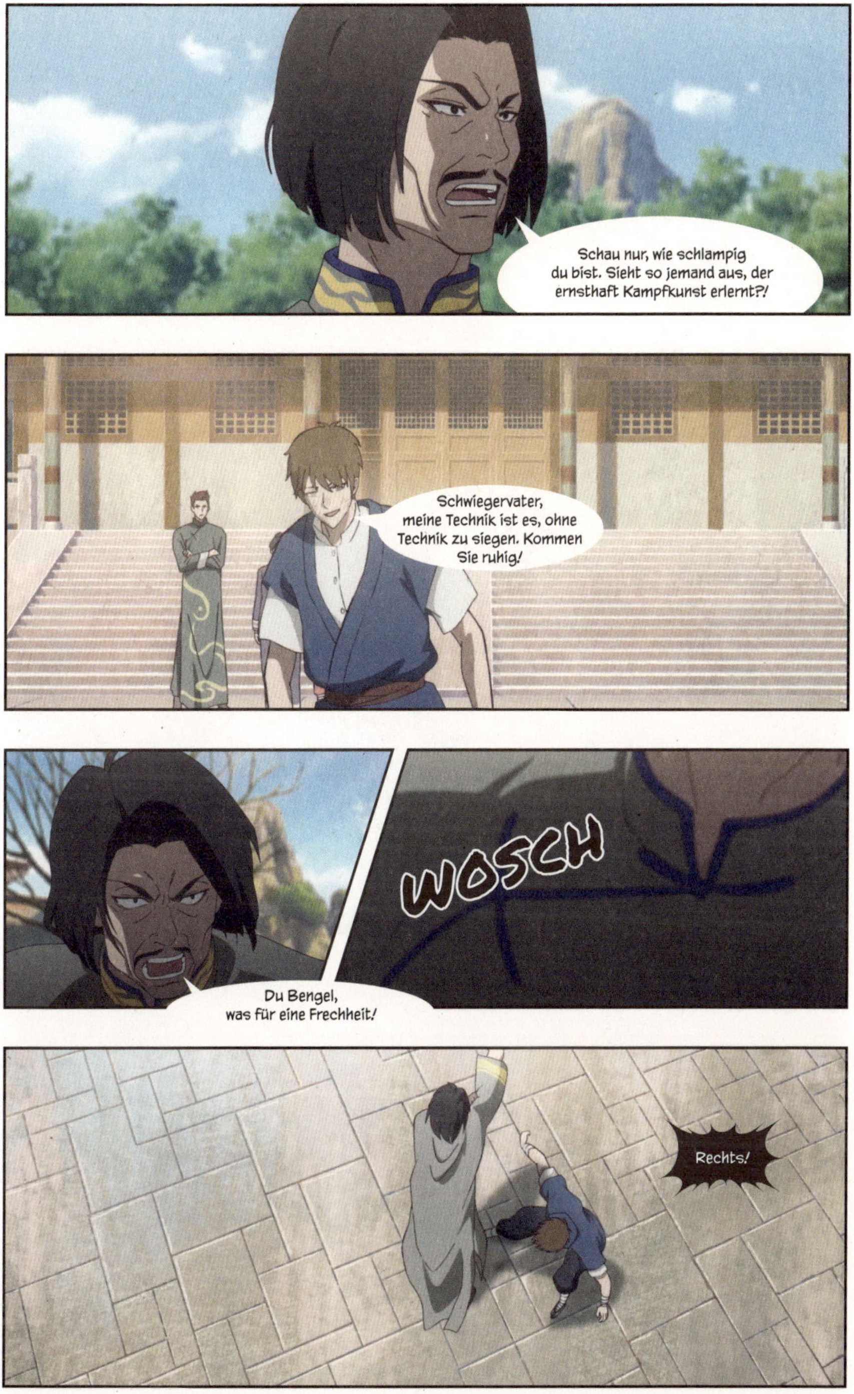
Schau nur, wie schlampig du bist. Sieht so jemand aus, der ernsthaft Kampfkunst erlernt?!
Schwiegervater, meine Technik ist es, ohne Technik zu siegen. Kommen Sie ruhig!
Du Bengel, was für eine Frechheit!
WOSCH
Rechts!

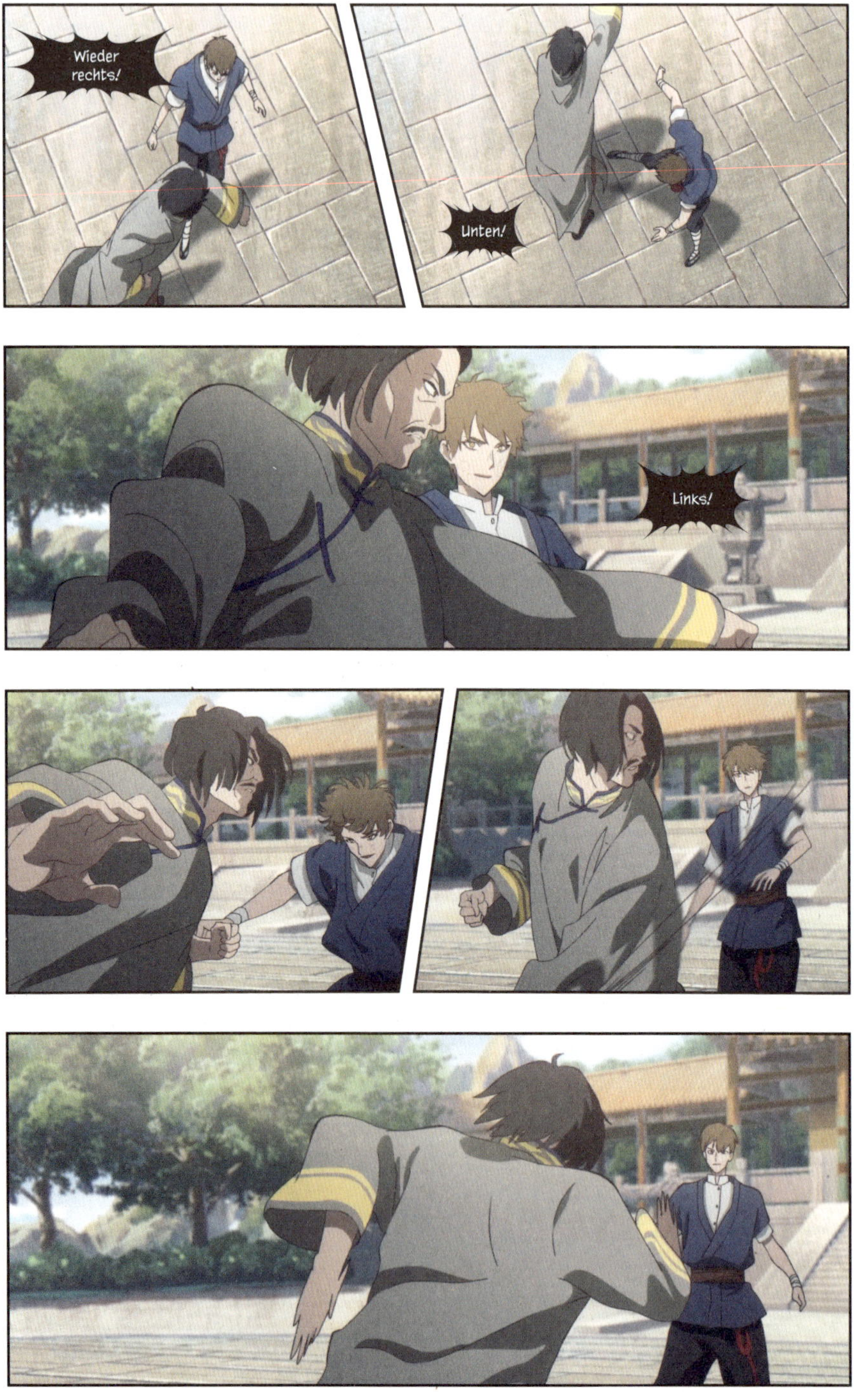
Wieder rechts!
Unten!
Links!

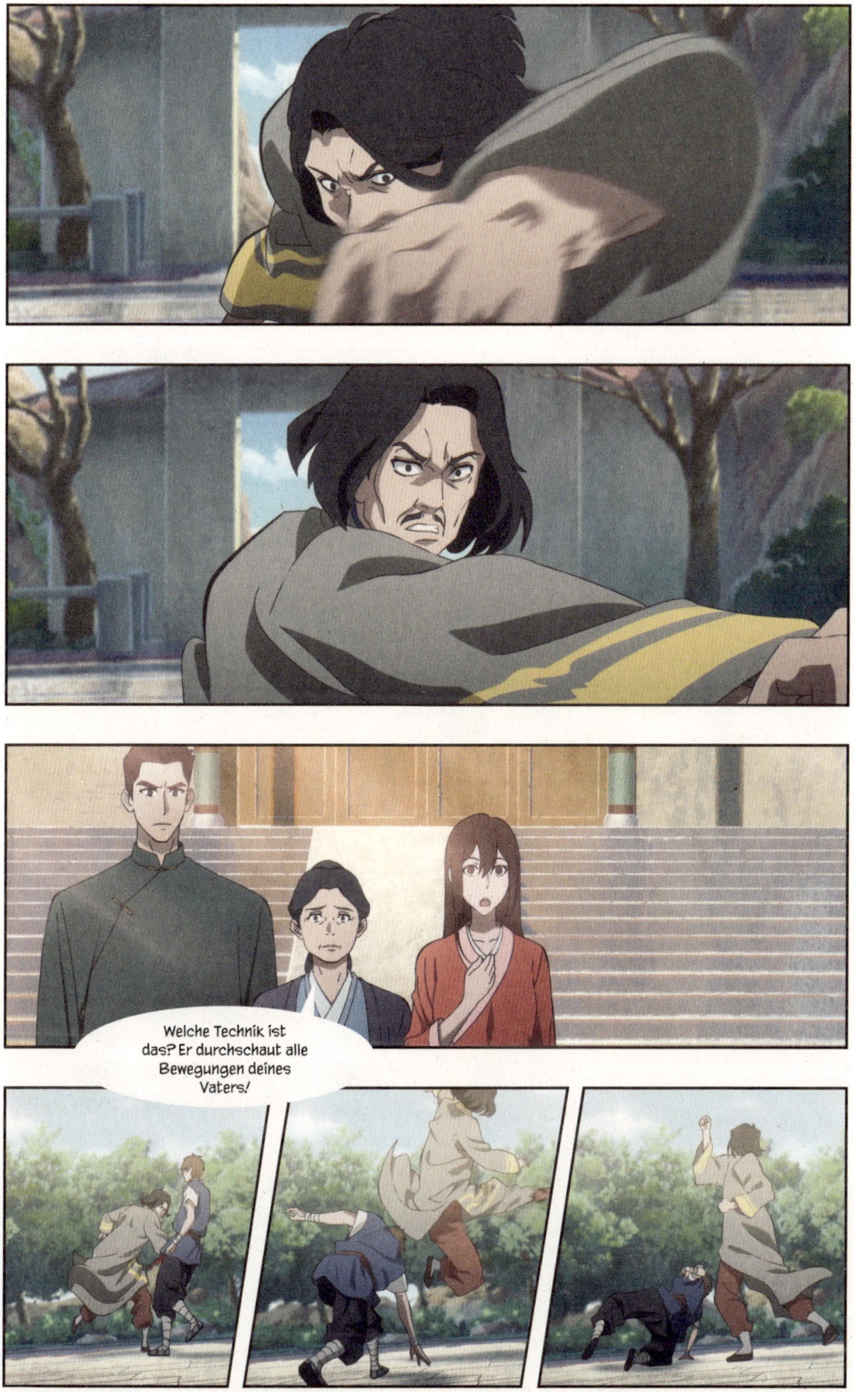
Welche Technik ist das? Er durchschaut alle Bewegungen deines Vaters!

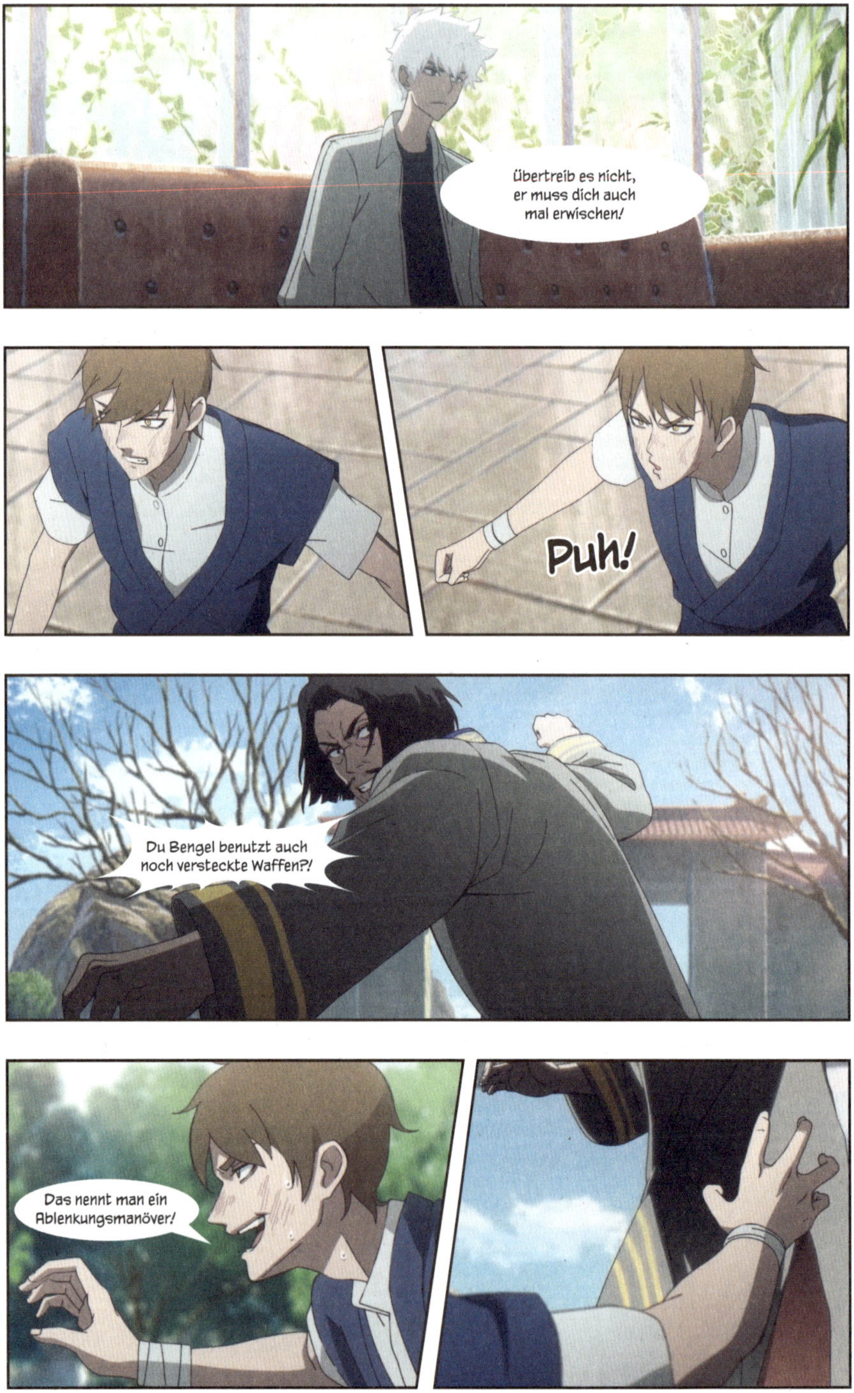
Übertreib es nicht, er muss dich auch mal erwischen!
Puh!
Du Bengel benutzt auch noch versteckte Waffen?!
Das nennt man ein Ablenkungsmanöver!

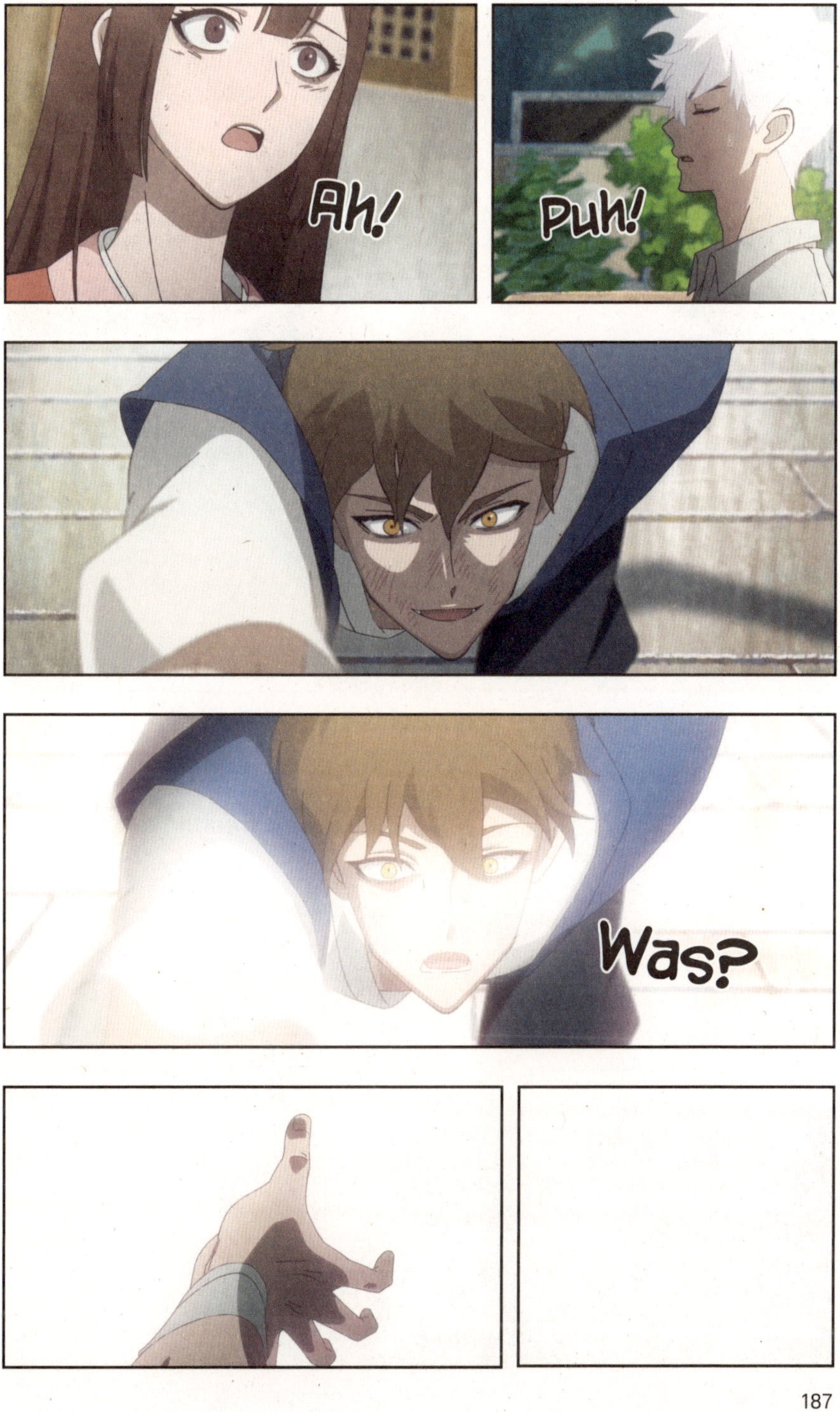
Ah!
Puh!
Was?

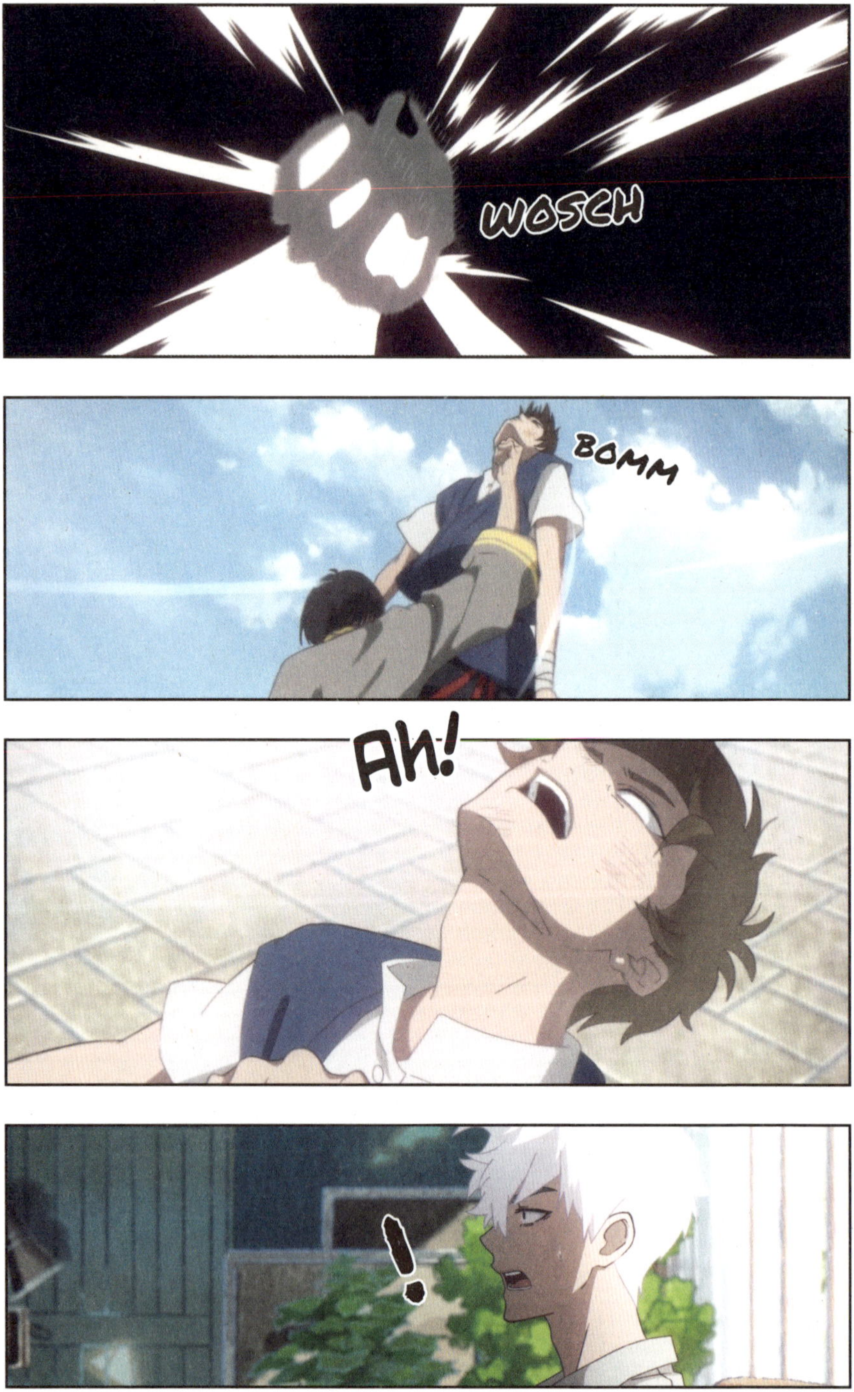
WOSCH
BOMM
Ah!
!

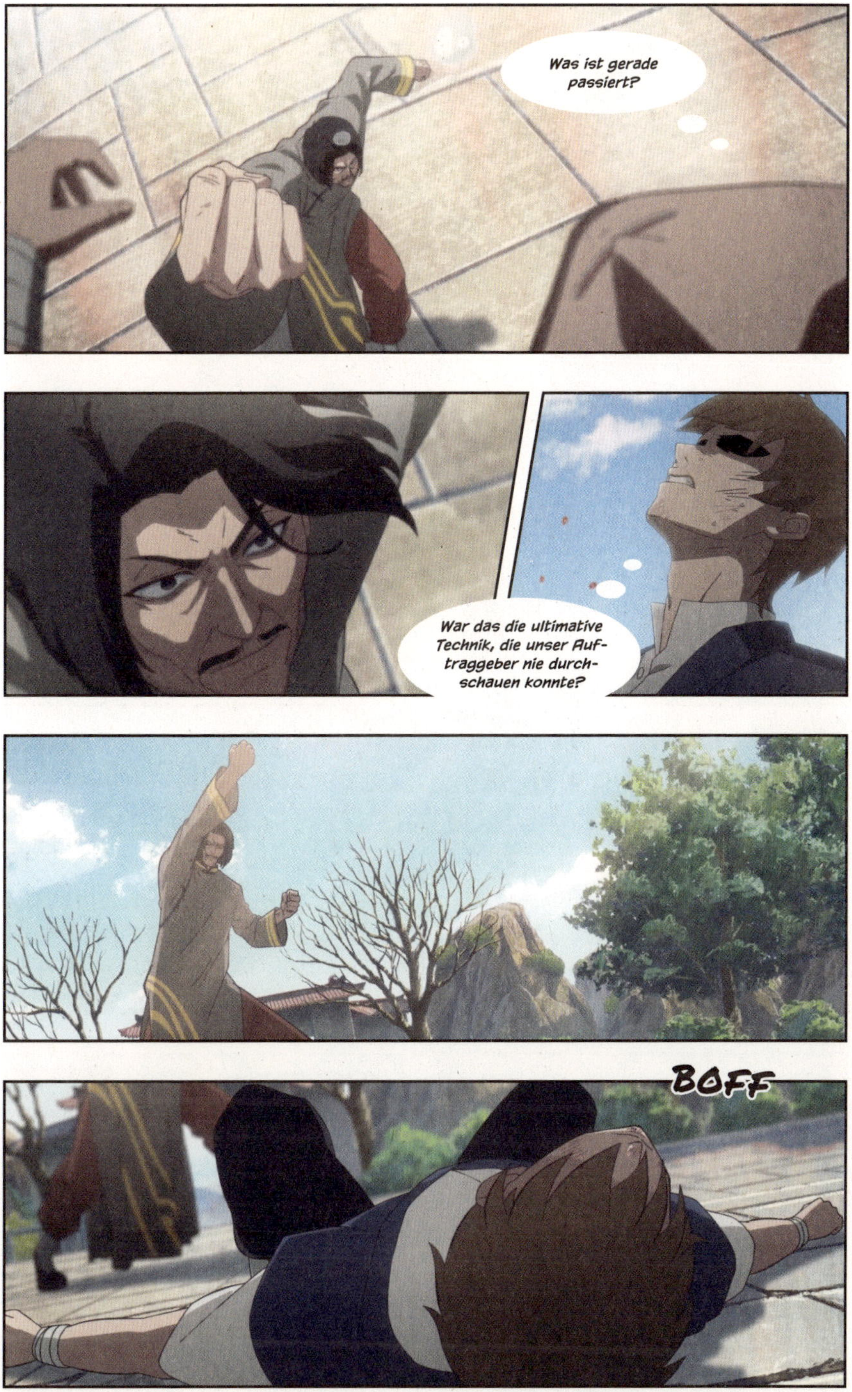
Was ist gerade passiert?
War das die ultimative Technik, die unser Auftraggeber nie durchschauen konnte?
BOFF

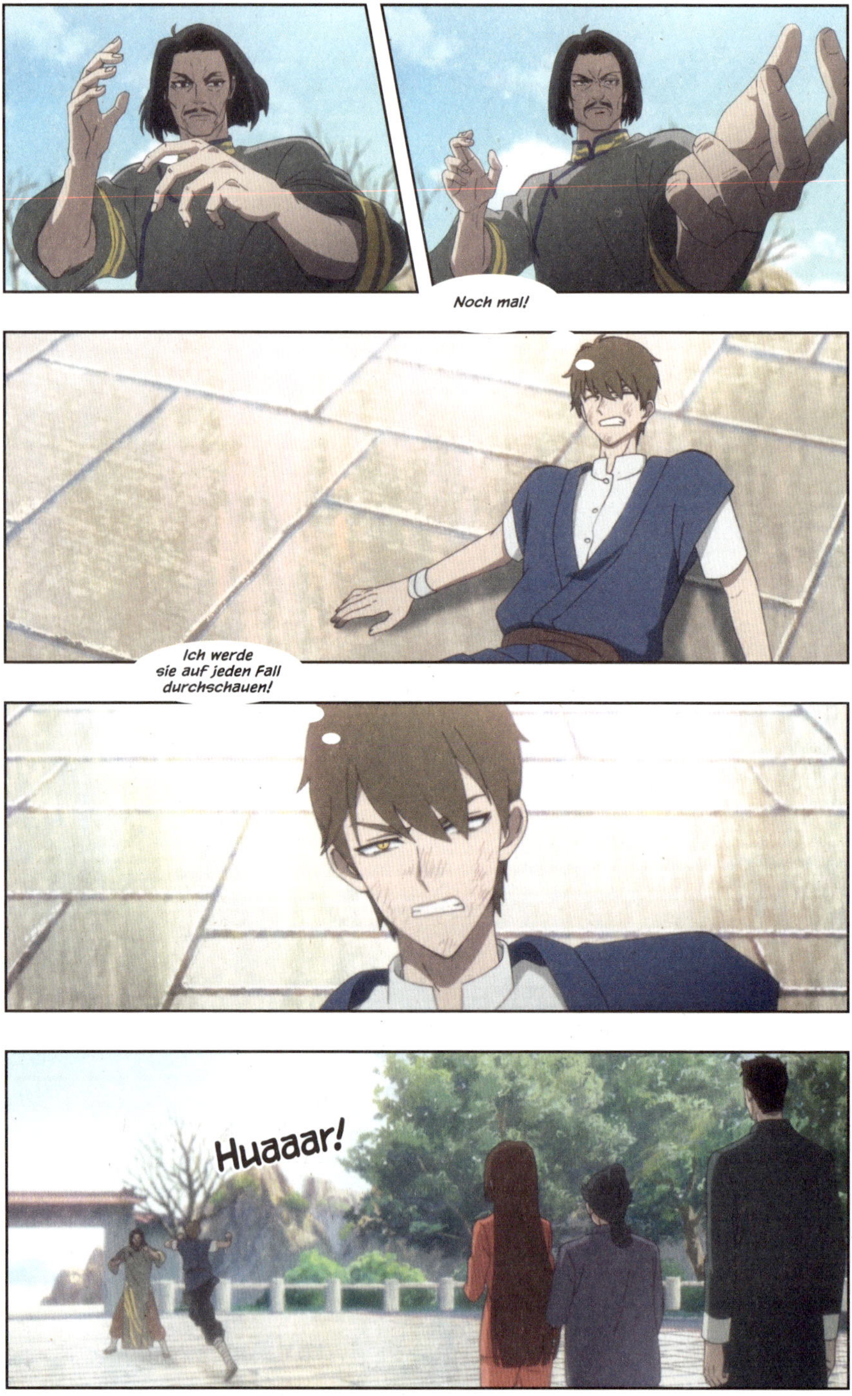
Noch mal!
Ich werde sie auf jeden Fall durchschauen!
Huaaar!

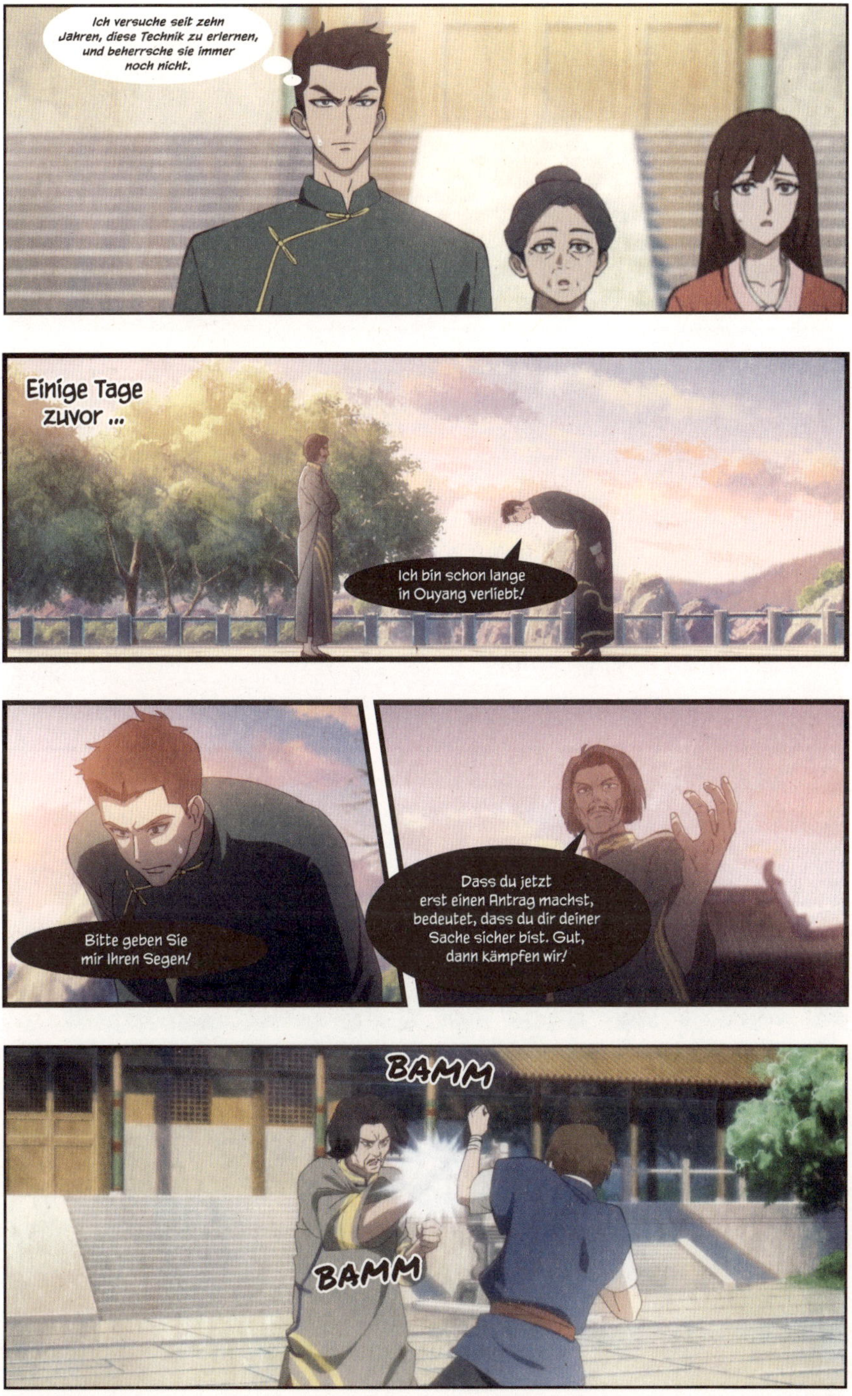

Ich versuche seit zehn Jahren, diese Technik zu erlernen, und beherrsche sie immer noch nicht.
Einige Tage zuvor ...
Ich bin schon lange in Ouyang verliebt!
Bitte geben Sie mir Ihren Segen!
Dass du jetzt erst einen Antrag machst, bedeutet, dass du dir deiner Sache sicher bist. Gut, dann kämpfen wir!
BAMM
BAMM

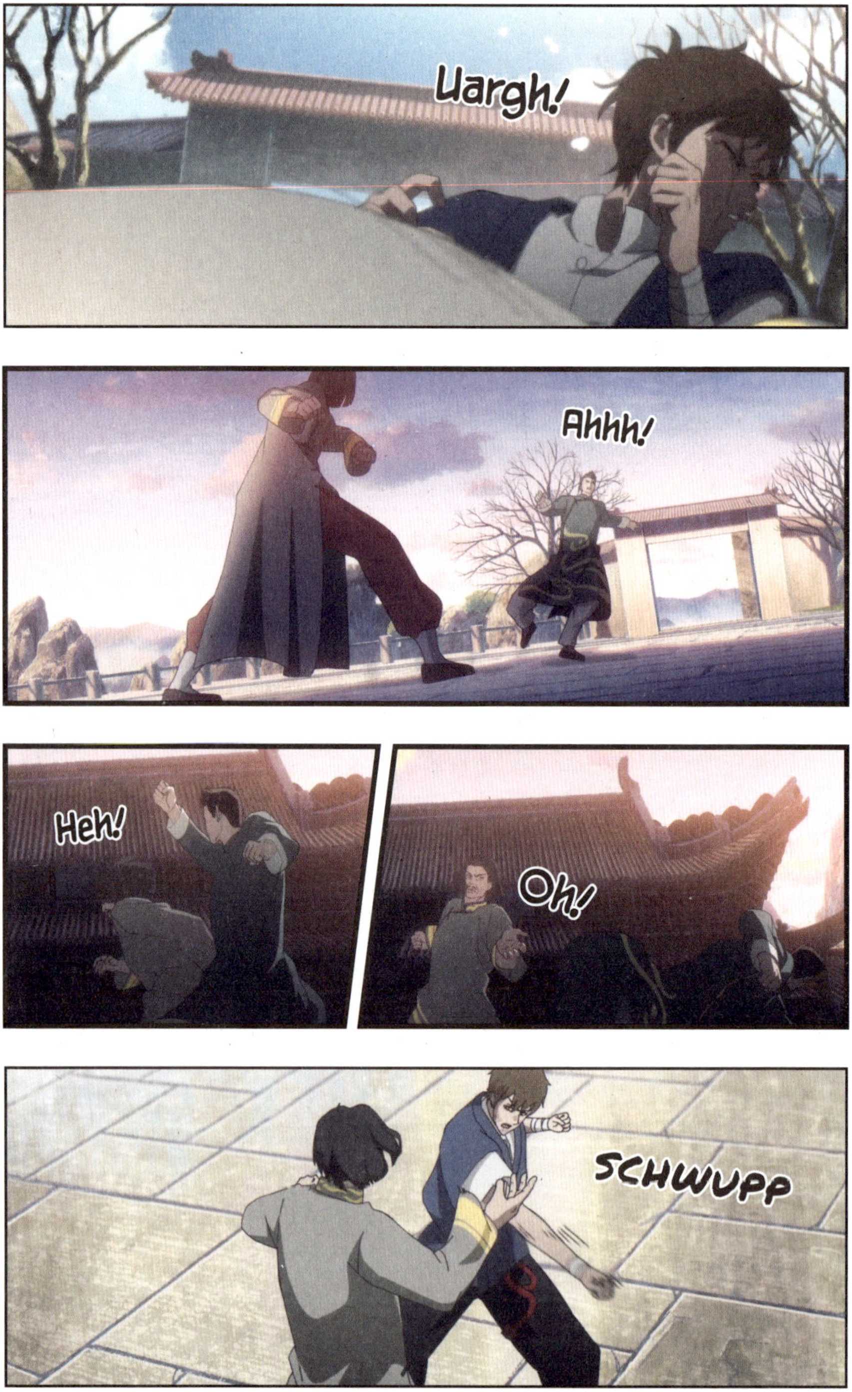
Uargh!
Ahhh!
Heh!
Oh!
SCHWUPP

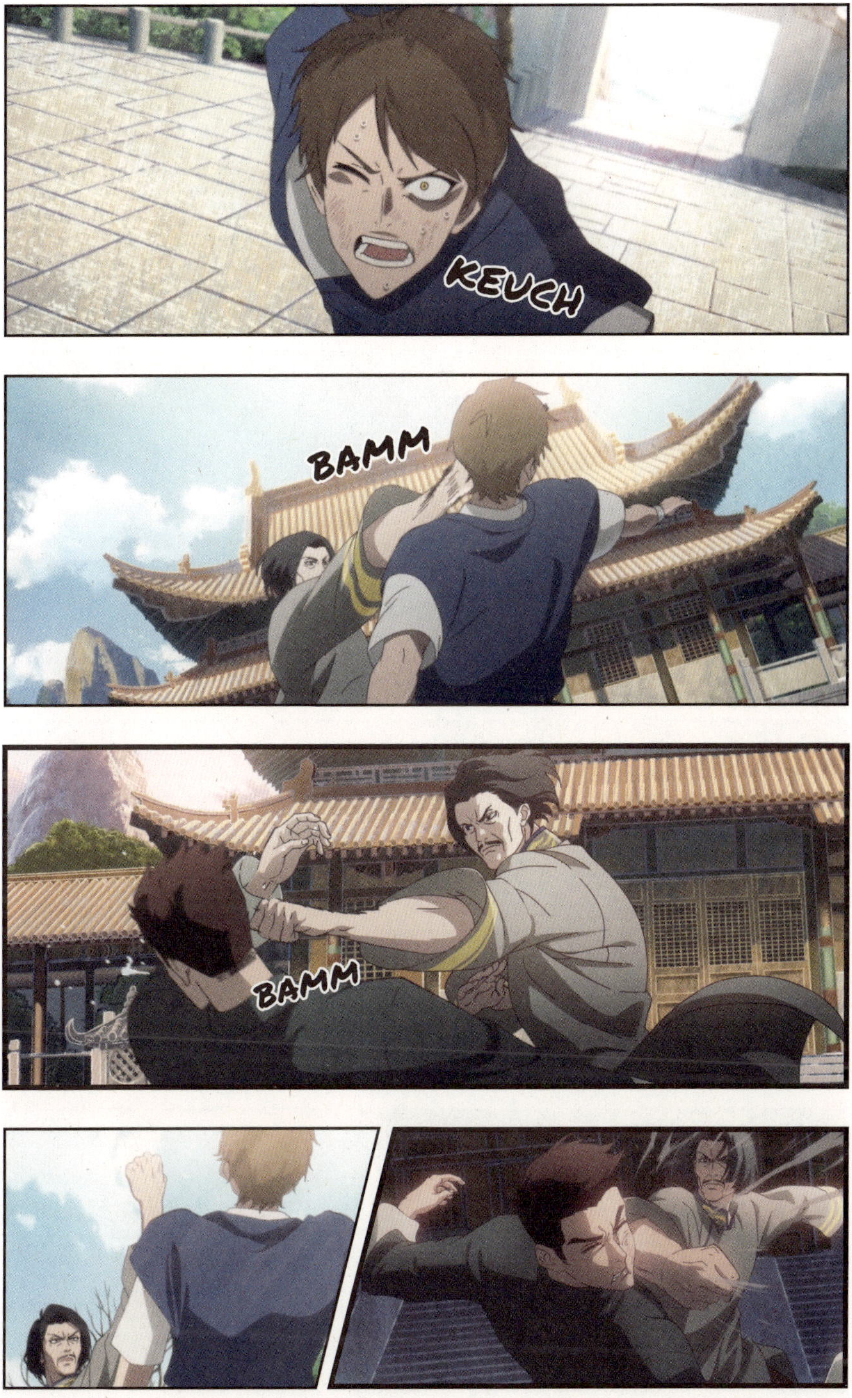
KEUCH
BAMM
BAMM

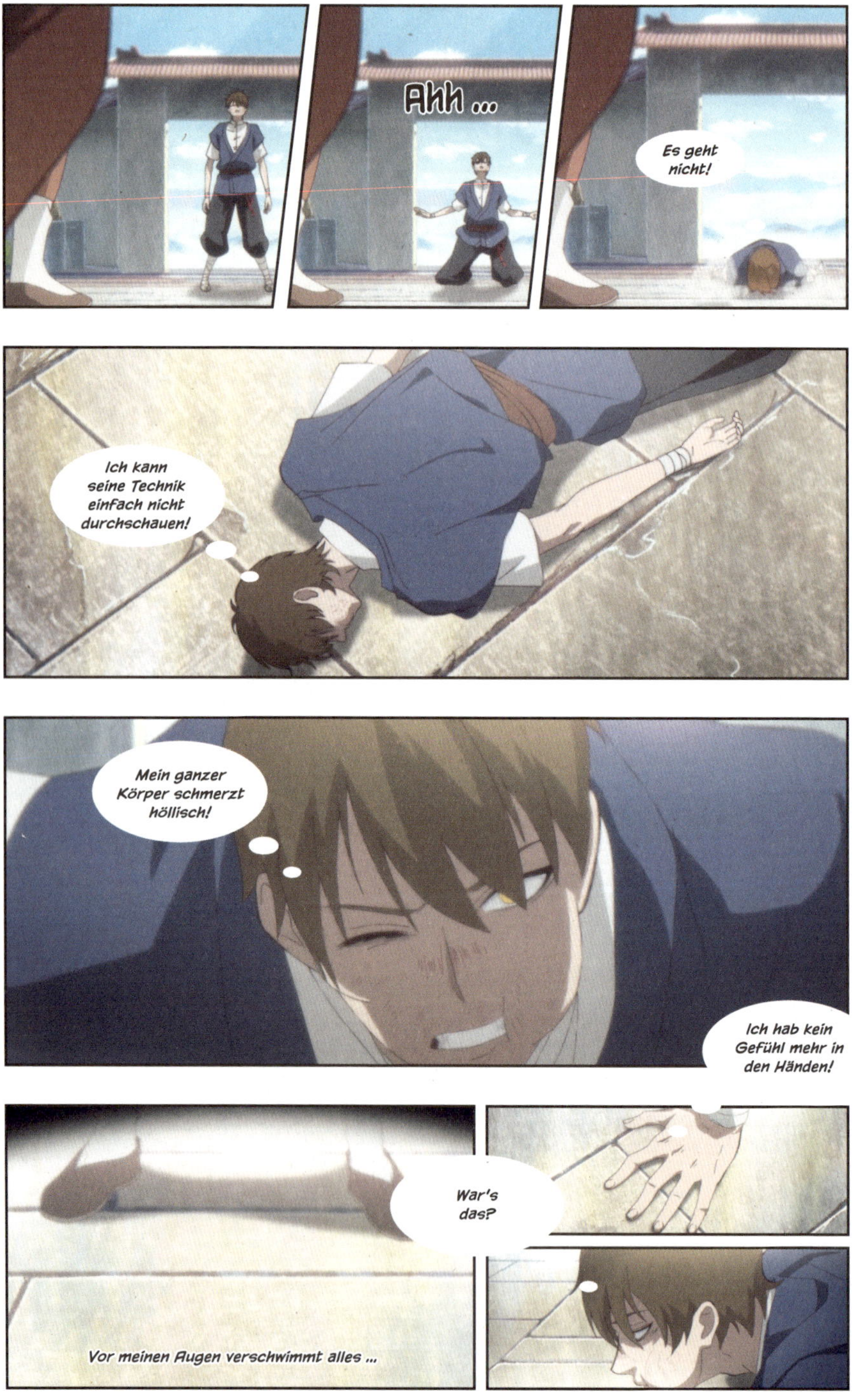
Ahh ...
Es geht nicht!
Ich kann seine Technik einfach nicht durchschauen!
Mein ganzer Körper schmerzt höllisch!
Ich hab kein Gefühl mehr in den Händen!
War's das?
Vor meinen Augen verschwimmt alles ...

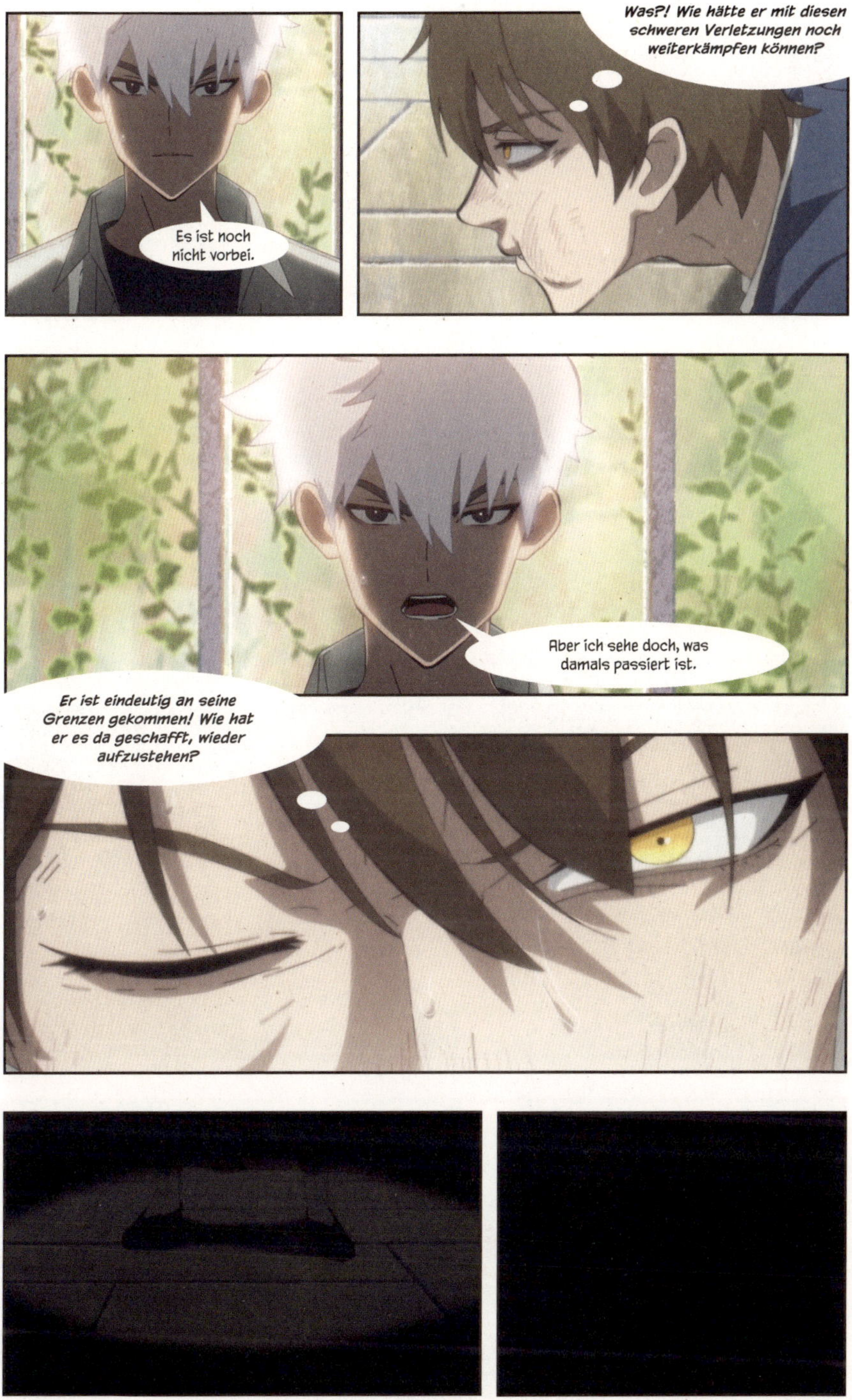
Es ist noch nicht vorbei.
Was?! Wie hätte er mit diesen schweren Verletzungen noch weiterkämpfen können?
Aber ich sehe doch, was damals passiert ist.
Er ist eindeutig an seine Grenzen gekommen! Wie hat er es da geschafft, wieder aufzustehen?

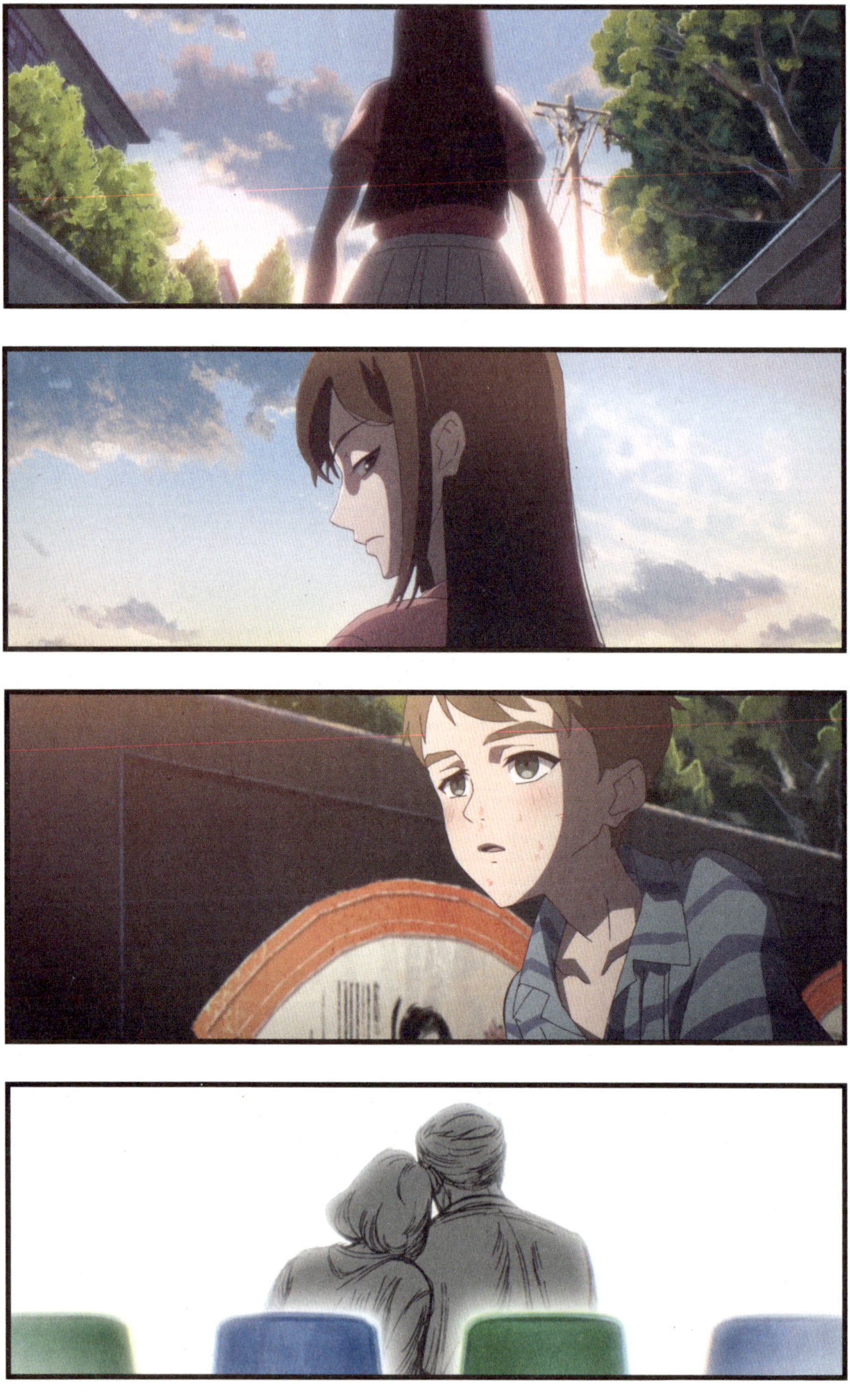

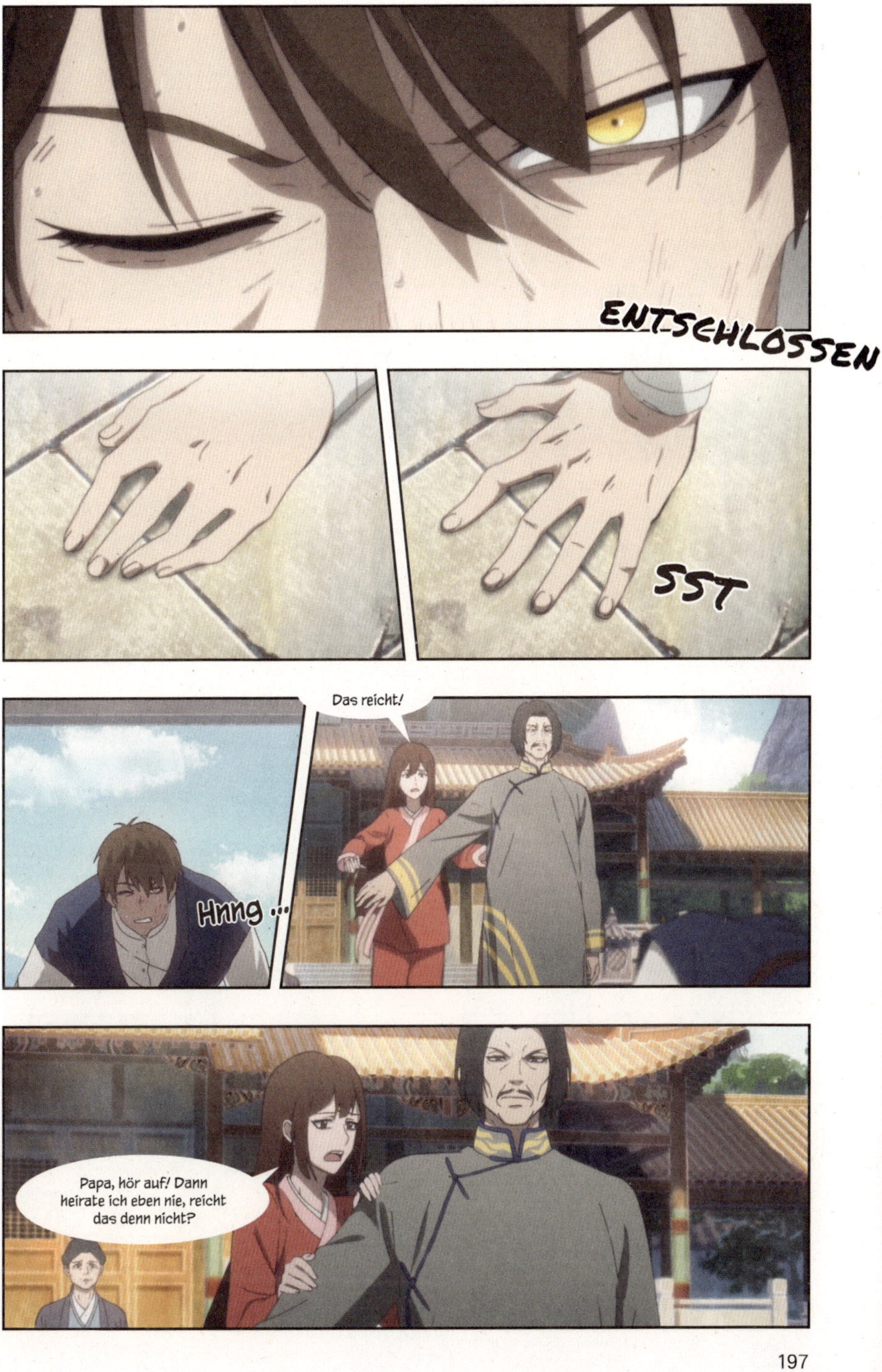
ENTSCHLOSSEN
SST
Hnng ...
Das reicht!
Papa, hör auf! Dann heirate ich eben nie, reicht das denn nicht?

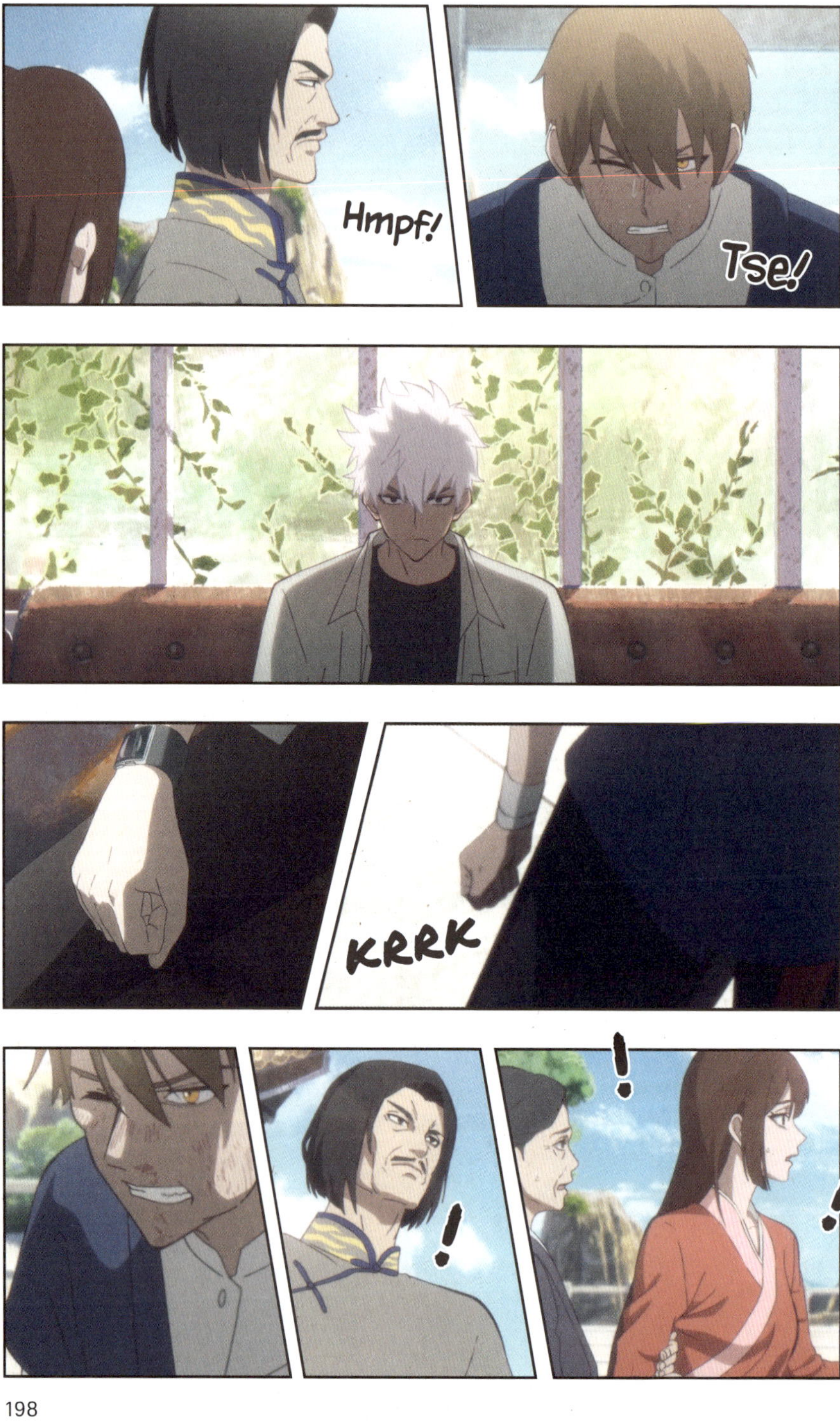
Hmpf!
Tse!
KRRK
!
!
!

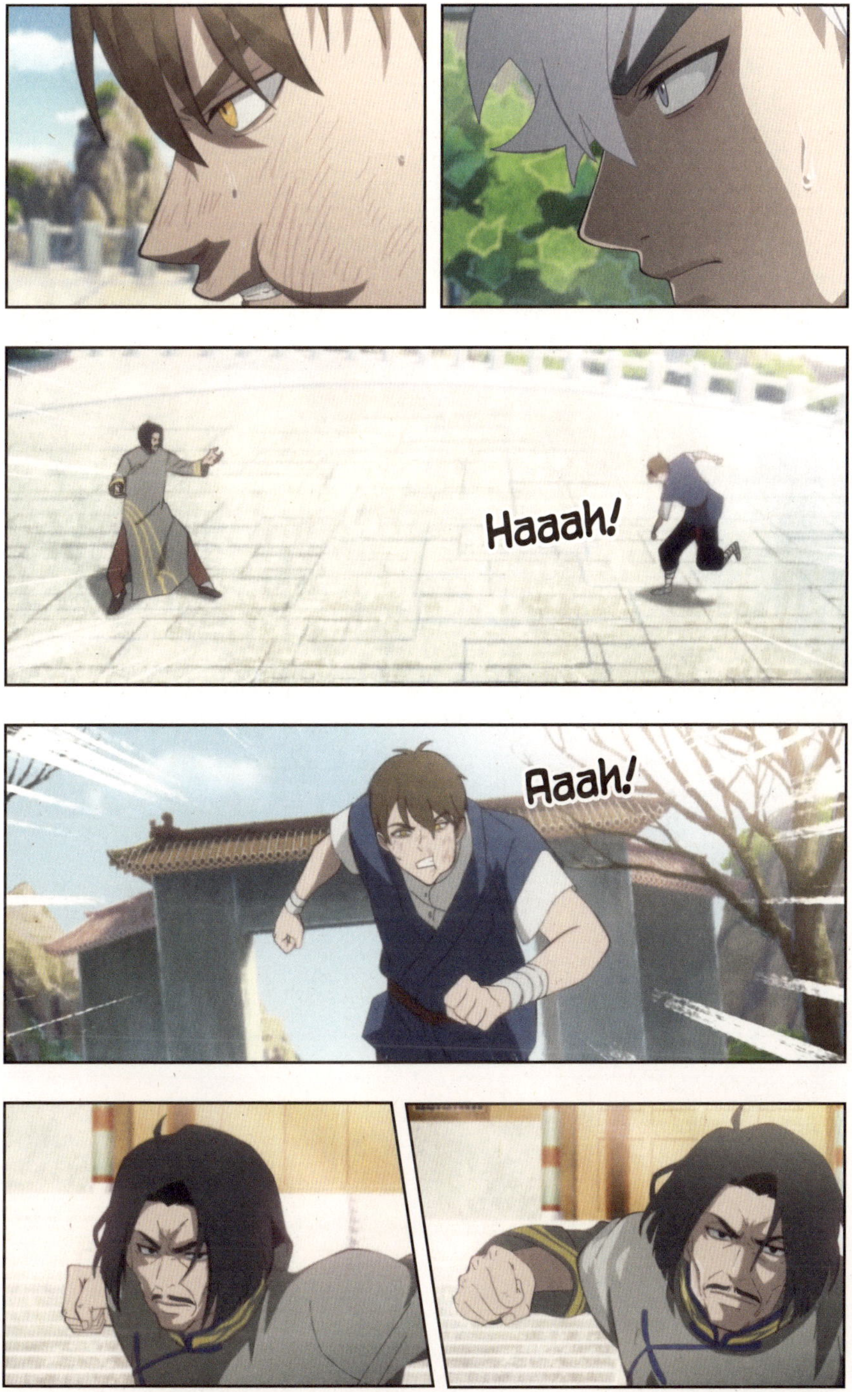
Haaah!
Aaah!

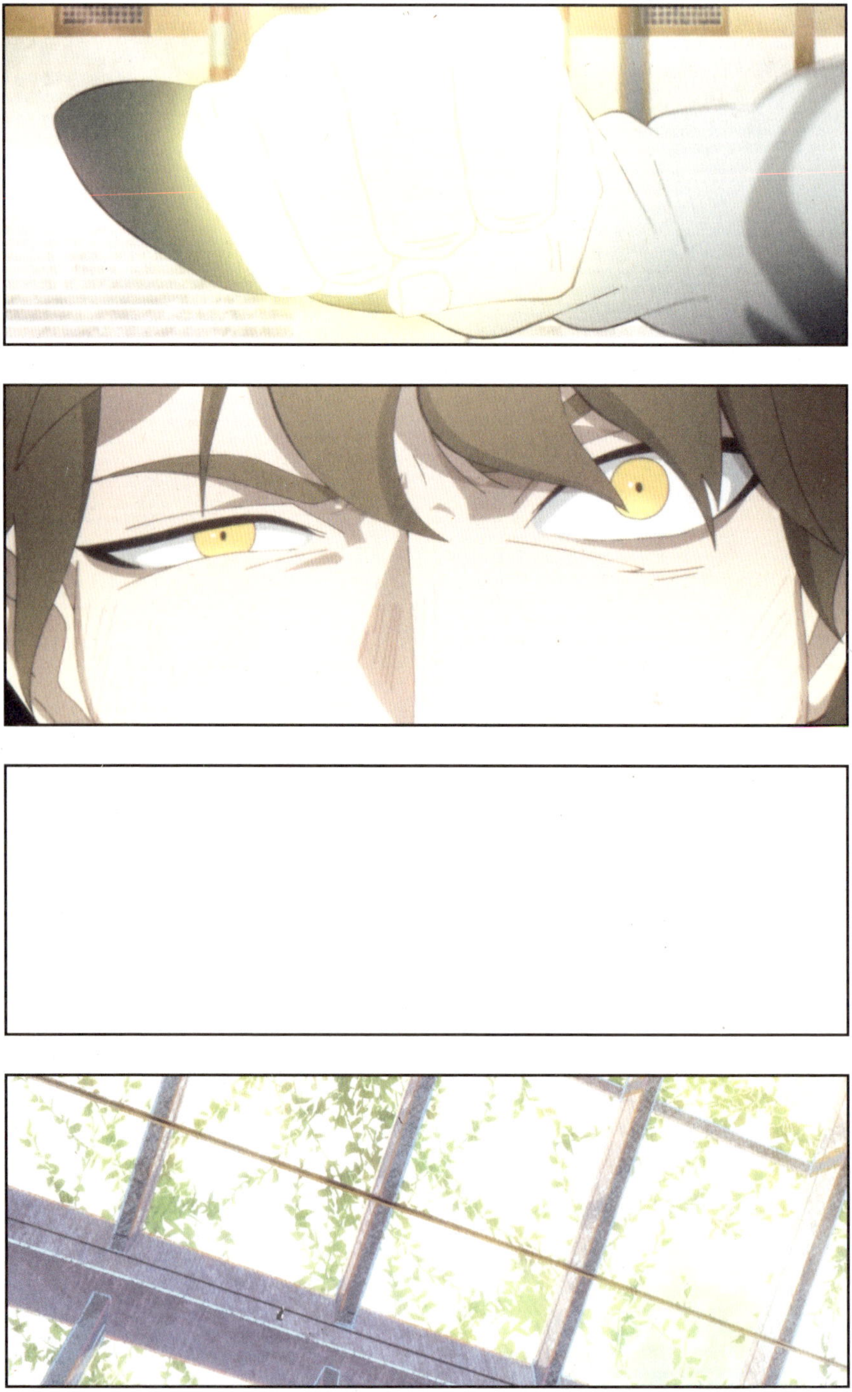

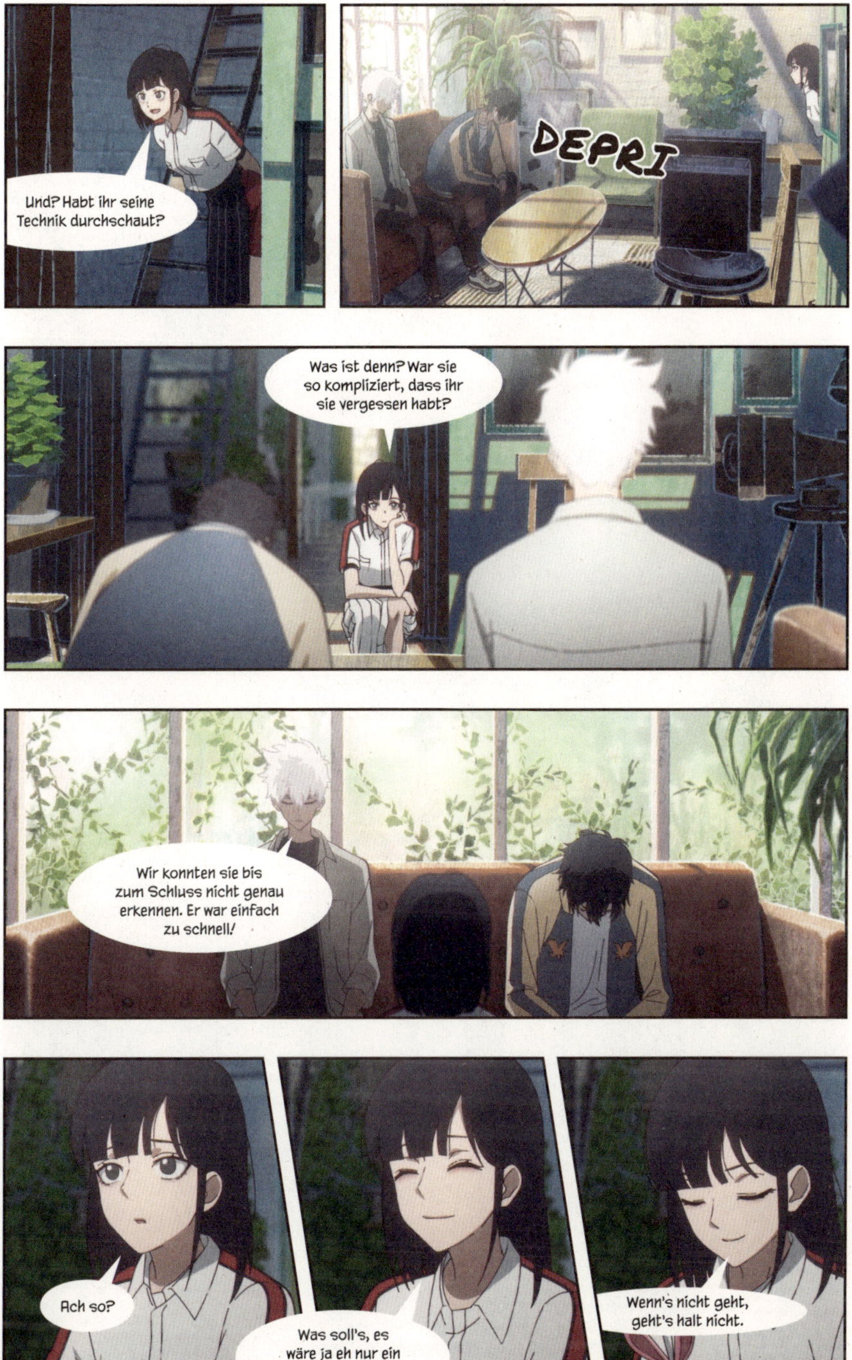
Und? Habt ihr seine Technik durchschaut?
DEPRI
Was ist denn? War sie so kompliziert, dass ihr sie vergessen habt?
Wir konnten sie bis zum Schluss nicht genau erkennen. Er war einfach zu schnell!
Ach so?
Was soll's, es wäre ja eh nur ein Gefallen gewesen!
Wenn's nicht geht, geht's halt nicht.

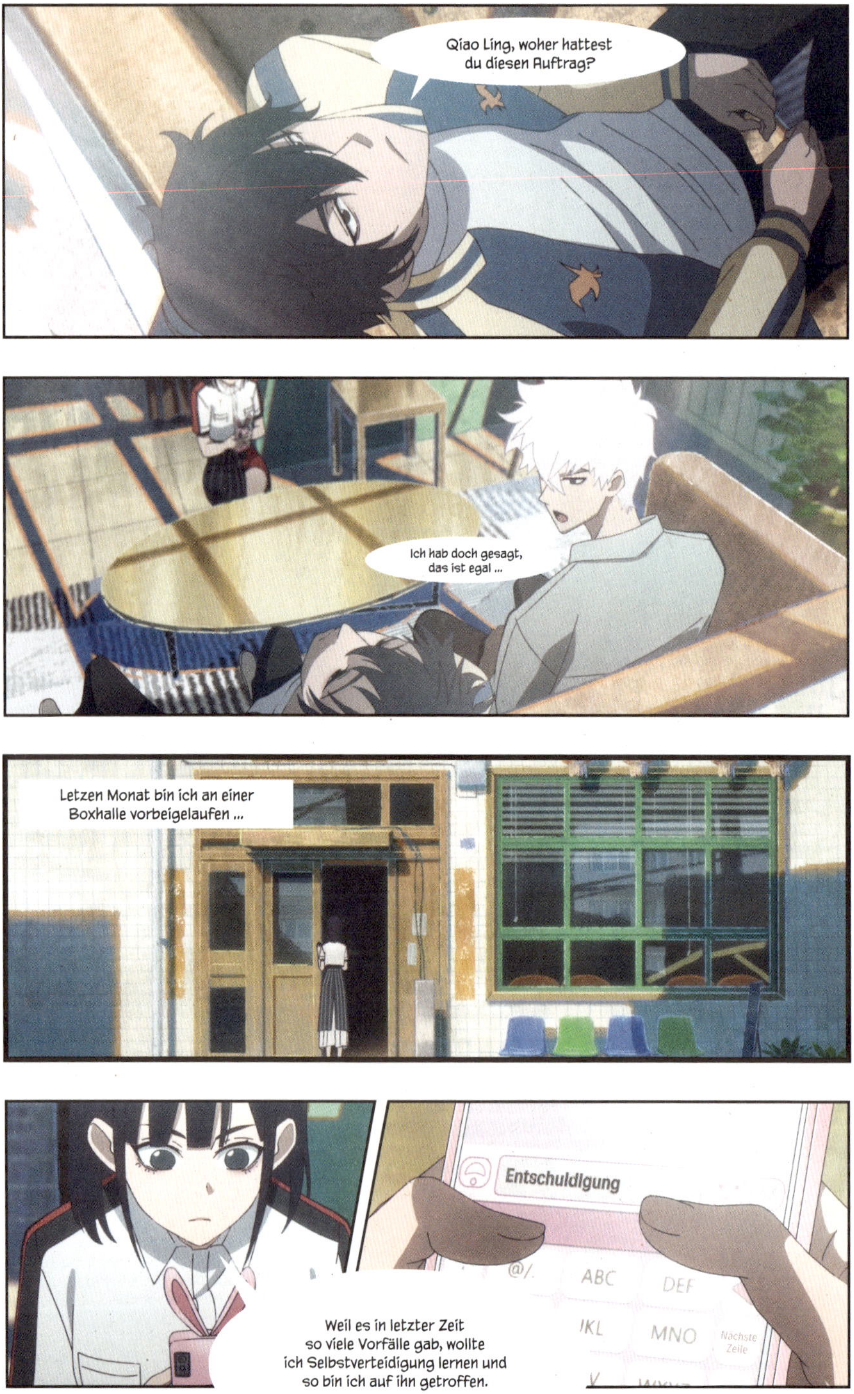
Qiao Ling, woher hattest du diesen Auftrag?
Ich hab doch gesagt, das ist egal ...
Letzen Monat bin ich an einer Boxhalle vorbeigelaufen ...
Entschuldigung
Weil es in letzter Zeit so viele Vorfälle gab, wollte ich Selbstverteidigung lernen und so bin ich auf ihn getroffen.

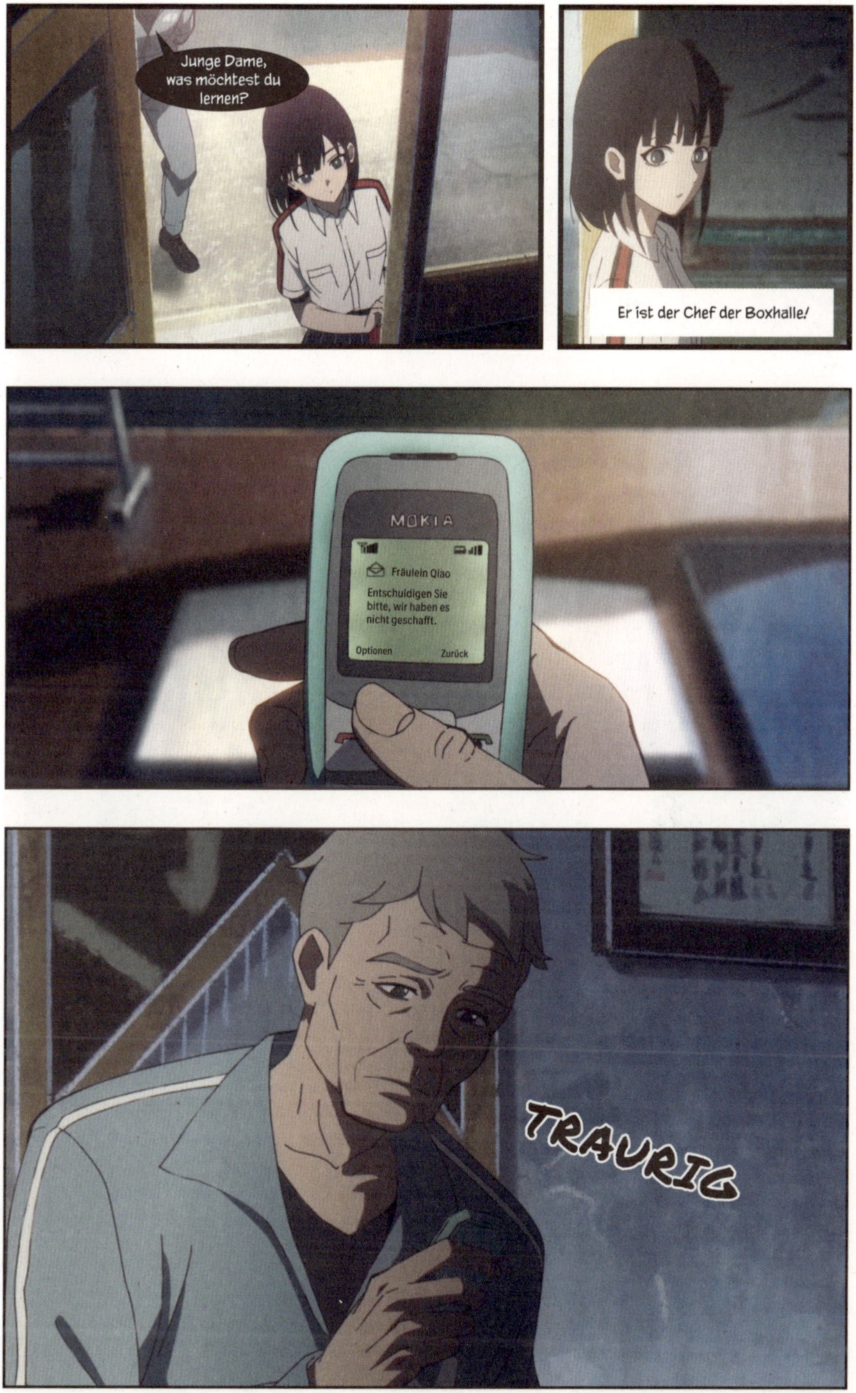
Junge Dame,
was möchtest du
lernen?
Er ist der Chef der Boxhalle!
MOKIA
Fräulein Qiao
Entschuldigen Sie
bitte, wir haben es
nicht geschafft.
Optionen
Zurück
TRAURIG

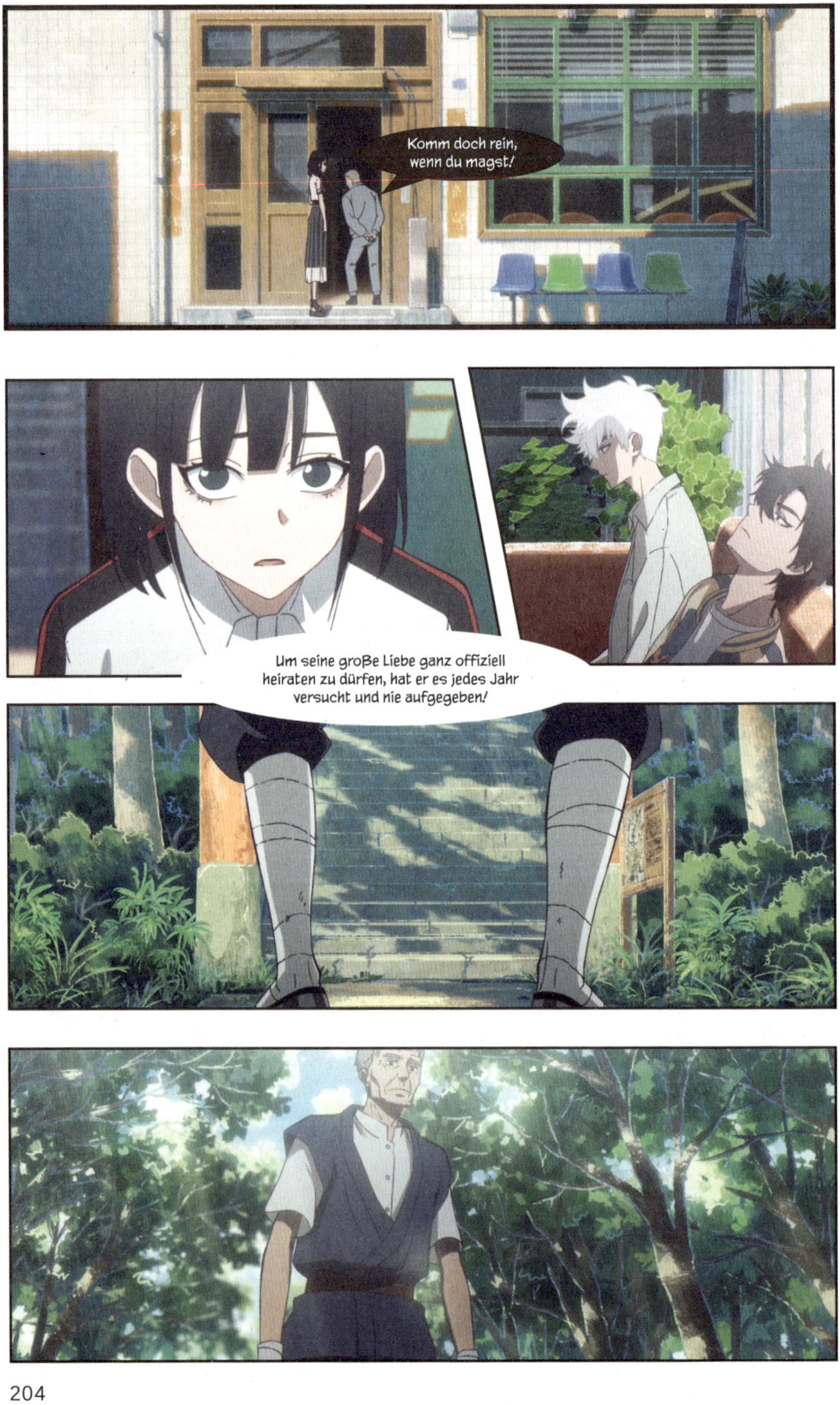
Komm doch rein,
wenn du magst!
Um seine große Liebe ganz offiziell
heiraten zu dürfen, hat er es jedes Jahr
versucht und nie aufgegeben!

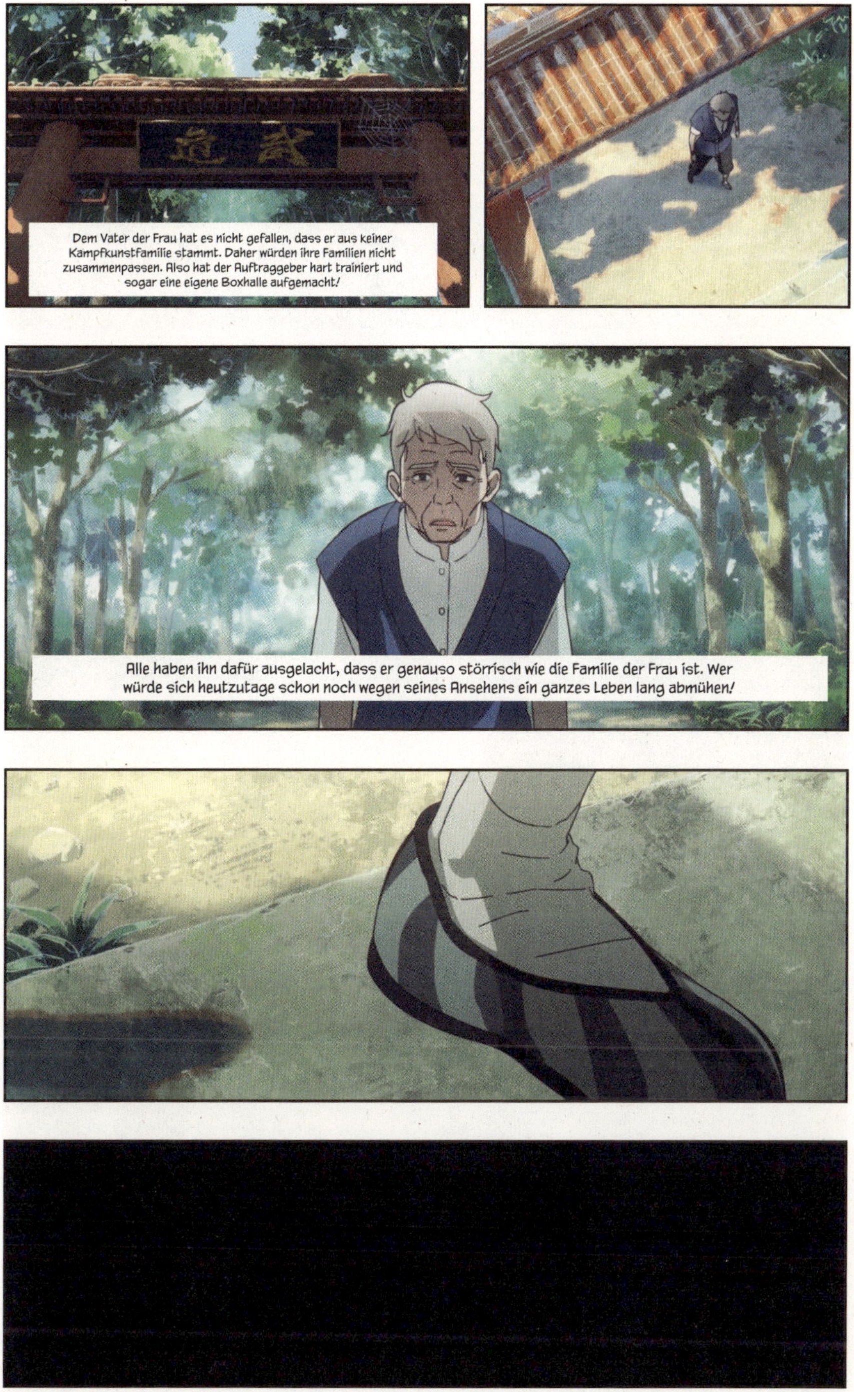
武道
Dem Vater der Frau hat es nicht gefallen, dass er aus keiner Kampfkunstfamilie stammt. Daher würden ihre Familien nicht zusammenpassen. Also hat der Auftraggeber hart trainiert und sogar eine eigene Boxhalle aufgemacht!
Alle haben ihn dafür ausgelacht, dass er genauso störrisch wie die Familie der Frau ist. Wer würde sich heutzutage schon noch wegen seines Ansehens ein ganzes Leben lang abmühen!

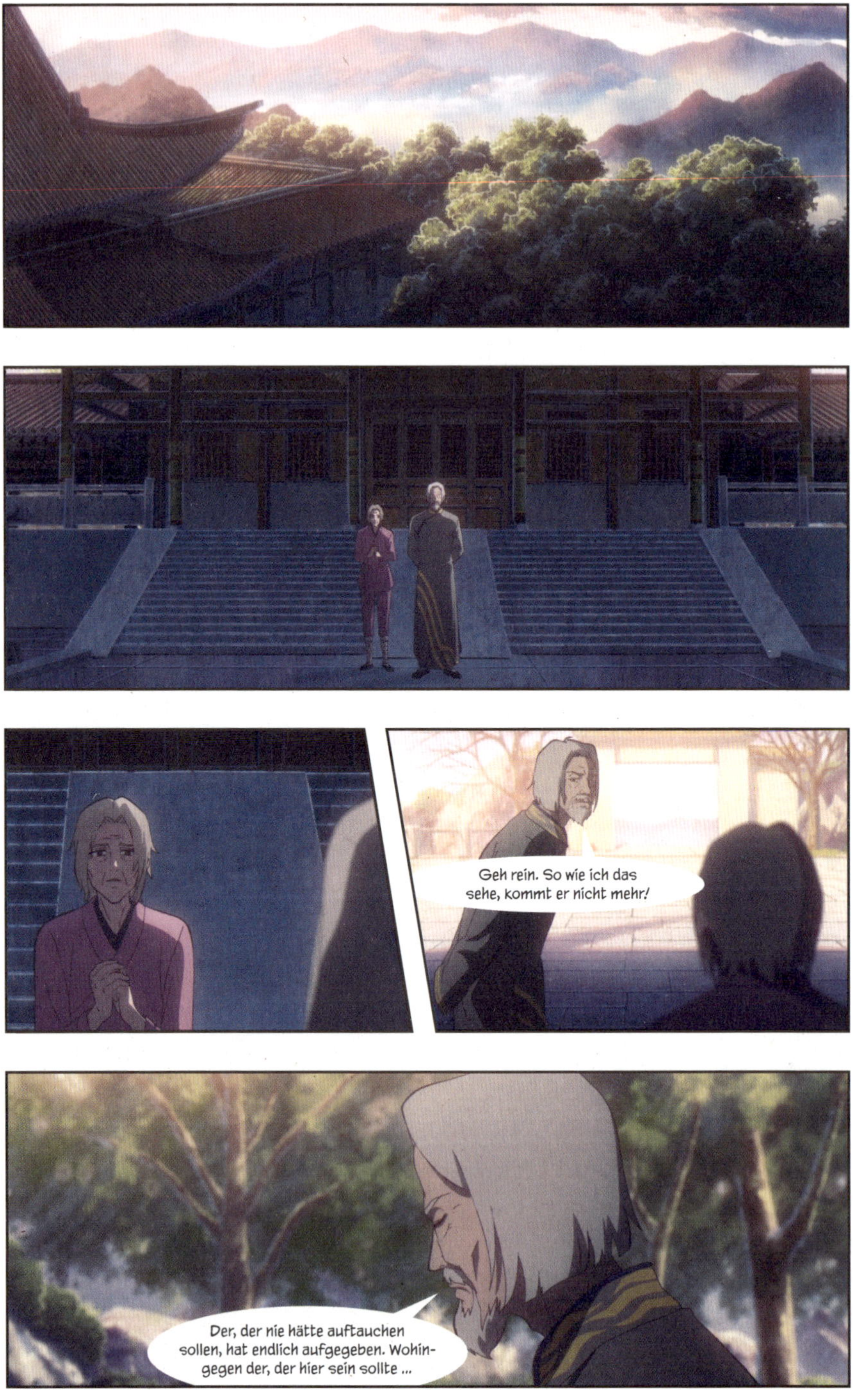
Geh rein. So wie ich das sehe, kommt er nicht mehr!
Der, der nie hätte auftauchen sollen, hat endlich aufgegeben. Wohingegen der, der hier sein sollte ...

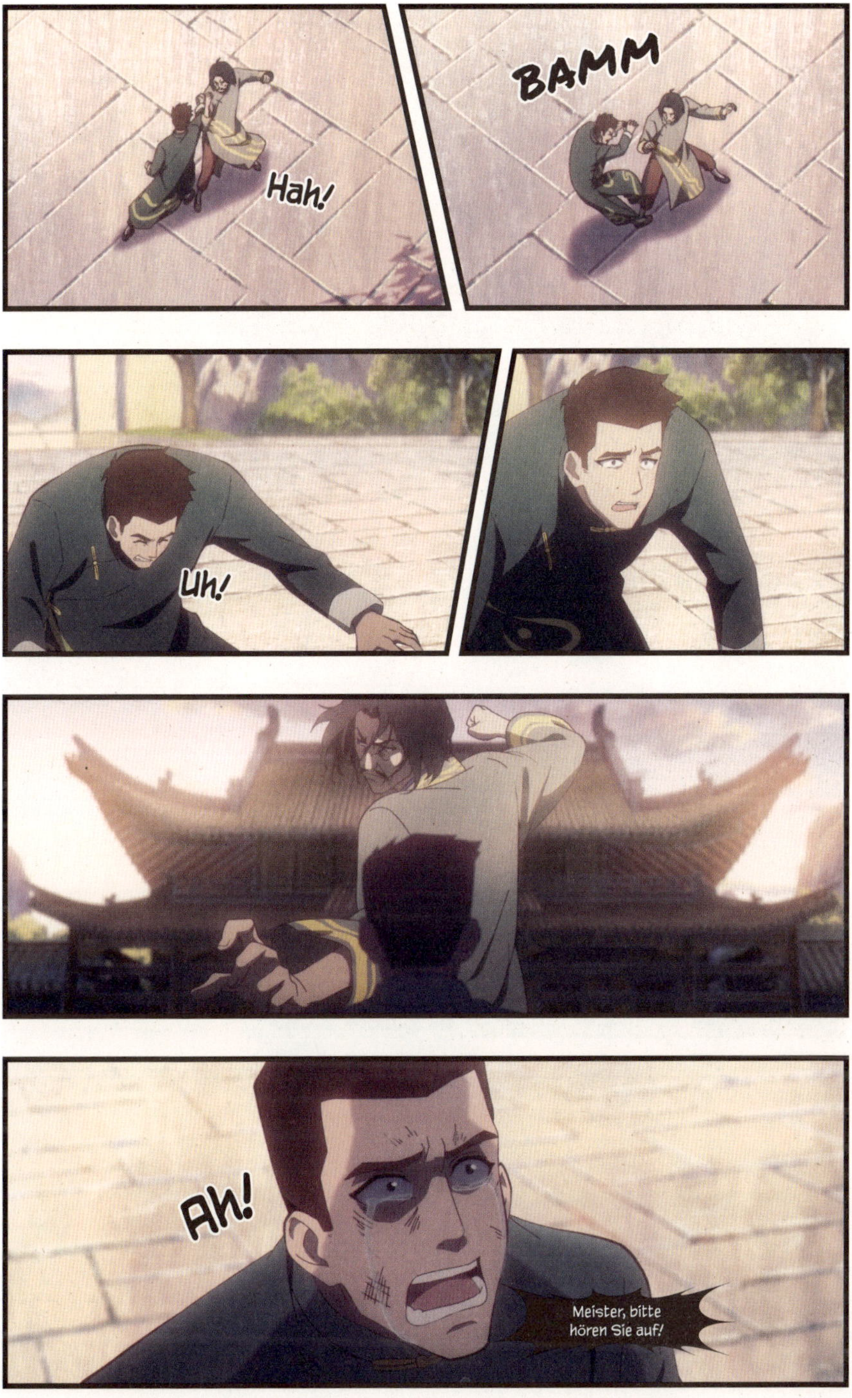
Hah!
BAMM
Uh!
Ah!
Meister, bitte hören Sie auf!

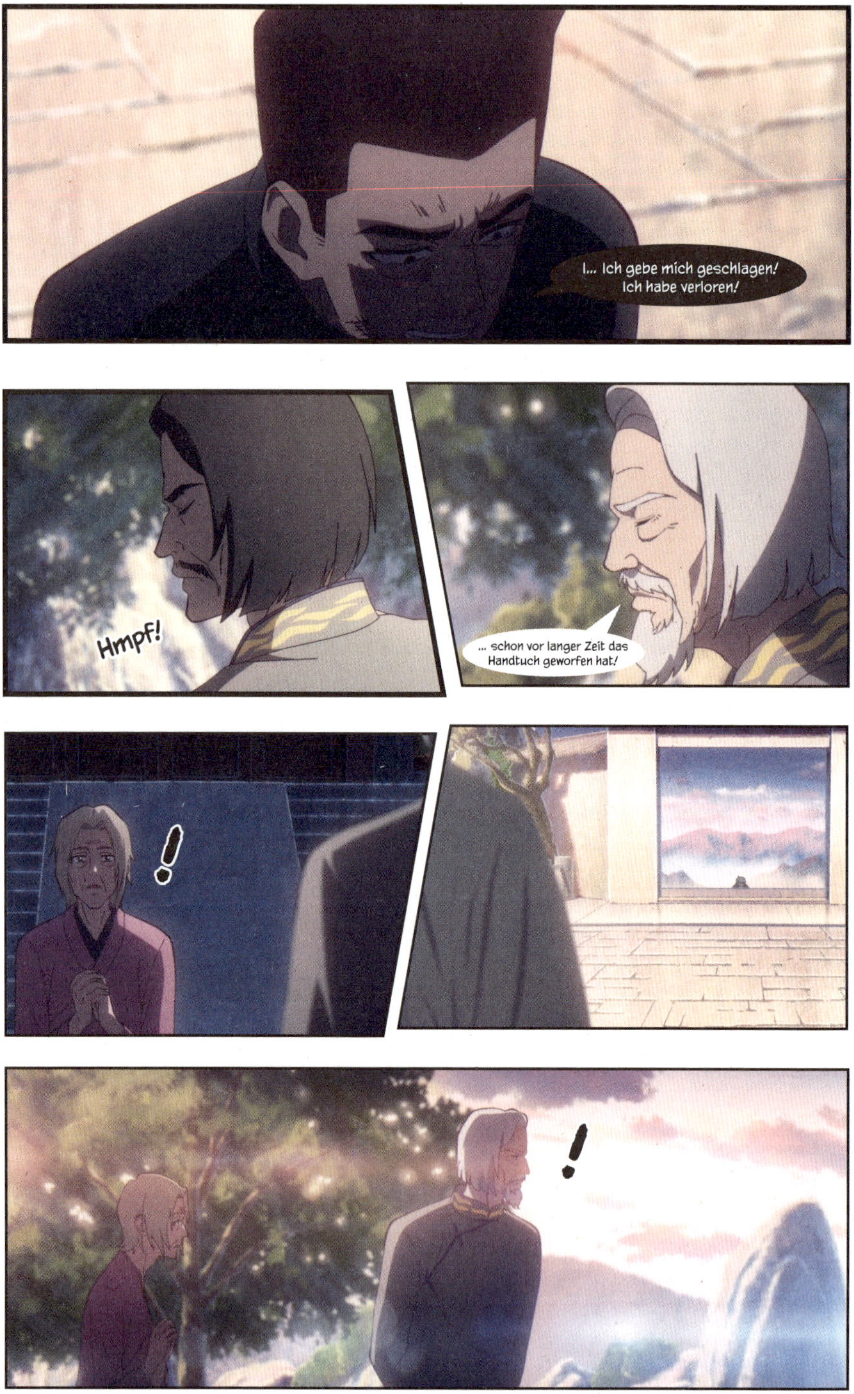
I… Ich gebe mich geschlagen!
Ich habe verloren!
Hmpf!
… schon vor langer Zeit das Handtuch geworfen hat!
!
!

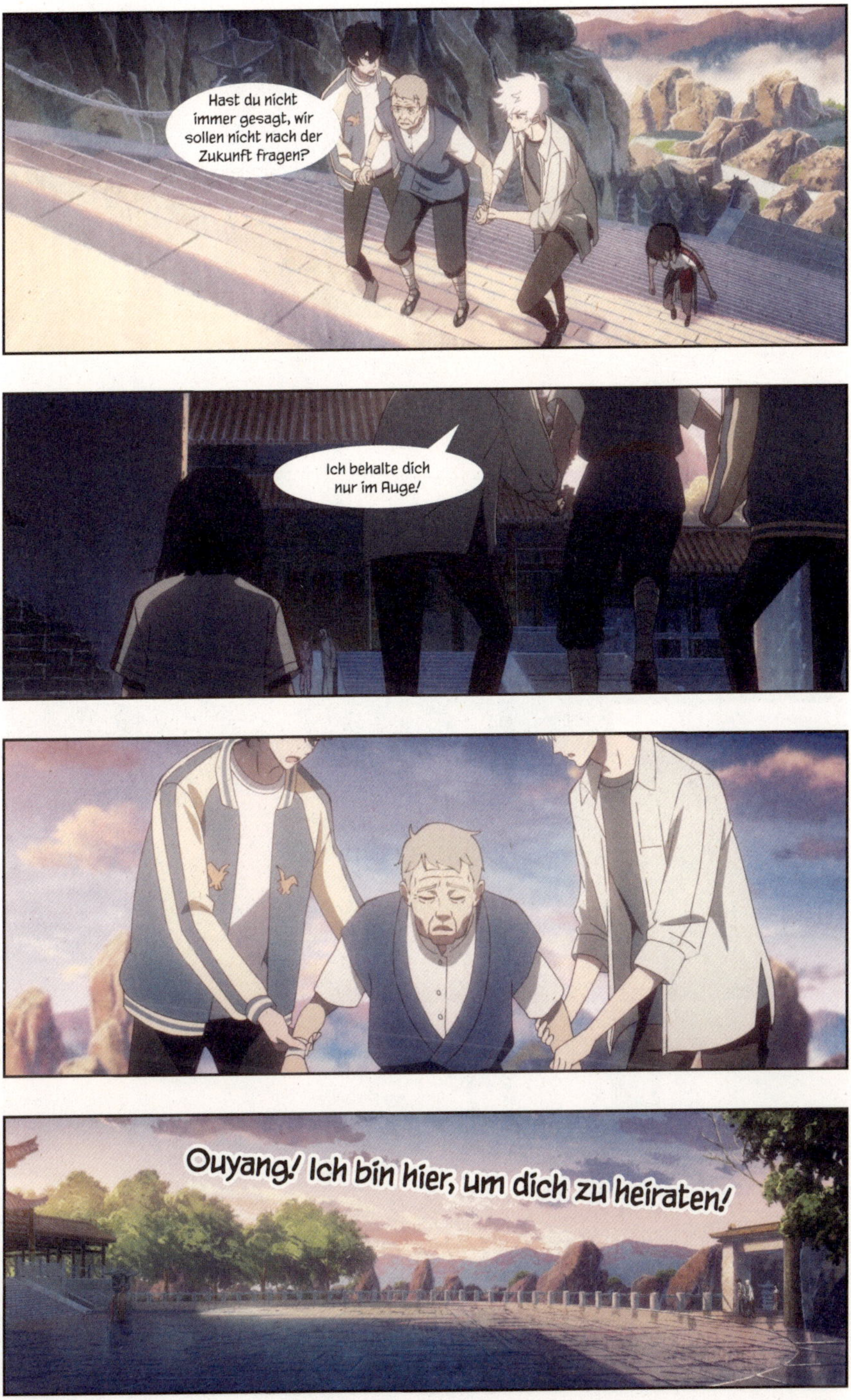
Hast du nicht immer gesagt, wir sollen nicht nach der Zukunft fragen?
Ich behalte dich nur im Auge!
Ouyang! Ich bin hier, um dich zu heiraten!

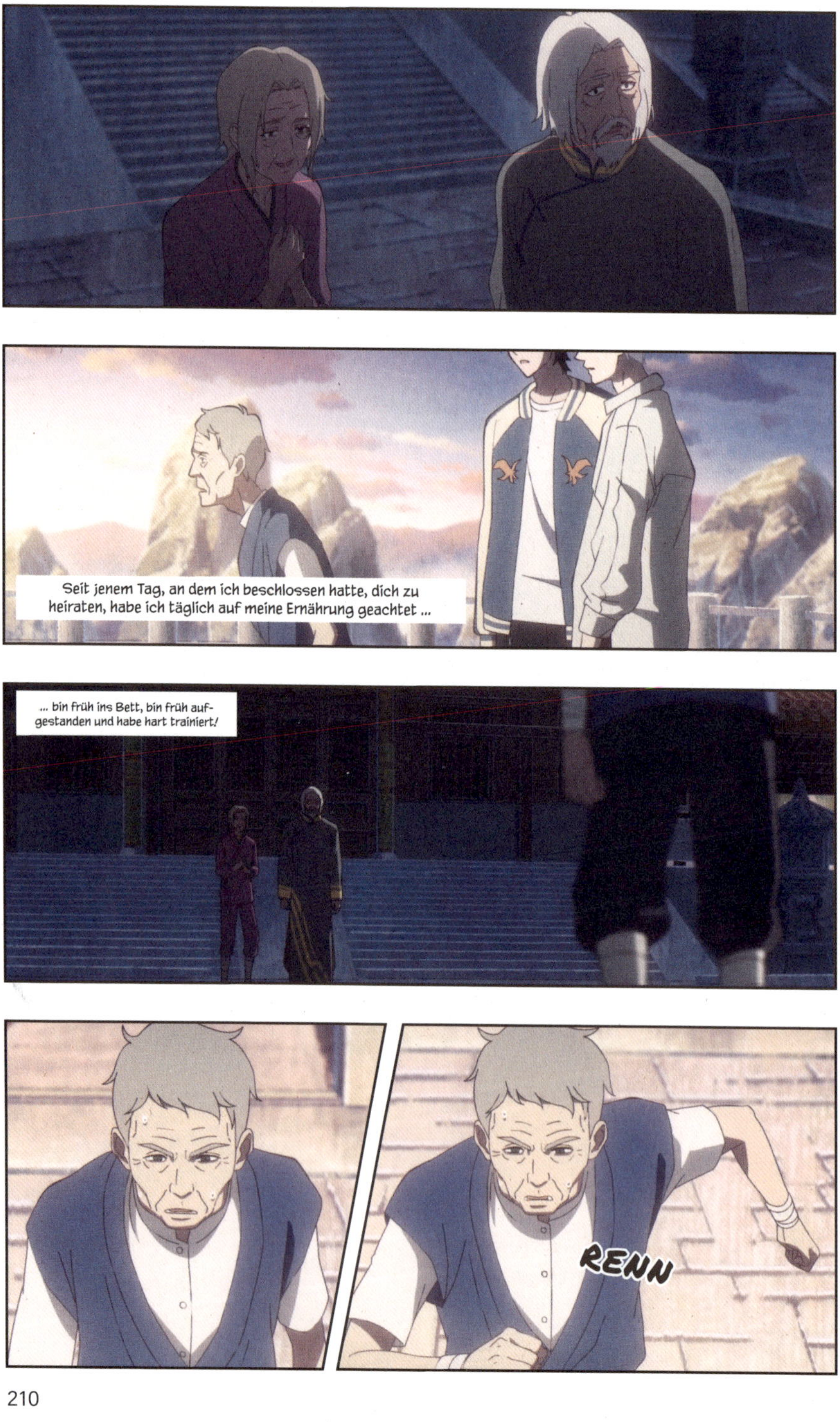
Seit jenem Tag, an dem ich beschlossen hatte, dich zu heiraten, habe ich täglich auf meine Ernährung geachtet ...
... bin früh ins Bett, bin früh auf-gestanden und habe hart trainiert!
RENN

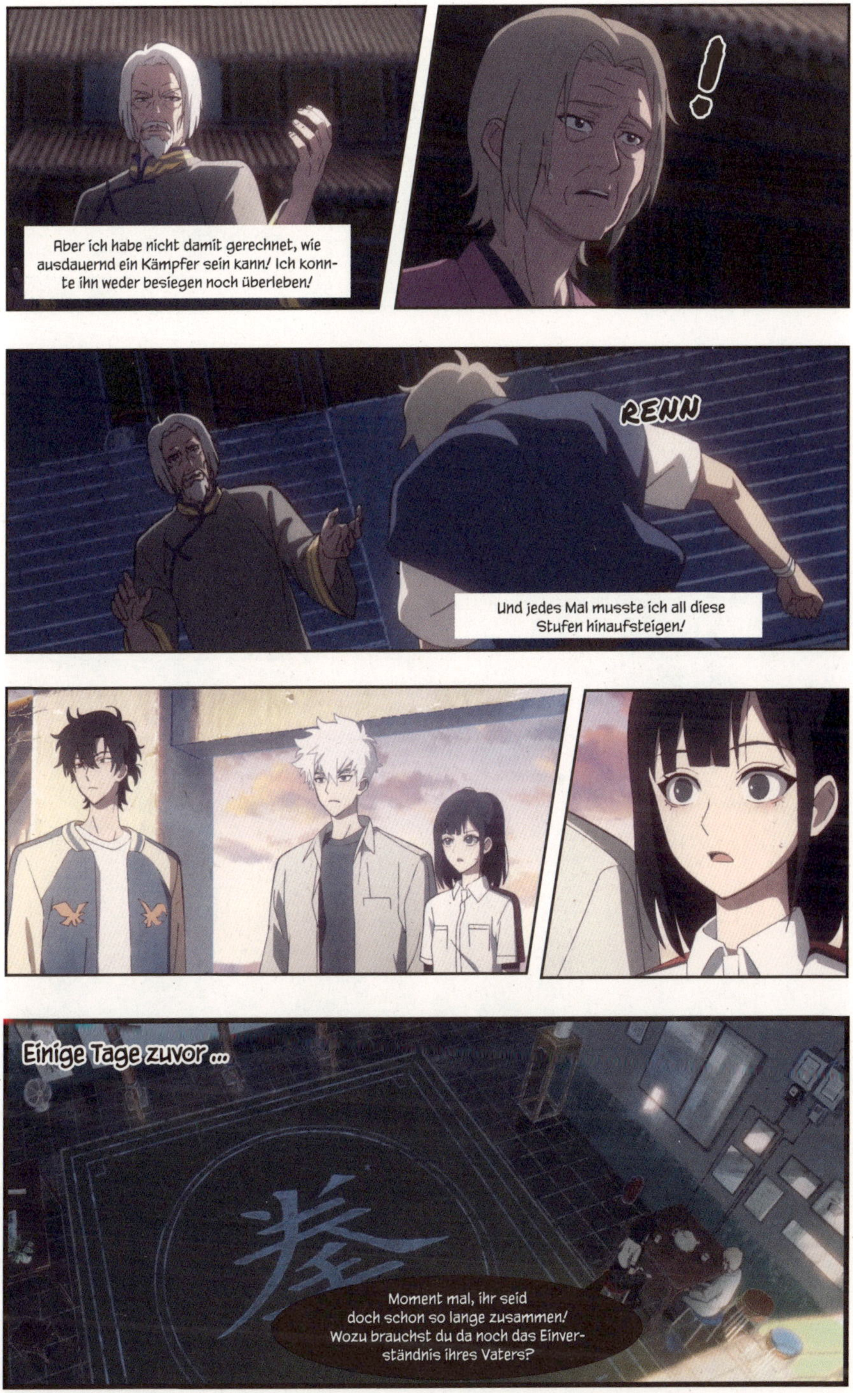
Aber ich habe nicht damit gerechnet, wie ausdauernd ein Kämpfer sein kann! Ich konnte ihn weder besiegen noch überleben!
!
RENN
Und jedes Mal musste ich all diese Stufen hinaufsteigen!
Einige Tage zuvor ...
Moment mal, ihr seid doch schon so lange zusammen! Wozu brauchst du da noch das Einverständnis ihres Vaters?

*Faust

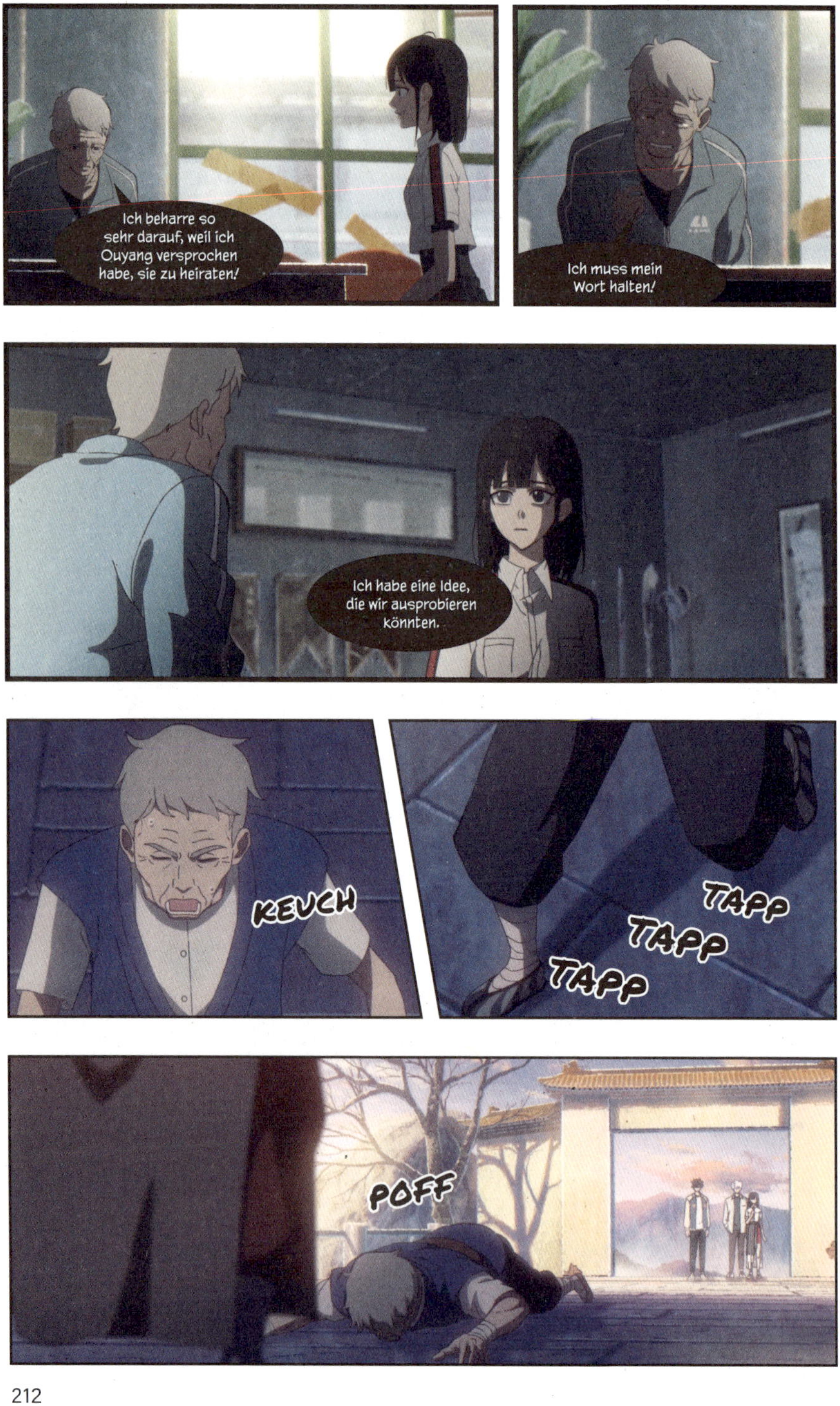
Ich beharre so sehr darauf, weil ich Ouyang versprochen habe, sie zu heiraten!
Ich muss mein Wort halten!
Ich habe eine Idee, die wir ausprobieren könnten.
KEUCH
TAPP
TAPP
TAPP
POFF

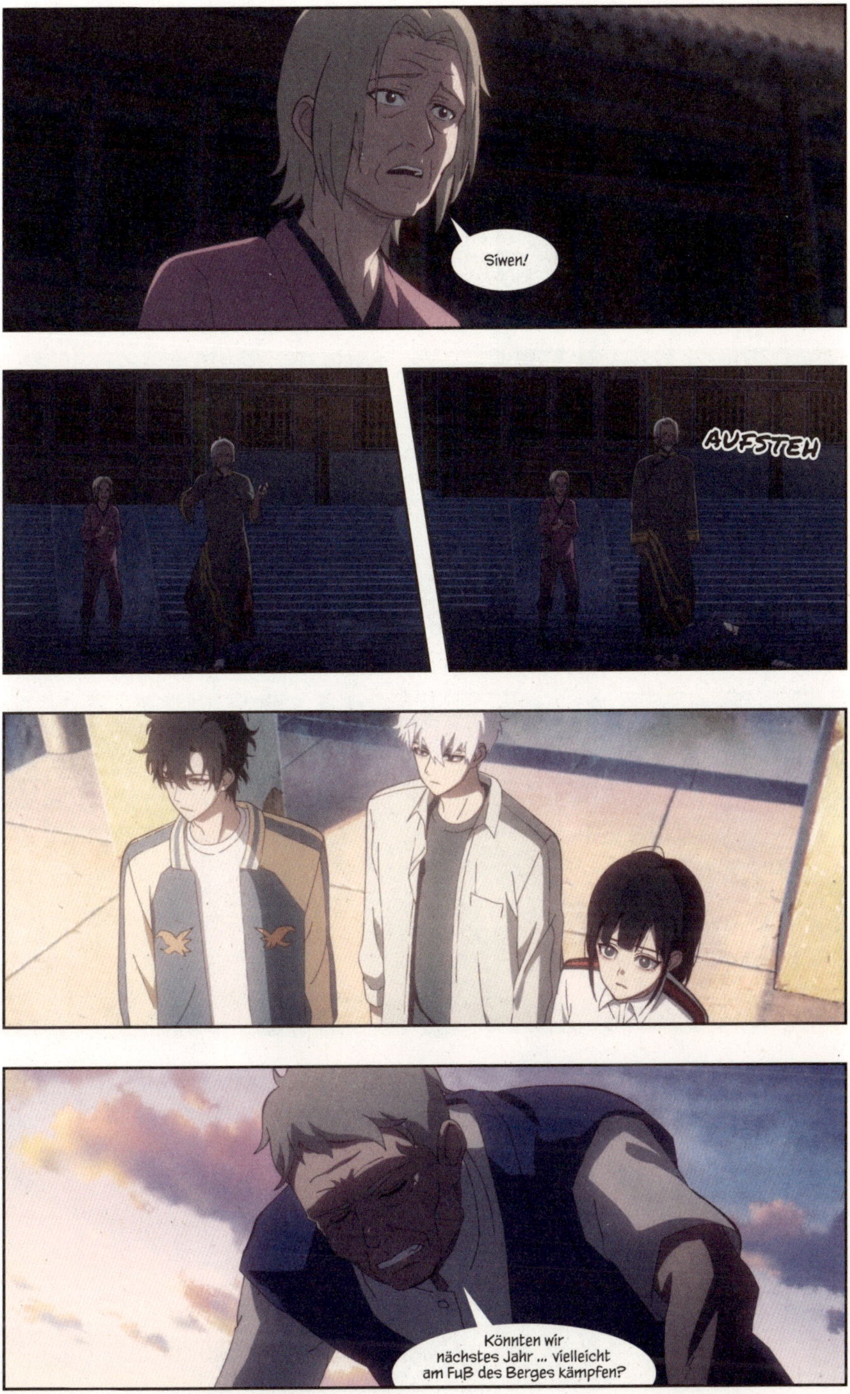
Siwen!
AUFSTEH
Könnten wir
nächstes Jahr ... vielleicht
am Fuß des Berges kämpfen?

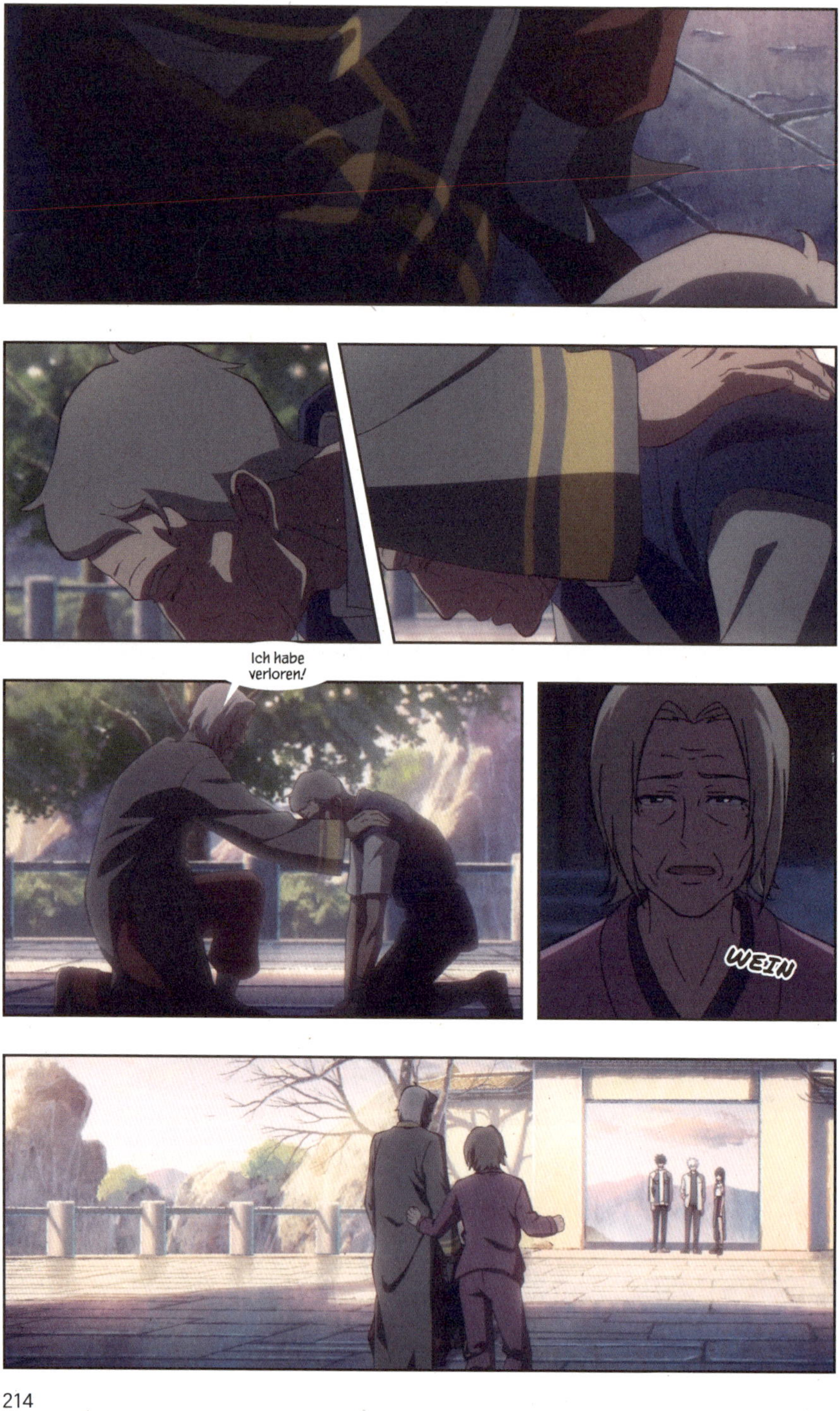
Ich habe verloren!
WEIN

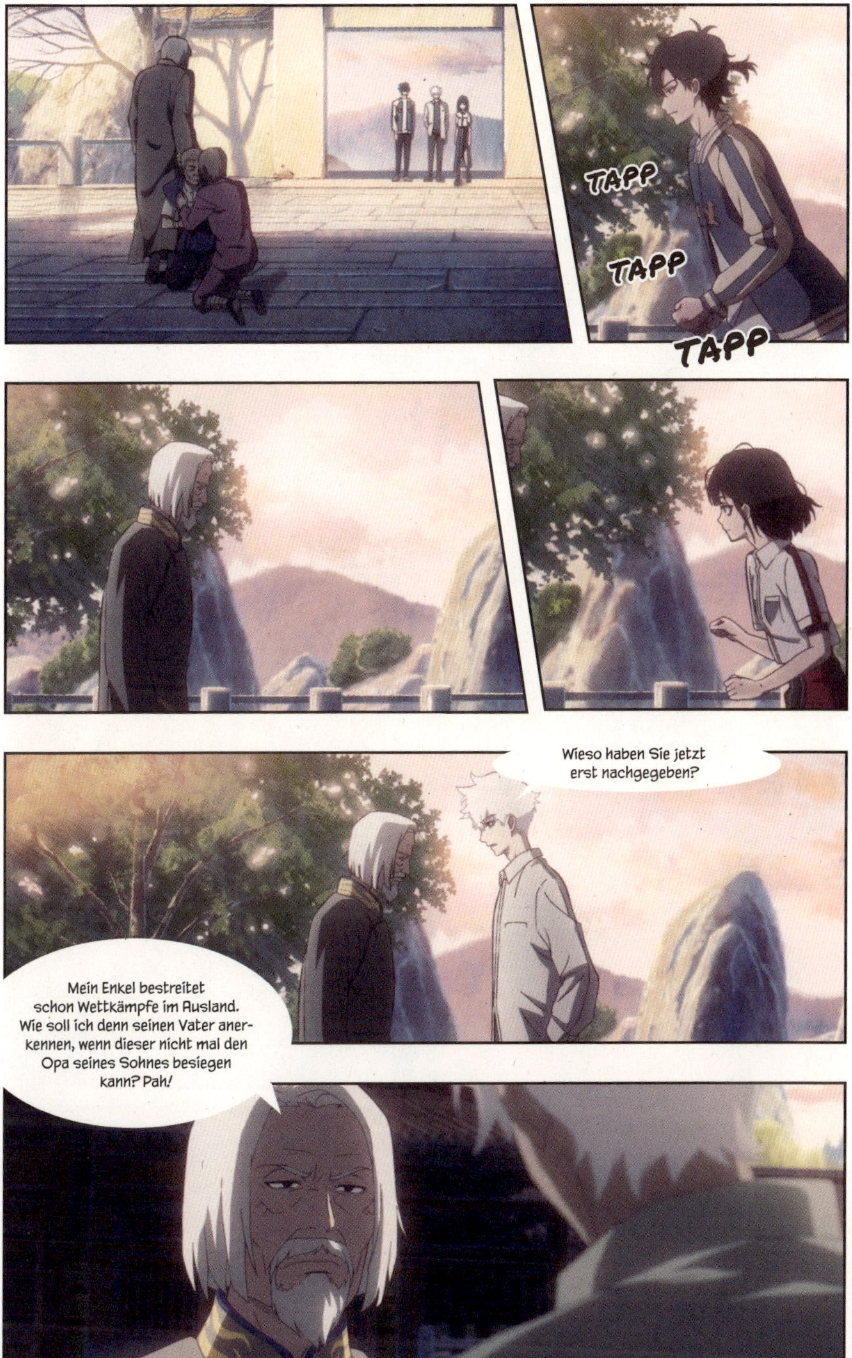
TAPP
TAPP
TAPP
Wieso haben Sie jetzt erst nachgegeben?
Mein Enkel bestreitet schon Wettkämpfe im Ausland. Wie soll ich denn seinen Vater anerkennen, wenn dieser nicht mal den Opa seines Sohnes besiegen kann? Pah!

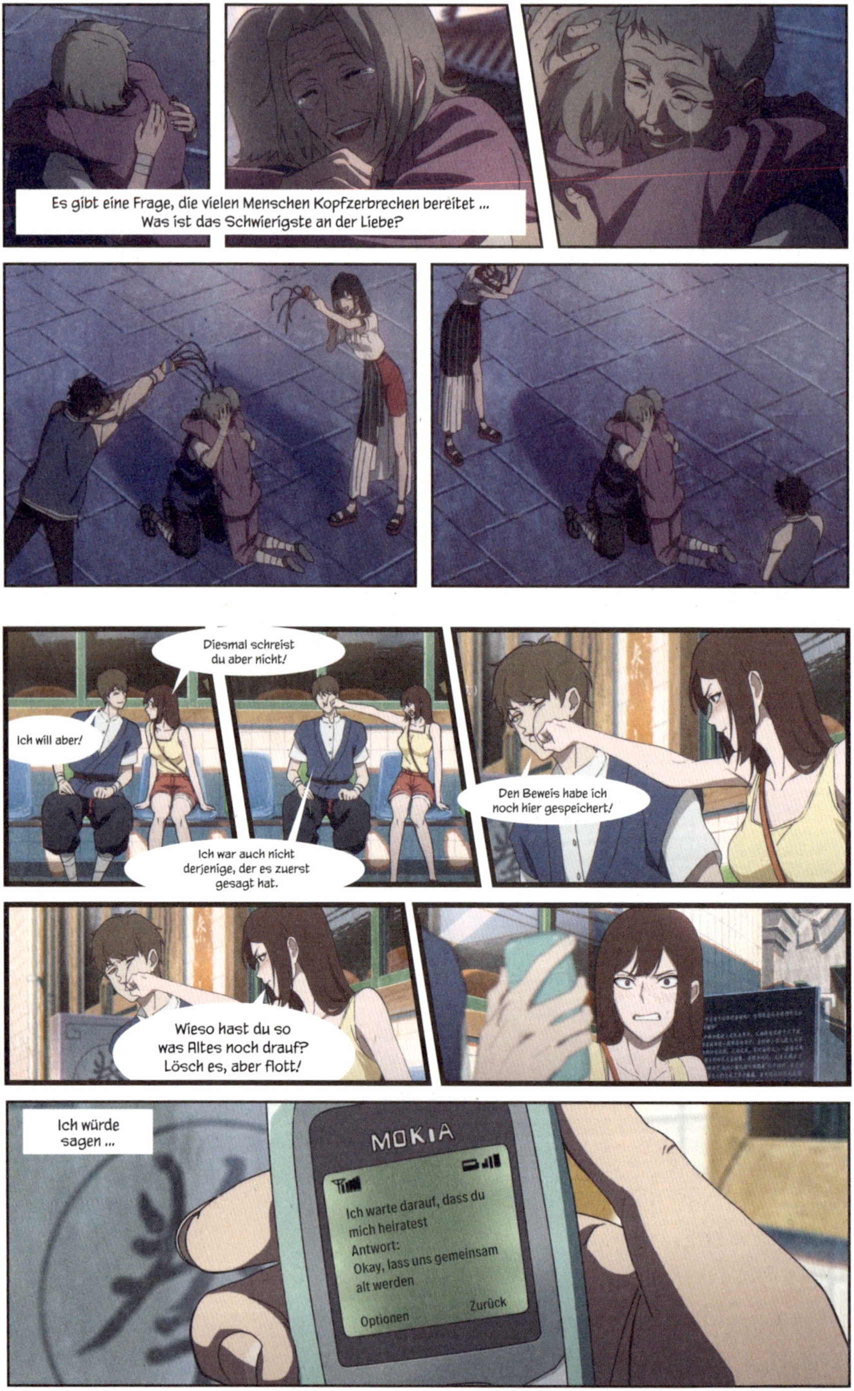
Es gibt eine Frage, die vielen Menschen Kopfzerbrechen bereitet ...
Was ist das Schwierigste an der Liebe?
Ich will aber!
Diesmal schreist du aber nicht!
Ich war auch nicht derjenige, der es zuerst gesagt hat.
Den Beweis habe ich noch hier gespeichert!
Wieso hast du so was Altes noch drauf? Lösch es, aber flott!
Ich würde sagen ...
MOKIA
Ich warte darauf, dass du mich heiratest
Antwort:
Okay, lass uns gemeinsam alt werden
Optionen
Zurück

LINK CLICK

Das Projektteam hinter *Link Click*

Am Anfang dieses Donghuas stand eine Idee von Regisseur Li Haoling, die er unermüdlich zu der Story von *Link Click* weiterspann. Für die wunderschönen realistischen Hintergründe war der japanische Art-director Tanji Takumi verantwortlich, der bereits mit Makoto Shinkai zusammengearbeitet hat. Mit fließenden, feinen Strichen hauchte schließlich das erfahrene Animationsstudio LAN den Charakteren Leben ein, während der populäre koreanische Illustrator INPLICK die Entwürfe für ihren modernen, stylischen Look lieferte. Um diese spannende und ergreifende Geschichte dann auch als Manhua zu Papier zu bringen, hat ein ganzes Team mit Leidenschaft und Sorgfalt die passenden Frames ausgewählt.

Alle Beteiligten glauben daran, dass jede Person, die in diese Erzählung eintaucht, an irgendeinem Punkt von ihr berührt wird. Genau dieses Gefühl ist es, das das Projektteam von *Link Click* den Zuschauer*innen und Leser*innen vermitteln möchte.

LINK CLICK

RELIFE

YayoiSo

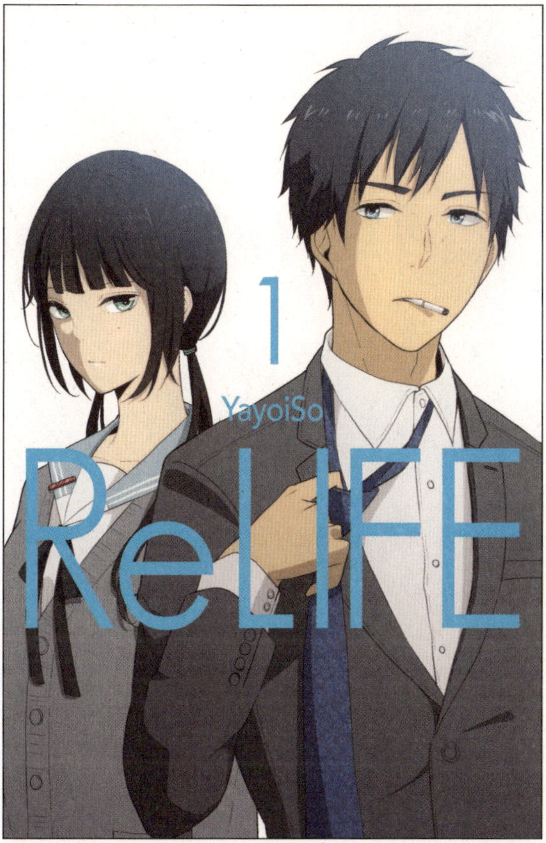

Das Experiment beginnt!

Für den 27 Jahre alten Arata Kaizaki sieht die Welt nicht gerade rosig aus: Nach nur drei Monaten kündigt er seinen ersten Job, seine Eltern streichen ihm daraufhin die finanzielle Unterstützung und eine Freundin hat er auch nicht in Aussicht. Da steht auf einmal Ryo Yoake vom ReLIFE-Forschungsinstitut vor ihm und lädt ihn ein, an einem kuriosen Rehabilitierungsprogramm teilzunehmen. Er übergibt ihm eine Kapsel, die ihn angeblich verjüngen soll. Da Arata nichts zu verlieren hat, schluckt er sie und erwacht am nächsten Morgen als 17-jähriger Highschool-Schüler!

TOKYOPOP®
www.tokyopop.de

THE GRANDMASTER OF DEMONIC CULTIVATION – LIGHT NOVEL

Mo Xiang Tong Xiu

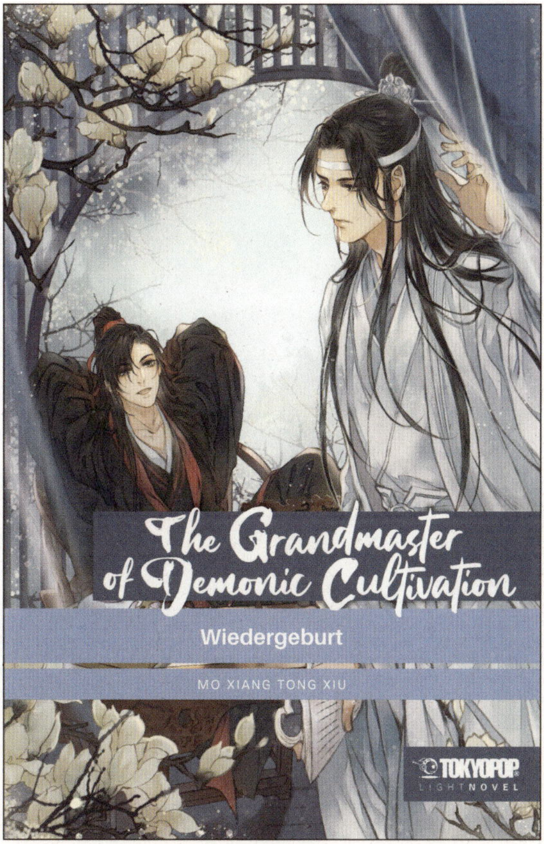

Nach dem Tod von Wei Wuxian, einer der mächtigsten Männer seiner Generation, hallen Jubelschreie durch das ganze Land. Jahre vergehen bis er durch ein Opferritual zurück in die Welt der Lebenden – in den Körper eines Fremden – beschworen wird! Er versucht, seine wahre Identität geheim zu halten, trifft jedoch auf einen alten Bekannten: den attraktiven Lan Wangji. Als die beiden erneut in dunkle Machenschaften hineingezogen werden, müssen sie sich nicht nur ihren Gefühlen füreinander, sondern auch bösartigen Geistern und feindseligen Clan-Mitgliedern stellen, um die in dichten Nebel gehüllten Wahrheiten ans Licht zu bringen!